KB061216

한겨레역사인물평전

남효온 평전

남효온 평전

유교문명의 성세를 꿈꾼 이상주의자의 희망과 좌절

정출헌 지음

한겨레출판

'한겨레역사인물평전'을 기획하며

정출헌 | 부산대 한문학과 교수, 前 점필재연구소 소장

역사는 인간이 일궈온 삶과 다름이 없습니다. 사람들의 발길이 새로운 길을 내듯, 역사도 그렇게 만들어진 것이겠지요. 그런 점에서 시간 단위로 인간의 삶을 분절한 편년의 역사 서술 관습을 넘어서, 인간을 통해 시대의 편폭을 보여주려 했던 사마천의 시도는 빛나는 것이었습니다. 다양한 인간 군상을 한데 모아놓은 열전(列傳)은, 그래서 수천 년 동안 동아시아 역사 서술의 전범(典範)으로 자리 잡을 수 있었습니다. 물론 그곳에 이름을 올린 이들 모두가 역사상 위대한 업적을 남긴 인물은 아니었습니다. 적장을 살해하려다 실패한 자객, 우스갯소리를 잘하던 사람, 재물을 많이 벌어들인 부자, 질병을 잘 고쳐낸 명의 등까지 망라하고 있으니까요. 역사란 크나큰 발자취를 남긴 위인만이 아니라 인간의 존엄성을 올곧게 지켜 나간 사람들이 함께 어우러져 만들어가는 것이라 여긴 사마천의 믿음이 선연합니다.

사마천이 역사의 이름으로 불러들인 인물들에 대한 선별은 과연 타당했는가, 또는 그들 각자에 대한 평가는 온당한가, 이에 대한 시비가 없을

수는 없겠지요. 하지만 과거 인물들의 삶을 기록하려는 우리는 사마천의 그런 마음가짐에서 많은 것을 배울 수 있습니다. 역사의 물굽이를 뒤바꾼 행적을 남긴 위인으로부터 하찮은 일상을 통해 시대의 가치를 되새기게 만든 범인(凡人)에 이르기까지 소중하게 여겼던 그 마음 말입니다. 그래서 우리는 아득한 저 고대로부터 근대 전환의 격변기에 이르기까지 우리 역사를 다채롭게 아로새겼던 수많은 인물들을 평전의 대상으로 삼으려 했습니다. 정치·사회·문화·예술 등 다양한 분야에서 우리 시대에 되살릴 만한 다양한, 또 의미를 지닌 인물 100명의 평전을 기획한 것은 그런 문제의식의 산물입니다.

또한 우리는 시대적 흐름에 유념하면서 성패·신분·성별 등을 나름 고려하면서 유사한 삶을 살았던 인물들을 몇몇 범주로 묶어보았습니다. 우리가 지난 역사 인물을 되살려보려는 이유는 시대와 개인이 맺고 있던 복잡다단한 관계를 읽어내고 싶기 때문입니다. 동일한 시대 상황에서 유사한 삶의 궤적을 읽을 수 있는 반면, 그들에게서 발견되는 미묘하지만 화해할 수 없는 차이를 추적하는 것이야말로 시대의 요구와 인간의 선택이 빚어내는 공명과 파열을 생생히 전달하는 것이라 믿은 까닭입니다.

비슷한 시대에 각기 다른 빛깔의 인간을 탐색해가는 과정은 역사라는 거대담론으로 인간 개개인을 재단하던 병폐를 넘어 인간의 삶을 통해 시대의 흐름을 재구성하는 방법이기도 합니다. 특히 생애 관련 자료의 제한 때문에 독립된 평전을 서술하기 어려운 인물의 경우, 시대 및 대상 인물과의 관계 위에서 조망함으로써 그들의 행로를 도드라지게 드러내려 했습니다.

하지만 오늘날 어떤 인물에 주목할 것인가보다 훨씬 어려운 과제는 그들을 어떻게 그려낼 것인가 하는 문제입니다. 많은 사람들은 평전을 쓸 때 가장 중요한 미덕으로 해당 인물을 객관적이고도 정확하게 그려내는 것을 꼽습니다. 충분히 수긍할 수 있는 지적입니다. 그러나 생애 관련 자료가 풍부하지 못한 현재 우리의 열악한 사정을 감안하지 않는다 해도 그것은 참으로 어려운 요구입니다. 생애 관련 자료가 풍부하다고 하더라도 객관적인 자료란 애당초 기대하기 힘들뿐더러 한 인간을 둘러싼 엇갈린 기억과 자료 가운데 어느 것은 취하고 어느 것은 버릴 것인가를 결정해야 하는데 이는 온전히 필자의 몫일 수밖에 없기 때문입니다. 그래서 역사는 물론이고 한 인간에 대한 기록은 시대에 따라 달라지고 거듭해서 새로 쓰이는 듯합니다.

그런 점에서 평전을 쓴다는 것은 남아 있는 사실의 기록과 오늘을 살고 있는 필자의 평가 사이에서 아슬아슬한 외줄타기를 하는 작업입니다. 그래서 어렵게 마련이지요. 아마도 위태롭기 그지없는 그 험난한 과정을 버티게 해주는 힘은 과거와 현재, 사실과 허위, 객관과 공감 사이의 균형 감각일 것입니다. 우리는 그런 곤혹스러운 상황을 애써 외면하지 않으려 했습니다. 한 인물의 평전을 쓴다는 것이 과거를 통해 현재를 돌아보고 미래를 전망하는 작업의 일환이라면, 그것은 반드시 건너야 하는 강이라고 생각했기 때문입니다. 대신 힘겨운 작업을 필자 한 사람의 몫으로 떠넘기지 않고, 뜻있는 사람들과 의견을 주고받으며 자신의 균형 감각을 가다듬을 수 있는 자리를 많이 갖도록 노력했습니다.

그런 점에서 역사 속 인물에 깊은 애정과 관심을 가지고 있는 연구자,

그런 연구자를 한자리에 모아 외롭지 않게 함께 작업해갈 수 있도록 엮어주는 연구소, 그리고 연구자의 충실한 성과를 일반 대중에게 알려주는 출판사가 공동 기획하여 발간하는 오늘 우리의 작업은 매우 뜻깊은 시도일 것입니다. 실제로 부산대학교 점필재연구소와 한겨레출판은 전체 기획의 의도, 대상 인물의 선정, 최적의 필자 선택, 평전 집필의 방향을 함께 논의하고 결정했습니다. 그런 뒤 개별 필자들이 평전을 집필하는 과정에서 구상 발표, 자료 점검, 사실의 진위 판단, 원고의 교정·교열에 이르기까지 수시로 의견을 주고받으며 때론 뼈아픈 조언도 아끼지 않았습니다. 이런 공동 작업을 거쳐 세상에 선보이는 '한겨레역사인물평전'은 평전으로서 갖추어야 할 미덕을 고루 갖추고 있는 것은 물론이고 학계와 출판계가 서로 힘을 모으는 새로운 풍토를 마련하는 데도 적잖이 기여할 수 있으리라 기대합니다.

사실 평전을 쓰고 읽는다는 것은 옛사람이 남긴 발자취를 따라가면서 그의 마음과 시대를 헤아려보는 여정일 겁니다. 우리는 그런 여정에서 나 자신이 옛사람이 되어 헤아려보기도 하고, 옛사람이 내 귀에 속내를 속삭여주는 경이로운 체험을 맛보기도 할 것입니다. 때론 앞길을 설계하는 지침이 되기도 하겠지요. 퇴계 이황은 그런 경지를 이렇게 읊었습니다. "고인(古人)도 날 못 보고 나도 고인을 못 뵈어, 고인을 못 뵈어도 가던 길 앞에 있네. 가던 길 앞에 있거든 아니 가고 어찌할까"라고. 우리도 그런 마음으로 옛사람이 맞닥뜨린 갈등과 옛사람이 고민했던 선택을 헤아리며 그의 길을 따라 걸을 수 있으리라 믿습니다. 세월의 간극을 훌쩍 뛰어넘는 그런 가슴 벅찬 공명이 가능한 까닭은, 그도 나도 시대를 벗어나서는 잠시도 살아갈 수 없는 인간이란 이유 때문이겠지요. 그것이야말로 한 치 앞을 내다보기 힘든 우리 시대에 굳이 평전이 필요한 까닭일 것입니다.

머리말

새로운 시대를 열망했던 한 젊은 이상주의자와의 만남

추강(秋江) 남효온(南孝溫, 1454~1492)은 매월당 김시습(金時習)과 함께 '생육신(生六臣)'을 대표하는 인물이다. 세조에 의해 폐서인된 단종의 생모 현덕왕후의 신원을 복권해야 한다는 소릉복위의 상소를 올리고, 단종 복위를 도모하다 역적의 죄를 뒤집어쓰고 죽어간 이들을 충절의 인물로 기리는 『육신전』을 지었던 까닭이다. 그리하여 남효온은 '사육신'과 더불어 지조 있는 유교 지식인을 일컫는 가장 영예로운 이름을 얻을 수 있었다. 하지만 그는 살아생전에 그와 정반대되는 평가를 받기도 했다.

> 남효온은 어린 시절부터 글을 읽어 큰 뜻을 품게 되었다. 성종 때 시사(時事)를 적어 상서(上書)하였는데, 그 말 가운데 기휘(忌諱)에 저촉되어 옥에 갇혀 국문을 받게 되었다. 그로 말미암아 자신의 뜻을 세상에 행할 수 없음을 알고는 마침내 방임하여 얽매임이 없이 세속과 영합하지 않았다. 노자와 장자의 고원하고 허탄한 담론을 흉내 내고, 혜강과 완적의 방달한 행동을 하였다. 문장을 지을 때도 세속을 뛰어넘어 고루한 누습이 없었다. 특히 시에 뛰어나 당나라 시인의 풍격을 지녔다. 세상의 일에 비분강개한 나머지 이단(異端)에 빠져 죽을 때까

지 깨닫지 못했으니, 참으로 '우리 도의 죄인'이다.

연산군 4년(1498) 8월 16일의 실록에 실려 있는 사평(史評)이다. 당시의 공식적 기록은 남효온을 '우리 도의 죄인[吾道罪人]'이라 부르고 있었다. 여기에서 말하고 있는 '우리의 도'란 당연히 유교의 도(道)를 일컫는다. 이처럼 남효온이라는 한 인물에 대한 과거와 현재의 엇갈리는 평가는 무척 낯설고, 나의 학문적인 궁금증을 불러일으키기에 충분했다. 돌이켜 보면 그것은 남효온에 대해 관심을 본격적으로 갖게 된 계기이자, 이렇게 평전까지 쓰게 만든 직접적인 이유가 되었다.

위의 평가가 내려진 때는 신진사류의 스승이었던 김종직의 「조의제문(弔義帝文)」을 빌미로 삼아 일어난 무오사화의 피바람이 한바탕 조정을 휩쓸고 가던 무렵이었다. 무오사화의 주모자 유자광은 이번 기회에 김종직의 잔당을 완전히 소탕해야 한다면서 이미 6년 전에 죽은 제자 남효온의 시문까지 샅샅이 뒤졌다. 그 와중에 남효온의 시에 언급된 홍유손도 잡혀 들어왔다. 홍유손은 여러 차례 고문을 받고서 남효온과 함께 죽림우사(竹林羽士)를 결성하여 어울린 적이 있다는 사실을 털어놓았다. 연산군은 16년이나 지난 일을 트집 잡아 홍유손을 절해고도(絶海孤島) 제주도로 유배를 보내 관노(官奴)로 삼았다. 「조의제문」과는 아무 관련도 없던 그는 김종직에게 사사했다는 이유 때문에, 그리고 김종직의 제자 남효온과 어울렸다는 까닭으로 연산군의 광기에 제물로 바쳐졌다.

당시 사관은 그날의 어처구니없는 소동을 지켜보면서 추강 남효온을 '우리 도의 죄인'이라 평가했던 것이다. 유교를 국시로 내걸고 세워진 조선에서 유교의 가르침은 절대적 규범으로 통용되었다. 조선 건국의 일등공신 가문의 후예였던 남효온은 마땅히 유교의 도리를 준수하며 살았을 법하다. 하지만 실상 그의 삶은 그렇지 못했다. 사관이 지적하고 홍유손도 고백하고 있듯, 남효온은 한때 당대에 이단으로 여겨졌던 노장사상에 빠져 지냈으며, 중국 진(晉)나라의 죽림칠현들처럼 음주가무와 청담준론을 즐기며 자유분방하게 행동했다. 유교의 규범과는 거리가 한참 먼 행적이었다. '유교의 규범을 허물어뜨린 죄인'이라는 당대의 지탄은 결코 과하지 않았다.

반면에 지금 우리들은 남효온을 절의의 표상인 생육신으로 기억하고 있다. 이와 같은 인식의 변화는 극적인 반전이 아닐 수 없는데, 당대에 비난을 받던 그가 이처럼 영예로운 이름으로 불리기까지의 과정은 결코 순탄치 않았다. 정조 15년(1791) 2월 21일, 남효온이 단종에게 충절을 바친 인물을 확정하여 모신 장릉(莊陵)의 배식단(配食壇)에 배향되기까지, 무려 299년이라는 세월 동안 힘겹게 투쟁하여 얻어낸 값진 결과였다. 그리고 그 시간은 당대에는 제대로 인정받지 못했던 한 인간의 진정(眞情)이 비로소 세상으로부터 이해와 공감을 얻어가던 굴곡진 여정이기도 했다.

물론 남효온이 처음부터 방달불기(放達不羈)의 삶을 살았던 것은 아니다. 아니, 자신이 그런 삶을 살리라고는 꿈에도 생각지 못했다. 당시의 적폐를 개혁해야 한다는 내용을 담은 자신의 소릉복위 상소가 훈구대신의 모진 반대에 부딪쳐 경험하게 된 깊은 좌절과 슬픔, 그럼에도 불구하고 세속의 요구에는 영합할 수 없다는 강직한 결기가 그의 삶을 그렇게 만들었을 따름이다. 그가 처한 암울한 현실은 젊은 남효온을 때로는 '침잠의 길'로 때로는 '초월의 길'로 이끌어갔다. 실제로 그의 행로를 되돌아보면, 은둔과 방랑이라는 극과 극의 삶을 오고갔음을 목도하게 된다. 뜻 맞는 벗들과 서울 장안을 휘젓고 다니던 젊은 시절을 제외하면, 서른 살부터는 행주(幸州)에 마련한 거처인 경지재(敬止齋)에서 웅크린 채 지내거나 최북단 압록강으로부터 최남단 장흥까지 팔도 사방을 떠돌아다녔던 것이다.

그 어디에도 남효온이 자신의 심신을 편히 뉘일 곳은 없었다. 현실 세계에 삶의 터전을 뿌리내리지 못한 채, 체제 안팎의 어름에서 끊임없이 부유(浮游)하다가 고난에 찬 생을 마감해야 했다. 그렇다면 그는 왜, 현실의 모순을 적당하게 눈 감아가며 편히 살 수 있는 길을 포기하고, 그토록 힘든 경계인(境界人) 또는 방외인(方外人)의 삶을 선택해야 했을까? 남효온의 평전을 쓰는 내내 되묻고 곱씹었던 질문인데, 그에 대한 해답도 앞서 소개한 사관의 평가에 함축되어 있었다. "어린 시절부터 글을 읽어 큰 뜻을 품게 되었다[少讀書, 有大志]"라는 첫 구절의 여섯 글자가 그의 삶을 이해하는 단서였던 것이다.

***

조선의 태평성대를 이끈 임금으로 일컬어지는 성종이 즉위할 무렵, 남효온은 유교 지식인으로서의 자기정체성을 갖춰가던 10대 후반이었다. 이른바 질풍노도의 시기이자 감수성이 극도로 예민하던 시기에 그가 벗들과 함께 공부하던 유교경전은 단지 과거시험용 텍스트에 그치지 않았다. 유교문명의 성세를 일궈내기 위한 실천 매뉴얼로 받아들여졌다. 그런 전환의 순간, 조선 건국 이후 빈번하게 일어났던 정치 투쟁은 반유교적 · 반문명적 사건으로 읽히기 시작했다. 그리고 숙부 수양대군이 조카 단종의 왕위를 찬탈한 사건은 바로 눈앞에서 벌어졌던 반인륜적 행태의 극점이었다. 남효온을 비롯한 성종 대의 젊은 유생들은 이런 일그러진 과거사를 바로잡지 않고서는 제대로 된 유교문명 국가로 한 걸음도 나아갈 수 없다고 굳게 믿기 시작했다.

특히 20대 초반 성균관 동학들과 함께 읽었던 『소학』은 남효온과 그의 젊은 벗들을 돌이킬 수 없는 이상주의자로 만들어버렸다. 주지하다시피 『소학』은 여덟 살 아동들이 읽는 유교 입문서에 불과했다. 그러나 열두 살에 왕위에 올라 성인이 된 성종은 자기 정치의 요체를 『소학』에서 찾았고, "유교정치의 기본으로 돌아가자"는 슬로건을 조정 안팎에 선포했다. 그러자 새로운 시대를 향한 희망에 부푼 성균관 유생들은 '소학계'를 만들어 강독하며 적극 부응했다. 여기에 점필재 김종직과 매월당 김시습과 같은 시대의 스승 또는 선배의 가르침은 남효온을 비롯하여 김굉필, 정여창, 김일손, 이심원, 홍유손, 이총, 이정은, 우선언과 같은 성종 대 신진사류의 뜨거운 열망에 불을 지폈다.

하지만 상황은 녹록치 않았다. 성종 재위 초반까지도 세조 이래의 훈구공신들은 국정 전반을 장악하고 있었다. 그러면서 유교경전의 이상이 현실에서 구현되는 세상을 요구하는 젊은 유생의 희망을 책만 읽어 세상물정을 전혀 모르는 철부지들의 몽상쯤으로 치부했다. 심지어 시대적 변혁을 요구하던 소학계의 모임을 '붕당죄(朋黨罪)'로 처벌해야 한다고 몰아세웠다. 당시 붕당을 짓는 행위는 목을 베어 죽이는 데에서 그치지 않고, 처자는 노비로 삼고 재산까지 몰수하는 극형으로 처벌했다. 유교 초학교재의 공부모임을 반역의 죄목으로 몰아갔던 이런 아이러니한 정치 현실이야말로 태평성대를 구가했다고 일컬어지는 성종 대의 어두운 그늘을 이해하고, 그런 시절을 살아가야 했던 남효온의 삶에 공감할 수 있는 결정적 관건이다.

그런 시대의 모순을 넘어서고자 했던 남효온은 과감한 정치 개혁을 요구했고, 그로 인해 혹독한 정치 보복을 겪어야 했다. 현실 정치 참여의 가능성을 원천적으로 차당당하고, 세상 사람들로부터 '미친 서생[狂生]'이라는 놀림도 받았다. 남효온으로서는 은둔과 방랑이 아닌 다른 길은 선택할 여지는 남아 있지 않았다. 뒷날, 허균은 「남효온론(南孝溫論)」을 지어 "한갓 가슴속에 격앙된 것을 적어 올려 임금이 받아들여주기를 기대했지만, 받아들여질 수 있는 때인가 아닌가를 알지 못했다"라고 나무라기도 했다. 세조의 비 정희왕후와 세조 대의 훈구공신이 모두 죽기를 기다린 이후에 자신이 꿈꾸던 개혁을 조심스럽게 건의했어야만 뜻한 바를 이룰 수 있었으리라는 지적이다.

하지만 '어려서 글을 읽으며 품게 되었던 큰 뜻[大志]', 곧 유교문명이 제대로 꽃피운 나라를 꿈꿨던 젊은 남효온으로서는 한 번 내디딘 발길을 되돌릴 수 없었다. 자신의 꿈이 결국 좌절되고 말 것이라는 사실을 뻔히 알았다고 해도. 남효온과 평생의 지기(知己)였던 김시습도 자기 무덤의 묘비에 "꿈꾸다 죽은 늙은이[夢死老]"라는 석 자를 써주면 족하다고 했다. 살아생전 결코 이루지 못할 꿈. 남효온과 김시습만 그런 꿈을 꾼 것이 아니다. 그가 함께 어울렸던 벗들 모두 같은 꿈을 꾸다가 죽어갔다. 순교(殉敎)란 종교에만 해당되는 말이 아니다. 자신이 중요하다고 생각한 가치를 지켜내고자 현실에 영합하기를 거부하고 목숨마저 내려놓고 스러져가기를 선택하는 삶, 그것이 바로 순교이다. 조선 유교문명의 성세를 꿈꾸었던 성종 대의 남효온과 그의 벗들은 훈구공신의 모략과 연산군의 폭정에 맞서 그 길로 나아갔다. 김종직과 김시습 같은 스승의 가르침을 가슴에 안은 채로. 그리고 사서삼경과 『소학』 같은 유교경전의 가르침을 가슴에 품은 채로.

***

다행스럽게도 남효온의 원대한 이상은 허황된 망상으로 끝나지 않았다. 남효온은 평생 울울한 삶을 살아가면서도 『육신전(六臣傳)』, 『추강냉화(秋江冷話)』, 『사우명행록(師友名行錄)』과 같은 저작을 여럿 남겼다. 그리고 또박또박 써내려간 그런 시대의 증언으로 말미암아 세조의 왕위찬탈 과정에서 빚어진 반유교적, 반문명적 행태는 그 실체가 낱낱이 드러나게 되었다. 단종의 생모인 현덕왕후의 소릉이 복위되고, 역모의 죄목으로 죽어간 사육신도 복권되었다. 그때마다 남효온의 기록은 과거를 바로잡는 결정적 증거가 되었다. 그처럼 남효온은 개인적 탐욕을 현실적 당위론으로 미화하던 낡은 권력의 부끄러운 민낯을 만천하에 폭로하고, 죽음과도 바꾸지 않았던 한 인간의 믿음이 얼마나 고귀한 가치인가를 만고의 교훈으로 알려주었다. 또한 뜻을 함께 하다가 역사에서 잊히고 말았던 동지들의 이름도 하나하나 되살려주었다.

그처럼 남효온은 붓의 힘으로 자신의 존재를 증명하고자 했고, 나는 남효온의 희망과 좌절의 행로에 동행하며 그런 모습을 드러내 보이고 싶었다. 하지만 평전을 써 내려가는 동안 내 가슴은 자주 저려왔다. 때론 울컥울컥 치밀어 오르는 슬픔을 애써 참기도 했다. 하지만 그토록 가슴에 새길 만한 좋은 스승과 선배, 그리고 의기를 투합했던 벗들과 함께 살아갔던 그는 행복한 사람이었을지도 모른다는 생각도 들었다. 사람과 사람의 만남이란 대부분 우연에 그치고 만다. 그런데 내가 대면한 남효온은 비록 서른아홉이라는 짧은 생을 살다갔지만 우연한 만남이 필연, 아니 운명적 만남으로 전환되는 경이로운 체험을 직접 경험한 사람이었다. 젊은 시절에 만나 평생 시대적 공감을 나누었던 벗들, 은둔과 방랑의 길에서 마주쳤던 이들 모두가 울울했던 그의 삶을 이해하고 위로해주던 소중한 인연들이었다.

어찌 보면 내가 남효온을 만나 평전까지 쓰게 된 것도, 조금 과장해서 말한다면 우연이 필연으로 전환된 경우이다. 사실 남효온은 나의 학문적 관심 분야로만 보면, 쉽게 만날 수 없었던 인물이었다. 그러던 내가 남효온을 본격적으로 접하게 된 것은 뜻하지 않게 2006년 점필재연구소를 만들어 소장을 맡게 된 것이 그 시작이었다. 조선시대 '사림의 종장(宗匠)'으로 일컬어지던 점필재 김종직의 문집을 동학(同學)들과 함께 읽어가다가 그의 제자들까지도 들여다보게 되었다. 그러던 중에 우연찮게, 아니 운명적으로 남효온을 마주하게 되었다. 그리고 그에 대한 과거와 현재의 상반된 평가는 나의 학문적 관심을 촉발시켰고, 그리하여 조금씩 읽어가게 된 그의 시문은 나의 무디어진 감성을 흔들어대기 시작했다.

그런 우연으로 인해 남효온의 『추강집(秋江集)』을 꼼꼼하게 읽어가다가, 문득 그의 삶이 천년 뒤의 우리들과도 쟁쟁하게 공명(共鳴)하고 있다는 사실을 느끼던 순간은 잊을 수 없다. 너무나도 늦은 깨달음이었지만, 그때부터 고전 인물의 삶을 재구하는 작업이 지금 우리의 학문에 얼마나 소중한가를 확신하게 되었다. 그리하여 1,000명의 상세 연보를 만들고, 그 가운데 100명을 가려내어 평전을 집필하겠다는 원대한 꿈을 꾸었다. '한겨레역사인물평전' 기획은 그렇게 시작됐다. 하지만 발의자로서 가장 모범을 보였어야 할 내가 10년이 넘은 지금에서야 탈고를 마쳤으니, 한겨레출판의 식구들에게 참으로 면목이 없다. 그래서 고맙다. 긴 시간 동안 필자를 기다려준 한겨레출판에 깊이 감사한다.

하지만 사마천이 『사기』를 집필하면서 전체 분량의 70% 이상을 '열전(列傳)'에 할애했던 것처럼, 우리의 지난 과거도 고전 인물의 생생한 재현을 통하지 않고서는 온전하게 이해할 수 없다는 믿음은 예나 지금이나 변함이 없다. 한 사람의 삶은 그 시대의 총화이다. 인간의 삶을 모르면서 어찌 시대를 논할 수 있겠는가. 이 작은 평전을 통해 남효온은 물론이요, 그가 살았던 성종의 시대를 조금이라도 생동하게 실감할 수 있게 된다면 필자로서 참으로 기쁜 일이겠다. 끝으로, 무모한 계획을 적극 지지해준 한겨레출판의 김수영 편집장과 평전 작업을 함께 기획하고 꾸려갔던 점필재연구소의 초기 멤버들에게 뒤늦은 감사를 드린다.

차례

일러두기

1. 인명, 지명을 포함한 외래어는 국립국어원의 『외래어 표기 용례집』을 따랐다.
2. 단행본·잡지 등에는 겹낫표(『 』)를, 소논문·시 등에는 홑낫표(「 」)를 사용했다.
3. 직접 인용 중 현재와 맞춤법 및 어법이 다른 경우, 가독성이 떨어지는 부분에 한해 현대어로 수정했다.

1장

연산군 10년, 엄동설한에 휘몰아친 광풍

갑자년 동짓달,
어느 부자의 참극

연산군 10년(1504)의 동짓달은 매서웠다. 엄동설한의 추위 때문만은 아니었다. 그해 봄부터 불기 시작한 정치적 피바람이 한 해가 다하도록 휘몰아쳤기 때문이다. 그해 음력 11월 9일, 연산군은 자기의 분을 삭이지 못해 남충세(南忠世)라는 젊은이를 잡아 오라고 재촉했다. 그로부터 나흘 뒤, 국문장에 질질 끌려 나온 그는 참형에 처해졌다. 남충세는 우리가 지금부터 읽어보게 될 추강 남효온의 맏아들이다. 남효온은 아들 둘과 딸 여섯을 두었는데, 이들 중 둘째 아들은 어려서 병사했다. 그런데 하나 남은 아들마저 죽었으니, 그의 후사는 영영 끊어지고 말았다. 남충세의 잘린 목은 저잣거리에 사흘간 내걸렸다. 그리고 이미 10여 년 전에 죽은 그의 아비 남효온의 무덤도 파헤쳐져 양화나루에서 부관능지(剖棺凌遲)에 처해졌다. 부자가 함께 참화를 겪은 그날, 남충세의 목에서는 "아비가 소릉복위(昭陵復位)를 청한 죄"라고 적은 찌가 매서운 동짓달 바람에 나부꼈다.

소릉의 복위를 청한 일이 얼마나 큰 죄였기에 남효온 자신은 썩어 문드러진 시신이 갈기갈기 찢기고, 하나 남은 아들마저 아비의 죄에 연루되어 참형을 당해야 했던 것일까? 남효온의 삶을 찾아 떠나는 우리의 여정을 소릉복위의 문제로부터 시작하지 않을 수 없는 까닭이다. 소릉은 조선 제5대 임금 문종의 세 번째 부인인 현덕왕후(顯德王后)의 능호이다. 보다 알기 쉽게 말하면, 단종의 생모이다. 현덕왕후는 어린 나이에 왕위에 올랐다가 비극적으로 죽은 단종의 어머니였다. 문종의 부친 세종은 조선 최고의 성군으로 일컬어지고 있지만, 며느리에게는 참으로 모진 시아버지였다. 며느리를 둘씩이나 쫓아냈기 때문이다. 첫 번째 들인 며느리는 투기가 심하다는 이유로 쫓아냈고, 다시 들인 며느리는 궁녀와 동성애를 했다는 이유로 쫓아냈다. 그런 뒤에 세 번째로 맞아들인 며느리가 바로 화산부원군(花山府院君) 권전(權專)의 딸로 훗날 현덕왕후로 추숭된 것이다.

그런데 그녀는 아들을 낳은 바로 다음날 죽고 만다. 세종 23년 7월 24일의 일이다. 그녀의 죽음은 왕실 내부의 불운에 그친 것이 아니라 국가적 비극의 서막이기도 했다. 태어나자마자 어머니를 잃은 세자(훗날 단종)는 아버지 문종마저 열두 살 어린 나이에 잃게 된다. 부왕이 재위 2년 만에 승하하자 세자는 그 어린 나이에 왕위에 올라야 했다. 당시 그를 돌봐줄 왕실의 어른이라고는 정치적 야심에 가득 찬 숙부들만이 우글대고 있었다. 정국은 위태롭기 그지없었다. 참담한 비극은 곧장 현실로 들이닥쳤다. 문종의 아우 수양대군이 어린 조카의 왕위를 위력으로 제압하는 정치적 쿠데타인 계유정난(癸酉靖難)을 일으켰던 것이다. 정변이 일어나고 2년 뒤, 단종은 상왕으로 물러앉게 되었으나 그가 장성해감에 따라 뜻있는 신하들 사이에서는 단종을 다시 왕으로 옹립해야 한다는 의견이 모이고 있었다. 하지만 그들의 시도는 김질(金礩)의 배반과 그의 장인 정창손(鄭昌孫)의 밀고로 인해 수포로 끝나고 말았다. 뒷날 사가들은 역사에 '사육신'이란 이름을 남긴 그 사건을 병자사화(丙子士禍)라고 명명했다.

권력에 눈이 먼 찬탈자들의 보복은 그들의 죽임에서 그치지 않았다. 단종을 살려두었다가는 화근이 될까 두려워하여 노산군으로 강등시킨 뒤 영월로 유배 보내고, 그것으로도 모자라서 결국 죽인 뒤에 시신을 강물에 던져버렸다.

급기야 참변은 단종의 모친 현덕왕후에게까지 미쳤다. 현덕왕후는 더 이상 임금의 모후가 아니라는 이유로 서인(庶人)으로 폐해졌다. 그리하여 그녀의 위패는 종묘에서 내쳐졌고, 현릉에 합장되어 있던 시신마저 끄집어내어져 강가에 옮겨 묻혔다. 그뿐만이 아니었다. 찬탈자들은 이미 세상을 떠난, 현덕왕후의 부친 화산부원군 권전 역시 서인으로 강등시키고, 생존해 있던 모친 아지(阿只)와 남동생 권자신(權自愼)은 사형에 처해버렸다. 단종은 물론이요, 그의 모친 일가를 모두 멸족시킨 것이다. 왕위를 찬탈한 뒤, 조카를 죽이고 형수의 집안마저 풍비박산 내버린 세조의 반인륜적 광기의 전말이다. 조선은 유교문명을 내걸고 세워진 나라였다. 세조가 자행한 이런 일련의 일들은 유교 국가에서 도저히 용납될 수 없는 패륜이었다. 하지만 세조의 위세에 눌려 모두 그의 행태에 대해 침묵했다. 그럼에도 불구하고 그 침묵의 이면에서는 아슬아슬한 긴장감이 은밀하게 퍼져나가고 있었다. 그러다가 성종 9년(1478) 4월 15일, 20여 년이란 세월 동안 쌓여온 긴장이 마침내 폭발하고 만다. 성균관 유생이던 남효온이 세조 대의 일그러진 과거를 바로잡아야 한다며 종묘에서 내쳐진 현덕왕후의 소릉복위를 요청하는 상소를 올린 것이다. 당시 그의 나이 스물다섯이었다.

남효온이 그날 올린 상소는 조선의 역사를 새로 쓰게 만드는 계기가 되었다. 어떤 야사에서는 세조가 현덕왕후에게 행한 비정한 처사의 이유를 이렇게 전하기도 한다. 세조가 어린 조카를 죽이고 난 뒤, 죽은 현덕왕후가 세조의 꿈에 나타났다. 그러고는 "네가 내 아들을 죽였으니, 나도 네 아들을 죽이겠다"라는 저주를 퍼부었다. 세조는 깜짝 놀라 잠에서 깼는데, 그때 마침 맏아들 의경세자가 급사했다는 전갈이 도착했다. 그로 인해 세조는 자기 아들을 죽게 만든 현덕왕후에게 처절한 복수를 했다는 것이다.[1] 이 이야기의 사실 여부는 알 길이 없다. 다만 그런 일화를 통해, 살육과 원한이 꼬리에 꼬리를 물고 일어나던 얼룩진 당대 정치사를 지켜보던 뒷사람들의 속마음을 헤아려볼 수는 있다. 세조의 왕위찬탈과 그 이후에 일어난 일련의 일들에 관해 침묵하고는 있었지만, 그 일들이 결코 침묵해서는 안 되는 불의라는 사실만큼은 모두 알고 있었던 것이다. 그리고 남효온은 이런 잘못된 과거를 바로잡지 않고서는 새로운 유교문명의 시대를 열어갈 수 없다며 세상을 향해 자신의 진정을 외친 조선 최초의 젊은 지성이었다.

하지만 성종은 남효온이 제기한 소릉복위의 요구를 받아들이지 않았다. 성종은 조부인 세조가 자행한 행위를 어쩔 수 없는 정치적 선택이었다고 정당화했다. 그 당시에도 세조의 왕위찬탈에 협력한 한명회(韓明澮), 정창손 등은 여전히 어지러운 나라를 구한 일등공신으로 행세하고 있었고, 그 반대편에 섰던 성삼문, 박팽년 등은 반역 죄인으로 치부되었다. 어느 누구도 거기에 이의를 제기할 수 없었다. 그것이, 태평성대로 일컬어지던 성종 대의 실상이기도 했다. 세조 대의 음험한 그림자는 성종의 시대에도 여전히 길게 드리워져 있었던 것이다. 유교문명의 가르침을 온몸으로 배워나가던 젊은 남효온은 그런 분위기를 견딜 수 없을 정도로 시대에 민감했다. 그리하여 입에 올리는 것만으로도 신변이 위험천만해질 수 있는 조선왕조 초기의 과거사를 처음으로 세상을 향해 외쳤고, 그 대가는 참으로 혹독하게 되돌아왔다. 남효온과 절친했던 조신(曺伸)은 남효온의 부자가 그로부터 26년 뒤에 겪어야 했던 참상을 다음과 같이 생생하게 증언했다.

> 추강 남효온의 묘는 고양에 있다. 연산군이 부관참시의 명령을 내렸을 때, 어명을 받든 자가 금표(禁標) 안에 묘가 있어서 거행하기 어렵다고 여겨 관을 양화나루로 가지고 와서 형을 치르고는 백사장에 버려두고 갔다. 남효온의 부인과 네 명의 사위 가운데 장사 지내주는 자가 없어 시신이 어떻게 되었는지 모른다. 남충세라는 아들 하나가 있었는데, 미친병이 있었다. 이때 함께 죽이라는 명이 내렸다. 그는 소리소리 지르며 무서워하지 않았다. 추관(推官)이 미친병이 들어 죽일 필요가 없겠다고 여러 차례 아뢰었지만, 연산군은 미친놈이 살아서 뭐하겠냐며 죽이게 했다. 죽임을 당하고 난 뒤 부인 조씨가 저잣거리에서 삼일 밤낮 시신을 지키다가 거두어 집으로 돌아왔을 때, 날이 추워 시신이 꽁꽁 얼어 있었다. 조씨는 밤낮으로 시신을 끌어안아 녹인 뒤에 염습하여 관에 넣어 예법에 맞게 장례를 치르니 사람들이 모두 감탄하였다.[2]

연산군 10년, 갑자년 동짓달의 추위는 이렇게 모든 것을 얼어붙게 만들었다. 남효온 부자가 참변을 당한 뒤, 그의 재산도 모두 몰수되었다. 남효온이 살던 집은 오천부정(烏川副正) 이사종(李嗣宗)에게 주어졌다. 양녕대군의 맏아들 순성군(順成君)의 서자였던 그는, 연산군의 총애를 받던 장녹수(張綠水)의 딸을 키워준 대가로 한몫을 두둑하게 챙겼던 인물이다.[3] 스물다섯이란 젊은 나이에 올린 소릉복위의 상소가 빌미가 되어 훗날 자신은 양화나루에서 부관참시 되고 아들도 그 일에 연루되어 저잣거리에서 참수될 것을 살아생전 남효온은 상상이나 할 수 있었겠는가? 가문은 풍비박산되고, 자신의 썩은 육신은 갈기갈기 찢겨나갔다. 그리하여 한강 백사장에 널브러져 있던 시신의 잔해들은 혹한의 겨울바람에 흩날리고, 불어난 이듬해 봄 강물에 휩쓸려 흔적조차 찾아볼 수 없게 되었다. 그렇게 시신이 흩어지고 말아 살아생전 주로 머물던 행주에서 허장(虛葬)을 치러야 했던 그의 묘는 얼마 전, 도시개발에 밀려 그곳에서도 쫓겨나야 했다. 현재 남효온의 묘는 김포에 있는 의령 남씨의 묘역 한 켠으로 쓸쓸하게 옮겨져 있다.

양화나루에서 함께 한 젊은 벗들

남효온이 부관참시 되었던 양화나루는 오늘날 양화대교와 당산철교가 놓여 있는 부근이다. 지금은 잠두봉선착장이 예전의 자취를 잇고 있다지만, 예전의 정취를 찾아보기 어렵다. 운치 있게 휘감아 돌던 한강의 물길을 콘크리트 벽으로 발라버렸기 때문이다. 조선시대에 그곳은 삼남 지방에서 올라오는 물산이 집결하는 장소였을 뿐만 아니라 강화로 가는 뱃길의 요충지이기도 했다. 더욱이 인근에 잠두봉(蠶頭峰)이라든가 망원정(望遠亭)이 펼쳐져 있어 수려한 경관을 자랑하던 서울의 대표적인 명승지로 손꼽혔다.

하지만 그 아름답던 양화나루는 수많은 사람의 목숨과 희망을 앗아간 장소가 되기도 했다. 고종 3년(1866) 병인양요가 일어났을 때, 프랑스 함대와 내통했다는 이유로 많은 천주교 신자들이 잠두봉에서 처형을 당했다. 누에가 머리를 쳐든 모양이라는 뜻으로 붙여진 이름인 잠두봉을 '목을 자른 산'이라는 뜻의 절두산(切頭山)으로 바꿔 부르기도 하는 까닭이다. 그뿐만이 아니다. 개화사상을 대표하는 인물 김옥균(金玉均)도 여기에서 참극을 겪었다. 고종 21년(1884) 갑신정변이 실패로 끝난 뒤, 일본과 중국을 망명객으로 전전하다가 홍종우에게 암살당한 그의 시신은 국내로 실려 들어와 잠두봉에서 다시 능지처참 당했다.

잠두봉 아래의 양화나루는 월산대군, 서거정, 강희맹 등 성종 대의 명사들이 읊은 「한도십영(漢都十詠)」 가운데 「양화나루의 눈밭[楊花踏雪]」이 꼽힐 정도로 아름다운 명승지였다. 연산군 10년 동짓달, 남효온은 젊은 날 벗들과 자주 어울렸던 그 아름다운 양화나루 백사장에서 부관참시를 당하는 얄궂은 운명을 맞이했다.

이런 사연을 간직한 양화나루는 남효온이 살아생전 절친한 벗들과 함께 시주(詩酒)를 나누며 새로운 시대를 꿈꾸기도 하고 좌절의 아픔을 달래기도 했던, 그의 삶에서 잊지 못할 장소였다. 양화나루 근처의 서호(西湖)에는 무풍부정(茂豊副正) 이총(李摠)의 별장이 있었는데, 그도 남효온이 부관참시 되던 연산군 10년 갑자년에 경망한 선비들과 어울려 놀며 궁중의 비밀을 누설하고 조정의 정치를 비방했다는 죄목으로 처형을 당했다. 여기에서 '궁중의 비밀'이란 왕위를 찬탈한 세조와 관련된 추잡한 소문들이었다. 6월에 능지처사를 행하고도 분이 덜 풀리자 연산군은 그해 12월에 이총의 백골을 분쇄하여 강바람에 날려버리도록 했다. 이총의 부인은 관아의 종이 되었고, 그의 아버지와 형제 다섯도 형장 100대를 맞고 유배 보내졌다가 그곳에서 모두 죽임을 당했다. 이총이 화를 당하던 날, 사관은 그와 남효온의 절친한 관계를 이렇게 적었다.

> 사신은 논한다. 이총은 풍의가 준수하고 시문이 고아했으며, 거문고를 잘하여 당대 명사들과 사귀어 놀았다. 집을 양화나루 부근에 지어놓고, 세상일에 관여하지 않은 채 고기 잡고 낚시질하는 것을 즐거움으로 삼았다. 항상 작은 배에 거문고와 술을 싣고 다니며 돌아오기를 잊었다. 술에 취하면 거문고를 타고 시를 읊조리니 속세를 벗어나려는 뜻이 있는 듯했다. 뒤에 죄를 입고 곤궁하게 지냈지만, 항상 거문고를 가지고 다녔다. 귀양지를 옮겨 다니며 거의 죽게 되었어도 슬퍼하는 모습을 보이지 않았다. 함께 어울리던 벗으로는 왕족 이정은(李貞恩), 이현손(李賢孫)이 있는데, 모두 학문을 좋아하고 선한 일을 즐겨 했다. (…) 남효온은 널리 배워 박식했는데, 성종 때 소릉복위 상소를 올린 뒤로 거짓 미친 척하며 벼슬길에 나아가지 않고 추강거사(秋江居士)라고 자처했다. 시가 고고하여 당나라 시인의 풍모가 있었다. 이총과 자주 노닐면서 「현금부(玄琴賦)」를 지어 찬양했다.[4]

이총은 태종의 증손자였다. 왕실의 후예였던 그는 이정은, 이현손과 같은 왕실의 자제들뿐만 아니라 남효온을 비롯한 젊은 선비들과도 자주 어울렸다. 남효온과는 사돈을 맺을 정도로 매우 돈독한 사이였다. 하지만 이총에게 시집갔던 남효온의 딸은 자식도 두지 못한 채 일찍 죽고 말았다. 그리하여 이총은 조견지(趙見知)의 딸을 후취로 얻었는데, 조견지는 남효온의 맏아들 남충세의 장인이기도 했다.[5] 남효온과 이총의 죽음도 안타깝기 그지없지만, 두 딸을 그들 가문에 시집보낸 조견지의 운명도 참으로 애달프다. 남효온의 맏아들에게 시집간 딸은 저잣거리에서 효수당해 꽁꽁 얼어붙은 남편의 시신을 몸으로 녹여야 했고, 이총에게 시집간 딸은 관아의 노비로 삶을 마쳐야 했다. 서로서로 어울리던 벗들과 그들의 집안은 이렇듯 모두 풍비박산 나고 말았다.

남효온과 그의 젊은 벗들은 자신들의 이러한 운명을 예감했을까? 사관이 밝히고 있는 것처럼, 남효온은 「현금부」를 지어 거문고를 무척 사랑하던 이총을 기렸는데, 뒷날 신흠(申欽)은 이 작품을 읽을 때마다 눈물을 흘리지 않은 적이 없었다고 고백한 바 있다.[6] 성종 대의 젊은 선비들에게 거문고는 백아(伯牙)와 종자기(鍾子期)의 지음(知音) 고사가 보여주듯, 서로를 알아주는 공감의 상징이자 자신의 분신과도 같은 존재였다. 거문고를 타며 그들은 울울한 심사를 풀어냈는가 하면, 거문고는 그들의 운명을 예감해주기도 했을 정도였다. 그리하여 다음과 같은 일화가 만들어질 수 있었다.

> 하루는 이총이 거문고를 타는데, 거문고에서 살성(殺聲)이 났다. 두세 번을 다시 타도 여전했다. 이총은 크게 놀라 거문고를 깨뜨려버렸다. 과연 다음날 무오사화(戊午史禍)가 일어났다. 남효온은 김종직의 수제자라는 이유로 부관참시를 당하고, 이총도 그의 제자라는 이유로 형장을 맞고 거제도로 유배 보내졌다. 마침내 6년 뒤에는 죄가 더해져서 유배지에서 죽임을 당했는데, 갑자년 6월 5일의 일이다. 3년 뒤에는 부친 우산공(牛山公) 이종(李踵)과 그의 다섯 아들도 함께 죽임을 당

했다.[7]

위의 기록에는 약간의 착오가 있다. 무오사화로 이총이 거제도로 유배 갔다는 내용은 맞지만, 남효온이 부관참시를 당했다는 서술은 사실과 다르다. 남효온은 성종 23년(1492)에 이미 죽었기 때문에 무오사화 때는 화를 면했다가 6년 뒤에 일어난 갑자사화 때 변을 당했기 때문이다. 세부적인 사실관계가 조금 잘못되긴 했지만, 여기에서 그 부분은 별로 중요하지 않다. 죽은 남효온이든 살아 있던 이총이든 연산군의 광기를 피하지 못했다는 점에서는 한결같기 때문이다. 거문고에서 나는 살기 어린 소리로 문득 예감했던 자신의 불길한 운명, 그리고 실제로 그 살기를 피해갈 수 없었던 그들의 우정과 최후를 보고 있노라면 가슴이 먹먹해져온다. 신흠이 남효온의 「현금부」를 읽을 때마다 눈물을 흘렸던 것도 그런 까닭이었으리라.

신진사류와 훈구공신의 얄궂은 운명

죽은 뒤에도 편히 쉬지 못했던 남효온은 살아생전에도 평생 떠돌아다녀야 했다. 세조 이래의 훈구공신들에게 미움을 받아 현실 정치에서 배척당했기 때문이다. 앞서 보았듯, 소릉복위 상소를 올린 대가는 참으로 혹독했다. 남효온은 성종 20년(1489) 정월 초하루, 자신의 죽음을 스스로 애도하는 자만시(自挽詩)를 지어 스승 점필재 김종직(金宗直)에게 부치고는 관서지역으로 방랑의 길을 나섰다. 불과 서른여섯의 한창 나이였지만, 본래 병약했던 데다가 극심하게 병을 앓고 난 터라 그즈음 스스로 죽음을 예감하고 있었던 듯하다. 실제로 남효온은 그로부터 3년이 지난 서른아홉에 짧은 생을 마치게 된다. 죽음의 그림자를 언뜻언뜻 보았던 탓일까? 그는 예성강 하구의 벽란도(碧瀾渡)에 도착해 깊은 상념에 빠져들었다.

未識紅塵路	홍진의 세상일을 모른 채
江湖四十年	강호에서 사십 년을 지냈네.
思庵終賊手	사암(思庵)은 적의 손에 죽었지만
余在白鷗前[8]	나는 지금 흰 갈매기 앞에 서 있다네.

평생 전국을 떠돌던 그가 벽란도를 찾은 것은 이때가 처음이 아니었다. 그럼에도 죽기 몇 년 전에 다시 벽란도를 건너면서는 문득 사암 유숙(柳淑)의 최후가 떠올랐다. 유숙은 고려 공민왕 때의 충직한 신하였지만, 요승 신돈(辛旽)의 모함으로 억울하게 죽은 인물이다. 유숙은 평생 벼슬살이를 했었기에 끝내 정치적인 죽임을 당하고 말았지만, 자신은 일찌감치 세상에서 버림을 받아 평생 자연과 벗하며 지내고 있으니 그럴 일은 애당초 없으리라 여기며 남효온은 스스로 위안을 삼았다. 하지만 그는 사후 그보다 더 비극적인 최후를 맞이했다. 유숙과 마찬가지로 정치적인 참화를 면할 수 없었던 것이다. 그래서 뒷사람들도 남효온의 이 시를 읽으며 못내 안타까워했다.

> 이 시는 사암 유숙이 화를 입은 것을 상심하며, 방랑하고 있는 자신을 다행스럽게 여기고 있다. 그러나 무오년의 옥사에서 부관참시를 당하고 처자식까지 죽었으니 사암의 경우보다 더욱 참혹했다. 이들의 죽음을 통해 천지가 어그러지면 환란을 당하는 것도 벼슬하든 벼슬하지 않든 다르지 않음을 알겠다.[9]

김시양(金時讓)의 『부계기문(涪溪記聞)』에 실린 내용이다. 부계는 함경도 종성(鐘城)의 옛 이름인데, 김시양은 광해군 때 그곳으로 귀양을 가서 자신이 보고 들었던 일을 기록으로 남겼다. 삶의 끝은 그 누구도 모르는 법이다. 평생 벼슬 한 번 하지 못하고 죽었건만, 살아생전의 일에 연루되어 뒷날 정치적인 참화를 겪을 줄을 그 어찌 상상이나 했었겠는가? 하지만 남효온만 자신의 뒷일을 몰랐던 것이 아니다. 남효온을 평생 핍박하며 죽이려 했던 조정의 훈구공신들도 자신의 뒷일을 짐작조차 하지 못했다. 남효온이 소릉복위의 상소를 올렸을 때, 두 눈을 부라리며 죽자고 달려들었던 자들이 바로 그들이다.

남효온이 성종 9년 소릉복위의 상소를 올렸을 때, 도승지 임사홍(任士洪)을 비롯하여 정창손, 한명회 등 세조 대의 훈구공신들은 그를 의금부로 잡아들여 국문해야 한다고 성종을 다그쳤다. 신하 된 자로서 감히 입에 올려서는 안 되는 왕실의 일을 젊은 애송이들이 떠들어대고 있다는 이유에서였다. 그것도 한 무리를 지어 조정을 비방하고 있으니, 붕당죄로 다스려야 한다고 주장하기까지 했다. 그 당시 법률에는 "조정의 관원들이 붕당을 지어 국가의 정치를 문란하게 하면 모두 목을 베어 죽이고, 처자는 노비로 삼으며 재산은 몰수한다"라고 규정되어 있었다. 성종의 무마로 겨우 죽음만은 면했지만, 그로 말미암아 남효온의 꿈은 산산이 부서졌고 삶은 엉망진창이 되고 말았다. 모두 침묵하고 있던 세조 대의 얼룩진 과거를 최초로 공론(公論)의 무대에 올린 대가였다.

물론 그런 올곧은 행동으로 남효온은 뒷날 생육신(生六臣)이라는 영예로운 이름으로 기려지게 되었지만, 죽은 뒤의 찬사가 '미친 서생[狂生]'으로 손가락질 받으며 평생 떠돌아다니다가 죽어간 삶을 온전하게 보상해줄 수는 없는 법이다. 남효온과 그의 가족이 치러야 했던 대가는 너무나도 혹독하지 않았던가. 하지만 연산군이 갑자사화 때 불러일으킨 광기의 피바람은 그 누구라도 피해가기 힘들었다. 세조의 왕위찬탈에 협력하여 평생 부귀영화를 누렸던 훈구공신들조차 그러했다. 연산군은 이미 죽은 지 오래되어 썩어 문드러진 훈구공신들의 시신도 무덤 속에서 끄집어내어 참혹한 형벌을 가했다. 자신의 생모인 폐비 윤씨를 죽음으로 몰아갔다는 이유에서였다. 연산군의 결기는 대단했다.

> 대신(大臣)이란 큰일을 만나면 시종일관 자기주장을 견지해야 한다. 정창손, 심회, 한명회 같은 자들은 죽은 지가 오래되었기에 썩어버린 뼈다귀를 베는 것이 무익할지 모른다. 하지만 부관참시 하여 뒷사람들로 하여금 나라에 불충하면 죽은 뒤에라도 죽음을 면할 수 없다는 것으로 징계해야 마땅하다.[10]

연산군 10년 윤4월 21일의 기록이다. 여기에 거론되고 있는 정창손, 심회, 한명회는 성종 13년 폐비 윤씨를 사사할 당시 삼정승이었던 훈구대신들이다. 이들은 남효온이 소릉복위의 상소를 올린 이후, 기회가 있을 때마다 젊은 그들을 배척하고자 했던 자들이기도 하다. 그랬던 그들도 갑자사화 때 남효온과 그의 벗들처럼 부관참시의 형에 처해졌다. 참으로 얄궂은 운명이 아닐 수 없다. 갑자사화가 한창이던 연산군 10년 5월 11일, 의금부 낭청이 청주(淸州)에 내려가 한명회의 관을 쪼개어 머리를 베어왔다. 그러자 연산군은 이렇게 분부했다. "죄명을 찌에 적어 저잣거리에 효수하라." 어디선가 익히 들어봤던 말이지 않은가. 앞서 남효온은 부관참시 되었고, 아들 남충세는 같은 내용의 찌를 달고 효수된 바 있었다. 한명회도 똑같은 최후를 맞이했다. 부관참시 된 훈구공신은 한명회만이 아니었다. 정창손, 심회도 모두 목이 잘려 저잣거리에 내걸렸다. 살아서는 원수처럼 배척하더니 죽어서는 마치 동지처럼, 성종 대의 신진사류(新進士類)와 훈구공신이 똑같은 참변을 당했던 것이다.

그처럼 얄궂은 운명으로 맺어진 그들이 역사의 현장에서 처음 만났던 것은 그보다 20여 년 전인 성종 9년 초여름이었다. 그해 4월 초하루, 하늘에서 흙비가 내렸다. 요즘 자주 보게 되는 황사 현상의 하나였지만, 하늘이 맑았던 그때로서는 천재지변이 아닐 수 없었다. 화들짝 놀란 성종은 변고가 일어난 까닭을 물었고, 남효온을 비롯한 젊은 유생들은 요즘 정치가 바르지 않기 때문이라고 답변을 올렸다. 세조가 벌인 반인륜적인 처사를 바로잡아야 하고, 그런 행위를 부추긴 훈구공신도 이제는 물러나야 한다고 아뢰었던 것이다. 하지만 세조의 왕위찬탈 이후 성종 때까지도 정치 권력을 장악하고 있던 늙은 그들은 젊은 유생의 요구를 일체 무시하거나 무자비하게 짓밟아버렸다. 조선의 역사에서 자주 다루어지는 훈구파와 사림파의 대결이 시작된 것이다. 그런 날카로운 대립의 최전선에서 남효온은 만신창이가 될 정도로 그들의 집중 공격을 받아야 했다. 앞으로 걸어갈 우리의 여정은 세조 때의 훈구공신들이 학문과 정치 권력을 완강하게 틀어쥐고 이룩한 성종 시대의 태평성대, 그 뒤안길의 어둠을 추강 남효온의 삶과 동행하며 살펴보는 일이기도 하다.

2장

어린 성종의 즉위와 새 시대를 향한 기대

불안과 희망으로 출발한 새로운 시대

1469년 11월 28일 아침, 조선의 여덟 번째 임금 예종이 갑자기 승하했다. 세조의 둘째 아들로 왕위에 오른 지 불과 1년 2개월밖에 되지 않았을 때였다. 왕위를 이어갈 원자 제안대군은 세 살에 불과했다. 조정은 황급해졌다. 이런 비상정국을 수습할 만한 인물인 신숙주에게 눈귀가 쏠렸다. 그는 수양대군의 왕위찬탈에 협력한 이래, 정관지치(貞觀之治, 당 태종의 치세를 일컫는 말)를 일궈낸 명재상 위징(魏徵)에 견주어질 만큼 세조의 두터운 신임을 받아왔던 조정의 원로였다. 게다가 예조판서를 겸하고 있었으니, 후계자 문제를 처리할 만한 적임자였다. 그의 노련함 덕분이었을까? 왕위계승 작업은 일사천리로 진행되었다. 예종이 죽은 당일 오후, 어린 성종은 근정전에서 즉위식을 치렀고 즉위교서까지 반포됐다. 반나절 만에 모든 복잡한 절차를 끝내버린 것이다. 속전속결로 처리된 왕위계승 과정의 최대 하이라이트는 다음과 같은 짧은 대화였다.

> 원상(院相) 고령군 신숙주, 상당군 한명회, 능성군 구치관, 영성군 최항, 영의정 홍윤성, 창녕군 조석문, 좌의정 윤자운, 우의정 김국광 등이 승정원에 모였다. (…) 정희왕후가 재상들에게 "주상자(主喪者)로 누가 좋겠소?"라고 물었다. 모두 "감히 신들이 의논하여 정할 일이 아

니니, 전교를 따르고자 합니다"라고 하였다. 그러자 정현조에게 명하였다. "지금 원자(元子, 예종의 장자 제안대군)는 어리고, 월산군(月山君, 의경세자의 장남)은 어려서부터 잔병치레가 많았다. 비록 잘산군(者乙山君, 의경세자의 차남)이 어리기는 하지만, 세조께서 일찍이 그 국량을 칭찬하여 태조에 비하기까지 하였다. 그를 주상으로 삼는 게 어떠하오?" 하니, 모두 "진실로 마땅합니다"라고 하고, 그대로 따랐다.[1]

군주국가에서 왕위를 정하는 과정에는 크고 작은 진통이 따르게 마련이다. 예종처럼 후사를 정하지 못한 채 급서(急逝)하는 경우에는 더욱 그렇다. 그럴 경우, 후계자 지명의 권한은 왕실 최고 어른의 몫으로 돌아갔다. 당시 그 장본인은 세조의 비인 정희왕후였다. 모두 그녀의 의중에 촉각을 곤두세웠다. 하지만 결정은 싱겁게 끝나버리고 말았다. 왕위계승 서열 1순위인 예종의 장자 제안대군이 가장 먼저 배제됐다. 너무 어리다는 이유에서였다. 이제, 왕위계승 후보로 세조의 장남 의경세자가 일찍 죽으며 남긴 두 아들만이 남았다. 장남은 월산군이고, 차남은 잘산군이다. 서열로 보면, 장자 월산군에게 왕위가 돌아가는 것이 마땅했다. 하지만 그는 어릴 때부터 잔병치레가 많았다는 이유로 배제됐다. 이유 같지 않은 이유였다. 대신, 왕위계승 서열 3순위였던 잘산군이 후계자로 정해졌다.

당시 왕실의 최고 어른이었던 정희왕후가 내린 뜻밖의 결정에 원로대신들은 곧바로 전폭적인 지지를 보냈다. 그런 비상식적인 과정을 거쳐 열세 살에 불과했던 잘산군은 세 살 많은 월산군을 제치고 왕위에 올랐다. 그날 아침 예종이 죽을 때까지만 해도, 누구도 예상하지 못한 결과였다. 다음 왕위를 이을 인물로 잘산군이 낙점되자 훈구공신 한명회의 위세 때문이라는 의혹과 함께 예종이 독살되었을지도 모른다는 흉흉한 소문이 나돌았다. 잘산군의 장인이 한명회였던 까닭이다. 성종의 즉위는 한명회가 국구(國舅, 임금의 장인)가 됨을 의미했다. 그렇지 않아도 절대 권력을 틀어쥐고 있던 한명회가 임금의 장인까지 겸하게 된다면, 조선은 한명회의 손아귀 안에 놓이게 된다고 해도 과언이 아니었다. 상황이 그러하니 한명회에게 쏠린 당대의 의혹은 당연한 귀결이기도 했다.

하지만 그보다 중요한 사실은 어린 성종이 세자교육을 받지도 못한 채 갑자기 왕위에 올라 무척 불안한 상황에서 치세가 시작되었다는 점이다. 더욱이 열두 살 어린 나이에 왕이 되었다가 비극적인 최후를 맞이한 단종에 대한 기억이 생생하게 살아 있던 때였다. 그러고 보면 단종과 성종의 처지는 비슷한 점이 많았다. 황보인, 김종서와 같은 원로대신과 숙부 수양대군이 어린 단종의 후견인을 맡았던 것처럼, 어린 성종도 왕실의 어른 정희왕후와 함께 조정의 훈구공신이 보위하는 역할을 자처하고 나섰다. 예종의 임종을 곁에서 지키고, 성종의 즉위를 적극 지지했던 신숙주, 한명회, 구치관, 최항, 홍윤성, 조석문, 윤자운, 김국광 등이 바로 그들이다. 이들 모두는 세조의 즉위에 공을 세웠다는 이유로 정난공신(定難功臣)과 좌익공신(佐翼功臣)에 책봉되고, 성종의 즉위에 공을 세웠다는 이유로 좌리공신(佐理功臣)에 거듭 책봉되게 되는 인물들이다.

그런 까닭에 성종은 나이 스물이 될 때까지 수렴청정(垂簾聽政)과 원상제(院相制)라는 비정상적인 정치체제 아래에서 임금 노릇을 해야만 했다. 수렴청정은 말 그대로 주렴을 드리우고 정사를 듣는다는 뜻으로 어린 임금을 대신하여 왕대비나 대왕대비가 정무를 처결하는 방식이다. 원상제란 훈구공신들이 어린 임금을 대신하여 승정원과 육조의 기능을 총괄하는 제도이다. 요즘으로 말하자면 청와대 비서실의 수석과 각 부처의 장관을 겸임하도록 하는 제도이다. 이처럼 어린 임금을 집단지도체제로 에워싸고 정국을 주도해간 훈구공신은 성종의 즉위와 함께 무소불위의 권력을 휘두르는 당대 최고 실세로 떠올랐다. 더욱이 그들은 수양대군이 쿠데타를 일으키는 과정에서 생사고락을 함께 한 혈맹(血盟)의 동지였던 것은 물론이요, 쿠데타의 성공 이후 혈연과 혼인으로 얽히고설킨 혈족(血族)으로서 인적 네트워크를 공고하게 구축해둔 상태였다.

이런 정치적 상황에서 즉위한 어린 성종이 자기 정치를 펼친다는 것은 언감생심 꿈도 꾸기 어려웠다. 새 시대가 되었지만, 새 시대가 아니었던 셈이다. 그런 시대적 상황에도 불구하고 성종의 즉위는 늙은 훈구공신의 시대가 정점에 다다른 동시에 곧 저물어가기 시작한다는 의미를 담고 있기에 충분했다. 세월의 흐름은 누구라도 되돌릴 수 없는 법. 그뿐만이 아니다. 세조가 예종에게 남긴 유훈(遺訓), 곧 "나는 어려운 시대를 만났지만, 너는 태평한 시대를 만났다. 만약 내가 행한 일에 갇혀 시대에 맞게 변통할 줄 모른다면, 그것은 나의 뜻을 따르는 바가 아니다"[2]라는 당부는 당시 성장하고 있던 신진사류에게 새로운 희망을 불러일으키기에 충분했다. 그 말은 스물다섯의 젊은 남효온이 상소를 올려 소릉복위를 주장할 수 있었던 근거이기도 했다. 세조의 그 유훈을 자신은 당시의 정치적 상황으로 어쩔 수 없이 단종의 어머니이자 자신에게는 형수였던 현덕왕후를 서인으로 내쳤으나, 자신이 죽은 뒤에는 자기가 범한 오류를 바로잡아도 좋다는 해금(解禁)의 신호로 받아들였던 것이다.

그렇게 세조의 아들 예종의 시대를 거쳐 이제 손자인 성종의 시대를 맞이했으니, 성종 대의 신진사류는 새로운 시대가 열리게 되었다고 믿어 의심치 않았다. 음습한 시대를 벗어나 희망에 찬 기대감으로 부풀어 오르고 있던 당시의 상황을, 남효온은 다음과 같은 일화를 통해 증언하고 있다.

> 현산(玄山)이 교하현감(交河縣監)을 사직하고는 소를 타고 술병을 찬 채 산골짜기를 오르내리며 여종에게 길을 인도하고 사내종에게 징을 두드리게 했다. 그러면서 "미친병이 들어 이런 행동을 한다"라고 하였다. 그런데 기축년, 경인년 이후로는 뜻을 전일하게 하여 그런 행동을 고치고서는 "이제 병이 나았다"라고 말하였다. 사람들이 모두 오래 앓던 미친병이 갑자기 낫게 된 것을 보고 감탄하였다.[3]

경기도 교하(지금의 파주)의 수령직을 내던지고 인근의 적성현(積城縣) 산속에 들어와 미치광이처럼 지내던 현산거사 이계기(李啓基)의 일화이다. 이계기는 남효온의 장인 윤훈(尹壎)과 절친한 친구였는데, 당시 윤훈도 내금위(內禁衛)의 직위를 사직하고 바로 인근에 은거하고 있었다. 그들이 벼슬을 버리고 산속으로 숨어든 까닭은 자세하게 밝혀져 있지 않다. 하지만 추정하기란 어렵지 않다. 뒤에서 다시 살펴보겠지만, 윤훈은 의금부(義禁府)에 몸담고 있으면서 수양대군이 단종의 왕위를 찬탈하던 현장을 직접 지켜보았던 인물이다. 용납할 수 없는 불의를 목도했던 그들은 곧바로 벼슬에서 물러나고자 했다. 하지만 물러나기 위해서는 구실이 필요했던 바, 광병이 든 척 거짓 행세를 할 수밖에 없었다. 수양대군의 왕위찬탈 이후 갑자기 앞이 안 보이는 청맹과니가 되었다는 핑계를 대고 낙향했던 생육신 이맹전(李孟專)의 일화는 널리 알려진 사례이다. 미치광이 행세는 엄혹하기 그지없던 세조의 치세 아래에서 양심적인 지성이 자신의 지조를 지키며 살아갈 수 있었던 생존 방식의 하나였다.

우리가 익히 알고 있는 매월당 김시습도 그와 유사한 방식을 선택했다. 승려의 행색으로 전국을 떠돌고, 그것으로도 모자라서 미치광이처럼 행동하며 불의의 시대를 참고 견뎌냈다. 이계기도 그런 방식으로 현실 정치에서 빠져나올 수 있었다. 그가 거짓으로 미친 사람 행세를 했다는 사실은 기축년, 경인년 어름에 병이 말끔하게 나았다는 데서 확인된다. 기축년과 경인년은 성종 즉위년(1469)과 성종 1년(1470)에 해당한다. 그가 은거를 시작했다는 갑술년은 단종 2년(1454)이었다. 수양대군의 정치적 야욕이 노골적으로 드러나던 즈음이다. 이처럼 세조 치세 14년 동안 벼슬을 버리고 절의를 지켜낸 인물에는 김시습, 이맹전처럼 널리 알려진 생육신뿐만이 아니라 이계기, 윤훈과 같은 익명의 지사(志士)들도 적지 않았다. 그랬던 그들은 세조, 예종의 시대가 끝나고 성종이 즉위하자 이계기처럼 하나둘 세상 밖으로 나오기 시작했다. 불안하게 출발했음에도 불구하고, 성종의 즉위가 희망의 시대로 읽히기 시작하는 지점이다.

김시습의 귀환과 신진사류의 공감

어린 성종은 즉위한 지 열흘째 되던 날, 원상들에게 순번을 정해서 경연(經筵)에 참석하라는 명을 내린다. 경연이란 임금이 신하들과 함께 학문을 강론하는 자리인데, 요즘 말로 하면 군주의 공부시간이다. 정희왕후와 원로대신의 제안을 받아들인 조치였겠지만, 아무런 준비 없이 왕위에 오른 성종으로서도 군주 노릇을 하기 위한 학습은 시급한 과제였다. 명이 있고 난 바로 다음 날, 신숙주는 경연의 방법과 절차를 조목조목 적어 올렸다. 경연의 교재는 유교의 기본 경전인 『논어』였으며, 아침의 조강(朝講)과 한낮의 주강(晝講)으로 매일 두 차례씩 진행됐다. 원상, 경연관, 낭청, 승지, 대간, 사관 등 조정의 실력 있는 대소신료들이 경연의 스승으로 참여했다. 숨 돌릴 틈 없이 빡빡하게 짜인 스케줄이었다. 하지만 이것만으로는 부족하다고 여겨 이듬해 2월부터는 저녁의 석강(夕講)이 추가되었고, 성종 2년 윤9월부터는 한밤중의 야대(夜對)까지 더해졌다.

이른 아침부터 밤늦게까지 이어지는 하루 네 차례의 경연은 정말 혹독한 일정이었다. 하지만 조정의 원상들은 성군이 되기 위해서는 마땅히 감내해야 하는 일과라며 학습 일정을 느슨하게 풀어주지 않았다. 이와 같은 교육 프로그램은 유교적 성군이 되어야 한다는 당위적 목표를 내걸고 있었으나, 어찌 보면 어린 임금을 자신들의 의도에 맞게 만들어내는 훈육의 과정이기도 했다. 사실, 경연은 경전의 학습뿐만 아니라 정치 현안 전반을 논의하고 결정하는 자리이기도 했다. 그리고 원로대신은 경연을 활용해 자신의 구미에 맞는 정책들을 관철시켜 나갔다. 하지만 성종은 그 벅차고도 불편할 수 있는 하루 네 차례의 경연을 싫은 내색 하지 않고 고분고분 받아들였다. 그런 태도는 조정 안팎의 대소신료들로 하여금 유교문명의 성세(盛世)에 대한 기대에 부풀게 만들었다. 성종이 세종과 정조에 버금가는 호학군주(好學君主)로 지금까지 꼽히고 있는 까닭이다.

그처럼 새로운 시대에 대한 희망이 일어나기 시작하던 성종 2년(1471) 봄날, 매월당 김시습이 오랜 방랑의 생활을 접고 서울로 돌아왔다. 세조 3년(1457) 봄에 떠났으니, 실로 14년 만의 귀환이었다. 잘 알려진 것처럼 그는 세조가 일으킨 계유정난과 왕위찬탈, 그리고 단종복위 운동의 좌절을 목도하면서 현실 정치에 대한 미련을 버렸었다. 승려의 행색으로 전국을 전전한 까닭이다. 그랬던 그가 현실로 복귀했다. 뒷날, 그는 그때의 심경을 이렇게 밝힌 바 있다.

> 사람들은 내가 부처를 좋아한다고 여기고 있지만, 이도(異道)로 세상에 이름을 드러내고자 한 것은 아닙니다. 세조가 자주 불렀지만 나아가지 않았던 것도 그런 이유에서였습니다. 하지만 처신은 오활하고 거칠어 다른 사람과 맞지 않았으므로 어떤 사람은 바보로 여기고 어떤 사람은 미치광이로 여겨 소나 말이라 불렀지만, 모두 응해주었습니다. 지금 성상[성종]께서 즉위하여 어진 사람을 등용하고 간언을 들어준다기에 벼슬하려는 마음을 먹고 십여 년 전에 했던 육경(六經)의 세계로 돌아와 공부하여 조금 정밀하게 되었습니다.[4]

서울로 돌아와서 10년 남짓 머물렀다가 다시 떠나 관동지역을 전전하던 50대 전반 무렵, 양양부사(襄陽府使) 유자한(柳自漢)에게 자신의 회포를 적어 올린 편지의 한 대목이다. 독실한 불교 신자였던 효령대군(태종의 차남)은 불경 언해라든가 원각사 낙성연(落成宴)과 같은 불사(佛事)가 있을 때마다 경주 금오산에 머물고 있던 김시습을 불러올리곤 했다. 세종 치세 때 이미 '오세신동(五歲神童)'으로 불렸던 천재 김시습은 불교에 대해서도 당대 최고의 지식을 갖춘 인물로 평가받았다. 세조는 그런 뛰어난 김시습을 서울에 주저앉히고 싶어 했다. 하지만 그때마다 김시습은 세조의 만류를 뿌리치고 내려갔다. 승려로 세상에 이름을 떨친다거나 왕위를 찬탈한 군주 아래에서 벼슬하는 것은 자신의 본뜻이 아니었다. 그랬던 김시습이 성종의 즉위와 함께 자기 발로 서울에 올라왔다. 새로 즉위한 군주의 치세에서 벼슬해보려는 마음에서였다. 어진 사람을 거두어 쓰고 옳은 간언을 받아들여준다는 새로운 임금 성종에게 희망을 걸었기에 가능한 행보였다.

하지만 김시습의 기대는 그리 오래가지 못했다. 10여 년 만에 돌아와 다시 마주한 현실은 자신이 예상했던 것과 사뭇 달랐다. 그가 자주 표현하고 있듯, "몸과 세상이 어긋나서 마치 둥근 구멍에 모난 자루를 박는 격[身世相違, 如圓鑿方枘]"이었던 것이다. 실제로 서울로 돌아온 김시습은 서거정(徐居正), 김수온(金守溫)과 같이 예전부터 친분이 있던 인물들을 자주 찾았다. 그들은 성종 대 초반의 문한(文翰)을 좌지우지하던 거물급 관료였다. 김시습은 그들에게 벼슬을 구하러 올라왔다는 속내를 은근히 내비치기도 했다. 하지만 그들은 애써 외면했다. 김시습의 행적과 성정을 잘 알고 있던 그들은 선뜻 나서 김시습을 관직에 추천해주기를 꺼렸다. 심지어 대제학을 지낸 이계전(李季甸)의 문하에서 동문수학했던 서거정조차 그러했다. 세상은 여전히 김시습에게 냉담했던 것이다.

마침내 성종 13년 봄날, 김시습은 다시 두타승(頭陀僧, 걸식과 노숙으로 고행하는 승려)의 행색을 하고 서울을 떠난다. 이후 김시습은 춘천, 금강산, 설악산 등 관동지방의 여러 산사를 전전했다. 양양부사 유자한은 그런 김시습에게 다시 세상으로 돌아오라고 권해보았지만, 김시습은 이런저런 이유를 들어 완곡하게 거절했다. 현실 정치에 환멸을 느껴 모든 미련을 끊어버린 것이다. 하지만 성종 2년 현실로 복귀했다가 성종 13년 다시 떠나기까지, 그가 보낸 서울 생활은 김시습의 삶뿐만 아니라 당대의 분위기를 이해하기 위해 결코 간과해서는 안 된다. 김시습은 그 시절을 이렇게 회상하고 있다.

> 저는 천성적으로 자연을 좋아하여 세상 사람들에게 "나 같은 사람은 비록 지체 높은 벼슬아치라고 해도 한번 보면 세속의 정을 마음에 두지 않는다"라고 하였습니다. 서울의 친구인 김수온, 서거정, 김뉴(金紐)에 대해서도 옛 친구로서 허물없이 상대했습니다. 하지만 새로 알게 된 사람들이라도 대화할 만하면 곧바로 손을 맞잡고 단란하게 시문을 평론하였으니, 나이라든가 지위의 높고 낮음을 조금도 따지지 않았습니다.[5]

서울로 돌아왔던 성종 초년, 김시습이 밝히고 있듯 그가 우참찬(정2품)인 서거정, 지중추부사(정2품)인 김수온, 예문관직제학(정3품)인 김뉴와 같은 고위관료를 스스럼없이 대했다는 말은 괜한 허풍이 아니었다. 대제학 서거정을 거리에서 만나면 "강중(剛中)아!"라고 친구처럼 자(字)를 불렀다거나, 집으로 찾아와도 일어나지 않고 발을 벽에 올리고 누운 채 맞이하기도 했다고 한다. 다소 과장이 있겠지만, 이와 유사한 일화를 여러 문헌에서 전하고 있다. 하지만 위의 진술에서 눈여겨보아야 할 점은 그처럼 예전부터 친분이 있던 인물과의 만남이 아니라 새롭게 만난 젊은이들과 스스럼없이 지냈다는 대목이다. 그는 이야기할 만한 상대를 만나면, 나이라든가 지위를 따지지 않고 함께 어울렸다. 이런 사실이 여러 기록에서 확인된다. 남효온은 자신이 편찬한 『사우명행록』에서 김시습과 절친하게 지냈던 인물로 자기를 포함해 이정은, 우선언(禹善彦), 안응세(安應世)를 꼽고 있다.[6] 김시습과 무려 스무 살 정도 나이 차이가 났던 성종 대의 젊은 유생들이다.

이처럼 40대의 김시습은 20대의 신진사류들과 막역한 벗처럼 어울렸고, 나이를 뛰어넘은 그들의 교유는 성종 대의 시대정신을 이해하는 결정적인 계기가 된다. 김시습은 자신을 그들과 시문을 함께 평론하는 '문장의 선배'로 칭하고 있다. 하지만 그의 역할은 시문 토론에 그치지 않았다. 세조의 불의를 용납할 수 없어 20대에 서울을 떠났던 김시습은, 성종 대의 20대 젊은이들에게 과거의 은밀한 비화(秘話)를 들려주는 '시대의 선배'이기도 했던 것이다. 새로운 시대가 되었음에도 불구하고, 세조 때의 훈구공신이 여전히 권력을 장악하고 있는 정치 현실에 그들 모두 한마음으로 분노했다. 그처럼 중년의 김시습과 젊은 남효온이 시대적 공분을 함께 했음을 알려주는 일화가 하나 있다.

김시습이 남효온에게 "나는 세종의 두터운 지우(知遇)를 받았으니 이처럼 괴롭게 생활하는 것이 마땅하다. 하지만 그대는 나와 처지가 다른데, 어찌 세도(世道)를 위하여 계획하지 않는가?" 하고 물었다. 남효온이 "소릉복위가 이루어진 뒤에 과거에 응시해도 늦지 않을 것입니다"라고 대답하니, 김시습도 재차 강요하지 않았다.[7]

두 사람이 나눈 대화의 주제는 소릉복위였다. 세조의 불의를 용납할 수 없어 현실을 떠났던 김시습, 그리고 그때의 불의가 여전히 바로잡히지 않고 있는 성종 대의 현실을 용납할 수 없었던 남효온의 시대정신은 완벽하게 일치했다. 스물다섯의 젊은 나이에 상소를 올렸다가 살아서는 훈구공신의 미움을 사서 현실에서 배척 당하고, 죽어서는 연산군에 의해 참변을 겪어야 했던 소릉복위의 염원이 어디에서 비롯된 것인지를 짐작하게 만드는 대목이다. 장인 윤훈, 장인의 친구 이계기, 그리고 시대의 선배 김시습의 절의를 가까이에서 지켜보며 젊은 남효온은 시대정신을 날카롭게 벼려갔다. 유교를 국시로 내건 조선에서 유교문명을 제대로 구현해보겠다는 염원으로 김시습과 남효온은 나이를 뛰어넘는 동지가 될 수 있었던 것이다.

남효온의 유년과 그의 젊은 벗들

김시습이 서울로 복귀했던 성종 2년, 남효온은 열여덟 살의 젊은이였다. 단종 2년(1454)에 태어난 남효온은 참으로 격동하던 시대에 유년기를 보냈다. 그의 나이 두 살 때 단종이 왕위에서 쫓겨났고, 세 살 때에는 단종의 복위를 도모하던 성삼문, 박팽년과 같은 수많은 충신들이 죽어 나갔다. 이듬해, 단종도 영월에서 비극적인 최후를 맞이했다. 그처럼 혹독한 현실을 견딜 수 없어 김시습이 서울을 뛰쳐나가 전국을 방랑하던 무렵, 남효온은 서울에서 어린 시절을 보내고 있었다. 그런 남효온을 이해하기 위해서는 그의 가문 배경을 살펴볼 필요가 있다. 뒷날, 후손 남공철(南公轍)은 남효온의 가계를 다음과 같이 소개한 바 있다.

> 공의 이름은 효온이고, 자는 백공(伯恭)이다. 학자들은 추강 선생이라 일컫고 있다. 남씨는 대대로 의령(宜寧)에 살았다. 선조 남재(南在)는 영의정을 지냈고, 시호는 충경(忠景)으로 태조 사당에 배향되었다. 증조부 남간(南簡)은 직제학을 지냈는데 청백리로 이름이 높았다. 조부 남준(南俊)은 사헌부 감찰을 지냈고, 부친 남전(南佺)은 생원이었다. 어머니는 이씨이다.[8]

남효온은 평생 간고한 선비의 삶을 보냈지만, 본디 혁혁한 명문가의 후예였다. 5대조 남재는 조선 개국의 일등공신으로서 정1품의 영의정을 지냈을 정도였다. 하지만 남효온의 가계를 자세히 보면, 가문의 영광이 순탄하게 이어지지 못한 것처럼 보인다. 증조부 남간은 정3품의 예문관 직제학, 조부 남준은 정6품의 사헌부 감찰을 지냈고, 부친 남전은 생원에 그쳤을 따름이다. 대를 거듭할수록 그의 가문은 내리막길을 걸었다. 이 같은 가문의 역사는 현실에 대해 그토록 비판적이던 남효온의 태도를 짐작하게 하는 단서를 제공한다.

전근대 사회를 살아간 인물을 제대로 이해하기 위해서는 그가 속한 가문에 대한 고찰은 필수적이다. 그런 까닭에서라면 겉으로 드러난 가계는 물론이고, 생략된 가계도 함께 살펴볼 필요가 있다. 남효온 가문의 경우, 5대조인 남재의 아우 남은(南誾)에게 주목할 필요가 있다. 형과 함께 개국공신 1등에 녹훈되었던 그는 건국 과정에서 형 남재보다 훨씬 두드러진 활약을 보였다. 정도전과 함께 요동 정벌을 강력하게 추진하기도 했고, 방석(芳碩)을 세자로 세우려던 태조 이성계의 뜻을 적극 지지하기도 했다. 그러다가 제1차 왕자의 난을 일으킨 이방원에 의해 정도전과 함께 살해되고 만다. 그때, 넷째였던 남지(南贄)도 죽임을 당했다. 반면 이방원의 편에 섰던 남재는 그 공을 인정받아 영의정까지 올랐으니, 조선 건국 초기의 정치적 격변이 형제들의 운명을 극명하게 갈라놓았던 것이다.

남효온의 5대조 남은과 남지의 패망과 함께 증조부 대의 남지(南智)도 주의 깊게 보아야 한다. 좌의정이었던 남지는 영의정 황보인, 우의정 김종서와 함께 문종으로부터 어린 단종의 보필을 부탁받은 고명대신(顧命大臣)이었다. 게다가 안평대군(세종의 삼남)과는 사돈지간이었으니, 수양대군이 일으킨 계유정난의 살육으로부터 살아남기 어려운 처지에 있었다. 그럼에도 불구하고 목숨만은 부지할 수 있었는데, 중병으로 사경을 헤매고 있었기 때문이다. 남효온의 당숙뻘 되는 남이(南怡)의 존재도 빼놓을 수 없다. 그는 이시애의 난을 평정한 공로로 적개공신(敵愾功臣) 1등에 녹훈되고, 스물여섯 젊은 나이에 병조판서가 될 정도로 신공신(新功臣)의 주역으로 주목을 받았다. 하지만 유자광의 모함과 한명회와 같은 구공신(舊功臣)의 반격으로 예종 즉위년(1468)에 역적이란 죄목을 뒤집어쓰고 제거되고 만다.

살펴본 바와 같이 남효온의 가문은 조선 건국 초기에 빈번하게 일어났던 정치적 격변의 한복판에 있었다. 이는 남효온의 가문이 기울어가는 데 적지 않은 영향을 주었던 것으로 보인다. 조부 남준은 정6품에 그쳤으며, 부친 남전은 행적조차 제대로 남기지 못했다. 생원시에 합격했지만 32세에 죽었다는 사실만 확인될 따름이다. 현실 정치 무대에서 점차 스러져갔던 조부와 부친의 행보가 그들 자신의 능력 부족 때문만은 아니었을 터이다. 끊이지 않던 당시의 정변은 거의 대부분 집권자의 권력을 향한 야욕으로 인해 일어났다. 피비린내가 잦아들지 않던 정쟁의 시대에 가문의 침체를 지켜보던 어린 남효온은 깊은 혼란에 빠져들었다. 자신이 듣고 배운 유교경전의 가르침과 눈앞에서 벌어지고 있는 현실 정치 사이에서 엄청난 괴리를 느끼지 않을 수 없었기 때문이다.

남효온이 보냈던 이런 유년 시절을 감안한다면, 그가 유교적 명분과 어긋나는 방식으로 왕위를 차지한 세조와 거기에 빌붙어 권력을 농단하고 있는 훈구공신과 긴장 관계를 형성했던 정황을 충분히 이해할 수 있다. 세조가 저지른 반인륜적 잘못을 바로잡기 위해 소릉복위를 주장하고, 훈구공신의 배척에도 불구하고 역적으로 죽어간 인물을 충절의 인물로 되살려내기 위한 기록인 『육신전』을 집필한 행위도 일견 납득이 된다. 물론 남효온도 여느 사대부가의 자제들처럼 어린 시절에는 과거공부에 매진했다. 그런 사실은 자기 스스로 13~14세 무렵, 곧 세조 말년에 남학(南學)에 다니고 있었다고 밝힌 데서 확인된다. 남학은 서울의 동부, 서부, 중부, 남부에 설치된 사부학당(四部學堂)의 하나로서, 성균관에 들어가기 전의 사대부 가문 자제를 가르치던 교육기관이었다. 요즘으로 치면 중고등학교쯤 된다. 당시 서울 사대부 가문의 자제들은 사부학당에서 유교의 기본 소양을 닦은 뒤, 성균관에 들어가 본격적으로 과거시험을 준비했다. 남효온 역시 남학을 거쳐 성균관에 입학했다. 과거공부의 코스를 착실하게 밟아가던 그는 성균관 시절의 일화를 다음과 같이 기록해두기도 했다.

> 자욱(自勖, 정여창)의 사람됨은 성품이 단아하고 중후하였다. 술을 마시지 않고, 냄새나는 채소를 먹지 않고, 쇠고기와 말고기를 먹지 않았다. 겉으로는 일상적인 얘기를 하면서도 안으로 마음은 또렷이 깨어 있었다. 젊은 날 성균관에 거처할 때에 남들과 함께 자면서 코는 골지만 잠은 들지 않거늘 남들이 눈치 채지 못했다. 어느 날 최진국(崔鎭國)에게 그 사실을 들킨 뒤로 성균관 안에 떠들썩하게 소문이 퍼졌다. "정 아무개는 참선하느라 자지 않는다"라고.[9]

뒷날 광해군 때 김굉필, 조광조, 이언적, 이황과 함께 동방오현(東方五賢)의 일원으로 꼽혀 문묘에 배향된 정여창과 관련된 일화이다. 남효온과 함께 성균관에서 공부하던 유생 시절의 그는 남들과 매우 달랐다. 부정한 행실을 일체 하지 않은 채 언제 어디서든 항상 맑은 정신을 간직하며 지냈다. 먹는 음식조차 정신을 흐리게 만드는 것은 일체 입에도 대지 않았다. 그런 모습은 도를 닦고 있는 수도자의 모습을 방불케 하여, 동료들로부터 참선을 한다는 놀림을 받았을 정도였다. 물론 그의 몸가짐이 돋보이긴 했지만, 그렇다고 해서 유별난 그 무엇은 아니었다. 그즈음 성균관에는 그런 행실을 하는 동료들이 적지 않았기 때문이다. 성균관의 그 당시 분위기에 대한 남효온의 증언을 더 들어보자.

> 젊은 날 성균관에서 공부할 때 서울의 준수한 선비들과 함께 주자의 고사에 의거하여 향약(鄕約)을 만들고 매달 초하루에는 『소학』을 강론하였다. 그때 선발된 부류는 모두 이름난 인물로 김용석, 신종호, 박연, 손효조, 정경조, 권주, 정석형, 강백진, 김윤제 등이다. 이들은 그 가운데 뛰어난 사람이고, 나머지는 모두 기록하지 못할 정도이다. 세상에서 이들을 탐탁지 않게 여기지 않는 자들은 시끄럽게 험담을 하며 소학계(小學契)라 지목하거나 효자계(孝子契)라 지목하면서, 공자(孔子), 사성(四聖), 십철(十哲)처럼 군다고 놀리기도 했다.[10]

남효온이 『사우명행록』에서 친구 강응정(姜應貞)을 소개하고 있는 대목이다. 성종 초년, 성균관에 다니는 유생들은 주자가 처음 시행한 향약을 본받아 결성하거나 그가 편찬한 『소학』을 배우는 데 무척 열심이었다. 요즘 말로 하면, 스터디 그룹을 결성하여 『소학』을 공부하고 실천하는 분위기로 가득 찼던 것이다. 그 모임의 리더가 바로 강응정이었다. 충청도

은진(恩津) 출신이었던 그는 성종 1년 충청도관찰사의 추천으로 효자로 정려를 받은 경력이 있을 뿐만 아니라 경서, 사주, 관상, 의술, 지리 등 다방면에서 발군의 능력을 보였다고 한다. 때문에 성종 9년에도 함양의 정여창, 태인의 정극인과 함께 효렴(孝廉)으로 천거되기도 했다. 그처럼 주변 사람들로부터 효성이 깊고 청렴하다고 존중받았던 강응정은 주자가 제창한 성리학적 이념을 조선 사회에서도 그대로 실천해보고자 했던 새로운 유형의 인물로 주목받기 시작했다.

당시 이런 젊은 유생들은 많은 사람들에게 감탄과 존경을 불러일으키기도 했지만, 때로는 원리원칙만 고수한다는 조롱을 받기도 했다. 남효온의 증언처럼, 이런 부류를 좋아하지 않는 자들의 시끄러운 비방도 적지 않았던 것이다. 그들은 대체로 낡은 기성세대, 이른바 훈구공신들이었다. 그들은 『소학』 공부 모임을 결성하여 주자의 가르침을 실천하려던 젊은 유생을 '사성'이나 '십철'이라 부르곤 했다. 요즘 말로 하면 "잘났어, 정말!" 하며 비아냥거렸다. 하지만 이 젊은 유생들은 숱한 조롱에도 불구하고 요순우탕(堯舜禹湯)과 같은 유가의 성군(聖君), 또는 안연, 민자건, 염백우, 중궁, 재아, 자공, 염유, 계로, 자유, 자하와 같은 공자의 제자가 되기를 희망했다. 유가의 최고 인물을 자신의 롤모델로 설정하고, 거기에 도달하기 위한 첫출발로 『소학』의 가르침을 몸으로 체득하고자 했다.

사실, 주자가 제자 유자징과 『소학』이란 수신서를 편찬하게 된 동기는 아동에게 성리학의 기본 소양을 가르치기 위해서였다. 때문에 『소학』은 학문을 처음 시작하는 '입교(入教)', 오륜의 의미를 풀이한 '명륜(明倫)', 몸을 공경하게 하는 '경신(敬身)', 성현의 뛰어난 행적을 담은 '계고(稽古)'와 같은 초보적인 가르침과 함께 성현의 언행을 모아놓은 '가언(嘉

言)'과 '선행(善行)'으로 구성되었다. 본디 『소학』은 여덟 살 안팎의 어린 아동이 배우는 초학 교재에 불과했다. 그러다가 '동방의 요순군자'라고 칭송을 받은 세종에 의해 유교 국가의 기틀을 확립하는 초학서로 중시되기 시작했다. 그리고 세종 대의 유교문명을 재현하고자 했던 성종 역시 『소학』 교육을 무척 강조했다.

물론 어린 성종이 처음부터 『소학』의 중요성을 제대로 파악하지는 못했을 것이다. 처음에는 경연을 통해 노성한 대신들로부터 그 필요성을 깨달았으리라 짐작된다. 그런 점에서 성종 2년에 대사헌 한치형이 올린 「시의(時宜) 17조」의 상소는 주목할 만하다.[11] 그는 여기에서 『삼강행실도』와 함께 『소학』 교육의 필요성을 강조했다. 하지만 『소학』 교육은 그 이후 제대로 이루어지지 않았던 듯하다. 그런 지지부진한 상황에서 유교 경전을 착실하게 학습해가며 어느덧 성인이 된 성종은 그 중요성을 절실하게 깨닫게 되었고, 이윽고 다음과 같은 강력한 전교를 내릴 수 있었다.

> 일찍이 여러 도에 명을 내려 『소학』과 『삼강행실도』를 간행하여 대소신민 모두 배우고 익혀서 효과를 거두기를 바랐다. 그런데도 식견이 없는 관리들이 태만하게 여기고 시행하지 않아 실효를 거두지 못하고 있으니 참으로 한심한 일이다. 그대들은 나의 생각을 잘 받들어 지난 잘못을 답습하지 말도록 하라. 이제부터 모든 고을의 유생들은 나이의 많고 적음을 가리지 않고 모두 『소학』을 익히도록 하라. 젊은이는 그 글을 외고 어른은 그 뜻을 통달하여 융회관통(融會貫通)하게 된 뒤에 사서(四書) 공부하는 것을 영구한 법식으로 삼도록 하라.[12]

성종 7년 7월 23일에 내린 명이다. 성종의 분부가 전에 비해 무척 단호해졌다. 그 까닭은 성종이 친정(親政)을 시작한 직후였기 때문이다. 그해 1월 13일 정희왕후는 수렴청정을 마친다는 언문의 교지를 내렸고, 5월 9일에는 원상제까지도 폐지되었다. 스무 살 성인이 된 성종은 이제 비로소 자신의 정치적 목소리를 낼 수 있게 되었던 것이다. 위의 분부는 그처럼 친정이 시작되고 두 달쯤 지난 뒤의 일이었다. 성종은 자신의 정치적 방향을 『소학』으로부터 잡아보고자 했다. "유교정신의 기본으로 돌아가자." 그것이 친정을 선포했던 성종의 일성(一聲)이었다. 여덟 살의 아동이 읽던 유교 입문서를 나이 고하를 막론하고 완벽하게 체득한 뒤에라야 『논어』, 『맹자』와 같은 사서를 배우도록 하는 불변의 법식을 만들라고 분부할 정도였다. 성균관 유생들이 소학계를 결성하여 강론하고 실천하는 데 그토록 열을 올리던 저간의 사정을 짐작하게 만드는 대목이다. 성종의 치세는 그렇게 『소학』의 정신과 함께 시작되었다.

| 남효온의 가계도 |

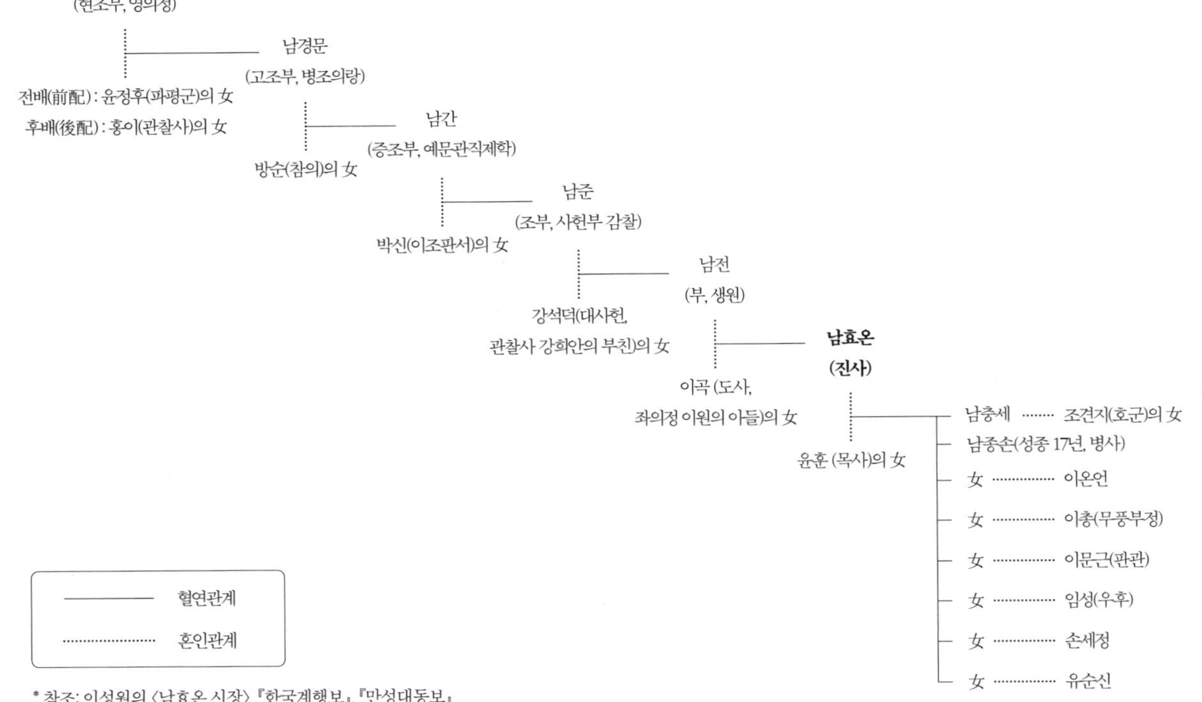

* 참조: 이성원의 〈남효온 시장〉, 『한국계행보』, 『만성대동보』

김종직의 『소학』 교육과 시대정신

성종은 친정을 시작하며 내린 전교에서 "식견이 없는 관리들이 태만하게 여기고 시행하지 않아 (『소학』 교육의) 실효를 거두고 있지 못하니 참으로 한심한 일이다"라고 개탄했다. 하지만 성종의 개탄이 적용되지 않던 지방관 한 사람이 있었다. 점필재 김종직이 바로 그 장본인이다. 항우가 어린 의제(義帝)를 죽여 강물에 던져버린 사건을 소재로 삼아 지은 「조의제문」이 빌미가 되어 무오사화 때 부관참시를 당한 인물이기도 하다. 세조가 단종을 죽인 것을 항우가 의제를 죽인 일에 빗대어 비판한 것이라는 유자광의 모함으로 자기 자신은 물론이요, 많은 제자들도 함께 참화를 겪었다. 김일손, 권오복, 권경유와 같이 「조의제문」을 실록에 실으려고 했던 제자들은 능지처사를 당했으며 이목, 허반, 강겸과 같이 적극 동조한 제자들도 참형에 처해졌다. 심지어 정여창, 김굉필, 표연말, 강백진, 박한주 등은 김종직의 제자라는 이유만으로 변방으로 유배를 가야만 했다.

당시 유배형에 처해져서 겨우 목숨만은 부지했던 그들도 6년 뒤에 일어난 갑자사화 때 모두 다시 끌려 나와 죽임을 당하고 만다. 무오년과 갑자년에 일어난 두 차례의 사화는 김종직과 그의 제자를 말살하기 위해 벌어진 정치적 학살에 다름 아니었다. 그렇다면 유자광, 이극돈, 윤필상과 같은 훈구공신은 물론이고 그들의 모함을 받아들인 연산군은 젊은 그들을 모조리 죽여버림으로써 무엇을 얻고자 했던 것일까? 궁금할 따름이다. 아니, 무엇이 그토록 두려워 젊은 유생들을 모두 죽여버리려 했던 것일까? 의문에 대한 답변은 연산군이 그들을 처단할 때 내건 죄목에서 찾아볼 수 있다. 난언(亂言), 범상(犯上), 붕당 등이 그것이다. 신진사류들이 무리를 짓고서는 할 말 못 할 말을 거리낌 없이 하며 윗사람을 능멸했다는 것이다. 유언비어를 퍼뜨리는 풍조를 막겠다는 의도였다. 이쯤에서 연산군의 말을 직접 들어보자.

> 김일손 등의 목을 벨 때에 백관으로 하여금 가서 보게 하라. 최근에 경상도와 제천 등에서 일어난 지진도 바로 이들 때문에 일어난 것이다. 옛사람은 지진이 임금의 실덕에서 일어난다 하였지만, 이번 변괴는 이들의 소치이다. 유생들이 성균관이나 사학에 다니면서 단지 옛글만 보았지 조정의 법도를 알지 못하면서 조정의 정사를 비방하니, 어찌 이런 풍조가 있을 수 있는가? 비록 이런 무리가 학문에 뛰어나다 해도 행실이 이러할진대, 도리어 무식한 자들만도 못하다.[13]

조정의 정사를 비방했다는 유언비어는 대부분 세조가 저지른 반인륜적인 처사와 관련된 내용이었다. 이를테면 세조가 맏아들 의경세자의 후궁 권귀인(權貴人)을 넘보았다는 추문, 단종의 모친인 현덕왕후의 시신을 파내어 물가에 내버렸다는 소문, 영월로 유배 보낸 단종을 죽여 까마귀의 밥이 되게 했다는 풍문 등이었다. 성종 대에 젊은 시절을 보낸 이들은 지난날 자행된 비행을 은밀하게, 하지만 공공연하게 바로잡아야 한다고 요구하고 있었다. 이에 맞서 연산군은 그들의 요구를 붕당과 난언으로 규정하고, 조정을 능멸한 중죄로 처단하고자 했다.

그런 연산군의 발언에서 좀 더 눈여겨보아야 할 대목은 젊은 유생들이 옛글만 읽어 세상 물정도 제대로 모르면서 비판만 하고 있다는 판단의 근거이다. 여기에서 말하고 있는 '옛글'이란 물론 유교경전을 가리킨다. 그의 발언에 의거해 보건대 연산군은 절대적 진리로 간주되던 유교경전과는 다른 현실적 논리가 있다는 인식, 즉 이상과 현실은 다르다는 믿음이 있었다. 틀린 말은 아니다. 어느 시대든 이상과 현실 사이의 괴리는 존재하기 마련이다. 하지만 그런 논리가 정당성을 잃은 기득권층이 젊은 세대의 새로운 시대정신을 묵살하기 위한 억압 기제로 자주 악용되어왔다는 사실도 간과해서는 안 된다. 성종의 시대에도 그러했다. 성균관의 젊은 유생들은 자신이 경전에서 배운 가르침이 현실에서도 그대로 구현되어야 한다고 굳게 믿고 있었다. 그와 같은 믿음은, 조정에서도 이제까지 적극 권장해왔고 젊은 그들도 공부 모임을 만들어 학습하고 체득해온 『소학』의 정신에서 비롯된 것이었다.

앞서 살펴보았듯, 성종은 즉위 초부터 『소학』 교육의 중요성을 역설했고, 친정 이후로는 『소학』에서 사서로 이어지는 학습 커리큘럼을 불변의 제도로 확정하기까지 했다. 성균관의 젊은 유생들은 그런 시대적 과제를 충실하게 수행하고자 했다. 이와 같은 시대의 변화를 가장 모범적으로 실천한 인물은 젊은 그들의 최고 스승이었던 김종직이었다. 김종직은 성종 2년의 봄날, 함양군수에 제수되어 지방으로 내려갔다. 김시습이 오랜 방랑을 끝마치고 경주에서 서울로 돌아오던 바로 그때였다. 성종 초년, 김종직과 김시습의 행로는 서로 엇갈렸다. 한 사람은 지방에서 서울로,

또 한 사람은 서울에서 지방으로 향했다. 김종직 자신은 노모 봉양을 위해 함양군수를 자원한 것이라 말했지만, 실제로는 좌천이나 다름없었다. 서울로 복귀한 김시습을 훈구대신들이 결코 용납하지 않았던 것과 마찬가지로 김종직도 지방관으로 내쳐지는 정치적 견제를 받았다.

뒷날 김종직은 '성리학의 종장'으로 추앙을 받게 되지만, 당시에는 경상도 밀양에서 올라온 '촌놈' 지식인에 불과했다. 비록 세조 5년에 문과 급제한 이후 승문원, 사헌부와 같은 요직에 근무하며 발군의 능력을 발휘할 수 있었지만, 성종이 즉위한 이후 기나긴 침체의 시련을 맛보아야만 했다. 훈구공신이 원상제라는 제도를 활용해 학문 권력과 정치 권력을 틀어쥐고 있는 상황에서 지방의 변변찮은 가문 출신인 김종직이 운신할 수 있는 여지는 크지 않았다. 성종의 즉위에 희망을 품고 서울로 돌아온 김시습이 10여 년 남짓 깊은 좌절을 맛보았던 것처럼, 김종직 역시 지방관을 전전하는 신세를 면치 못했다. 새로운 시대가 되었지만, 아직 새로운 시대는 오지 않고 있었다. 이른바 춘래불사춘(春來不似春), 봄이 왔건만 전혀 봄 같지 않던 봄이었다.

함양군수로 내려간 김종직은 오랫동안 중앙의 정치 무대로 복귀하지 못한다. 성종 7년(1476) 봄에 함양군수 임기를 마치고 올라와 몇 달 동안 승문원에 머물다가 다시 선산부사로 내려가야 했다. 그러나 그로부터 성종 13년(1482) 홍문관으로 불려 올라오기 전까지 함양군수로 5년, 선산부사로 5년, 그리고 밀양에서 모친상을 치르며 3년, 도합 13년간을 지방에서 보내야 했던 김종직은 그 기간에 뜻밖에도 너무나도 값진 만남을 가졌다. 김굉필, 정여창, 표연말(表沿沫), 조위, 유호인, 김일손 등과 같이 쟁쟁한 지역의 젊은이들을 직접 가르칠 수 있었던 것이다. 김종직의 가르침은 언제나 『소학』으로부터 시작했다. 남효온은 그런 사실을 다음과 같이 증언했다.

> 김굉필은 자가 대유(大猷)이다. 점필재 김종직에게 배웠고, 성종 11년 생원시에 입격하였다. 나와 동갑인데, 생일은 나보다 늦다. 현풍에서 살았다. 고상한 행실은 비할 데가 없어 평상시에도 반드시 의관을 갖춰 입었고, 본부인 외에는 여색을 가까이하지 않았다. 손에서 『소학』을 놓지 않았으며, 한밤중이 되어야 잠자리에 들었고 새벽닭이 울면 일어났다. 사람들이 국가의 일을 물으면, 언제나 "『소학』을 읽는 아이가 어찌 큰 의리를 알겠는가?"라고 하였다. 일찍이 "그동안 학문에 종사했어도 천기(天機)를 몰랐는데, 『소학』에서 어제의 잘못을 깨달았노라"라는 시를 지었다. 점필재 선생이 "이것은 성인이 되는 근본 터전이니, 노재(魯齋, 원나라 성리학자 허형[許衡]의 호) 이후에 어찌 그러한 사람이 없다고 하겠는가?"라고 평했으니, 그를 추중하는 것이 이와 같았다.[14]

김종직이 원나라 최고의 성리학자 허형에 견주어 칭찬한 바 있듯, 김굉필은 우리나라의 도학을 창도한 인물로 받들어지고 있다. 동방오현의 으뜸으로 문묘에 배향될 수 있었던 영예도 김종직에게 『소학』을 배우며 학문의 방향을 제대로 잡았기 때문이다. 한때, 과거급제를 공부의 목적으로 여겼던 그는 김종직에게 『소학』의 정신을 배움으로써 지난날의 헛된 공부를 반성하며 진정한 학문의 길로 들어설 수 있었다. 그래서 그는 지금껏 '소학동자(小學童子)'로 불리고 있을 정도이다. 김굉필만이 아니었다. 김종직으로부터 유학의 근본에 관한 가르침을 받은 많은 젊은 제자들은 김종직 사후, 그를 "마음을 바르게 하는 학문[正心之學]"으로 자신을 인도해준 스승으로 하나같이 존경했다.[15] 물론 자기 스승을 공자에 버금가는 인물처럼 지나치게 추켜세웠다는 이유로 제자 이원(李黿)은 무오사화 때 유배를 갔다가 갑자사화 때 참형에 처해졌지만 말이다. 김종직을 스승으로 믿고 따랐다는 이유만으로 붕당으로 몰려 죽임을 당하던 당시의 실상이다.

사정이 이러할진대 며느리를 추행하고, 형수의 무덤을 파헤치고, 조카의 왕위를 빼앗은 세조의 행태를 바로잡아야 한다는 젊은이들의 비판을 그냥 보고만 있을 연산군이 아니었다. 능지처사, 참형, 형장, 유배와 같은 형벌로 그들의 요구에 재갈을 물리고자 했다. 하지만 김종직의 제자들은 그 무시무시한 형벌 앞에서 누구 하나 자신의 신념을 굽히지 않았다. 김굉필은 묵묵하게 목에 들어온 칼날을 받았고, 이원은 즐거운 마음으로 죽어갔다. 실록에 실려 있는 그들의 최후 장면을 보고 있노라면, 순교자의 죽음을 보고 있는 듯하다. 죽음도 두려워하지 않던 그런 용기는 도대체 어떻게 가능했던 것일까? 그것은 새로운 유교문명을 꿈꾸던 젊은 유생들의 눈을 뜨게 만들어준 김종직과 같은 '시대의 스승'으로부터 『소학』의 정신을 배워 체화하고 있었기 때문일 터이다. 오늘날 우리는 이와 같은 새로운 삶의 행보를 걸어간 젊은 유생들을 성종 대의 신진사류라고 부른다. 그리고 남효온은 그들을 대표하는 가장 문제적인 핵심 인물이었다.

3장

한 장의 상소가 불러일으킨 파문

흙비와 구언, 그리고 젊은 유생의 상소

성종 9년(1478) 4월 1일, 하늘에서 비가 내렸다. 열세 살에 즉위한 성종도 어느덧 스물두 살의 어엿한 성인이 되어 있었다. 수렴청정과 원상제의 울타리에서 벗어나 친정을 펼친 지 2년이 지날 무렵이었다. 그런데 그날 내린 비는 예사롭지 않았다. 흙비[土雨]였던 것이다. 오늘날로 따지자면 늦봄과 초여름 사이에 종종 내리는 황사비였을 터이다. 요즘 같으면 으레 있을 수 있는 일로 넘어갔겠지만, 하늘이 맑디 맑았던 그 시절의 흙비는 천재지변으로 받아들여졌다. 그리고 그날의 흙비는 조선 사회를 발칵 뒤집어놓는 일대 사건으로 비화하기 시작했다. 지금도 그런 관념이 어느 정도 남아 있지만, 근대 이전 사람들은 천재지변이 일어나면 그 원인을 으레 인간 세상의 탓으로 여겼다.

중국 한나라의 학자 동중서(董仲舒)가 하늘과 인간의 원기(元氣)는 서로 감응한다고 주장한 이래, 하늘과 인간은 밀접하게 연계되어 있다는 학설은 일종의 진리처럼 받아들여졌다. 성종도 예외가 아니었다. 성종은 가장 먼저 도승지 신준(申浚)에게 흙비의 원인을 물었다. 도승지는 오늘날 대통령 비서실장에 해당하는 관직으로, 임금의 최측근이다. 그의 답변은 덤덤했다. "저희들은 날씨가 흐린 줄만 알았지, 흙비 내리는 것은 보지 못했습니다"라고 말할 뿐이었다. 신준의 대답에 근거해 당시 상황을 유추해본다면, 흙비가 내렸더라도 그리 많이 내리지는 않았음이 분명하다. 그럼에도 성종은 과민하게 반응했다. 재변을 그냥 지나칠 수 없다며, 이번에는 의정부에 전지(傳旨)를 내려 이유를 캐물었다.

> 하늘과 사람의 이치가 같아 현상과 본체는 서로 떨어질 수 없으니, 상서로움과 재변이 감응하는 것은 사람으로부터 비롯되는 것이다. 사리분별에 어두운 내가 임금 자리에 있으면서 밤낮으로 공경하고 부지런히 하며 임무를 다하지 못할까 두려워하고 있다. 그런데도 지난달에는 지진이 발생했고 이번 달에는 흙비가 내렸으니, 이런 천지재변에 어찌 까닭이 없겠는가?[1]

성종도 역대 임금들처럼 하늘의 변괴가 일어난 까닭을 자기 정치의 잘잘못에서 찾고자 했다. 부지런히 정사를 한다고 했는데도, 변고가 자주 일어나니 그 원인이 틀림없이 있으리라는 것이다. 이처럼 임금이 신하에게 바른말을 널리 구하는 행위를 '구언(求言)'이라고 일컫는데, 요즘 청와대에서 시행 중인 국민청원제도와 유사하다. 성종은 구언 제도를 자주 활용했던 임금으로 잘 알려져 있다. 가뭄이 들거나 홍수가 나거나 지진이 일어나거나 천둥이 사납게 치면 으레 구언상소의 분부를 내렸다. 한 연구자의 조사에 의하면, 성종은 25년의 재위 기간 동안 총 23회의 구언을 실시했다고 한다.[2] 거의 매년 한 번꼴로 귀를 열고 민심을 듣고자 했던 셈이다. 하지만 이날의 구언은 그 어느 때의 구언보다도 각별한 의미를 지닌다. 친정을 막 시작한 성종이 정국 운영의 방향을 구상하기 위해서 내린 전략적 행위로 보이기 때문이다. 성종이 의정부에 내린 질문은 다음과 같았다.

내가 모르는 사이에 세금이 과중했는가? 공사를 빈번하게 일으켰는가? 형벌이 바르지 못했는가? 인사에 잘못이 있었는가? 어질고 뛰어난 사람이 등용되지 못했는가? 남녀의 혼인이 때를 놓쳤는가? 수령의 탐학이 심한데도 관찰사의 좌천과 승진 보고가 잘못되었는가? 백성의 고통이 심한데도 아랫사람의 실정이 제대로 보고되지 못하고 있는가? 허물의 이유를 아무리 생각해보아도 허물은 진실로 내게 있을 터, 직언을 들어 하늘의 꾸짖음에 응답하고자 한다. 조정 안팎의 대소신료부터 민간의 백성에 이르기까지 나의 지극한 마음을 본받아 재변이 일어난 까닭과 그 재변을 멈추게 할 방도를 숨김없이 진술해보도록 하라.[3]

질문 하나하나가 매우 구체적이다. 마음에 깊이 담아두고 있던 사안이었기에 그럴 수 있었을 것이다. 그만큼 당시의 성종은 새로운 정치를 펼쳐보려는 의욕으로 가득 차 있었다. 분부를 내리고 난 이틀 뒤, 성균관의 문묘에서 작헌례(酌獻禮)를 거행하고, 명륜당 뜨락에서 성대한 양로연(養老宴)을 베풀었다. 조정의 대소신료를 비롯하여 성균관 유생 등 2,800여 명이 참석한 엄청난 규모였다. 마치 친정을 선포하는 발대식처럼 보일 정도였다. 성종은 그 자리에서도 신하들이 하고 싶은 말을 자유롭게 말해보도록 요구했다. 영의정 정창손이 가장 먼저 나섰다. "군자를 가까이하고 소인을 멀리하며, 이단을 물리치고 정도를 숭상해야 하옵니다." 다음은 한명회 차례였다. "전하께서는 역대 성군의 도리, 흥망성쇠의 사적,

유명한 신하들의 격언을 두루 읽어보셨습니다. 처음부터 끝까지 그것을 따르소서." 그 외에 여색에 빠지지 말 것, 사냥을 자주하지 말 것, 술과 음악을 너무 즐기지 말 것, 궁실을 사치스럽게 꾸미지 말 것, 신하의 옳은 간언을 잘 따를 것 등등 많은 말들이 올라왔다.

모두 지당한 말이 아니면, 낯간지러운 칭송뿐이었다. 성종이 진정 듣고 싶었던 말은 그게 아니었다. 이미 흙비가 내리던 날, 답변을 듣고 싶던 문제들을 구체적으로 열거하지 않았던가! 세금이 과중한가, 공사가 과다한가, 형벌이 올바른가, 인재 선발이 공정한가, 혼인이 제때 이루어지고 있는가, 감사는 수령을 제대로 감독하고 있는가, 억울한 백성이 없는가 등등. 조정의 원로대신들도 성종의 그런 의도를 모를 리 없었겠지만, 애써 모른 척했다. 성종이 요구한 구언의 내용은 모두 자신들이 권력을 틀어쥐고 자행하던 폐단이었기 때문이다. 그래도 완전히 입 닫고 있을 수는 없는 법. 정자에서 술을 마시며 노는 것을 금지해야 한다는 둥 채벌이 금지된 산 이외에서는 나무하는 것을 허락해야 한다는 둥 자질구레한 사안만 늘어놓았다.

그런 식으로 면피를 하며 어영부영 일주일이 지나갔다. 흙비의 재변을 계기로 대대적인 정치 쇄신을 도모하고자 했던 성종의 의도도 흐지부지되고 마는 듯했다. 하지만 반전이 일어났다. 일주일이 지난 4월 8일, 마침내 성종이 기다리던 답변이 올라왔다. 주계부정(朱溪副正) 이심원(李深源)이 흙비의 재변에 대처하는 방안을 담은 상소를 올린 것이다. 이심원은 태종의 둘째 아들 효령대군의 증손자로 성종보다는 세 살 위였다. 왕실 내에서 8촌 형뻘 되는 그는 성품이 단정하고 학문에도 뛰어나 성종도 그와 평소 가깝게 지냈다. 그런 이심원은 젊은 임금의 정치적 속내를 읽고 있었고, 성종이 듣고 싶어 했던 방안을 거침없이 털어놓았다. 그는 "전지에서 제시한 열 가지 일은 오늘날 병통이 아닌 것이 없어 전하께서 모두 알고 계신데 신이 다시 무슨 말을 보태겠습니까?"라며 말문을 열었다. 성종의 의도를 묵살하고 있던 훈구대신에게 완곡하면서도 날카로운 일침을 가하는 서두였다.

그런 다음, 곧바로 본격적인 사안으로 들어갔다. 탐학한 수령과 간교한 아전의 수탈, 권문세족과 그 집안 노비들의 횡포, 뇌물을 주고받기 위해 빈번하게 교체되는 관찰사 임명의 관행, 분에 넘치는 훈구공신의 사치 풍조를 조목조목 비판하는 한편 정여창, 정극인, 강응정, 경연(慶延)과 같은 유능한 인재를 등용하고 실력 있는 인물을 성균관 교수로 임명할 것을 간곡하게 아뢰었다. 그러고 나서는 비판의 칼날을 세조 이래 권력을 장악하고 있던 훈구공신의 목에 직접 겨누기 시작했다. "전하께서는 지금 권력을 쥐고 있는 자들이 모두 어질다고 여기십니까?"라고 직격탄을 날리고는 실상 그렇지 않음을 낱낱이 밝혀나갔다.

> 세조께서는 하늘이 준 용맹과 지혜, 해와 달과 같은 밝음으로 사람을 고를 때에 모든 것을 갖춘 사람을 구하지 않고 장단점을 비교하여 한 가지 재주에라도 뛰어난 자라면 모두 등용하였습니다. 그러므로 당대의 선비가 반린부익(攀鱗附翼, 용의 비늘을 잡고, 봉황의 날개에 붙좇음. 제왕에게 붙어서 공명을 이루게 된다는 의미)하여 모두 등용될 수 있었습니다. 하지만 지금 전하의 밝음은 세조에게 미치지 못합니다. 그런데도 그때의 신하들을 그대로 등용하고 계시니, 벼슬을 올리고 내리는 것에 어찌 잘못이 없겠습니까? 그러므로 세조께서 무인년(1458)에 예종

에게 훈계하시기를, "나는 어려운 때를 만났으나 너는 태평한 때를 만났다. 일은 세상을 따라 변하게 마련이다. 그런데도 네가 내 행적에 갇혀 변통할 줄 모른다면, 그것은 둥근 구멍에 모난 자루를 끼워 맞추는 격이다"라고 하셨습니다. 『좌전』에 이르기를 "사시(四時)의 차례처럼, 공업을 이룬 자는 물러간다"라고 하였고, 『서경』에 이르기를 "신하가 총애와 이익으로 이루어놓은 공업에 머물러 있지 않으면, 그 나라는 영원토록 아름다움을 보전할 것이다"라고 하였습니다. 전하께서는 깊이 헤아리소서.[4]

말하고자 하는 바는 명확했다. 세조 이래로 권력을 장악하고 있던 훈구공신을 이제는 정치 일선에서 물러나게 해야 한다는 뜻이었다. 사계절이 멈추지 않고 바뀌는 것처럼, 인적 쇄신도 원활하게 이루어져야 한다는 의도였다. 다시 말해 인적 교류가 막혀 천지음양의 기운이 막혔고, 천지음양의 기운이 막혀 천재지변이 일어나게 된 것이라는 전형적인 천인감응의 논리였다. 이심원은 자신의 과격한 인적 쇄신을 뒷받침하기 위해, 세조가 예종에게 내렸던 지난날의 유훈도 끌어들였다. 세조는 숱한 살육의 대가로 권좌에 오른 군주였다. 어린 단종을 에워싸고 권력을 농단한다는 이유를 들어 황보인, 김종서와 같은 고명대신을 죽인 계유정난, 단종복위 운동을 반역으로 몰아 성삼문, 박팽년과 같은 집현전 출신 중진 관료를 대거 죽인 병자사화, 그리고 조카 단종을 비롯해 아우 안평대군과 금성대군 같은 혈육마저 비정하게 죽인 사건 등 헤아릴 수 없이 많은 죽음을 제물로 바쳤다.

그런 세조가 피의 숙청을 마치고 난 직후 세자[예종]에게 다음과 같은 당부를 했다고 한다. "나는 난세를 만나 난세에 맞는 인물을 등용할 수밖에 없었다. 하지만 너는 태평성대를 누릴 것이니 태평성대에 맞는 인물을 등용해야 한다." 이심원은 그런 세조의 유훈을 끌어들여, 세조 때의 공신을 성종의 시대에 이르도록 계속해서 중용하는 것은 옳지 않다는 주장을 펼쳤다. 나아가 자기주장의 신뢰성을 높이기 위해 『좌전』, 『서경』과 같은 경전의 경구(警句)도 빌려왔다. 이를테면 "공업을 이루었으면 물러가야 한다"라거나 "자기가 세운 공업에 머물러 있지 않아야 그 나라가 영원할 것이다"라는 식이었다. 새로운 시대를 맞이하여 구시대의 인물이 퇴장하는 것은 돌이킬 수 없는 자연의 순리라고 못 박아 두고자 했던 것이다.

이심원의 상소가 올라오자 조정은 발칵 뒤집혔다. 성종도 내심 기다렸던 답변이긴 했지만, 너무 과격하여 좌불안석하지 않을 수 없었다. 훈구공신의 대대적인 반발은 불 보듯 뻔했기 때문이다. 이튿날, 성종은 사태 수습을 위해 이심원을 불러들여 진의를 물었다. 사태의 심각성을 인식한 이심원도 세조 때의 훈구공신 모두를 내치라는 뜻은 아니었다고 한발 물러섰다. 그러고는 세조처럼 걸출한 난세의 군주는 한 가지 능력만 가지고 있는 인물이어도 모두 등용해 쓸 수 있었지만, 성종처럼 그에 미치지 못하는 태평성대의 임금은 재주와 덕행을 겸비한 자를 골라 등용해야 한다며 발언의 수위도 낮췄다.

하지만 그런 식으로 사태가 무마되기는 어려웠다. 도승지 임사홍이 가장 먼저 나섰다. 이심원은 옛글만 읽었을 뿐 시의(時宜)에 맞게 행동할 줄 모르니 어리석고 망령된 사람이라며 인신공격을 퍼부었다. 요즘 내부 고발에 대응하는 방식과 방불하다. 고발 내용의 진위를 따져보는 대신 고

발자의 평소 흠결을 들춰내는 행태 말이다. 그러고 난 뒤에 경륜 많은 원로공신을 중용하지 않을 수 없다는 현실 논리로 이심원의 제안을 묵살하는 한편, 이심원이 추천한 정여창, 강응정과 같은 부류도 보잘것없는 위인에 불과하다고 폄하해버렸다. 성종으로서도 최측근인 도승지까지 반대하고 나서는 마당에 어쩔 도리가 없었다. 그리하여 이심원의 상소는 마치 찻잔 속의 태풍처럼 이내 잠잠하게 가라앉고 말았다.

조정을 뒤집어놓은 남효온의 소릉복위 상소

이심원의 상소가 아무 일 없었다는 듯이 조용히 잦아들 즈음, 4월 15일 다시 한 통의 상소가 올라왔다. 성균관 유생 남효온의 상소였다. 이번 상소문은 이심원의 상소보다 비판의 강도가 훨씬 높고 제시하는 내용도 매우 구체적이었다. 사실, 남효온과 이심원은 스물다섯의 동갑내기인 데다가 절친한 벗이기도 했다. 그런 만큼 그들이 연이어 올린 상소는 서로 공감해왔던 문제의식을 적어 올린 것이라고 보아도 좋았다. 남효온이 건의한 사안은 모두 여덟 가지였다.

첫째, 남녀의 혼인을 바르게 할 것[正婚姻]

둘째, 수령의 선발을 제대로 할 것[擇守令]

셋째, 인재 등용에 신중을 기할 것[謹用舍]

넷째, 궁중의 내수사를 혁파할 것[革內司]

다섯째, 무불과 같은 미신을 배척할 것[闢巫佛]

여섯째, 학교의 교육을 진작시킬 것[興學校]

일곱째, 풍속을 바로잡을 것[正風俗]

여덟째, 소릉(昭陵)을 복위할 것[復昭陵]

이상의 사안들은 당시 신진사류들이 가장 핵심적으로 여기던 개혁 방안을 망라했다고 보아도 무방하다. 상소의 구성도 절묘하다. 여덟 개의 항목은 둘씩 짝을 이뤄 네 가지 사안으로 묶인다. 첫째, 훈구대신들이 제멋대로 주무르고 있는 관리 선발을 공정하게 바로잡을 것[둘째와 셋째]. 둘째, 무불의 행사를 금지하고 그 돈줄을 대고 있는 궁중의 내수사를 혁파할 것[넷째와 다섯째]. 셋째, 학덕을 갖춘 스승을 성균관 교수로 임명하여 교육과 풍속을 바르게 할 것[여섯째와 일곱째]. 넷째, 음양의 조화가 어그러지지 않게 남녀혼인을 제때 하도록 하고 종묘에서 내친 소릉을 복위할 것[첫째와 여덟째]. 이들 가운데 공정한 인재 등용, 무불 행사의 근절, 학교 교육의 흥기 등은 유교 국가를 지향했던 조선 사회에서 누구라도 반론을 제기하기 어려웠다.

하지만 마지막에 거론한 소릉복위는 예사로운 문제가 아니었다. 세조가 왕위찬탈 과정에서 벌인 행위가 패륜적인 처사였음을 인정하고, 그것을 시정하라는 요구였기 때문이다. 남효온은 흙비가 내리는 재변을 빌미로 삼아, 매우 정치적인 문제를 공공의 장에 올려놓는 전략을 구사했다. 그의 논리는 이러했다. "흙비가 내리는 천재지변은 음양의 조화가 어그러졌기 때문이다. 이를 바로 잡으려면 남녀의 음양이 조화를 이루도록 해야 한다. 그러기 위해서는 혼기를 놓친 남녀가 없도록 해야 한다." 상소문의 첫 번째 항목에 남녀의 혼인을 바르게 해야 한다는, 다소 엉뚱해 보이는 내용을 내세운 까닭은 맨 마지막에 소릉복위라는 민감한 사안을 제기하기 위한 전략적 포석이었다.

민간에서 혼기를 넘긴 남녀가 많아져서 천지음양의 조화가 깨져버린 것처럼, 궁중에서도 그와 유사한 일이 있었다는 것이다. 역대 선조를 모서놓고 제사 지내는 종묘에서 현덕왕후의 신위가 내쳐지고, 문종이 묻힌 현릉(顯陵)에도 현덕왕후가 함께 묻혀 있지 못한 상황을 말함이다. 홀로 남겨진 지아비 문종과 내쳐진 지어미 현덕왕후, 그보다 더한 음양의 어그러짐이란 있을 수 없다는 논리였다. 소릉이 복위되지 않으면 안 된다고 주장했던, 남효온의 그 충격적인 발언을 직접 읽어보자.

> 마지막으로 소릉의 능호를 복위하는 것입니다. (…) 신이 생각하건대 소릉이 폐해진 것은 사람의 마음에 순하지 않으니, 하늘의 마음에도 순하지 않음을 알 수 있습니다. "내친 신주를 다시 종묘에 들이는 것은 예법에 맞지 않는다"라고들 합니다. 하지만 소릉이란 존호를 복위하여 선대 왕후의 예로써 다시 예장(禮葬)하여 민심에 답하고, 하늘의 꾸짖음에 답하고, 보통 사람보다 만 배나 중한 조종(祖宗)의 뜻에 답한다면 어찌 아름답지 않겠습니까? 만약 "서인으로 폐한 지 이미 3대가 지나도록 조종께서 거행하지 않은 것을 이제 내가 복위할 수 없다"라고 하신다면, 세조께서 무인년(1458)에 내린 훈계로 말씀드리겠습니다. 세조께서 예종에게 말씀하기를 "나는 어려운 시대를 만났으나 너는 태평한 시대를 만날 것이다. 만약 나의 행적에 국한되어 변통할 줄 모른다면, 이는 나의 뜻을 따르는 것이 아니다"라고 하셨습니다.[5]

세조는 현덕왕후가 단종의 모후 아니, 왕의 자리에서 강등된 노산군의 생모라는 이유로 종묘에서 내쳤다. 단종은 더 이상 임금이 아니니 현덕왕후도 더 이상 왕후일 수 없다는 논리였다. 하지만 남효온은 다른 논

조선 제5대 임금 문종과 단종의 생모 현덕왕후가 언덕을 마주한 채 묻혀 있는 현릉의 모습. 성종 9년 4월 15일, 남효온은 단종복위 운동의 실패로 인해 폐출되었던 현덕왕후의 복위를 건의했다가 평생 세상으로부터 버려지는 대가를 치렀다. 현덕왕후는 중종 7년에 복위되어 현릉에 합장될 수 있었다. 사진에서 오른쪽이 현덕왕후의 능묘이다.

리를 내세웠다. 비록 단종이 노산군으로 강등되어 현덕왕후가 임금의 모친이 아니게 되었다고 해도, 문종의 부인이라는 사실은 변함없다는 것이다. 그렇다면 문종의 곁에서 그 부인을 내치는 것은 옳지 않은 일이다. 맞는 주장이다. 물론 남효온은 문종의 부인이자 자신에게 형수가 되는 현덕왕후를 서인으로 내친 세조의 반인륜적인 행위를 직접 비판하고 싶었을지 모른다. 하지만 세조를 대놓고 비판할 만한 시대가 아직 아니었다. 성종은 세조의 손자가 아니었던가? 아무리 임금이라도 조부의 행위를 잘못했다고 비판하기란 쉽지 않은 일이다. 게다가 그런 불의를 충동질한 훈구공신들이 조정 안팎으로 곳곳에 포진되어 있던 상황이었다.

때문에 남효온은 문종이 종묘에 홀로 모셔져 있다는 사실을 환기시키며, 소릉복위의 당위성을 인간적 정리의 차원에서 호소했다. 나아가 정치적 파장을 최소화하기 위해서, 이심원처럼 세조의 유훈도 끌어들였다. 두 사람이 시대정신을 공유하고 있었다는 사실을 반증하는 대목이다. 세조 시대의 얼룩진 과거가 더 이상 성종의 시대에 걸림돌이 되어서는 안 된다, 그리고 어두운 그림자를 드리우게 만든 장본인은 이제 현실 정치의 일선에서 물러나야 한다는 믿음이 서로 같았다. 소릉복위의 정당성이 받아들여지면, 그 다음 수순은 자연스럽게 패륜을 부추긴 훈구공신들에게 책임을 묻는 것으로 귀결될 수밖에 없었다. 현덕왕후를 서인으로 폐한 이들도, 단종을 죽음으로 몰아갔던 이들도 바로 그들이었기 때문이다. 그날의 역사적 현장으로 돌아가보자.

> 의정부에서 아뢰기를 "현덕왕후 권씨의 어미 아지와 그 동생 권자신이 모반하다가 주살을 당해 아비 권전은 이미 서인으로 폐해졌습니다. 또한 노산군도 종사에 죄를 지어 군(君)으로 이미 강봉(降封)하였는데, 그 어미는 여전히 명위(名位)를 보존하고 있으니 마땅하지 않습니다. 청컨대 서인으로 폐하여 개장하소서" 하니, 그대로 따랐다.[6]

당시 의정부 구성원이었던 영의정 정인지(鄭麟趾), 우의정 정창손, 우찬성 신숙주의 발언이다. 그들 세 사람을 비롯하여 예조판서 홍윤성, 이조판서 권람(權擥), 도승지 한명회 등 공신들은 세조 3년 6월 21일, 단종을 노산군으로 강등시켜 영월로 유배 보내고는, 곧바로 모친 현덕왕후까지 서인으로 폐하여 개장하도록 청했다. 참으로 놀랍게도 훈구공신들의 수명은 길기도 길었다. 세조 3년 당시 우의정이었던 정창손은 이듬해 영의정에 올라 성종 9년까지 20년이 넘도록 그 자리를 굳건히 지키고 있었다. 정창손만이 아니었다. 당시 영의정이었던 정인지는 물론이고 도승지로 있던 한명회도 원로대신으로서 여전히 막강한 권력을 행사하고 있었다. 세조의 왕위찬탈 직후부터 영의정, 좌의정, 도승지의 자리를 꿰차고 있던 그들이 소릉복위를 요청하는 남효온의 정치적 의도를 모를 리 없었다. 그들에게 소릉복위는 죽어서 눈에 흙이 들어가지 않는 한 결코 허락할 수 없는 사안이었다.

노회한 그들은 소릉복위가 불가하다고 직접 반대하고 나서지 않았다. 그때의 문제가 불거지면 불거질수록 자신들이 불리한 상황으로 내몰릴 수밖에 없었기 때문이다. 아무리 현실적인 정치 논리를 끌어들여 변호한다고 해도 자신들이 저지른 패륜적 행위까지 감추기는 어려웠다.[7] 그래서 당황할 만도 했지만 그들은 이내 노련하게 반격의 틈새를 찾아냈다. 이심원의 상소가 올라왔을 때처럼, 이번에도 도승지 임사홍이 앞장서서 나섰다. 그는 짧고 명료하게 소릉복위 논의가 불가한 이유를 밝혔다.

> 소릉을 복위하라는 것은 신하된 자로서 감히 의논할 수 없는 것인데, 지금 남효온이 마음대로 의논하였으니 옳지 못합니다.[8]

예나 지금이나 민감한 사안일수록 단순하게 끊어내는 것이 최고의 방어전략이다. 산전수전 모두 겪은 훈구공신의 정치적 대처가 빛을 발하는 대목이다. 임사홍의 논리는 간단했다. 왕실 내부에서 결정한 일을 신하가 감히 왈가왈부해서는 안 된다는 것. 일견, 맞는 말이긴 하다. 왕위계승이라든가 왕실의 문제는 철저하게 왕실 내부의 논의에 의해 결정해야 되는 법이다. 비정상적인 왕위계승 방식인 반정(反正), 곧 정치적 쿠데타가 아니라면 말이다. 임사홍은 그런 논리로 남효온의 요구를 단칼에 잘라버렸다. 하지만 그것이 끝이 아니었다. 절대 권력을 행사하던 자신들을 향해 감히 정면에서 도전장을 내민 새파랗게 젊은 이심원과 남효온을 그대로 두어서는 안 될 일이었다. 이번 기회에 확실하게 밟아주지 않으면, 언제 다시 들고 일어날지 몰랐다. 그리하여 정창손, 한명회를 비롯한 노회한 훈구공신들은 신진사류에게 결정적인 일격을 가할 기회만을 호시탐탐 노렸다.

사제(師弟)의 명분,
훈구공신의 노회한 반격

훈구공신의 반격은 그리 오랜 시간이 걸리지 않았다. 소릉복위가 불가하다는 결론도 바로 나왔다. 도승지 임사홍의 반대로 "소릉을 다시 문제 삼는 것은 부당하다"라는 성종의 전교를 바로 당일 받아냈던 것이다. 성종도 소릉복위 문제가 가져올 정치적 파장을 잘 알고 있었기 때문이다. 논란은 전혀 엉뚱한 데서 불거져 나왔다. 학교 교육을 흥기시키고 풍속을 바로잡자는 건의가 반격의 빌미가 되었다. 겉으로 보아서는 별문제가 없어 보이던 평범한 사안이었다. 그런데도 그것이 남효온 상소의 최대 논란거리로 떠올랐다. 발언의 수위가 도를 넘어섰다는 지적이었다. 남효온의 이야기를 직접 들어보자.

> 이제 고대의 학교 역할을 하던 가숙(家塾)과 당상(黨庠)은 없어진 지 오래되었고, 성균관도 유명무실해졌습니다. 자구를 풀이하는 훈고(訓詁)의 학문과 시문을 짓는 사장(詞章)의 습속이 사람의 마음에 깊이 박혀 사람의 마음을 그르친 지 오래되었습니다. 스승은 한갓 구두만 가르치고, 제자는 오직 과거 합격만을 다툽니다. 이처럼 문장을 짓고 글귀를 꾸미느라 사륙문으로 대구를 맞추고 샛길과 굽은 길로 벼슬만 구하고 있으니, 전하께서는 어찌 인재를 얻어 사업을 맡길 수 있겠습

니까? 비록 하늘의 이치를 궁구하는 학자와 진실한 선비가 한두 사람 있다고 해도 성균관에 입학하려 하지 않으니, 스승이 올바른 스승이 아닌 것을 부끄러워하기 때문입니다. "내가 저 스승에게 도(道)를 배우려 하나 저 스승은 도가 없고, 내가 저 스승에게 업(業)을 배우려 하나 저 스승은 업이 없다"라고 여기고 있는 것입니다.[9]

당대 최고 교육기관인 성균관이 제구실을 하지 못하고 오로지 과거를 준비하는 기관으로 전락해버렸다는 통렬한 비판이다. 요즘 대학이 학문을 탐구하는 진리의 전당이 아니라 취업 준비하는 학원으로 전락해버린 것처럼 말이다. 실제로 그러했다. 참된 스승은 부재했고, 한문 자구 풀이를 하거나 시문 짓는 방식을 가르쳐주는 게 고작이었다. 촉망받는 젊은 인재들이 성균관에 입학하기를 기피한다고 단언하며, 존경할 만한 스승도 없고 배울 만한 스승도 없다고 비판하는 남효온의 발언은 참으로 신랄했다.

남효온의 비판이 근거 없는 것은 아니었다. 깜짝 놀란 성종은 그 사실 여부를 신하들에게 물었다. 그러자 성균관지사 홍응(洪應)은 이렇게 대답했다. "신도 성균관에는 가르침을 맡을 만한 스승이 하나도 없다는 말을 들었습니다." 남효온의 지적에 동의한 것이다. 사헌부장령 박숙달(朴叔達)도 같은 생각이었다. "성균관의 스승 가운데 부지런히 가르치는 자가 없습니다. 동지사 홍경손, 임수겸과 대사성 권윤이 그 직임에 오래 있지만 후학을 제대로 가르친 공효가 없습니다."[10] 그러면서 성균관 교수를 경학에 밝고 행실이 단정한 인물로 교체해야 한다고 건의했다. 그렇다고 해서 남효온의 요구가 받아들여진 것은 아니다. 만약 지금 교수를 교체하면, 학생의 요구로 바뀌었다는 나쁜 전례를 남기게 된다는 도승지 임사홍 등의 반대에 부딪쳤기 때문이다.

그리하여 성균관의 개혁 요구도 무산되고 말았다. 오히려 사제 간에 지켜야 할 도리를 무시했다는 이유를 들어 훈구공신들은 남효온을 맹렬하게 공격하기 시작했다. 발언의 태도를 문제 삼아 반격의 계기를 마련하는 수였다. 문제의 본질은 사라져버리고, 제자의 신분으로 스승에 대해 이렇다 저렇다 비판하는 행태를 묵과해서는 안 된다는 꾸짖음만이 넘쳐났다. 숱한 정치적 격변을 겪어온 훈구공신답게, 공격의 방식은 노회하기 그지없었다. 먼저, 남효온의 상소문에 거론된 성균관 교수들이 사직서를 제출했다. 단체 행동에 나선 것이다. 학생의 요구를 받아들일지, 교수의 사퇴를 받아들일지 선택하라는 압박이었다. 성종은 그들의 사직을 반려했다. 아니, 반려할 수밖에 없었다. 노성한 교수들의 단체 행동을 젊은 임금으로서는 감당하기 어려웠다. 성종이 그처럼 머뭇거리는 사이, 반격의 공세가 본격화되었다. 선봉은 학계의 최고 거물인 서거정이 맡았다.

> 요즘 이륙(李陸)이 대사성이 되자 유생들은 이륙이 종아리 때리는 것을 매우 엄하게 한다 하여 성균관을 비우고 돌아갔으니, 선비의 습속이 바르지 못함을 알 수 있습니다. 뿐만이 아닙니다. 벽에 비난하는 글을 쓰기도 하고 스승의 형상을 그려 조롱하기도 합니다. 사람은 세 분[君師父]의 은혜로 살아가므로 섬기기를 한결같이 해야 하는 것이니 스승을 조롱하는 것은 아버지를 조롱하는 것과 같습니다. (…) 전하께서는 이런 경박한 어린 선비[新進浮薄之士]를 알아서

제어하소서.[11]

당대 문풍을 좌지우지하는 대제학의 자리에 있던 서거정의 발언은 상당한 무게를 지녔다. 더욱이 젊은 유생들의 경박한 풍조를 엄히 다스리지 않을 수 없다며 끌어들인 주장, 이른바 '군사부일체(君師父一體)'의 논리를 피해갈 명분은 없었다. 스승 욕하는 것은 부모 욕하는 것과 같다고 하는데, 감히 이의를 제기하기 어려웠다. 남효온에게는 애비도 모르고 스승도 모르는 '미친 유생[狂生]'이라는 낙인이 찍혀버리고 말았다. 궁지에 몰려버린 남효온에게 좌승지 손순효(孫舜孝)가 다시 한 번 결정타를 날렸다. "남효온은 상소에서 경연이 경제(經濟)의 재주를 지니고 있다고 말했고, 이심원은 상소에서 경연이 사직(社稷)을 맡을 만한 국량이 있다고 말했습니다. 상소문의 내용이 서로 같으니, 아마도 일당(一黨)인 듯합니다"라고.

남효온과 이심원이 깊은 시대적 공감 위에서 상소문을 작성한 것은 사실로 보인다. 한 걸음 더 나아가 서로 의논해서 상소를 올렸을 수도 있다. 하지만 '공감'과 '일당'이란 말 사이에는 하늘과 땅만큼이나 엄청난 의미의 차이가 있다. 조선시대에 "무리를 짓는 행위[作黨 · 朋黨 · 結交]"는 반역에 준하는 중죄에 해당했기 때문이다. '경박한 미친 유생'에서 '작당하여 반역을 도모한 무리'로 죄목이 달라지는 순간, 남효온의 처지도 의금부에 끌려와 국문을 받아야 하는 중죄인으로 바뀌었다. 주모자인 자신은 참형에 처해지고 처자는 노비 신세가 되며 재산마저 몰수될 처지에 놓이게 된 것이다. 이에, 훈구공신의 공세는 강도가 점점 높아졌다.

[1] 영사 한명회가 아뢰기를, "이심원이 세조 때의 공신을 등용하지 말라고 말한 것은 세조를 비난하고 헐뜯은 것입니다. 또한 남효온도 소릉을 추복하자고 말하였다 합니다. 남효온이 이심원과 교결(交結)하였기 때문에 말한 바가 서로 같은 것이니, 이를 점점 자라나게 할 수가 없습니다" 하였다.[12]

[2] 대사헌 유지가 아뢰기를, "소릉을 추복하고 공신을 임용하지 못하게 한 말들은 반드시 연유가 있을 것입니다. 또한 이들은 서로 교결하여 붕당을 이룬 형상이니, 청컨대 국문(鞫問)하소서" 하였다.[13]

영사 한명회와 대사헌 유지(柳輊)는 훈구공신의 퇴진과 소릉복위의 요구를 애써 무시하던 소극적 태도에서 벗어나 적극적 공세로 태도를 바꿔 갔다. 이심원과 남효온이 제기한 문제의 본질은 어느덧 증발해버린 채, 그들을 붕당의 죄목으로 처벌할 것인지 말 것인지를 논하는 쪽으로 국면이 바뀐 것이다. 프레임의 전환이다. 정책을 건의했던 젊은 그들은 자기도 모르는 사이에 공안사범으로 내몰리게 되었다. 사태가 전혀 예상하지 못한 방향으로 전개되자 성종도 당황했다. 그리하여 "비록 남효온의 말에 잘못이 있다고 해도 구언에 응했을 뿐인데, 국문을 하는 것이 옳겠는가? 설령 그들이 붕당을 지었다고 해도 무엇을 할 수 있겠는가? 미친 어린아이[狂童]의 일을 가지고 어찌 국문까지 하겠는가?"라며 사태를 무마하려 노력했다. 다행스럽게도 영사 노사신(盧思愼)과 정언 성담년(成聃年)이 "구언에 의거해 올린 것이니, 언사가 그르더라도 광동(狂童)의 일이므로 국문하는 것은 옳지 않습니다"라고 두둔해준 덕에 남효온은 겨우 처벌을 면하게 되었다. 마침내 성종은 두 통의 전교를 내려 사태를 마무리 지었다.

[1] 승정원에 전교하기를, "이심원이 옛 신하를 쓰지 말라고 한 말과 남효온이 소릉을 추복하자는 말은 진실로 잘못된 것이다. 그러나 구언을 요구했다가 처벌하면 옳겠는가? 상당군 한명회는 내 뜻을 알 것인데도 오히려 내가 그들의 말을 믿고 있다고 여기고 있다. 의정부에 전지를 내려 훈구공신들로 하여금 내가 그들을 믿지 않는다는 뜻을 분명하게 알려주도록 하라" 하였다.[14]

[2] 의정부에 전지하기를, "지난번 흙비의 변고로 인하여 전교를 내려 구언하였던 바, 유학(幼學) 남효온은 소릉복위를 청하고 주계부정 이심원은 세조 때의 신하를 쓰지 말기를 청하였다. 그러나 이는 모두 이치에 어긋난 의논이며 맹랑한 말이다. 내가 구언한 의도에 어긋남이 있어, 좌우의 신하들이 모두 죄 주기를 청했고 나도 잘못되었다고 여긴다. 그러나 임금이 구언하였다가 도리어 말한 자를 처벌하면 언로가 막힐까 두려워 우선 그대로 두고자 한다. 어찌 옳다고 여겨 국문하지 않는 것이겠는가? 나의 뜻을 깊이 받들어 신료들에게 분명하게 알려주도록 하라" 하였다.[15]

성종은 최측근인 승지들이 모여 있는 승정원과 최고 원로대신들이 모여 있는 의정부에 각각 전교를 내렸다. 그것은 전교라기보다 일종의 해명서와 같았다. 요점은 이러하다. "이심원과 남효온이 상소한 내용은 옳지 않다. 나도 그 사실을 알고 있다. 하지만 벌하지 않는 까닭은 언로가 막힐까 염려하기 때문이다. 그러니 훈구공신들은 내가 젊은 그들을 신뢰하거나 편든다고 오해하지 말라." 참으로 구차한 변명으로 가득했다. 신진사류의 지지를 등에 업고 자기 정치를 펼쳐보려 했던 성종의 의도는 그렇게 좌절되었고, 오히려 훈구공신의 손을 들어준 꼴이 되고 말았다. 훈구공신의 위세는 친정이 시작된 성종 9년에 이르기까지 그토록 막강했다. 뒤에서 다시 거론하겠지만 정창손, 한명회, 서거정과 같은 훈구공신들은 그 사건 이후로도 10년 넘게 살면서 절대 권력을 행사했다. 정창손은 86세까지 장수하다가 성종 18년에 죽었고, 한명회도 같은 해 73세의 나이에 죽었다. 서거정은 그 이듬해인 성종 19년, 69세까지 살았는데, 그들 모두 죽기 직전까지 관직을 놓지 않은 채 대단한 위세를 떨쳤다. 그에 반해 남효온은 성종 23년, 불과 39세라는 나이에 짧은 생을 마감했다. 그리하여 남효온이 살아간 한평생은 훈구공신이 노익장을 과시하던 시대와 거의 겹친다. 스물다섯의 젊은 나이에 할아버지뻘인 그들과 맺은 악연은 참으로 오래도록 이어졌던 것이다.[16]

구언상소 이후,
뜻을 함께 했던 젊은 동지들

성종 9년 초여름에 내린 흙비를 계기로 구언상소를 올린 남효온과 이심원에게 휘몰아친 후폭풍은 참으로 가혹했다. 이심원은 강원도 이천(伊川), 황해도 장단(長湍)과 같은 유배지를 전전해야 했고, 남효온도 의금부에 구금되었다가 풀려나는 등 혹독한 대가를 치렀다. 그러고 난 뒤에도 현실 정치에서 완벽하게 배제된 채, 평생 은둔과 방랑이라는 고난에 찬 삶을 살아야 했다. 같은 처지의 두 젊은이는 때때로 시를 주고받으며 고통의 시절을 견뎌나갔다.

毁何有我譽何有　헐뜯음이 무슨 상관이며 칭찬은 무슨 상관이랴
身世榮華炢一炊　한평생의 영화로움은 일장춘몽과 같은 것을.
萬軸塵編數間屋　만 권의 고서로 가득한 오두막에서도
平生樂事無盡時[17] 평생의 즐거운 일이란 무궁무진하다네.

이심원이 남효온의 시에 화답하여 준 시이다. 온갖 비난에도 아랑곳하지 않고 오두막에 틀어박혀 서책 읽기를 즐거움으로 삼고 있는 남효온의 모습이 선연하다. 그럼에도 적막하기 그지없는 정조가 흐르고 있다는 사실도 간과할 수 없다. 실제로 남효온은 소릉복위 상소를 올린 이

후 분노에 찬 울분을 터뜨리기도 하고, 한없이 밀려드는 울울함에 깊이 빠져들기도 했다. 그런 그에게 뜻이 맞는 벗들과 함께 어울리는 일은 유일한 즐거움이자 위안이 되기에 충분했다. 남효온이 평생 벗들과 시주를 즐긴 까닭이다.

北闕曾上書　북쪽 대궐에 일찍이 글을 올리니
物論頗紛厖　여론이 자못 어지럽게 들끓었지.
謾得孫子號　공연히 손창윤이란 이름만 얻어
短蓑來秋江　도롱이 걸치고 추강에 돌아왔네.
耐貧仍耐飢　가난을 견디고 굶주림도 견디니
留粟一瓦缸　남은 곡식은 질항아리로 하나뿐.
十年守釣竿　십 년의 세월 낚싯대만 걸어놓고
坐臥隨蓬囱　쑥대 봉창에 앉았다 누웠다 지내네.
夫君亦多口　그대 또한 남의 구설에 오른 터
窮略與我雙　곤궁함이 대략 나와 같으리라.
幸來話契闊　회포나 풀게 여기로 와주시게
耳邊疑有跫[18]　귓가에 발자국 소리 들리는 듯.

남효온이 절친한 벗 조신과 시를 읊다가 또 다른 벗 구영안(丘永安)에게 보낸 시이다. 시의 첫 구절에 소릉복위의 상소를 올렸다가 뭇사람의 비난만 받았던 사실을 담았다. 행주 인근 강가의 전장(田莊)으로 숨어들어, 자신의 호를 추강(秋江)으로 삼은 연유를 짐작하게도 한다.[19] 궁핍으로 시달리는 시간이었지만, 벗들과 어울려 회포를 푸는 것으로 위안을 삼고 있을 무렵, 마침 조신이 방문했다. 김종직의 처남이자 제자였던 그도 서자라는 신분상 흠결이 있어 울울한 시절을 보내던 터였다. 그들이 초대한 친구 구영안도 비슷한 처지였다. 그는 본처와 이혼하고 재혼하는 과정에서 간통의 모함을 받아 군대에 끌려가는 처벌을 받았다. 자료가 부족하여 정확한 내막을 알기는 어렵지만, 장인 이문(李聞)이 금성대군(세종의 여섯째 아들)의 모반에 연루되어 처형되었기에 사위였던 그에게까지 모함이 덧씌워진 것으로 보인다.[20] 그들 모두는 이러저러한 이유로 낙척불우(落拓不遇)하게 지내던 벗들이었다.

그런데 제3구에 대한 주석, 곧 "내가 상소문을 올렸을 때 숙부께서 편지를 보내어 경계하기를 '조정에서 너를 손창윤(孫昌胤)이라 부르고 있다'라고 했다"라는 부연 설명이 눈길을 끈다. 남효온에게 쏟아진 숱한 비난 가운데 "손창윤 같은 자"라는 조롱도 있었던 것이다. 손창윤은 과연 어떤 인물이었던가? 그는 아들에게 관례(冠禮)를 치러줬다가 쓸데없는 짓을 한다고 비난받았던 당나라 때의 인물이다.[21] 관례란 성인이 될 때 으레 치르는 관혼상제(冠婚喪祭)의 하나였다. 하지만 당시 당나라에서는 『예기』에 규정되어 있던 그 의식을 지키는 사람이 거의 없었다. 그런 시절에 손창윤은 옛 법도를 회복하겠다는 일념으로 관례를 거행하려 했던 것인데, 주변 사람들에게 칭찬은커녕 시대착오라는 핀잔만 받고 말았다. 그 일이 있은 뒤, '손창윤'은 시대에 뒤떨어진 일을 하는 자를 조롱하는 말로 쓰이게 되었다.

우리는 이를 통해서 성종 대 초반까지는 관례와 같은 유교의 기본적 예법조차 제대로 행해지지 않았다는 사실과 함께 남효온이 제기한 여러 개혁안이 현실을 제대로 파악하지 못하는 자의 망발로 취급받았다는 사실을 확인할 수 있다. 실제로 불교가 극성하던 당나라에서는 물론이고 불교 국가였던 고려를 무너뜨리고 건국한 조선에서도 초기에는 유교적 예법이 제대로 행해지지 않고 있었다. 그러다가 송나라 학자에 의해 원시유학이 성리학으로 거듭나면서 고대의 예법들이 하나둘 재조명되기 시작했다. 개인의 일상을 유교적 예법에 맞게 규정한 『소학』이라든가 한 집안의 일상사를 유교적 예법에 맞게 규정한 『주자가례』가 그런 규범서로서 중요한 역할을 담당했다. 이런 규범서의 보급을 통해 개인과 가문 차원에서 비로소 유교적 예법이 생활의 규범으로 실천되기 시작했던 것이다.

하지만 훈구공신들은 성리학으로 무장해가던 젊은 신진사류들이 제기하는 윤리적 규범과 정치적 이상을 제대로 받아들이려 하지 않았다. 지금도 마찬가지이지만, 기성세대는 신세대의 의식을 제대로 이해하지 못하는 법이다. 그런 맥락에서 오늘날에는 진부하고 보수적인 사상으로 취급받고 있는 성리학이 성종이 재위하던 당시에는 무척 새롭고도 진보적인 사상이었다는 사실을 유념할 필요가 있다. 훈구공신만이 아니라 남효온의 젊은 벗들 가운데에서도 새로운 학문인 성리학을 낯설게 여기는 경우가 종종 있었다. 권경우(權景裕), 안응세와 같은 벗들도 처음에는 성리학을 달갑게 여기지 않았다. 소학계를 이끌었던 강응정의 행동이 인정(人情)에 부합하지 않는다거나 위학(僞學)에 가깝다고 비판하며 거리를 두기도 했다. 하지만 강응정이 품고 있던 진심을 점차 이해하게 되면서 나중에는 그를 스승처럼 존중하게 되었다. 안응세가 죽었을 때, 남효온이 지은 만사에서 밝히고 있는 일화이다.[22]

이처럼 『소학』의 내용을 삶의 윤리 규범으로 실천하고자 했던 신진사류의 행동은 당시 제대로 인정받지 못했다. 그런 분위기를 보여주는 대표적인 사례를 꼽아보라면, 남효온의 상소를 비판하고 있는 다음의 발언을 꼽아야만 할 것이다. 도승지 임사홍이 성종에게 일러바친 내용이다.

> 신이 듣건대 남효온의 무리에 강응정, 정여창, 박연 등과 같은 이가 있습니다. 이들은 무리를 이루어 강응정을 추숭하여 공자라고 하고 박연을 가리켜서 안연(顏淵)이라고 하며, 항상 『소학』의 도를 행한다고 하면서 서로 이론(異論)을 숭상하고 있으니 이는 진실로 폐풍(弊風)입니다. 한나라에는 당고(黨錮)가 있었고, 송나라에서는 낙당(洛黨), 촉당(蜀黨)이 있었습니다. 이들 무리는 예전의 여기까지 미치지는 못하지만 치세에 누가 되니 점점 커지게 할 수 없습니다. 또한 포의(布衣)의 선비로서 국가의 정사를 의논하고 있으니, 더욱 옳지 못합니다" 하였다.[23]

남효온을 비롯한 성균관 유생이 『소학』을 읽고 그 가르침을 실천하려는 행동을 이론(異論)을 숭상하는 불량한 풍습으로 몰아세우고 있는 주장에 놀라지 않을 수 없다. 『소학』을 이단의 서책으로 몰아가는 이 말을 『소학』의 역대 주석을 선별하여 『소학집주』를 편찬한 선조 때의 율곡 이이가 들었다면 놀라 자빠질 만한 망언이다. 율곡은 『소학』을 『논어』, 『맹자』와 같은 사서와 함께 '오서(五書)'로 일컬을 만큼 성리학의 최고 경전으로 존숭했다. 하지만 성종 때의 임사홍은 그렇지 않았다. 심지어 『소학』을 공부하는 젊은 선비를 한나라 때의 '당고'에 견줘 엄벌에 처할 것을 요구하기까지 했다. 당고의 화[黨錮之禍]는 한나라 환제(桓帝) 때 정권을 농단하던 황제 주변의 환관들이 정치개혁을 요구하던 청렴한 선비와 성균관 유생 수백 명을 죽인 사건을 일컫는다. 그런 참변을 벌이고 난 뒤, 한나라가 멸망의 길로 들어섰다는 것이 정론이다. 올곧은 지식인을 모조리 죽여버림으로써 나라도 기울어지기 시작했던 것이다.

그런 역사적 교훈에도 불구하고 임사홍은 유교적 이념을 준수하며 새로운 정치를 꿈꾸었던 신진사류의 모임을 한나라 때의 붕당 행위처럼 몰아세워 그들을 제거하려 했다. 송나라의 낙당과 촉당을 끌어들인 것도 터무니없다. 낙당은 정이(程頤)를 추종하던 정치 그룹이고, 촉당은 소식(蘇軾)을 추종하던 정치 그룹이다. 이들 두 그룹은 송나라의 미래를 둘러싸고 치열하게 논쟁하고 경쟁했다. 하지만 임사홍은 그런 긍정적 측면은 무시한 채, 겉으로 드러난 유사성만을 가지고 신진사류를 절대적 폐단으로 몰아붙이고자 했다. 본질을 흐려놓는 행위와 다름없다. 뒷날, 무오사화를 일으킨 윤필상(尹弼商)과 같은 간신배도 연산군에게 그렇게 일러바치지 않았던가. "한나라의 당인(黨人)과 송나라의 낙당, 촉당, 그리고 요즘 김종직의 간당(姦黨)은 모두 무리를 지어 어긋난 의론을 하는 데서 만들어지고 있습니다. 이런 풍조는 통렬하게 개혁해야 합니다."[24]

예나 지금이나 젊은이들이 함께 모여 공부하고 시대의 미래를 주장하면, 으레 불온한 그룹으로 보는 부류가 있다. 임사홍과 윤필상이야말로 그런 부류의 전형이었다. 김종직과 그의 제자, 이른바 '사림정신'을 열어갔던 새 시대의 젊은 지성들을 '간교한 무리[姦黨]'라고 일컫고 있는 데서 그런 부류임을 분명하게 목도할 수 있다. 실제로 그들 두 사람은 그때부터 지금까지 조선 최고의 소인배 또는 간신배로 불린다. 윤필상은 유자광과 함께 연산군을 부추겨 무오사화를 일으킨 장본인이고, 임사홍은 아들 임희재와 함께 연산군을 충동질하여 갑자사화를 일으킨 장본인이다. 임사홍이 뒷날 엄청난 사화를 불러일으킬 위인이었다는 사실은 구언 상소를 올린 남효온과 이심원을 맨 먼저 핍박하고 나섰던 성종 초년의 행실에서 이미 예견된 일일지도 모른다.

실제로 남효온의 소릉복위 상소의 파문이 잠잠해지던 4월 27일, 예문관봉교(藝文館奉教) 표연말이 장문의 상소문을 올려 도승지 임사홍을 탄핵했다. 표연말은 김종직이 함양군수 시절에 길러낸 그의 대표적인 제자이다. 그런 그가 들고 나선 임사홍 탄핵의 이유는 다음과 같았다. 도승지의 자리에 있으면서 흙비의 재변에 대비하려는 임금의 눈귀를 가린 채 아첨으로 일관했다는 것이었다. 심지어 흙비가 내렸던 재변의 원인을 임사홍과 같은 소인배들이 국록을 축내고 있기 때문이라고까지 몰아붙였다. 이에 임사홍은 구구한 변명을 늘어놓았지만, 홍문관과 예문관의 젊은 대간 수십 명이 탄핵에 합세하며 사태는 점점 심각해졌다. 결국, 성종은 임사홍과 유자광을 유배 보내며 대간의 손을 들어주었다.

남효온과 이심원 개인은 혹독한 대가를 치렀지만, 그들의 소신 있는 발언으로 말미암아 일정한 성과는 거둔 셈이다. 그렇게 조선의 새로운 역사가 조금씩 쓰이기 시작했다. 성종 9년에 내린 흙비로 말미암아 개혁을 주장하는 부류와 개혁을 막고 나선 부류의 전선이 확실하게 그어졌고, 어떤 한 개인이 어느 부류에 속하는 인물인지도 점점 분명하게 드러나기 시작했다. 조선 전기의 역사에서 자주 등장하는 정치세력, 이른바 훈구파와 사림파가 최초로 맞부딪히게 된 것이다.

식자들이 탄식하며 말한다. "무술년(성종 9년)의 옥사는 올바른 사람들이 간악한 무리를 공격한 것이며, 무오년(연산군 4년)의 옥사는 간악한 무리들이 올바른 사람을 모함한 것이다. 20년 사이에 올바른 사람들이 한 번은 이겼고 한 번은 패했다. 그리하여 한 번은 잘 다스려지고 한 번은 어지러웠다. 애석하도다! 군자는 죄를 다스림에 항상 관대하게 용서하는 실수를 하고, 소인은 원수를 갚음에 반드시 모두 죽이고 나서야 그친다. 만약 무술년의 군자들이 그 법을 엄격하게 적용하여 소인배를 처단했다면 어찌 오늘날의 화[무오사화]를 입었겠는가?"[25]

중종반정 이후 『연산군일기』를 편찬했던 사관이 내린 평가이다. 여기에서 '무술년의 옥사'란 성종 9년에 내린 흙비가 계기가 되어 올바른 사람들[표연말, 남효온]이 간악한 무리[임사홍, 유자광]를 유배 보낸 사건을 가리키고, '무오년의 옥사'란 연산군 4년 간악한 무리[임사홍, 유자광]가 올바른 사람들[김종직, 김일손]을 처형한 사건을 가리킨다. 성종 대의 신진사류는 임사홍, 유자광과 같은 소인배를 유배 보내는 정도의 부분적 성과를 거두기는 했지만, 이때 죽지 않고 살아남은 간신들은 연산군 시절 처절하게 피의 복수로 되갚았다. 유자광은 무오사화 때 김종직과 그의 제자를 모두 죽이거나 유배 보내버렸고, 임사홍은 갑자사화 때 그들을 다시 소환하여 죽은 자는 부관참시 하고 산 자는 능지처사 해버렸다. 이심원이 연산군 10년 10월 1일 능지처사 되고, 그로부터 한 달 뒤인 11월 13일 남효온이 부관능지 된 것도 바로 그들이 벌인 복수극의 일환이었다. 성종 9년에 악연을 맺은 도승지 임사홍이 20년이 지난 연산군 10년에 이르러 그처럼 처참한 복수를 하리라고 그 누구도 상상하지 못했으리라.

4장

『육신전』의 집필과 역사 바로 세우기

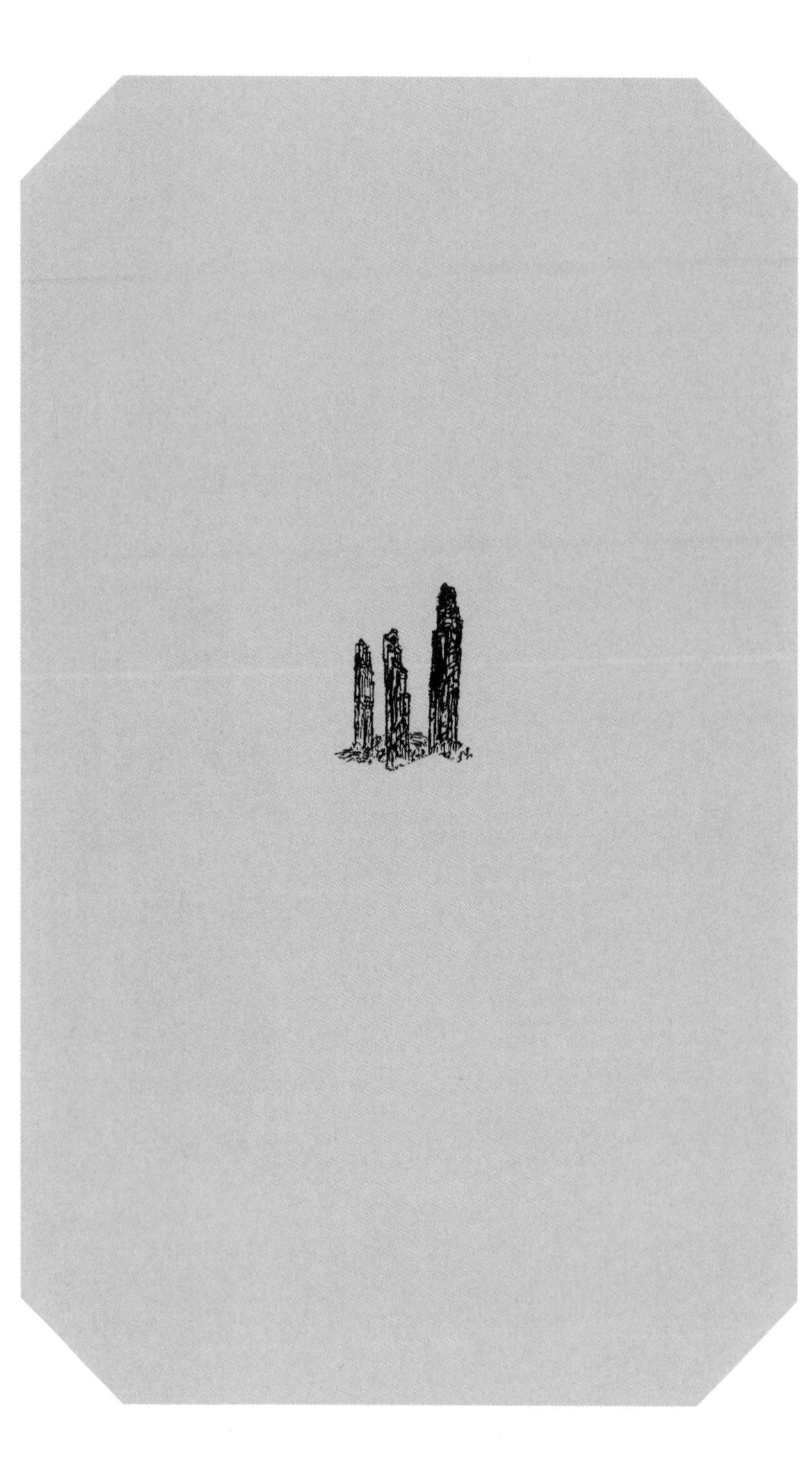

남효온의 꼿꼿했던 결기와 시대정신

남효온과 그의 벗들이 제기했던 개혁적 요구는 훈구공신의 위압으로 성사되지 못했지만, 그들의 희망까지 앗아가지는 못했다. 젊은 성종도 수렴청정과 원상제라는 정치적 그늘을 벗어나서 자기 정치를 구현하고자 하는 노력을 멈추지 않았다. 성종 9년 3월 19일, 홍문관(弘文館)을 대대적으로 개편한 것은 대표적인 조처 가운데 하나였다. 궁중의 서적을 보관하는 기능을 맡고 있던 홍문관을 예문관으로부터 독립시켜, 장래가 촉망되는 젊은 인재들로 그곳을 속속 채워가기 시작했다. 그리하여 경연에서 임금을 가르치는 일을 담당하도록 한 것은 물론, 자문 역할까지 부여함으로써 홍문관은 당대 최고의 학술기관으로 자리 잡게 되었다. 홍문관을 옥과 같이 귀한 부서라는 뜻인 '옥당(玉堂)' 또는 신선이 사는 집이라는 뜻인 '영각(瀛閣)'으로 부를 정도였다.

사실 홍문관은 세종 대의 성세를 대표하던 학술기관인 집현전의 후신이었다. 홍문관은 집현전의 직제를 그대로 이어받았다. 잘 알려진 것처럼, 집현전에서 육성, 배출된 젊은 인재들은 세종 대의 유교문명을 꽃피웠던 주역이었다. 그럼에도 불구하고 위력으로 왕위를 빼앗은 세조는 성삼문, 박팽년, 하위지 등 집현전 출신 관료들이 단종복위 운동을 주동했다는 이유로 집현전을 혁파해버렸다. 성종이 집현전의 후신인 홍문관을 대대적으로 개편한 일은 세종 대의 유교문명을 재현해보겠다는 의지의 표명인 동시에 세조 대의 음습한 과거와 결별하겠다는 의지를 천명한 행보였다. 홍문관을 개편하고 열흘쯤 지난 뒤, 흙비를 계기로 조정의 대소 신료에게 시폐(時弊) 개혁의 방안을 요구했던 데서 그 의도를 분명하게 확인할 수 있다.

돌이켜보면 이심원과 남효온이 잇달아 세조 대의 훈구공신을 퇴출시키고 소릉을 복위해야 한다는 상소를 올렸던 것도 성종의 그런 의도를 깊이 헤아리고 있었기 때문이다. 그럼에도 불구하고 그들의 발언 수위는 너무 높았고, 훈구공신의 위세는 여전히 막강했다. 게다가 당시 성종의 왕권은 자신의 의지를 관철시켜나가기에는 아직 부족했다. 그리하여 이심원은 조부에게까지 막말을 퍼부은 '불효자'로 낙인이 찍혀 평생 낙척(落拓)한 삶을 살아야 했고, 남효온은 '미친 아이'로 손가락질 받으며 평생 벼슬길에 나아갈 수 없었다. 비록 실록에는 기록되지 않았지만, 고순(高純)이라는 이들의 젊은 벗도 함께 구언상소를 올렸었다. 그는 훈구대신으로부터 '망령된 사람[妄人]'이란 비난을 받았는데, 이런 치욕적인 낙인을 기꺼이 자신의 호로 삼았다고 한다.[1]

이처럼 성종 대의 신진사류는 새로운 시대에 대한 기대로 잔뜩 고무되었으나 아직은 때가 무르익지 않은 시절을 살았다. 그럼에도 불구하고 그들이 그때 올린 상소, 특히 남효온이 세상을 향해 외친 절규는 조선 역사를 통틀어 가장 기억할 만한 외침이었다. 세조의 왕위찬탈 과정에서 빚어진 불의를 최초로 비판했던 남효온 자신은 뒷날 생육신의 일원으로 추앙받게 되었을 뿐만 아니라, 그의 상소로 말미암아 조선은 '선비의 나라'라고 자부할 수 있게 되었기 때문이다. 실제로 남효온이 제기한 소릉복위는 후배 사림 집단의 최대 염원으로 자리 잡았고, 마침내 중종 8년 3월 3일, 그 꿈은 현실이 되었다. 소릉이 폐출된 지 60년이란 세월이 흐른 뒤였다. 흥미롭게도 소릉복위가 성사되기 전날 밤, 종묘에 벼락이 내리쳤다. 깜짝 놀란 중종은 그런 변고가 일어난 까닭을 신하들에게 물었다. 지난날 흙비가 내렸을 때, 성종이 신하들에게 물었던 것처럼 말이다. 그리고 조정의 신하들은 그런 절호의 기회를 놓치지 않았다.

> 지금 종묘에 재변이 일어난 것은 조정의 정사가 잘못되었기 때문만이 아니라 종묘의 제도에도 잘못이 있기 때문입니다. 대간이 소릉복위를 아뢰었고 오늘 제사를 올리면서도 보셨듯이 문종께서만 홀로 제사를 받고 있으니 임금님의 마음에 어찌 느낌이 없으셨겠습니까? 분명하게 지적할 수 없지만, 이것도 재앙을 부를 수 있습니다. 대저 임금의 마음을 바르게 하고 언로를 열고 간쟁을 받아들이는 일보다 더 큰 것은 없습니다.[2]

재변의 원인이 소릉복위가 이루어지지 않고 있는 데서 비롯되었으리라는 호조판서 장순손(張順孫)의 답변이다. 그가 역대 임금의 신위를 모신 종묘에 문종만 홀로 모셔져 있는 잘못으로 말미암아 벼락이 내리친 것이라고 물꼬를 트자 다른 신하들도 소릉복위의 필요성에 대한 주장을 계속 이어갔다. 그렇지 않아도 중종 7년 11월부터 거의 반년 가까이 소릉의 복위를 집요하게 요구해오던 터였다. 하지만 중종은 세조께서 처리한 일이고, 성종께서도 고치지 않았던 일이라며 버티고 있었다. 그런 와중에 종묘에 벼락이 쳤고, 마침내 재변의 원인을 없애야 한다는 명분으로 소릉을 복위할 수 있게 되었다. 흙비가 내리는 천재지변을 계기로 남효온이 소릉복위를 처음 제기했던 상황과 절묘하게 공명(共鳴)하는 사건이다.

남효온이 제기한 소릉복위의 꿈은 그렇게 그가 상소를 올린 지 35년 만에 성사되었다. 하지만 그것만으로 남효온이 바로잡고자 요구했던 바가 모두 이루어진 것은 아니었다. 보다 풀기 어려운 문제가 산적해 있었다. 주변 사람들은 남효온이 궁극적으로 희망했던 바를 이렇게 증언하고 있다.

> 공[남효온]이 상소를 올려 소릉의 복위를 청하였다. 소릉이 폐해진 뒤로 사람들이 모두 입을 닫고 감히 한마디 말도 내지 못했는데, 이때 직언을 올려 당대를 놀라게 했다. 도승지 임사홍은 "소릉복위는 신하로서 감히 논할 바가 아니다" 하며 극력 배척했고, 영의정 정창손도 소릉을 폐하는 일에 가담했었기 때문에 저지하였다. 그래서 당시 사람들이 모두 공을 '미친 서생'이라고 손가락질했다. 공은 더욱 비분강개하고 세태에 염증을 느껴 깊은 산속에 들어가서 통곡하다가 종일토록 돌아오지 않기도 했다. 일찍이 『육신전』을 지으려 하니, 제자와 벗들이 화를 당할까 두려워하여 말렸다. 그러자 공이 웃으며 "내가 어찌 죽는 것을 두려워하여 충신의 이름이 사라지도록 하겠는가?" 하였다.[3]

남효온은 세조가 저지른 잘못을 바로잡기 위해서는 소릉의 복위는 물론 사육신의 신원도 이루어져야 한다고 믿었다. 역적이라는 이름으로 억울하게 죽어간 성삼문, 박팽년, 하위지, 이개, 유성원, 유응부 등을 충절의 인물로 복권해야 했다. 하지만 쉽지 않은 일이었다. 때문에 이들의 이름을 후세에 영원히 전하기 위해서는 그들의 행적을 기록으로라도 남겨두지 않을 수 없었다. 『육신전』은 그런 의도에서 태어난 시대의 증언이다. 남효온이 『육신전』을 언제 어디에서 지었는지는 알 수 없다. 어떤 문헌에도 그와 관련된 기록이 없고, 남효온 자신도 명확하게 밝혀놓지 않았다. 당시에는 워낙 위험했던 내용이라 은밀하게 기록하고 은밀하게 돌려 읽었기 때문일 터이다. 하지만 추정할 수 있는 얼마간의 단서는 남아 있다. 남효온이 지은 『추강냉화』에는 다음과 같은 일화가 실려 있다.

> 백원(百源, 이총의 자)은 타고난 자질이 세상에 으뜸이다. 비록 경사(經史)의 서적을 읽지는 않았으나 시문을 짓는 데는 매우 뛰어났다. 일찍이 보제원(普濟院)에서 나를 송별하는 자리에서 모든 빈객이 노래하고 춤을 추었다. 백원이 내 부채에 이런 시를 적어주었다. "서로 알고 지낸 지 8년 동안에, 만남은 적고 이별은 많았네. 천 리 멀리 헤어지는 자리, 눈물 흘리며 맑은 노래를 듣네[相知八年內, 會少別離多, 臨分千里手, 掩泣聞淸歌]." 좌중이 읽어 보고 자리를 피하며 붓을 놓았다. 중균(仲鈞, 이종준의 자)은 이 시를 보고 "매우 뛰어나구나"라며 감탄했다.[4]

천 리 먼 길을 떠나는 남효온을 송별하는 잔치 자리였다. 장소는 동대문 밖의 보제원이었다. 이 자리에 모인 이총, 이종준 등 많은 벗들은 남효온을 애달픈 마음으로 전송했다. 어디로 가는 것이었기에 그토록 가슴 아파했던 것일까? 그때가 언제인지, 무슨 일로 떠나는 것인지 확실하지는 않다. 하지만 그날의 송별연이 언제쯤인가는 짐작할 수 있다. 이총이 부채에 적어주었다는 시구 중 '서로 알고 지낸 지 8년'이란 구절이 그것이다. 부채를 들고 있으니 여름이다. 『추강집』을 보면, 남효온이 이총과 교유를 시작한 것은 18세 이전이 확실하다.[5] 그로부터 8년이 지났다면, 남효온의 나이 25, 26세 무렵이다. 구언상소를 올린 직후이다. 그렇다면 그 여름날, 남효온은 동대문 밖의 보제원에서 모임을 가진 뒤에 어디로 가려 했던 것일까? 송별하는 장소의 방향으로 보아 강원도 쪽이었을 터, 최종 목적지를 추정할 수 있는 단서가 남아 있다. 그 전별연에 함께 자리했던 이종준의 시가 그것이다.

十年山海客　십 년 동안 산과 바다를 떠도는 나그네,
誰識讀春秋　누가 『춘추』 읽었음을 알겠는가.
一掬零陵淚　쇠락한 능에서는 한 움큼 눈물을 훔칠 테고,
三更杜宇樓[6]　한밤중에는 두우루에 오르겠지.

한밤중에 오를 것이라던 두우루(杜宇樓), 즉 두견새 우는 그 누각은 바로 영월의 청령포에 있었다. 그곳은 유배 간 단종이 밤이면 밤마다 올라가서 한양 쪽을 바라보며 통곡했다는 전설이 얽힌 곳이다. 이종준은 이 시의 제목을 「내성군(柰城郡, 영월의 옛 이름)으로 떠나가는 추강 남효온을 전송하며」라고 달아, 남효온이 영월로 가고 있음을 분명하게 밝혀놓았다. 이종준은 「행장」에도 "매일 남효온과 더불어 단종의 일을 말하면서 탄식하고 눈물을 흘리지 않은 적이 없었다"[7]라고 적고 있다. 남효온과 이

종준, 그리고 이총을 비롯한 그 시대의 젊은 벗들은 세조에 의해 죽임을 당한 단종의 비극에 무한히 슬퍼했다. 남효온은 그런 단종을 다시 왕으로 모시려다가 죽임을 당한 인물들의 행적을 『육신전』에 담아 역사에 길이 전하고자 했다. 그러다가 문득 단종을 조문하기 위해 영월을 향해 떠났다. 실제로 뒷날 이연경(李延慶)은 "당시 의기 있는 어떤 선비가 제문을 지어 노산군의 능묘에 가서 곡을 하였는데, 그가 바로 남효온입니다. 이로 말미암아 폐조(廢朝, 연산군) 때 화를 당했습니다"[8]라고 증언한 바 있다. 이연경은 조광조가 실시한 현량과(賢良科)로 출사했다가 기묘사화를 겪고 은거의 길을 걸어간 올곧은 선비였다. 그런 그가 조정에서 잠시 벼슬을 하고 있을 때, 중종에게 아뢴 전언은 결코 빈말이 아니었을 것이다.

남효온이『육신전』을 기록하던 즈음

소릉복위 상소를 올려 엄청난 곤욕을 치렀음에도 불구하고, 남효온의 의기(義氣)는 꺾이지 않았다. 세조의 왕위찬탈 과정에서 자행된 불의를 용납할 수 없었고, 유배지 영월에서 죽어간 단종의 죽음에 무한히 슬퍼했다. 그리하여 그날의 진실을 후세에 길이 남기기로 결심한다. 역적의 인물을 충절의 인물로 기록하고자 했던 그의 행동은 당시 위험천만한 일이었다. 주변에서 집필을 만류했지만, 남효온은 듣지 않았다. 억울하게 죽은 충절의 인물이 역적으로 내몰린 상황을 방치할 수 없다는 믿음은 죽음의 두려움마저도 넘어서게 했다. 역적을 충신으로 전복시키려는 분투는 그렇게 시작됐다. 인조 때 대제학을 지낸 신흠은『육신전』의 의의를 이렇게 평가했다.

> 우리나라의 육신(六臣)은 실로 무왕의 백이와 같은 자들인데도 끝내 살육되고 자손까지 함께 처형되었다. 그 일이 있은 지 백여 년이 지났다. 하지만 사람들이 감히 입을 열어 그 일을 논하지 못했고, 단지 처사 남효온의 담담한 몇 치의 붓만이 있었을 따름이다. 남효온이『육신전』을 지어 실낱같이 의기를 부지할 수 있었던 것이다.[9]

신흠의 말처럼 그 누구도 사육신에 관해 발설하지 못하고 있었을 때, 남효온은 죽을 위험을 무릅쓰고 『육신전』을 적어 내려갔다. 오늘날 대한민국 사람이라면 누구나 충신으로 알고 있는 성삼문, 박팽년 등의 충절을 기리는 기록이 당시에는 그토록 위험한 내용이었다는 사실이 쉽게 믿기지 않을지도 모른다. 하지만 정말 그러했다. 실록에 따르면 남효온이 『육신전』을 지은 지 100여 년의 세월이 흐른 뒤였음에도, 선조는 『육신전』을 읽고 노발대발했다고 전해진다.

> 상이 경연관이 아뢴 남효온의 『육신전』을 가져다 보고 나서 삼공을 불러 전교했다. "지금 『육신전』을 읽어보니 매우 놀랍다. 처음에는 이와 같을 줄은 생각지도 못하고 아랫사람의 잘못이려니 여겼는데, 직접 그 글을 보니 춥지 않은데도 사뭇 떨린다. 지난날 우리 세조께서 천명을 받아 나라를 중흥하신 것은 진실로 인력으로 할 수 있는 것이 아니었다. 그런데 남효온이란 자는 어떤 자이기에 감히 붓과 먹을 희롱하여 국가의 일을 드러내어 기록했다는 말인가? 이는 우리 조정의 죄인이다. 옛날에 최호(崔浩)는 나라의 일을 드러내어 기록했다는 사실만으로 주형(誅刑)을 당했거늘, 이 자가 살아 있다면 끝까지 추국하여 죄를 다스렸을 것이다."[10]

선조는 『육신전』의 내용을 도저히 받아들일 수 없었다. 천명을 받아 위태로운 종실을 지켜낸 세조를 남효온은 왕위찬탈자로 그려내고 있었으니, 그럴 만도 했다. 세조의 왕위계승이 불법적이라면, 그 이후의 모든 임금의 정통성도 흔들리게 된다. 더욱이 왕의 직계가 아닌 방계로서 왕위에 오른 선조는 애당초 콤플렉스가 많았던 임금으로 평가된다. 선조는 중종의 서자 덕흥군(德興君)의 셋째 아들이었는데, 명종이 후사를 남기지 못한 채 급서함으로써 운 좋게 왕위에 오른 인물이었다. 물론 비정상적으로 대통을 이은 선조가 아니었다고 해도 『육신전』은 당대 사람들에게 위험천만한 저술로 받아들여지기에 충분했다. 그것은 "세상에 드물게 전하며, 보는 사람도 많지 않은"[11] 일종의 비전(秘傳)과도 같았다. 그럼에도 불구하고 지금 우리는 세조 2년, 단종복위를 도모하다 벌어진 병자사화에 대한 사실을 전적으로 남효온의 『육신전』에 의존하고 있다. 『육신전』은 오늘날 우리가 저자 남효온을 비롯하여 처참하게 죽어간 여섯 명의 행적을 기억해낼 수 있는 가장 유력한 문헌 자료이기도 하다. 남효온이 추존되었던 조선 후기에도 그러했다. 정조 15년(1791), 단종에게 충절을 지킨 신하를 모두 복권하여 국가적 차원에서 제사를 치러줄 만한 인물을 논의했던 자리를 기록한 실록에서 그런 사실을 확인할 수 있다.

> 남효온은 소릉의 복위를 요청하고 육신의 전기를 집필하면서 그 내용을 완곡하게 쓰고 자기 뜻을 굳게 지켰으니, 그의 고심참담한 마음과 아름다운 절의는 사람들을 영원토록 격려할 만합니다.[12]

남효온이 단종과 함께 장릉의 배식단에 모셔질 수 있었던 것은 그가 소릉복위의 상소를 올리고 여섯 충신의 행적을 담은 『육신전』을 남겼기 때문이다. 뒷사람들이 그를 생육신으로 추앙하고 있는 근거이기도 하다.

하지만 『육신전』의 내용은 끊임없는 의혹에 휘둘렸다. 사실과 다른 내용이 많다는 이유에서였다. 사실, 단종복위 운동이 일어난 세조 2년

사육신 묘역. 단종의 복위를 도모하다가 처형된 성삼문, 박팽년, 유응부, 이개, 하위지, 유성원 등 여섯 인물을 모시고 있는 묘역이다. 남효온은 세조 2년에 역모의 죄로 처형된 이들의 행적을 기리는 『육신전』을 지어 후세에 전했다. 그로부터 235년이 지난 숙종 17년, 국가에서 이들을 충절의 인물로 공인하게 되었다.

(1456), 남효온은 겨우 세 살 먹은 갓난아이였다. 『육신전』은 남효온 자신이 직접 목격한 사실을 바탕으로 쓴 기록이 아니라 그가 전해 들은 이야기에 근거하여 남긴 기록이다. 그 때문에 『육신전』을 읽고 노발대발한 선조는 물론이고 선조를 가까이에서 모셨던 류성룡 같은 신하는 남효온의 기록에 오류가 많다는 점을 노골적으로 비판하기도 했다.[13]

하지만 진위 여부와 상관없이 남효온의 기록은 사실로 받아들여졌다. 사육신의 복권(숙종 17년, 1691)과 단종의 복위(숙종 24년, 1698)라는 정치적 판단에 결정적 근거를 제공한 증거 기록으로는 『육신전』이 유일했다. 남효온의 어린 시절에 조정 안팎에서 떠돌던 전언은 남효온의 붓끝을 거쳐 역사적 진실로 자리 잡게 되었다. 그렇다면 남효온이 그날의 사건을 어떤 경로로 듣고 기록했는가를 따져보지 않을 수 없다. 가장 먼저 주목해야 할 인물은 앞서 거론한 바 있는 장인 윤훈이다. 남효온은 단종이 왕위를 내려놓던 날의 정황을 그에게 직접 들었다며, 다음과 같이 기록하고 있다.

> 노산군이 수강궁(壽康宮)으로 손위(遜位)하고 갔다. 어두운 밤중인데도 불구하고 불도 밝혀주지 않은 채 다만 50여 명만이 뒤를 따랐다. 종루(鐘樓)에서 내려올 때 좌우 행랑에서 모두 울어서 울지 말도록 했지만 금할 수가 없었다. 이때 윤훈은 사금(司禁)이었는데, 그 사실을 내게 말해주었다. 출전은 『추강냉화』인데, 다음 일화도 마찬가지이다.[14]

위의 사실은 남효온이 『추강냉화』에 기록한 것을 선조 대의 문인 허봉(許篈)이 『해동야언(海東野言)』에서 전재(轉載)하여 전해질 수 있었다. 숙부에게 왕위를 물려준, 아니 빼앗기고 쓸쓸하게 퇴장하던 어린 단종의 모습을 생생하게 보여주는 유일한 기록이다. 초라한 행색으로 밤길에 거처로 돌아가던 단종의 뒷모습, 그리고 그 광경을 보고 흐느끼던 신료들과 거리에 늘어선 백성들의 모습은 당시 의금부에 근무하던 장인 윤훈이 직접 단종을 호위하고 가며 지켜보았던 장면이다. 윤훈은 그 임무를 마치고 난 뒤, 얼마 지나지 않아 벼슬을 버리고 은거했다.[15] 차마 세조를 임금으로 모실 수 없었기 때문이다. 그리고 그날의 현장을 사위 남효온에게 전해주었다. 남효온의 나이 세 살 때 일어난 일이었지만, 그가 그날의 사건을 생생하게 기록할 수 있었던 까닭이다. 선조와 류성룡은 『육신전』의 기록을 믿기 어렵다고 부정했지만, 이와 같은 저간의 사정을 헤아려 보면 그의 기록이 사실에 근거하고 있다는 점을 결코 부정할 수 없다. 남효온이 전해 듣고 기록한 당시의 비화는 거기에 그치지 않았다.

[1] 노산군의 손위 계책은 모신(謀臣) 권람에게서 시작되어 대신 정인지의 모의로 완결을 보게 되었다. 김자인(金自仁)은 그때 나이 열두 살이었는데, 그들이 모의하는 광경을 보고 가슴에서 불길이 이는 것과 같았다고 한다.[16]

[2] 노산군은 영월로 손위해 가서 애가(哀歌)를 지어 불렀다. "달은 서산에 지려 하는데, 두견새 울어대네. 옛일을 그리워하며 다락머리에 기대어 섰노라. 네 소리 괴로워 내 듣기 슬프구나. 네 소리 없으면 내 수심 없으련만. 세상에 마음 아픈 사람들에게 전해주오. 춘삼월에는 자규루(子規樓)에 오르지 말라고." 나라 사람이 듣고 눈물을 흘리지 않는 자가 없었다. 참변을 당해 죽을 당시 춘추 열일곱이었는데, 그날은 벼락이 치고 큰비가 내려 지척에서도 사물을 분별할 수 없었다고 한다. 우리 집 종인 석지(石池)의 아비가 행상으로 마침 영월을 들렀다가 그 변을 직접 보았다고 석지가 나에게 전해주었다.[17]

단종을 왕위에서 끌어내리기 위한 은밀한 음모와 그를 영월로 쫓아냈다가 결국 비정하게 죽여버렸던 그날의 기록들이다. 정치적 야욕에 불타던 권람과 정인지의 얼굴이 생생하게 떠오른다. 그런 자들에 의해 죽어간 단종의 죽음을 지켜보던 백성의 눈물도 생생하게 그려진다. 상상이 아니다. 그 자리에는 신뢰할 만한 목격자들이 있었다. 열두 살 어린애라고 여겨 방심하고 경계하지 않았던 김자인과 여기저기 떠돌다 우연히 영월 시장에 들렀던 장돌뱅이가 바로 그들이다. 그런데 그들 가운데 하나는 남효온의 친구가 되고, 다른 하나는 남효온 집안 노비의 아비일 줄 어느 누가 꿈에나 생각했겠는가. 세상에는 쥐도 새도 모르는 완전범죄란 없고, 완벽하게 은폐되는 비밀도 없는가 보다.

위에 소개한 일화들은 현재 전해지는 『추강냉화』에 실려 있지 않다. 허균의 둘째 형인 허봉이 『해동야언』을 편찬하면서 『추강냉화』에서 전재했다고 밝히고 있어, 본래 그곳에 실려 있었다는 사실을 간접적으로 확인할 수 있을 따름이다. 남효온의 벗인 조신도 『추강냉화』에서 전재한다면서 『소문쇄록(謏聞瑣錄)』에 이들 일화를 옮겨 적고 있다. 허봉과 조신의 기록을 보면, 위의 내용은 남효온이 최초로 기록하여 전했던 일화임에 분명하다.[18] 그럼에도 불구하고 이들 일화는 물론이고 그때의 사건과 관련된 언급은 『추강냉화』는 물론이고 남효온의 문집 『추강집』 어디에도 남아 있지 않다. 선조 10년(1577) 남효온의 외증손 유홍(兪泓)이 문집을 편찬할 때, 위험하다고 여겨 삭제해버린 결과이다. 『육신전』에 대한 선조의 반응에서 확인했던 것처럼, 그때까지도 이런 일화들조차 민감하기 그지없는 사안이었다.

더불어 현전하는 남효온의 기록이 본래 모습 그대로가 아닐 수 있다는 사실을 일깨워주는 대목이다. 검열을 의식하여 완곡하게 윤색했거나 아예 삭제해버린 내용이 적지 않았음이 분명하다. 그처럼 위태로운 시대였기에 남효온은 위의 일화 마지막에 장인 윤훈, 벗 김자인, 집안의 노비 석지처럼 가까운 사람에게 들었다는 사실을 밝혀놓았다. 자기 멋대로 기록한 이야기가 아니라는 사실을 강조하고 싶었던 까닭이다. 물론, 그때 벌어진 사건은 워낙 충격적이었기에 우리가 생각하는 이상으로 부풀려지기도 하고 빠르게 퍼져나가기도 했다. 열일곱의 나이에 단종이 죽던 날, 뇌성벽력과 비바람으로 지척조차 분간할 수 없었다거나 단종이 지어 부르던 노래를 듣고 모두 눈물을 흘렸다는 일화가 그런 정황을 말해준다.

사실 수양대군의 왕위찬탈은 성리학적 윤리를 들먹이기 이전에 인간의 정리(情理)로도 용납하기 어려운 사건이었다. 남효온이 올린 소릉복위 상소에서 확인했던 것처럼 천사(天事)와 인사(人事)가 하나로 이어져 있다고 생각했던 당대의 관념에 비추어볼 때, 단종의 죽음은 천재지변을 불러올 수밖에 없었다. 심지어 『조선왕조실록』에도 그런 일화가 실려 전해질 정도였다.

> 전 판서 박충원(朴忠元)이 졸하였다. 박충원은 문장이 뛰어나 벼슬에 올랐으나 임백령(林百齡)에게 미움을 받아 영월군수로 쫓겨났다. 영월에 요사한 일이 발생하여 여러 명의 관리가 갑자기 죽는 일이 있었는데, 사람들은 노산군의 빌미라고 하였다. 그러자 박충원이 제문을 지어 묘소에 제사를 올렸다. 그 제문에 이르기를 "왕실의 원자로서 어리신 임금이었네. 청산의 작은 무덤 만고의 쓸쓸한 혼이로다"라고 하였다. 그로부터 이 제문을 축문으로 사용하고 있다. 박충원이 6년 동안 군수로 있었지만 끝내 탈이 없었고 요사한 말도 사라졌는데, 사람들은 이 일로 인하여 그를 칭송하였다.[19]

박충원이 영월군수로 재직하던 중종 말년의 일화이다. 남효온이 집안 노비에게 전해 들었던 것처럼, 억울하게 죽은 단종의 원혼은 끊임없이 변괴를 지어냈고 그 소문은 나라 전역으로 급속하게 퍼져나갔다. 요즘의 우리는 부임하는 수령마다 싸늘하게 죽어 나갔다는 소문을 허황하다고 치부할지 모르지만, 당시 사람들에게는 엄연한 현실로 받아들여졌다. 이와 같은 소문은 단종의 원혼을 달래는 제사를 지내주지 않으면 안 되는 상황이 되어 돌아왔다. 소릉복위를 받아들이고 난 뒤에 곧바로 버려져 있던 단종의 무덤을 찾으라는 왕명이 중종 11년(1517)에 내려지게 된 것도 그런 민심을 외면할 수 없었기 때문이다.

이렇게 세조 때의 흉흉한 소문이 여전히 전국을 떠돌아다니던 음습한 시대에 남효온은 역적의 이름으로 죽어간 여섯 명의 인물을 충절의 인물로 기억하게 만드는 기록을 은밀하게 써 내려가고 있었다. 여기에서 흥미로운 사실 하나. 선조에게 남효온의 『육신전』을 읽어보라고 권했던 박계현(朴啓賢)은 단종의 원혼을 달래주는 제사를 지내주었다는 영월군수 박충원의 아들이다. 인연은 꼬리에 꼬리를 물고 이어졌다. 그런 인연의 계기는 잘못된 과거를 바로 세워야 한다는 믿음, 곧 시간의 간극을 뛰어넘는 올곧은 시대정신에 대한 절대 공감이었다.

과거를 바로잡는 서사적 증언,
『육신전』

남효온은 단종의 복위를 도모하다 희생당한 수십 명 가운데 여섯 명의 행적을 수습하여 기록하면서 『육신전』이라 명명했다. 박팽년, 성삼문, 이개, 하위지, 유성원, 유응부가 그들이다. 남효온이 이렇게 선별한 이후 하나의 전범처럼 받아들여져 정조가 단종에게 충절을 다한 신하를 망라하여 『어정배식록(御定配食錄)』을 편찬할 때에 이르러서는 '사육신'으로 공인받게 된다. '어정'이란 임금이 확정했다는 의미이고, '배식록'이란 단종에게 배향되어 제사를 받는 명단이라는 의미이다. 남효온이 무슨 기준으로 이들 여섯 명만을 뽑았는지는 분명치 않다.

그런 까닭에 인물 선정에 대한 시비가 일어나기도 했다. 김문기(金文起)가 대표적인 경우이다. 그 역시 사육신과 함께 처형되었지만, 남효온의 『육신전』에는 들지 못했다. 그로 인해 1977년 국사편찬위원회에서 특별위원회를 구성하여 논의한 결과, 유응부 대신 김문기를 넣어 사육신으로 현창하는 것이 옳다는 결의를 하게 되었다. 지금 노량진의 사육신 묘역에 김문기의 가묘가 더해져 모두 일곱 기(基)의 묘가 모셔져 있는 까닭이다.

이런 사태가 빚어지게 된 배후에 "나는 새도 떨어뜨린다"던 당시 중앙정보부장 김재규의 압력이 있었다는 소문이 파다했다. 궁정동 만찬장에서 대통령 박정희를 저격한 김재규가 김문기의 후손이었기에 역사적 평가까지 바꾸려 했다는 것이다. 사정이 어찌되었든 이런 일화를 통해 우리 역사에서 가장 명예롭게 여겨지는 이름 가운데 하나가 '사육신'이라는 점만큼은 분명해졌다. 사실 배식단의 가장 윗자리에 모셔진 인물은 정승급(종1품 이상)인 황보인, 김종서, 정분은 '삼정승'이고, 두 번째가 판서급(정3품 이상)인 김문기, 민신, 조극관이다. 그들 아래 자리에 중견 관료였던 사육신을 모셨다. 역사적 사실이 이럴진대 김재규는 더 높은 자리에 모셔진 김문기를 그 아래 자리인 '사육신'으로 낮춰 모셨으니 촌극이 아닐 수 없다. 나라에서 정한 서열보다는 사육신의 절의가 우리 마음에 인상 깊게 아로새겨져 있었기 때문이었을 터이다.

어찌 보면 납득하기 어려운 이런 전도 현상은 남효온이 『육신전』을 통해 보여준 기록의 힘에서 비롯되었다고 볼 수 있다. 이쯤에서 단종복위를 도모하다 희생된 충신들을 굳이 여섯 명으로 한정한 남효온의 의도가 궁금해진다. 그것은 남효온이 『육신전』을 집필하면서 구양수가 편찬한 『신오대사(新五代史)』에 실려 있는 『당육신전(唐六臣傳)』을 본받았기 때문이다. 한문으로 글을 짓던 옛사람들은 과거의 전범을 통해 자신의 의도를 보다 효과적으로 드러내는 방법을 즐겨 사용했다. 당나라의 '육신전'이라고 부를 수 있을 그 글은 조선에서도 사대부들 사이에서 널리 읽히고 있었다. 『당육신전』은 당나라 말기에 일어난 '황소(黃巢)의 난'을 평정한 공으로 전횡을 일삼던 주전충(朱全忠)이 마침내 후량(後梁)을 세우게 되었는데, 여기에 반대한 당나라 충신들을 백마역(白馬驛)에서 무참하게 죽인 사건을 다뤘다.

남효온은 그런 중국의 역사로부터 단종복위 운동으로 야기된 세조 대의 참극을 떠올렸다. 그리고 주전충이 붕당의 죄목으로 몰아붙여 죽인 인물이 수백 명에 달했지만, 그 가운데 배추(裴樞), 최원(崔遠) 등 여섯 명만 선별했던 『당육신전』의 전례를 따르고자 했다. 『육신전』이라는 제목만 보고도, 자신이 이 책을 지은 의도를 효과적으로 전달할 수 있으리라 믿었기 때문이다. 막강한 권력을 휘두르며 지존의 자리까지 강탈한 주전충과 수양대군, 거기에 반대하다가 죽은 당나라 애제(哀帝)와 단종의 충직한 신하들, 그리고 그들의 행위를 역모로 몰아갔던 비열한 정치적 공작 등 당나라 말기에 벌어진 일과 세조 때에 자행된 일은 크게 다르지 않았다. 심지어 세조 대의 그들은 성종의 시대에 이르러서도 여전히 권력을 틀어쥐고, 구언상소를 올린 젊은 선비들조차 붕당의 죄목으로 몰아 처벌해야 한다고 주장하는 구태를 반복하고 있었다.

그런 현실을 직접 겪은 남효온은 과거에 저질러진 불의에 분노했고, 그것이 바뀌지 않고 있는 현재를 묵과할 수 없었다. 그래서는 미래가 없다고 판단했기 때문이다. 그는 소릉복위 상소를 올렸다가 참담하게 배척당한 현실을 경험하고는 전략을 바꿨다. 정치 무대에 직접 참여하여 현실을 고칠 수 없다면, 그것을 기록으로 남겨 역사의 심판을 받게 하겠다고. 그리하여 은밀하게 전해지던 그때의 비화들을 하나둘 모으기 시작했다. 남효온은 『육신전』에서 박팽년과 성삼문의 행실을 다음과 같이 기록했다.

> 박팽년은 성품이 침착하고 과묵하였다. 『소학』으로 몸을 단속하여 종일토록 단정히 앉아 의관을 흩뜨리지 않으니, 사람들로 하여금 공경하는 마음을 불러일으켰다. (…) 성삼문은 사람됨이 해학적이고 자

유분방하며 농담하기를 좋아했다. 일상생활에 절도가 없어 겉으로 보면 지키는 바가 없는 듯하지만, 속으로는 지조가 확고하여 빼앗을 수 없는 뜻을 갖고 있었다고 한다.[20]

단종복위 운동이 일어나던 때 세 살에 불과했던 남효온은 당연히 그들을 직접 만나본 적이 없었다. 그랬던 그가 어떻게 그들의 행실을 이처럼 본 듯이 묘사할 수 있었을까? 문장의 마지막을 "~라고 한다"라고 끝맺는 데서 짐작할 수 있듯, 누군가에게 전해 들었던 것이다. 앞에서도 언급했지만, 남효온에게 이들에 관한 이야기를 전해준 사람으로 가장 유력하게 짐작되는 인물은 장인 윤훈이다. 단종이 양위하고 물러나던 날의 현장을 전해준 바로 그 사람이다. 그런 윤훈은 박팽년, 성삼문과 어울렸던 친구였고, 그래서 그들의 행실을 이렇게 증언할 수 있었다.

> 윤훈은 박팽년, 성삼문과 서로 사귀었는데, 사람에게 말하기를, "성공(成公)은 농담하면 잘 웃고, 앉고 눕는 것이 절도가 없고, 박공(朴公)은 종일토록 단정히 앉아 의관을 풀지 아니하여 사람으로 하여금 존경심을 일으키게 한다"라고 하였다.[21]

남효온이 장인 윤훈에게 전해 들은 사실을 토대로 『육신전』을 기록했다고 볼 수 있는 근거이다. 기술하고 있는 내용은 물론이고 구사하는 어휘까지 흡사하다. 다만 전언에 근거하면서도 "『소학』으로 몸을 단속하였다"라든가 "속으로는 지조가 확고하여 빼앗을 수 없는 뜻을 갖고 있었다"라는 식으로 자기 판단을 추가하여 서술했을 뿐이다. 『육신전』을 읽어보면, 이처럼 생전의 사육신을 직접 지켜본 사람의 전언을 토대로 여섯 명의 당시 행적을 기술했음을 쉽게 확인할 수 있다. 세조의 혹독한 고문에도 굴복하지 않던 이들의 자세를 마치 눈앞에서 벌어지고 있는 일처럼 생동하게 그려내고 있는 대목에서 특히 그러하다.

> 세조가 말하기를 "그대는 나의 녹(祿)을 먹지 않았던가? 녹을 먹으면서 배반하는 것은 이랬다저랬다 하는 사람이다. 상왕을 복위한다고 명분을 내세우고 있지만 실상은 자신을 위하려는 것이다" 하였다. 그러자 성삼문이 대답했다. "상왕이 계시거늘 나리가 어찌 저를 신하라고 여기십니까? 나리의 녹을 먹지 않았으니, 만약 믿지 못하겠거든 저의 재산을 몰수하여 살펴보십시오." 세조가 매우 노하여 무사에게 쇠를 달구어 그의 다리를 뚫고 팔을 자르도록 했다. 하지만 안색을 변하지 않은 채 천천히 말했다. "나리의 형벌이 혹독하기도 하군요." 이때에 신숙주가 세조 앞에 서 있었다. 성삼문이 꾸짖었다. "나와 자네가 집현전에 있을 때에 세종께서 날마다 왕손(단종)을 안고서 거닐고 산보하다가 여러 신하들에게 이르시기를 '과인이 세상을 떠난 뒤에 경들은 부디 이 아이를 보호하라' 하셨네. 그 말씀이 아직 귀에 남아 있거늘 자네는 이를 잊었단 말인가? 자네의 악행이 이 지경에 이를 줄은 생각하지 못했네."[22]

세조가 성삼문을 국문하던 장면이다. 세조가 자신을 신하로 대하자 자신은 세조를 임금으로 인정할 수 없다면서 '나리[進賜]'라고 부르는 대목, 나의 녹을 먹지 않았느냐고 세조가 다그치자 그대에게 받은 녹은 하나로 축내지 않고 고스란히 보관해두었다고 일갈하는 대목은 성삼문의 충절과 견결함을 극적으로 보여준다. 세조와의 날 선 논쟁 이후 벌어진 잔혹한 고문에도 자세를 흐트러뜨리지 않던 성삼문의 의연함, 세종으로부터 두터운 은혜를 함께 받았던 절친 신숙주의 배신을 향한 엄한 질책은 읽는 사람으로 하여금 등골을 서늘하게 만든다. 우리가 사육신 가운데에서도 성삼문을 으뜸으로 기억하고 있는 까닭이다. 그런 성삼문의 모습은 『세조실록』에 실린 것과 사뭇 다르다. 세조의 왕위찬탈에 앞장섰던 영의정 신숙주와 병조판서 한명회의 책임 아래 편찬된 실록에서는 성삼문을 이렇게 기록하고 있다.

> 세조가 성삼문을 결박하게 하고 "너는 반드시 깊은 뜻이 있을 것이다. 내가 네 마음을 들여다보기를 폐간(肺肝)을 보는 듯이 하고 있으니, 소상하게 말하라" 하고는 곤장을 치게 했다. 성삼문이 대답했다. "신은 그것[혜성이 나타났으니 참소하는 자가 나타날 것이라고 김질에게 이야기한 것]밖에 다른 뜻이 없었습니다." 세조가 공모한 자를 물었으나 성삼문은 털어놓지 않았다. 세조가 "너는 나를 안 지 매우 오래되었고, 나도 너를 대접함이 매우 후하였다. 지금 네가 이런 일을 했다고 해도 내가 친히 묻고 있으니 너는 숨기는 것이 있어서는 안 된다. 네 죄의 경중도 내게 달려 있다"라고 하였다. 그러자 대답하기를 "진실로 임금님의 말씀과 같습니다. 신은 이미 대역죄를 범하였으니, 어찌 감히 숨기겠습니까? 실상 박팽년, 이개, 하위지, 유성원과 같이 공모했습니다" 하였다. 세조가 말하기를 "그들만이 아닐 것이니, 모두 말하는 게 옳다" 하니, "유응부와 박쟁(朴崢)도 알고 있었습니다"라고 대

답하였다.[23]

얼핏 읽어보아도 앞서 인용한 『육신전』의 기록과 엄청나게 다르다. 불에 달군 쇠로 지졌다는 것과 곤장을 쳤다는 형벌의 차이에 그치지 않는다. 세조를 '나으리'라고 부르며 맞섰던 『육신전』의 성삼문과 세조의 타이름에 공모자를 술술 불던 『세조실록』의 성삼문은 완전히 다른 사람처럼 보인다. 남효온은 『육신전』의 장면을 자기 상상으로 부풀려 꾸며낸 것일까? 아니면 직접 본 사람에게 전해 들은 내용을 들은 그대로 기록한 것일까? 무엇이라고 단언할 수는 없다. 하지만 앞서 살펴본 남효온의 서술태도를 고려해볼 때, 후자의 가능성이 훨씬 높다.

그렇다면 그때 세 살에 불과했던 남효온의 기록을 신뢰할 수 없다고 몰아세우는 것은 옳지 않다. 오히려 의심해야 할 것은 『세조실록』의 기록이다. 수양대군의 왕위찬탈을 부추겨 절대 권력을 장악하고 있던 훈구공신, 그리고 그들의 지휘와 감독 아래 편찬된 실록은 너무나 많은 역사적 진실을 은폐, 왜곡하고 있었기 때문이다. 그처럼 『조선왕조실록』에는 역사적으로 승리한 권력자의 관점에 입각해 기록된 내용으로 가득 차 있다. 국가 기록이라고 해서 전적으로 신뢰할 수 없는 까닭이다. 오늘날에도 크게 다르지 않다. 정부의 공식 문서라며 내놓은 것들 가운데 엉터리가 얼마나 많았는지 굳이 열거할 필요도 없다. 반면에 세간에 떠도는 소문, 심지어 날조된 유언비어로 치부되기도 했지만 오히려 그것이 역사적 진실을 담고 있는 경우를 너무나 많이 보아오지 않았던가.

『육신전』에 밝혀둔 그날의 오명(汚名)들

남효온은 『육신전』에 단종복위의 뜻을 함께하다 죽은 여섯 명의 충절만을 기록하지 않았다. 그들과 함께 그날의 역사적 현장에 함께 있었던 또 다른 인물들도 하나하나 밝혀두었다. 그리하여 그때 그 자리에 참석한 인물들이 모두 역사에 길이 남게 되었다. 어떤 이는 아름다운 이름으로, 어떤 이는 부끄러운 이름으로. 그들 가운데에는 굳이 밝히지 않아도 될 법한 인물도 포함되어 있다. 윤영손(尹鈴孫)과 김명중(金命重)이 그들이다.

윤영손은 정조가 장릉배식단(莊陵配食壇)에 배향할 만한 명단을 선별할 때, 행적이 분명치 않지만 모셔야 할 인물로 인정받아 별단(別壇)에 모셔지게 되었다.[24] 행적도 모르는데 어떻게 그런 특전을 받을 수 있었을까? 바로 남효온이 『육신전』에 그의 이름을 밝혀두었기 때문이다. 윤영손은 단종의 외조부 권전의 사위였다. 본래 신숙주를 죽이는 일을 맡았는데, 거사 날짜가 미뤄지는 바람에 임무를 완수할 수 없었다는 것이다. 결국 김질이 일러바쳐 뜻을 이루지 못하고 죽어갔지만, 남효온의 기록 덕분에 아름다운 이름만은 역사에 길이 전하게 되었다.

그에 반해 김명중은 다른 방식으로 기억되는 인물로 남았다. 사육신을 고문하는 현장을 감독하던 그는 세종 26년(1444) 유성원과 함께 문과에 급제했다. 그리하여 유성원은 물론이고 박팽년, 하위지, 성삼문 등과 함께 『세종실록』을 편찬하기도 했다. 형장에서 고문을 받고 죽어간 사육신과 막역한 벗이었던 것이다. 남효온은 그런 그의 존재를 『육신전』에서 두 번 등장시켰다. 한 번은 박팽년이 처형당하기 직전 "왜 이런 일을 도모하여 죽음을 당하느냐?"라고 박팽년에게 은밀하게 물어보는 대목에서, 한 번은 처형장으로 실려 나가던 박팽년을 호위하던 중 "이게 무슨 꼴이냐?"는 핀잔을 하는 대목에서이다. 절친했던 동료들이 참혹하게 살육되는 현장을 지켜보던 그의 마음도 편치는 않았을 것이다. 남효온은 그런 김명중의 모습을 통해 이러지도 못하고 저러지도 못하며 갈등하던 당시 신료들의 분위기를 생생하게 묘사해내고자 했다.

이처럼 남효온은 『육신전』에서 충절로 죽어간 인물을 돋보이게 그려내는 데 초점을 맞춰 서술하기는 했지만, 단지 그것에만 그치지 않았다. 세조의 잔혹한 면모와 함께 그 현장을 지켜보던 인물의 심경을 적절하게 드러냄으로써 그날의 모습을 살아 있는 현실처럼 재현하고자 애썼다. 당시 젊은 문사들 가운데에서도 최고의 문장가로 손꼽힐 만한 솜씨였다. 그런 글쓰기 중 단연 돋보이는 대목은 수양대군의 왕위찬탈을 돕고, 사육신을 죽음으로 몰아갔던 배신자를 세상에 폭로하는 방식이다. 남효온은 그 대표적인 인물로 김질과 정창손, 신숙주와 최항, 그리고 권람과 한명회 등 여섯 명을 꼽고 있다. 이들은 모두 『육신전』에 이름을 올리고 있는데, 사육신과 대비되어 '육적신(六賊臣)'으로 불러도 좋을 법하다.

가장 먼저 등장시킨 인물은 김질과 정창손인데, 그들은 거사를 세조에게 밀고했던 자들이다. 이들은 그 역할에 걸맞게 『육신전』의 첫 번째 편인 「박팽년전」에 등장한다. 처음에는 사육신과 함께 모의에 동참했다가 거사가 미뤄지자 비밀이 새나갔다고 전전긍긍하던 김질은 마침내 "요행히 살아나는 것이 낫겠다"라고 생각하여 장인 정창손을 찾아가 사실을 털어놓는다. 전말을 전해 들은 정창손의 태도는 참으로 가관이다. 그는 곧바로 세조에게 달려가서 고변한 뒤, 이런 변명을 늘어놓는다. "신은 정말로 몰랐고, 사위 혼자 참여했습니다. 그의 죄는 만 번 죽어 마땅합니다." 동지를 배반한 김질도 비겁하기 짝이 없지만, 자기 혼자만 살겠다고 사위에게 모든 것을 떠넘겨버린 정창손의 태도도 그 비겁함이 못지않다. 남효온은 그런 장인과 사위의 한심한 몰골을 역사에 길이 남겨두기 위해 그들이 했던 발언을 직접화법으로 그대로 옮겨 적었다.

다음으로 등장시킨 인물은 세종의 은총을 담뿍 받았던 집현전의 대표적 인물인 신숙주와 최항이다. 이들은 두 번째 편인 「성삼문전」에 배치되었는데, 그럴 만한 근거가 있다. 남효온은 세종이 가장 가까이에 두고서 아낀 인물로 성삼문, 박팽년, 신숙주, 최항, 이개의 이름을 특기하고 있다. 그런데 이들 가운데 신숙주와 최항 두 사람만 거사에 동참하지 않았다. 그런 신숙주는 가장 절친한 동료 성삼문에게 세조가 모진 고문을 가하던 장면을 눈앞에서 지켜보고 있었다. 그러자 성삼문이 꾸짖었다. "나와 자네가 집현전에 있을 때, 세종께서 날마다 왕손을 안고서 거닐다가 여러 신하들에게 '과인이 세상을 떠난 뒤에 경들은 부디 이 아이를 보호하라' 하시며 당부하셨지. 그 말씀이 아직 귀에 남아 있거늘 자네는 이를 잊었단 말인가. 자네의 악행이 이 지경에 이를 줄은 생각하지 못했네." 신숙주는 침묵했다. 이후 그의 이름은 성삼문의 절의와 극단적으로 대비되어, 변절자의 대명사로 굳어졌다. 잘 쉬어버리고 변하는 녹두나물을 '숙주나물'이라고 부르는 연유이다.

마지막으로 권람과 한명회를 등장시켰다. 이들은 수양대군의 왕위찬탈과 단종복위 운동의 좌절을 실질적으로 이끌었던 핵심 실세였다. 남효온은 그런 그들을 마지막 편인 「유응부전」에 배치한다. 유응부는 사육신 가운데 유일한 무신이다. 그는 조선의 최북단 함길도에서 억세고 드센 오랑캐들도 벌벌 떨게 만들었을 만큼, 신장도 크고 용력도 세고 활도 잘 쏘았던 것으로 알려져 있다. 그런 만큼 세조의 모진 고문 앞에서도 가장 당당했다.

> 병자년(세조 2년)에 일이 발각되어 잡혀 왔다. 세조가 "그대는 무엇을 하려 했는가?"라고 물었다. 그러자 "사신을 청하여 연회하던 날에 일척(一尺)의 검으로 족하를 폐하고 옛 임금을 복위하려 했으나 간사한 사람에게 고발당했으니 내가 다시 무엇을 할 수 있었겠습니까? 족하는 속히 나를 죽이시오" 하였다. 세조가 노하여 "그대는 상왕을 명분으로 삼아 사직을 도모하고자 한 것이다" 하고, 무사에게 살갗을 벗기도록 하며 실상을 캐물었다. 하지만 죄를 인정하지 않았다. 그러고는 성삼문 등을 돌아보며 "사람들이 '서생(書生)과는 함께 일을 도모할 것이 못 된다'라고 하더니, 정말 그렇구나. (…) 그대들은 사람이면서 계책이 없으니 어찌 축생(畜生)과 다르겠는가?"라고 꾸짖었다. 그런 뒤에 세조에게 "만약 실상 이외의 일을 듣고자 한다면, 저 더벅머리 유자(儒者)들에게 물어보시오" 하고는 입을 닫아버렸다. 세조가 더욱 노하여 불에 달군 쇠로 배 아래를 지지라고 명하니, 기름과 불이 지글거렸지만 낯빛이 하나도 변하지 않았다. 쇠가 식기를 기다렸다 쇠를 집어던지며 "이 쇠가 식었으니 다시 달구어 오라!" 하고는 죄를 인

정하지 않고 죽었다.[25]

유응부가 형장에서 보였던 불굴의 태도는 경이롭다 못해 처연하기까지 하다. 성삼문을 비롯한 문신들이 주저주저하다가 거사 날짜를 늦춰 대사를 그르친 데 대한 회한, 거사를 일러바친 배신자에 대한 끓어오르는 분노, 그러면서도 자신이 선택한 행동에 추호의 미련도 두지 않던 확신에 찬 신념! 그 모든 것을 담은 문장은 남효온이 『육신전』을 통해 전해주고자 했던 전부였던 듯이 강렬하게 읽힌다. 그런 유응부였던 만큼 처음 모의를 시작할 때의 자세도 헌걸차기 그지없었다. 별운검으로 연회에 참여했다가 세조의 가장 곁에 앉아 있을 권람과 한명회를 베어버릴 인물로 정해졌을 때, 유응부는 동지들에게 이렇게 호언장담했다. "권람과 한명회를 죽이는 데는 이 주먹 하나면 충분하니, 어찌 긴 칼을 쓰겠는가!" 무장으로서의 기개와 자신이 넘쳐났다. 권력에 눈이 멀어 불의를 서슴지 않던 자들에 대한 분노가 충만했기 때문이었을 터이다. 그런 까닭에 『육신전』의 맨 마지막에 나오는 유응부의 호언장담은 역사의 긴긴 아쉬움으로 남을 수밖에 없다.

『육신전』에 거론된 이들 여섯 명의 역신(逆臣)들은 세조 대부터 성종 대까지 여전히 훈구공신이라는 이름으로 무소불위의 권력을 휘두르고 있었다. 하지만 그들은 유응부의 말을 빌리면, 한주먹감밖에 지나지 않는 위인에 불과했다. 그런 자들이 그토록 오랫동안 권력을 틀어쥐고 있던 현실을 직접 체험한 남효온에게 과거의 일그러진 역사는 더욱 안타깝게 여겨질 수밖에 없었다. 남효온이 『육신전』을 통해 사육신의 충절을 기리는 것에 그치지 않았다고 말하는 이유이다. 배신자 김질과 정창손, 동조자 신숙주와 최항, 주모자 한명회와 권람의 행적을 낱낱이 밝혀둠으로써 그 오명을 역사에 길이 남기고자 했다. 덕분에 오늘날 우리는 남효온이 의도했던 바대로, 그때의 역사 현장에서 누가 당당한 길을 걸었고 누가 비겁한 길을 걸었는지 분명하게 기억하게 되었다. 호랑이는 죽어 가죽을 남기고, 사람은 죽어 이름을 남긴다고 한다. 비록 사육신을 비롯한 많은 인물이 역모의 죄명으로 죽어갔지만, 이들은 남효온의 『육신전』에 의해 충절의 인물로 되살아날 수 있었다. 붓이 칼보다 강하다는 말은 결코 허언이 아니다.

5장

폭음으로 견뎌내던 시련의 시절

벗들과 흥겹게 어울리며 지내던 한때

성종 9년(1478)의 소릉복위 상소, 성종 10년(1479) 무렵의 『육신전』 편찬으로 역사 전면에 모습을 드러냈던 남효온의 이후 행적은 갈피를 잡기 힘들다. 이후 그는 어디에서 무엇을 하고 있었을까? 짐작건대 실의와 울분의 시절을 보냈을 법하다. 그런데 뜻밖에도 남효온의 이름은 성종 11년(1480) 3월 3일의 『사마방목(司馬榜目)』에서 발견된다. 『사마방목』은 과거시험 중 하나인 사마시(司馬試) 급제자의 이름을 담은 명부이다. 이를 통해 짐작건대 남효온은 정치적 구설에 오르고 난 뒤, 한동안 들어앉아 과거 준비를 했던 듯도 하다.

조선시대 선비에게 과거는 자신의 정치적 포부를 실현하기 위해 반드시 거쳐야 하는 관문이었다. 과거시험은 흔히 사마시로 불리는 소과와 문과로 불리는 대과로 나뉘었고, 소과에는 유교경전을 시험하는 생원시(生員試)와 시문제술 능력을 시험하는 진사시(進士試)가 있었다. 3년마다 열린 과거시험에서 진사와 생원을 각각 100명씩 선발했는데, 남효온은 진사시에 합격했다. 김굉필, 강중진, 그리고 안응세와 같은 남효온의 친구들도 그해에 함께 합격했다. 뒷날 김종직의 제자 김굉필은 문묘에 배향되었고, 김종직의 조카 강중진은 『점필재집(佔畢齋集)』을 편찬하게 된다.

그런데 안응세는 자신의 이름을 크게 남기지 못했다. 진사시에 합격한 그해 가을, 스물여섯의 나이에 요절하고 말았기 때문이다. 누구나 가까운 사람을 떠나보내기 마련이지만, 남효온에게 그의 죽음은 보통의 경우를 훨씬 넘어섰다. 남효온은 안응세를 애도하는 만사(輓詞)를 헤아릴 수 없을 만큼 많이 지었고, 세상을 떠난 그를 10년 넘도록 잊지 못했다. 그만큼 각별했던 친구였다. 남효온은 만년에 편찬한 『사우명행록』에서도 그를 빠뜨리지 않았다.

> 안응세는 죽산 사람이다. 자는 자정(子挺)이고 호는 월창(月窓), 구로주인(鷗鷺主人), 연파조도(煙波釣徒), 여곽야인(黎藿野人)이다. 나보다 한 살 어리다. 청담(淸澹)하고 쇄락(灑落)하며, 가난을 편히 여기고 명예와 이익을 탐하지 않았다. 도교와 불교를 배우지 않았고, 장기와 바둑도 좋아하지 않았다. 시에 능했는데, 악부(樂府)에 특히 뛰어났다. 일찍이 "불의(不義)의 재물은 집안 살림을 돕는 것에 그치지만 불의의 음식은 오장을 돕는 것에 그치니, 더욱 범해서는 안 된다" 하였다. 그의 마음가짐이 이와 같았다. 백옥(白玉)의 흠이라면, 주색을 좋아한 것이다. 성종 11년(1480)에 진사시에 합격했다가 그해 9월에 죽었다. 향년 26세였다. 아는 사람이든 모르는 사람이든 애통해하지 않는 사람이 없었다.[1]

자신보다 한 살 어린 안응세의 성품은 맑고 깨끗하며 가난하게 지내면서도 부귀를 욕심내지 않았다고 적고 있다. 이런 청빈한 삶의 태도는 그의 호에서도 그대로 드러난다. 달빛 비치는 창가, 갈매기와 벗하는 사람,

이내 낀 강가에서 낚시하는 무리, 명아주와 콩잎으로 연명하는 들사람 등 모두 한가롭고 담백한 삶을 지향하는 호칭들이다. 그랬던 그가 요절한 까닭은 '주색을 좋아한 것이 한 가지 흠'이라는 지적에서 짐작할 수 있듯, 술로 인해 폭사했던 것으로 보인다. 맑은 성품과 과도한 폭음이라는 극과 극의 행동은 어쩌면 이상과 현실의 아득한 거리를 납득하기 어려웠던 시대를 살던 젊은 유생의 한 전형을 보여주는 것일 수도 있다. 남효온이 그러했던 것처럼. 어쨌든 그 이상의 정보는 알려진 것이 없는데 남효온은 그와의 술자리를 이렇게 추억하고 있다.

幾日同携酒　며칠 동안이나 함께 술을 마셨는지
淸痕汚褐衣　맑은 술 얼룩이 베옷을 물들였었지.
宵行紅杏吐　살구꽃 피었을 때 밤거리를 돌아다녔고
幽討菊花肥　국화가 한창일 때 서로 그윽이 찾았었지.
燃竹如來寺　여래사에서 대 불살라 술을 끓여 마셨고
啗菁栗島磯　율도 물가의 바위에서 무 반찬 먹었었네.
翻思猶往事　돌이켜 생각건대 오히려 지난 일이라
腸斷永睽違[2]　영원한 이별에 이내 간장 끊어지누나.

벗들과 한번 술을 마시기 시작했다 하면, 몇 날 며칠 이어지곤 했다. 주당(酒黨)으로서의 면모가 여실하다 하겠다. 살구꽃 피거나 국화꽃이 한창일 즈음이면 으레 술자리를 펼쳤다. 본디 술꾼들은 그런 기회를 헛되이 보내지 않는 법이다. 꽃이 피면 핀다고 한 잔, 꽃이 지면 진다고 한 잔, 노을이 물들 무렵이면 석양주가 없을 수 없다고 한 잔, 달이 휘영청 밝으면 이런 밤을 헛되이 보낼 수 없다고 한 잔. 꽃과 달과 술에 취해 밤새도록 시를 짓고 시대를 토론하던 젊은 그들. 그때의 만남이 얼마나 생각났으면, 죽은 벗을 애도하는 만사를 이렇게 적었을까 짐작이 되고도 남는다. 그래도 미진함이 남았던지 그 아래에 그때의 정황을 다음과 같이 적어두었다.

> 자정이 일찍이 시를 지었는데, "옷 위의 술 얼룩이야 참으로 나쁘지 않다네[衣上酒痕眞不惡]"라고 하였다. 자정이 일찍이 나와 함께 밤새 노닐었다. 마침 살구꽃이 피어나고 봄날의 달이 아주 둥글게 떴다. 흥이 나서 장안 거리를 쏘다니다가 살구꽃이 핀 곳이 있으면 담 밖에 술자리를 펴고 시를 논했다. 또한 10월에 이종지(李宗之)가 나에게 국화 가지를 보여주었는데, 활짝 핀 꽃이 시들지 않았다. 즉시 이것을 가지고 자정에게 갔다. 자정이 몹시 기뻐하며 눈 위에 국화꽃 가지를 꽂아 놓고 숯을 살라 술을 데워 마셨다. 여래사(如來寺)에 모여서는 대나무를 살라 술을 끓여 마셨고, 율도(栗島)에서 노닐 때에는 밥을 짓고 촌가에서 무를 얻어다 반찬을 만들어 먹었다.

당시 장안의 명문가 자제들이 풍광 좋은 여래사라든가 율도로 몰려다니며 함께 어울리던 정경이 눈에 선하다. 18세기 후반 연암 박지원과 그의 벗들 이른바 박제가, 이덕무, 이서구, 서상수, 유득공 등 북학파 멤버들이 종로 탑골 부근에 모여 놀던 것을 방불케 한다. 박지원은 박제가의 『북학의』 서문에서 "진실로 비 뿌리고 눈 날리는 날에도 연구하고, 술이 거나하고 등잔불이 꺼질 때까지 토론했다"라며 자신들의 모임을 회상한 바 있다. 그들은 조선의 낙후된 현실을 개혁하기 위한 방도를 논하며 밤을 지새웠다. 하지만 그보다 300여 년 전, 남효온과 그의 벗들도 여래사라든가 율도를 전전하며 그런 모임을 자주 가졌었다. 여래사가 어디인지는 분명하지 않다. 율도는 한강에 있는 작은 섬으로 1968년 여의도를 개발할 때, 둘레에 제방을 만드느라 폭파해버려 지금은 철새가 서식하는 자취만 조그맣게 남아 있을 뿐이다. 하지만 남효온 생전에는 사람들도 살고 백사장도 너르게 펼쳐져 있어 '율도명사(栗島明沙)'라고 불리며 서호팔경(西湖八景)의 하나로 꼽혔다.

이처럼 남효온은 갈대꽃이 흰 비단처럼 뒤덮인 율도의 가을도 좋아했지만, 살구꽃이 흐드러지게 피는 남산 기슭의 봄날도 무척이나 아꼈다. 지금의 회현동 부근이다. 전장이 있던 율도와 살던 집 근처의 남산을 오가면서 벗들과 어울렸던 것인데, 그런 까닭에 '가을의 한강'이라는 추강(秋江)과 함께 '살구꽃 피는 계절에 내리는 비'라는 뜻의 '행우(杏雨)'를 자신의 호로 삼았을 정도였다. 실제로 『추강집』에는 살구꽃이 필 무렵 벗들과 어울려 지은 작품이 매우 많이 실려 있다. "정중(正中, 이정은)과 함께 달밤에 비파를 들고 중균(仲鈞, 이종준)의 문을 두드렸다. 그러자 중균이 비파 소리를 듣고 신을 거꾸로 신고 달려 나와 살구꽃 아래 자리를 깔고 조촐한 술자리를 펼쳤다. 「소동파의 「월하시(月下詩)」에 차운하여 연구(聯句)로 짓다」라는 작품도 그중 하나이다. 살구꽃이 활짝 피고 보름달이 밝게 비추는 밤, 소동파의 「달밤에 손님과 더불어 살구꽃 아래에서 술을 마시다[月夜與客飮酒杏花下]」에 차운하며 그날의 정취를 재현했던 것이다. 우리들도 시주가 곁들여진 운치 있는 그 자리의 말석에 참여해 보자.

琵琶撥雷催晩春　비파 소리 울려 저문 봄을 재촉하는데 (이종준)
花下相逢皆可人　꽃 아래 만난 사람 모두 뜻 맞는 이들. (남효온)
淸談未了甁欲臥　맑은 얘기 끝나기 전 술병 비려 하고 (이정은)
山肴喫盡羞澗蘋　나물 안주 바닥나 냇가 마름 내오네. (이종준)
坐中秋江老狂發　술자리에서 추강이 늙은 광기 발하니 (남효온)
更把一桮心欲雪　한잔 술 다시 들자 마음 풀어지려 하네. (이정은)
醉歸不妨犯金吾　취해 돌아갈 때 금오랑 아랑곳없으니 (이종준)
可忍虛抛此明月　이런 밝은 달 차마 헛되이 버리겠는가. (남효온)
琉璃桂影入盞中　유리 같은 달그림자 술잔 속 들어오니 (이종준)
微雲捲盡長天空　엷은 구름 걷혀 맑은 하늘 비었기 때문. (남효온)
興來起舞影婆娑　흥에 겨워 춤추니 그림자 너울너울 (이정은)
何必高燒銀燭紅　은촛대 불빛 굳이 밝힐 필요 있으랴. (이종준)

여러 사람이 돌아가며 한 구(句)씩 지어 만든 연구시(聯句詩)이다. 한무제(漢武帝)가 장안에 백량대(栢梁臺)를 세우고 잔치를 베풀어 참석한 신하들에게 돌아가며 칠언시(七言詩)를 짓게 했다는 고사에서 유래한 형식이다. 그 이후 가까운 문인들의 연회에서 자주 지어지게 되었는데, 남효온도 이런 형식의 작품을 많이 남겼다. 그만큼 그들의 모임은 끈끈한 동류의식 위에서 이루어졌다. 실제로 남효온은 작품 아래 "이날 장안을 휩쓸고 다니다가 군요(君饒, 권경유) 집에 묵으며 정신(精神)한 담론을 펼쳤다"라는 주석을 달아 두었다. 남효온과 이정은에서 시작된 만남은 이종준을 찾아가고, 다시 이웃에 살고 있는 권경유의 집으로 자리를 옮겨 밤새도록 이어졌다. 그들의 모임은 시와 술을 나누는 데에만 그치지 않았다. 맑은 고담준론이 어우러진 당대 젊은 지성들의 운치 있는 연회였다. 그들 스스로 '정신한 담론'으로 밤을 지새웠다고 하지 않았던가. 마치 연암 박지원과 그의 벗들이 그러했던 것처럼.

함께 했던 벗들의 부재, 살아남은 자의 폭음

젊은 그들의 정취 있는 모임은 비극의 서막이었다. 살구꽃이 비처럼 흩뿌리고 달이 휘영청 밝게 떠오른 봄날, 남산 기슭에서 흥에 겨워하던 그들은 무오사화를 만나 모두 비극적인 최후를 함께 했다. 권경유는 김일손, 권오복 등과 함께 바로 능지처사 되었고, 이종준은 형장을 맞고 함경도 부령으로 유배 보내졌다. 하지만 귀양 가는 도중에 조정을 비방하고 임금을 기롱했다는 함경도관찰사 이승건의 고발로 다시 압송되어 왔다가 모진 고문을 받아 죽었다. 겨우 화를 면한 이정은도 평생 은거하며 지내다가 쓸쓸히 삶을 마쳐야 했다. 그러고 보면 그런 참극을 당하지 않은 채, 스물여섯의 젊은 나이로 요절한 안응세의 처지가 오히려 나았는지도 모른다. 사람의 앞날은 누구도 모르는 법이다.

안응세가 죽고 난 뒤, 남효온은 봄꽃이 피던 계절을 맞이하여 벗들과 남산을 다시 찾았다. 그리고 언제나 그러했듯이, 돌아가며 시를 지어 각자의 회포를 풀어놓기로 했다. 남효온은 그때의 정황을 제목으로 고스란히 담아두었다. 그런 만큼 제목이 상세하다. 「내가 덕우(德優), 시가(時可), 자용(子容), 정중, 군요, 겸지(兼之), 자야(子野) 등과 남산에 올라 봄꽃을 완상했다. 정중이 옛날 자정(안응세)과의 놀이를 생각하고, 이어 탄식했다. "옛사람이 '올해 꽃구경하는 벗들, 대부분 지난해 사람 아니로다

[今年看花伴, 多不去年人]'라고 읊었는데, 이 시가 참으로 나의 뜻과 같네. 지금 이 구절을 나누어 시제로 삼아 시를 짓는 게 어떻겠는가?" 하였다. 나는 '간(看)' 자를 얻었다」가 제목이다. 그 모임에서 당나라 시인 이익(李益)의 시구에서 운자를 정하여 시를 짓기로 했는데, 세 번째 글자인 '간' 자를 뽑은 남효온은 이렇게 읊었다.

去年此山頭　지난해에는 이 남산 머리에서
春花人共看　봄꽃을 친구와 함께 구경했었지.
人去我獨來　친구는 떠나가고 나만 홀로 오니
我顙誠有汗　부끄러워 내 이마에 땀이 흐르네.
斜日射三竿　기울어지는 해는 세 발쯤 남아서
春紅照爛熳　봄날의 붉은 꽃 난만히 비추누나.
開罇仍大嚼　술 단지를 열고서 크게 들이키니
布穀啼巖畔[3]　바위 가에서 뻐꾸기가 울음 우네.

안응세를 먼저 멀리 보내고 살아남은 자신들만 남산에서 꽃놀이를 하고 있노라니 그와 함께 했던 옛일이 불현듯 떠올랐다. 지금 다시 남산을 찾은 벗들은 신영희, 강흔, 우선언, 이정은, 권경유, 이달선, 이분 등이다. 그들도 모두 흐드러지게 핀 봄꽃을 감상하며, 안응세가 존재하지 않는다는 사실에 가슴 아파했다. 남효온은 더욱 그러했다. 자리에 함께 했던 벗 신영희가 안응세를 연연해 하는 남효온에게 짓궂게 장난을 걸어왔다. 너무나도 절절한 두 사람의 우정에 대한 질투심 같은 것이었을까? 남효온이 시의 아래에 적어놓은 사연은 이러하다.

신영희가 내 수염을 비틀며 농담하기를 "나 홀로 왔다는 구절은 필시 품은 생각이 있는 듯하네"라고 했다. 나는 "맹세코 다른 뜻이 없고 다만 옛일을 느껴서 그러할 뿐이네"라고 대답했다. 시가 다 지어지자 이달선이 읽고 말하기를 "신영희에게 또다시 수염을 비틀리겠네"라고 하였다. 내가 말했다. "그렇지 않네. 내가 오늘 그대들과 놀다가 내일 그대들이 세상을 떠나면, 다시 그대들보다 나은 사람과 놀지라도 내 마음은 흡족하지 못하고 탄식할 것이니 어찌 자네들이라고 유독 그리워하지 않겠는가?" 그러자 신영희는 고개를 끄덕였다.

남효온은 안응세만 애틋하게 여겼던 것이 아니다. 함께 하는 벗들 모두 잠시도 떠나보낼 수 없는 소중한 존재들이었다. 앞으로 그대들보다 더 좋은 친구는 사귈 수 없을 것 같다던 남효온의 말에 모두 할 말을 잃었다. 소중하면 소중할수록 부재에 대한 두려움은 더욱 큰 법이다. 앞으로 보게 되겠지만, 안응세의 죽음은 남효온에게 삶의 중요한 국면마다 수시로 나타나게 된다. 아무리 오랜 시간이 흘러도 기억에서 지워지지 않았기에 소중한 벗 안응세는 꿈속에서 그리도 자주 나타났던 것이다.

邯鄲一夢暮山前　저문 산 앞에서 한바탕 꿈을 꾸었으니
魂與魂逢是偶然　혼과 혼이 만난 것은 참으로 우연일세.
細雨半庭春寂寞　가랑비 내리는 뜰에는 봄날이 적막한데
杏花無數落紅錢[4]　살구꽃이 무수히 붉은 동전처럼 떨어지네.

남효온이 어느 날 안응세를 꿈에 만나고 나서 지은 시이다. 가랑비가 내려 살구꽃이 흩뿌리던 봄날이다. 살아생전 안응세가 그토록 사랑하던 살구꽃이 피면 어김없이 밀려드는 그에 대한 그리움, 그것은 꿈으로까지 이어졌다. 안응세가 죽었던 때는 남효온이 스물일곱 살 되던 늦가을이었다. 성종 11년 9월이다. 많은 만사를 지어 슬픔을 다하던 그 무렵, 또 다른 벗 한 명도 멀리 떠나갔다. 성종 9년 흙비 내리던 봄날에 구언상소를 함께 올렸다가 곤혹을 치른 동갑내기 친구 이심원이 그였다. 이심원은 그때의 일이 빌미가 되어 황해도 장단에서 유배 생활을 하고 있었던 것인데, 성종 11년 더욱 험한 오지인 강원도 이천으로 이배(移配)의 명이 내려졌다. 게다가 그때는 12월 엄동설한이었다. 세상은 더욱 각박해지고 있었고, 그래서 남효온은 유배 가는 그에게 "이 친구 마음 몹시 괴로울 때, 누구를 좇아서 대의를 물어볼까[故人惡懷抱, 從誰質大義]"[5]라며 무한 안타까워했다. 그리고 이심원이 유배지에 도착한 뒤에도 자주 꿈속에서 그를 찾아갔다.

憶君無日不腸回　그대 생각에 마음 아프지 않은 날 없으니
愁坐柴門晝不開　시름겹게 앉아 대낮에도 사립문 열지 않네.
夢入羊腸千里外　천 리 밖 험하고 험한 길을 꿈속에 찾아가니
山靈晝泣猲狂哀[6]　산 귀신도 낮에 울고 악귀들도 슬퍼하는구나.

역시, 이심원을 꿈에서 만나보고 지어 보낸 시편이다. 남효온은 애간장이 끊어지는 슬픔에 잠겨 매일 집에 들어앉아 있었다. 문을 걸어 잠근 채 칩거한 남효온의 신세와 머나먼 강원도의 첩첩산중에 둘러싸인 이심원의 처지는 다를 바 없었다. 남효온은 그렇게 절친했던 안응세와 이심

원을 멀리 떠나보내고 나서, 성종 11년(1480)의 겨울을 힘겹게 보내고 있었다. 벗들과 어울려 노닐 때면 부재한 그들이 무시로 그리워졌고, 홀로 꿈에서 깨어 잠을 이루지 못하는 밤들이 계속 이어졌다. 자기 혼자 살아남아 있다는 죄책감에 괴로워했고, 끝 모를 울분이 폭발하기도 했다. 그런 일상은 남효온을 폭음으로 몰아갔다. 그러던 즈음, 남효온은 술과 관련된 유명한 장시 한 편을 지어 세상 사람의 입에 회자되었다. 술을 끊겠다는 다짐의 시였다. 술꾼들은 깊이 음미해볼 만한 작품이니, 그 전문을 읽어보기로 한다.

初筵禮秩秩　술자리 처음에는 예의가 엄숙하여
賓主戒荒嬉　손님과 주인이 거친 행동 경계하니
升降固有數　오르고 내림에 진실로 예법이 있고
進退抑有儀　나아가고 물러남에도 절도가 있네.
三栝言始暢　술 석 잔을 마시면 말이 비로소 많아져
失度自不知　법도를 잃고도 스스로 알지 못하며
十栝聲漸高　술 열 잔을 마시면 언성이 점점 높아져
論議愈參差　주고받는 담론이 더욱더 어지러워지네.
繼以恒歌舞　뒤이어서 언제나 노래하고 춤추니
不覺勞筋肌　온몸이 피로한 줄도 깨닫지 못하네.
筵罷馳東西　술자리 마칠 때면 동서로 치달려서
衣裳盡黃泥　저고리 바지가 온통 진흙투성이네.
馬首之所向　올라탄 말 머리가 향하는 곳마다
兒童拍手嗤　아이들이 손뼉 치며 비웃어대고

終然顚與躓　끝내 비틀대다 넘어지고 자빠져서
而傷父母遺　부모가 주신 몸을 손상시키고 마네.
非不知酒禍　술의 재앙을 모르는 바 아니건만
顧自甘如飴　스스로 단 엿처럼 좋아했다네.
巫風戒於書　무풍은 『서경』에서 경계한 바이고
賓筵播於詩　「빈지초연」은 『시경』에 실려 있네.
揚雄曾著箴　양웅은 일찍이 주잠(酒箴)을 지었고
伯有死於斯　백유는 술 때문에 죽었거늘
胡爲此狂藥　어찌하여 이러한 미친 약을 마시나
失德常在玆　덕을 잃음이 항상 여기에 있는 것을.
酒誥在方策　술에 대한 경계가 서책에 실려 있으니
宜念以爲規[7]　의당 마음에 새겨 법규로 삼아야 하리.

시의 제목은 「주잠」이다. 잠(箴)은 본래 침(鍼)과 같은 의미이다. 의사가 침으로 병을 치료하듯, 잠언(箴言)으로 자신이나 다른 사람의 잘못을 예방한다는 데서 유래한 문체이다. 때문에 잘못을 나무라는 풍간(諷諫)이라든가 경계하는 규계(規戒)를 종종 담고 있기 마련인데, 남효온도 그런 시의 형식을 이용해 금주를 다짐했다. 필시 과음으로 큰 실수를 저지르고 난 뒤의 반성일 텐데, 아닌 게 아니라 제목 아래 작은 글씨로 "신축년(성종 12년) 2월 5일, 남산 기슭에서 술을 너무 마셔 예의를 잃은 뒤에 지었다"라고 적어두었다. 지난가을 안응세가 죽고 겨울에 이심원이 강원도 이천으로 이배된 뒤, 울울하게 지내던 시절이었다. 살구꽃 핀 봄이 돌아와 벗들에게 이끌려 남산을 찾았다가 그들의 부재에 가슴 아파하며 남효온은 폭음을 하여 큰 실수를 저지르고 말았던 것이 분명하다. 하지만 폭음과 주사 뒤의 이런 다짐에도 불구하고 그가 정말 술을 끊었을 리는 없다. 술을 마시지 않고서는 견딜 수 없는 시절을 더 많이 보내야 했기 때문이다.

절주(絕酒)를 둘러싸고 벌어진 우정의 논란

남효온은 술을 참으로 좋아한 호주가로 알려졌다. 술을 즐긴 사람은 많고 많겠지만, 「주잠」이 너무나 많은 유명세를 탔기 때문이다. 역시 문사는 글로 이름을 남기는 법이다. 근세의 호주가로는 「논개」라는 시로 널리 알려진 시인 변영로(卞榮魯)를 빠뜨릴 수 없다. 그도 『명정사십년(酩酊四十年)』이라는 수필집으로 주당의 반열에 올랐다. '술에 취해 지낸 40년'의 일화들을 잡지에 연재하고, 단행본으로까지 묶어냈으니 그런 이름을 얻기에 충분했다. 누가 더 고수인지 판단하기 어렵지만, 남효온의 음주 행각도 생애를 소개하는 기록마다 빠지지 않고 등장한다. 어지간한 주당이었음에 틀림없다.

> 공은 경태(景泰) 갑술년(단종 2년)에 태어났다. 사람됨이 맑고 깨끗하고 호탕하고 고매하여 무리 중에서 짐짓 고사(高士)의 풍모가 있었다. 천성으로 술을 좋아했는데, 때때로 많이 마시고 대취하며 위태로운 의론을 즐겨 하여 기휘를 저촉하곤 했다. 하루는 어머니가 걱정하여 경계하는 말을 하자, 공이 그로부터 다시는 마시지 않았고 「지주부(止酒賦)」를 지어 스스로 경계했다. 그 이후에는 벗들이 권하여도 마시지 않았다.[8]

후손 남공철이 쓴 남효온의 묘갈명 첫 대목이다. 본디 술을 좋아했고, 취하면 할 말 못 할 말을 모두 쏟아내던 그의 술버릇은 자신이 「주잠」에서 밝힌 것과 같다. 한 잔 두 잔 마시다 보면, 가슴에 응어리진 울분을 억누를 길이 없었던 모양이다. 그랬던 그가 술을 끊겠다는 글을 지어 세상 사람에게 널리 알렸다. 하지만 그 이후로 술을 마시지 않았다는 묘갈명의 기록은 사실과 다르다. 담배를 끊겠다는 골초가의 다짐을 곧이곧대로 믿어서는 안 되듯, 술꾼의 다짐도 마찬가지이다. 폭음하고 난 다음 날 아침에는 모두 "이젠, 절대로 술을 마시지 않겠다"라고 다짐한다. 그러나 저녁이 되면, 또다시 오전의 다짐을 잊고 술집을 기웃거리는 그들. 남효온도 「주잠」을 쓰며 금주를 굳게 다짐했지만, 술을 영영 끊지 못했다. 아니, 끊지 않았다. 그와 아주 절친했던 신영희는 남효온의 음주 사실을 다음과 같이 증언하고 있다.

> 남효온의 자는 백공이요, 호는 추강 또는 행우라고 한다. 재주와 행실이 뛰어났으나 의복은 늘 거칠었고, 조랑말을 타고 다녀 아녀자들이 쫓아가며 손가락질하곤 했다. 술을 즐겼는데, 모친의 꾸지람을 듣고 「지주부」라는 글을 짓고 10년간 마시지 않았다. 그러다가 풍병(風病)이 들자 다시 마셨다. 그러다가 병세가 조금 가라앉으니 다시 「지주부」를 짓고 5년 동안 마시지 않았다. 뒤에 병이 위독해지자 다시 술과 함께 지내며 벼슬도 하지 않고 지내다가 집에서 세상을 마쳤다.[9]

신영희가 『사우언행록(師友言行錄)』에 기록한 내용이다. 『사우언행록』은 남효온의 『사우명행록』과 비슷한 성격의 책으로 보인다. 이처럼 유사한 성격의 저술을 함께 남긴 것을 보면, 당시 신진사류들은 서로 어울렸던 벗들의 행적을 기록으로 남겨 후세에 전하려던 의식이 뚜렷했음을 짐작할 수 있다. 아무도 알아주지 않지만, 서로는 서로의 존재가 잊혀지도록 내버려두어서는 안 된다고 믿었던 것이다. 이는 정치 권력과 학문 권력을 틀어쥐고 있던 훈구공신들에게 배척당했던 젊은 그들이 안고 있던 불안의 징표였을 터, 실제로 그들이 살아생전 남긴 자취는 서로가 남긴 그들의 기록 외에는 그 어디에도 남아 있지 않다. 어쨌거나 신영희가 직접 지켜본 남효온은 폭음과 절주를 반복했고, 그때마다 술을 끊겠다는 다짐을 선언했다. 술꾼에게서 자주 발견되는 모습이다.

하지만 신영희가 증언하고 있는 그의 음주 패턴을 보고 있노라면 가슴이 먹먹해지는 구석이 있다. 보통 사람은 몸이 나빠지면 끊었다가 조금 나아지면 다시 마시곤 한다. 남효온은 그렇지 않았다. 죽을 지경이 되면 마셨다가 조금 살 만해지면 끊었다는 것이다. 절망과 폭음, 그러다가 삶에 대한 의지가 스멀스멀 살아나면 다시 한 번 일어서보겠다는 희망을 갖고 절주했다. 이런 비상식적 패턴은 남효온이 처했던 극한 상황을 가장 잘 보여준다. 절망의 가장 밑바닥까지 떨어져본 사람만이 가질 수 있는 '폭음-절주'의 패턴이었던 것이다. 폭음과 절주가 반복되던 음주로 인해 서른아홉이라는 나이에 짧은 생을 마친 남효온에게 김시습은 가장 미더운 선배이자 둘도 없는 단짝이었다. 『추강집』을 보면, 두 사람이 그 무렵에 특히 빈번하게 교유했음을 확인할 수 있다. 그 가운데 금주 선언을 둘러싸고 주고받은 편지는 두 사람의 관계를 너무나도 흥미롭게 보여준다.

[김시습이 보낸 편지] 지난번 만났을 때 선생이 술을 끊어 주성(酒星)을 하늘의 감옥에 가두고 취일(醉日)을 진(秦)나라의 구덩이에서 불사르겠다고 하였습니다. 뜻이 아름답기는 아름답습니다. 하나라와 은나라의 임금이 술 때문에 망했고, 진(晉)나라와 송나라 선비들이 술 때문에 어지러워졌으니, 만세토록 살피고 경계해야 마땅합니다. 하지만 말씀드릴 것이 있습니다. (…) 이런 술의 좋은 점을 살피지 않고 재앙을 낳는다고만 여겨 완전히 끊고자 하니, 이것은 밥을 짓다가 불똥이 튈까 염려하여 일생 동안 익힌 밥을 차리지 않으려는 것과 같습니다. 매번 술주정이나 하는 것은 말할 필요도 없지만, 완전히 끊는 것도 예에 어두워 중용을 잃음이 심한 것이니 군자가 행할 도리가 아닙니다.[10]

[남효온이 보낸 편지] 저는 젊어서부터 술을 너무 좋아하여 중년에 비난을 받은 일이 많았지만, 방자한 주광(酒狂)이 되어 영원히 버려지는 것을 자신의 분수라고 여겼습니다. 그래서 몸은 외물(外物)에 끌려가고 마음은 육체에 부림을 받아 정신은 예전보다 절로 줄어들고 도덕은 처음 먹은 마음에서 날로 어긋나버리게 되었습니다. 뜻하지 않게 점점 부덕한 사람이 되어 방자하게 주정을 부리다가 어머님께 크게 수치를 끼쳤습니다. 맹자는 장기 두고 바둑 두며 술 마시기를 좋아하여 부모 봉양을 돌아보지 않는 것을 불효라고 여겼거늘 하물며 술주정이야 말할 필요가 있겠습니까? 술이 깨고서 생각건대 그 죄가 3천 가지 중의 으뜸에 해당하니, 무슨 마음으로 다시 술잔을 잡겠습니까?[11]

무량사에 모셔진 김시습의 초상. 전국을 방랑하던 김시습은 충청도 무량사에서 생을 마감했다. 전국을 떠돌다가 성종 2년 서울로 복귀한 김시습은, 순수한 20대의 남효온과 시대정신을 날카롭게 벼려가는 사우의 관계를 맺었다.

김시습은 술을 끊겠다고 선언한 남효온에게 장문의 편지를 보내왔다. 그리고 남효온은 술을 끊을 수밖에 없는 이유를 밝혀 답장했다. 남공철이 쓴 남효온의 묘갈명에서 확인한 바 있듯, 방자한 술주정으로 모친에게 꾸지람을 크게 들었던 뒤였다. 하지만 김시습은 초지일관 절주(絶酒)하지 말고 절주(節酒)하라고 권유했다. 술이 해롭다고 완전히 끊는 것은 불똥이 무서워 밥을 짓지 않으려는 것과 같다거나 중들이 술을 끊겠노라는 계율을 세우는 것과 같다거나 중용을 지켜야 할 군자의 도리에 어긋나는 결심이라는 논리들을 끌어댔다. 또는 제사를 지낸 뒤에 음복도 하지 않을 수 있겠느냐며 터무니없는 반문을 늘어놓기도 했다.

남효온이 김시습과 주고받은 편지는 『추강집』에 한 편밖에 실려 있지 않지만, 『매월당집』에는 김시습이 보낸 편지가 세 편이나 실려 있다. 실제로는 여러 차례 편지를 주고받았던 것이다. 그런 김시습의 편지를 꼼꼼히 읽어보면, 단짝 술친구를 잃어버릴까 두려워하여 억지 논리를 펴는 술꾼의 속내가 훤히 들여다보인다. 또는 술과 관련된 여러 고사를 끌어들여 서로를 반박하는 당대 최고 문장가의 문자 희롱이 읽히기도 한다. 하지만 김시습과 남효온은 편지를 주고받으며 술을 둘러싼 논란만 펼친 것이 아니었다. 문득, 이런 권유와 다짐으로 나아가기도 했다.

> 선생이 벌써 영록(醽醁, 좋은 술)을 끊으셨으니 저도 선생의 절친한 지기로서 어찌 다시 낭자하게 마시겠습니까? (…) 저의 생각으로는 제사를 지내고 치료에 도움이 되는 술을 폐할 수 없습니다. 하지만 자연을 완상하거나 손님을 접대할 때는 송명(松茗, 솔잎차)으로 술을 대신하고, 만약 다른 사람이 권하게 되면 석 잔을 넘어서지 않아야 할 것이니, 선생께서는 깊이 헤아리소서. 저도 이제 음풍농월하는 시를 그만 짓고, 연단술사의 잔다란 글도 짓지 않고자 합니다. 항상 언행을 잘 살피면서 여생을 마치고자 하는데, 선생께서도 저와 함께 하시렵니까?[12]

남효온이 술을 끊겠다고 선언했던 것은 모친의 꾸지람도 꾸지람이었지만, 깊은 반성과 깨달음이 있었기 때문이다. 몸은 외물에 끌려가고 마음은 육체에 부림을 받고 있어 정신이 전에 비해 줄어들고 도덕도 애초 먹은 마음에서 멀어지고 있는 상황을 스스로 용납할 수 없었던 것이다. 새로운 삶의 다짐이다. 나아가 편지를 주고받으며 김시습도 그러한 다짐을 함께 하게 된다. 음풍농월하는 시를 짓는다든가 양생술에 빠져 있던 삶과 절연하겠다는 의지를 피력한 것이다. 그리고 그 길을 함께 실천하지 않겠느냐며 남효온에게 동참을 권유했다. "모름지기 교서관의 서적을 모두 읽고, 대과에 급제할 기약 어기지 마시라[須窮芸閣袠, 莫負桂香期]"[13] 하며 과거시험에 응시할 것을 독려하기도 했다. 절망에 빠진 폭음에서 절주 선언으로, 절주 선언에서 새 삶에 대한 다짐으로 그들은 조금씩 흐트러진 심신을 추슬러 나아갔다. 그들이 서로를 스승이자 벗이라는 의미의 '사우(師友)'라고 불렀던 까닭이다. 진정한 벗은 서로를 격려하고 감발하게 만드는 스승과도 같은 법이다. 그래서 뒷날, 신흠은 "김시습은 우리 조정의 백이(伯夷)이고, 남효온은 그의 풍도(風度)에 격발되어 일어난 자"[14]라고 두 사람을 묶어 일컬었던 것일 터이다.

6장

신진사류의 좌절과 삶의 전회(轉回)

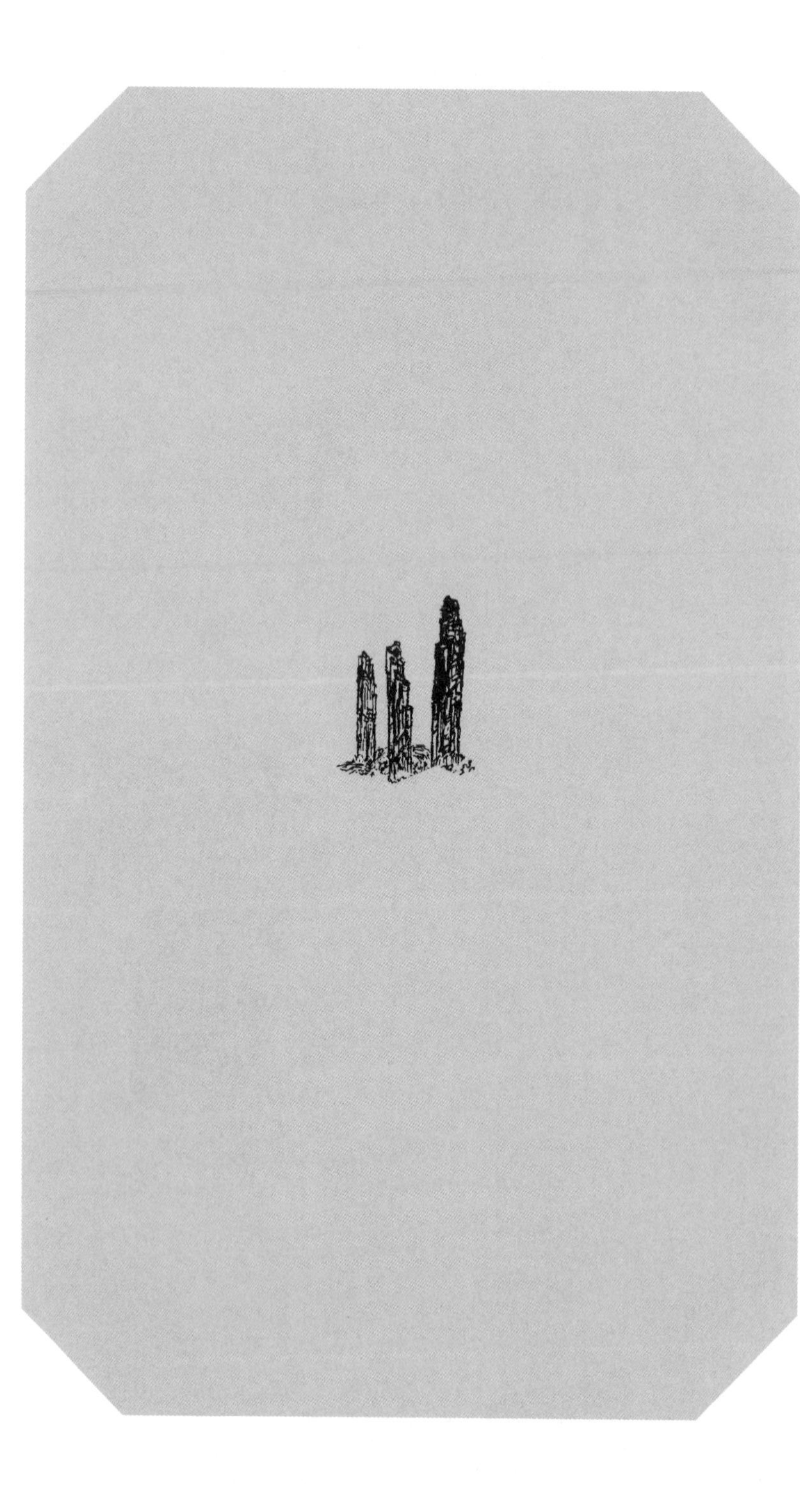

남효온을 비롯한 신진사류들이 추구한 삶

남효온은 젊은 시절에 자신과 뜻을 함께 한 벗의 행적을 『사우명행록』에 하나하나 거두어 담았다. 그리하여 모두 54명의 벗들이 거기에 실리게 되었는데, 그중 첫 번째로 소개한 인물이 동갑내기 김굉필이었다. 가장 그리운 벗이었기에 첫 자리를 차지했을 것이다. 김종직의 제자였던 그는 조선의 도학을 창도한 인물들, 곧 동방오현(김굉필, 정여창, 조광조, 이언적, 이황)의 으뜸으로 문묘에 배향되었다. 김굉필은 어쩌면 중종 대의 기묘사화 때 죽임을 당한 정암(靜庵) 조광조의 스승이라는 소개가 보다 쉽게 다가갈지 모르겠다. 그에 대한 남효온의 기억은 이렇게 시작한다.

> 현풍에서 살았다. 고상한 행실은 비할 데가 없어 평상시에도 반드시 의관을 갖춰 입었고, 본부인 외에는 여색을 가까이하지 않았다. 손에서 『소학』을 놓지 않았으며, 한밤중이 되어야 잠자리에 들었고 새벽닭이 울면 일어났다. 사람들이 국가의 일을 물으면, 언제나 "『소학』을 읽는 아이가 어찌 큰 의리를 알겠는가?"라고 하였다.[1]

김굉필이 지금까지도 '소학동자'라고 일컬어지는 이유이다. 하지만 그의 학문적 여정은 『소학』에만 머무르지 않았다. 남효온은 그런 사실을

"나이 서른이 된 뒤에 비로소 다른 책을 읽었고, 후진을 가르치는 것에 게을리하지 않았다"라고 밝히고 있다. 김굉필이 『소학』 공부의 단계에서 벗어나 본격적으로 새로운 공부를 시작하며, 양주(楊州)에서 강학 활동을 시작한 것이다. 『사우명행록』에는 이현손, 이장길, 이적, 최충성, 박한공, 윤신 등이 김굉필의 제자로 기록되어 있다. 여기에서 '서른 살'이 되면서부터 '다른 책'을 읽기 시작했다는 증언이 흥미롭다. 김굉필이 서른이 되던 해는 성종 14년(1483)인데, 그때부터 사서삼경과 같은 『소학』 다음 단계의 유교경전을 본격적으로 공부했다는 의미이다.

공교롭게도 바로 그해, 김시습도 새로운 삶을 모색했다. 오랜 방랑 생활을 접고 서울로 돌아왔던 그는, 성종 12년 머리를 기르고 환속할 정도로 현실 복귀의 의지가 확고했다. 하지만 그러했던 그가 불과 2년이 지난 성종 14년 봄, 두타승의 행색을 하고 다시 서울을 떠나게 된다. 두타승이란 걸식과 노숙 같은 고행을 하는 승려를 일컫는다. 남효온은 그런 김시습을 동대문 밖까지 따라가서 「계묘년(성종 14년) 3월 19일에 관동으로 돌아가는 동봉(東峰) 열경(悅卿, 김시습의 자)을 전송하다」[2]라는 시로 전송했다. 김시습은 육경자사(六經子史)와 같은 서적을 수레에 가득 싣고 춘천으로 떠났다. 도학을 창도하며 단정한 선비의 길을 걸었던 김굉필과 평생 울분을 가슴에 담고 전국을 떠돌아다녔던 김시습. 이들이 같은 해에 새로운 삶을 선택한 것은 우연처럼 보이지 않는다. 아닌 게 아니라 남효온도 성종 14년에 과거를 포기하고 서울을 떠나 선대로부터 물려받은 전장이 있는 행주로 들어갔다. 그리고 '경지재'라는 서재를 지어 새로운 공부를 시작했다.

이처럼 성종의 시대를 대표하는 젊은 선비였던 남효온과 그의 벗들이 그 무렵 동시에 서울을 떠났던 데에는 필연 곡절이 있을 법하다. 성종 14년 직전 도대체 무슨 일이 있었기에 그러했던 것일까? 김시습에 대한 남효온의 회고에서 그 단서를 찾아볼 수 있다. 어렵게 환속한 김시습은 그 이듬해, 곧 성종 13년(1482)부터 세상이 쇠퇴하는 모습을 보고서 인간의 일은 하지 않은 채 버려진 사람처럼 행세하기 시작했다고 한다. 이런 일도 있었다. 길에서 영의정 정창손을 만나자마자 "네 놈은 의당 그만두어야 한다" 하며 소리쳤다. 일인지하(一人之下) 만인지상(萬人之上), 곧 임금 아래 최고의 지존인 영의정을 대놓고 꾸짖은 것이다. 또는 미치광이들과 어울려 놀다가 술에 취해 길거리에서 쓰러져 자거나 바보처럼 실실 웃으며 다니기도 했다.[3]

김시습이 성종 14년, 다시 서울을 떠난 것이 한순간의 돌출 행동이 아니었음을 짐작케 한다. 그즈음의 김굉필도 마찬가지였다. 세상이 쇠퇴하여 도를 행할 수 없음을 알고 스스로 자취를 감추었다.[4] 성종 13년 무렵, 김시습과 김굉필은 왜 그렇게 세상이 쇠퇴해버렸다고 여겼던 것일까? 정확하게 밝히고 있지는 않지만, 중전의 자리에서 폐해진 윤씨가 그해 8월 16일 사사(賜死)된 일과 깊은 관련이 있었던 것은 아닐지 추측해볼 수 있다. 뒷날 연산군의 광기를 발동시킨 사건이 바로 그때에 벌어졌던 것이다. 그리고 조정에 진출해 있던 신진관료들은 중전을 폐한 것에 이어 사사까지 하는 것의 부당함을 줄기차게 건의했다. 그럼에도 결국 비극을 막아내지 못했고, 그런 무력한 현실 앞에서 젊은 사류들은 절망의 나락으로 빠져들었다.

흔히 태평성대로 알려진 성종의 시대를 그 당시 젊은 선비들은 결코 그렇게 여길 수 없었다. 오히려 말세로 보았다. 이를 단적으로 확인시켜주는 사례가 있다. 김종직의 「조의제문」이 빌미가 되어 일어난 무오사화의 폭풍이 마무리될 무렵, 주모자 유자광과 윤필상은 후환을 확실하게 없애버리고자 했다. 그리하여 김종직을 추종하는 젊은 무리들이 여전히 남아 있는 남원과 함양의 사마소(司馬所)까지 혁파해야 한다고 건의했다. 그리고 아직 처벌받지 않은 김종직의 제자 홍유손도 잡아들여야 한다고 연산군에게 일러바쳤다.[5] 나흘 뒤, 승려의 행색을 하고 숨어 있던 홍유손이 잡혀 들어왔다. 그리고 그를 열흘 가까이 혹독하게 고문을 한 끝에 다음과 같은 자백을 받아냈다.

> 홍유손의 공초는 이러했다. "지난 임인년(성종 13년, 1482) 봄에 조자지(趙自知)의 집에 갔더니, 남효온, 이정은, 한경기, 우선언, 이총이 모여 있었습니다. 나는 남효온에게 '지금 세상은 벼슬하기에 적당하지 않으니 우리들은 죽림칠현이라 이름하고 방랑한 놀이나 하고 놀면 그뿐이다' 하니, 남효온도 동의했습니다. 각각 소요건(逍遙巾)을 준비하고 술과 안주를 마련하여 동대문 밖의 대나무 숲에서 모이자고 약속했습니다. 그리하여 두건을 쓰고 남효온이 우두머리가 되고, 나는 다음이 되어 이정은, 이총, 우선언, 조자지, 한경기와 칠현(七賢)을 이루었습니다. 이현손, 노섭, 유방(柳房)이 뒤늦게 와서 몇 순배 돌리고, 도소주(屠蘇酒)를 마시는 예법에 따라 젊은이로부터 나이 많은 이까지 노래하고 춤추다가 날이 저물어 파했습니다."[6]

김시습이 세상이 쇠퇴하고 있다고 여겨 미치광이처럼 행동하기 시작했다는 바로 그 성종 13년 봄의 일이다. 후세의 역사가들은 그날의 모임에 참여한 이들을 '죽림우사'라고 불렀다. 중국 진(晉)나라 때의 죽림칠현과 견준 명명이다. 남효온은 그날의 모임을 주선한 조자지를 『사우명행록』에서 "은혜 베풀기를 좋아하고, 어진 이를 좋아하고, 산수를 좋아하고, 유희를 좋아하였지만, 공명은 좋아하지 않고 침울하여 말수가 적었다"라고 소개한 바 있다. 그는 홍유손에게서 배워 시를 잘 지었다고 한다. 그 이상의 행적은 알려진 바가 없는데, 이름을 보면 남효온의 사돈인 조견지와 형제 항렬이었을 가능성이 있다. 그 자리에 함께 한 일곱 명의 인물은 홍유손을 제외하고는 모두 당당한 명문가문의 자제들이었다. 남효온은 개국공신 남재의 후손이었고, 이정은과 이총은 왕족이었으며, 한경기는 그 유명한 훈구공신 한명회의 손자였다. 우선언도 우탁(禹倬)의 후손이다. 이 자리에 늦게 참석한 이현손도 왕족이었고, 노섭과 유방 역시 노사신과 유자광과 같은 재상의 손자 또는 자제였다.

그 가운데 홍유손의 존재는 이채롭다. 남효온보다 스무 살이 많았던 그는 향리 출신이었음에도 나이와 신분을 뛰어넘어 이들과 한자리에서 어울렸다. 그만큼 능력이 출중했던 것인데, 남양군수 채신보는 홍유손이 글을 잘한다고 관아의 신역(身役)을 면제해줄 정도였다. 그러자 홍유손은 밀양에서 모친의 삼년상을 치르고 있던 김종직을 찾아가서 두시(杜詩)를 배웠다고 한다. 남효온은 그런 홍유손이 문장은 장자와 같았고, 시솜씨는 황정견을 넘어섰고, 재질은 제갈공명과 같았으며, 행실은 동방삭을 닮았다고 극찬한 바 있다. 그런 그들이 설날 아침에 함께 모여 삿된 기운과 악한 질병을 물리치기 위해 도소주를 마시던 의식을 재현했다. 자신들이 살고 있는 시절을 병든 시대로 간주했기 때문이다. 그러고는 음주가무를 끝으로 자리를 파했다. 어찌 보면 세상을 희롱하는 모임처럼 보이기도 한다. 그래서 윤필상은 그들을 벌주어야 한다고 연산군에게 일러바쳤던 것이다.

> 남양부의 교생 홍유손이란 자가 있는데, 시문에 능합니다. 그러나 행동이 심히 괴이하여 나이 젊은 6~7명과 무리를 만들어서 아무개는 정자(程子)이고 아무개는 주자라 자칭하고 있습니다. 가끔 강가의 인가에 모여 소요건을 쓰고 더불어 무리 지어 술을 마시며 비방을 합니다. 일찍이 과거를 보러 갔는데 제술은 아니하고, 종일 술에 취해서 희롱의 말을 쓰고 나오기도 하였습니다. 이런 무리들이 오래 도성 안에 있으면 반드시 후생을 그르치고 말 것이니, 청컨대 잡아내서 먼 지방으로 내치시옵소서.[7]

뜻 맞는 6~7명이 죽림우사라는 모임을 만들어 음주가무와 청담준론을 즐긴 것은 중국의 죽림칠현과 비슷하지만, 매우 다른 점도 있다. 그들은 스스로를 정자라든가 주자라고 부르며 놀았다는 점이다. 정자와 주자는 송나라의 성리학자들로서, 죽림칠현과는 완전 다른 유형의 인물이다. 죽림우사와 죽림칠현은 얼핏 보면 비슷해 보이지만, 깊이 들여다보면 사뭇 다른 모임이었던 셈이다. 이처럼 퇴행적으로 여겨지던 죽림우사의 모임에서 서로를 정호, 정이 형제 또는 주희에 견주고 있었다는 사실은 예사롭게 보이지 않는다. 그 점을 보다 분명하게 밝히기 위해서는 앞서 살펴본 성종 대 젊은이들의 또 다른 모임, 이른바 '소학계(일명, 효자계)'와 견줘볼 필요가 있다. 소학계는 성균관 유생 강응정의 주도로 매달 초하루에 모여서 『소학』을 강론하던 모임이었다. 당시 이들을 못마땅하게 여기던 훈구공신들은 그들을 '공자', '사성'(요순우탕), '십철'(안연, 민자건, 염백우, 중궁, 재아, 자공, 염유, 계로, 자유, 자하)로 서로를 부르고 있다고 조롱했다.[8]

그런 점에서 소학계와 죽림우사의 모임 성격은 일견 유사해 보이기도 한다. 실제로 임사홍은 소학계를 한나라에서 발발한 당고의 조짐이라며 처벌을 주장했고, 윤필상, 유자광은 죽림우사를 진나라의 죽림칠현에 견주며 처벌을 주장했다. 하지만 성종 7년 무렵과 성종 13년 초봄에 각각 결성된 두 모임의 지향은 사뭇 달라져 있었다. 건전한 강학의 모임에서 질탕한 유흥으로 전락했다고만 보아서는 안 된다. 그보다 오히려 유교 문명의 정착 단계에서의 질적 변화를 간취해야 하는 것이다. 인간 개개인을 유교적 인간으로 거듭나게 만드는 『소학』의 가르침을 실천하여 공자와 그의 제자들처럼 되기를 기약했던 지향으로부터 어지러운 현실 정치를 포기하고 정자, 주자와 같은 도학자가 되기를 목표로 하는 방향으로 변화해 있었기 때문이다. 학문의 경향은 성종 전반기에 이미 유학에서 신유학, 곧 성리학의 시대로 점점 옮겨가고 있었다. 비록 죽림칠현의 행태를 추종한다는 비난을 받았지만, 그들이 정작 본받고자 했던 모델은 죽림칠현의 완적(阮籍), 혜강(嵇康)과 같은 부류가 아니었다. 정자와 주자와 같은 도학자가 그들이 닮고 싶어 했던 삶의 모델이었던 것이다.

성균관 풍자시의 파문과 흔들리는 마음

소학계와 죽림우사의 차이에서 보듯, 불과 10년도 안 되는 사이에 당시 신진사류의 지적 욕구와 시대정신은 빠르게 변화하고 있었다. 하지만 세조의 왕위찬탈 이래 훈구공신이 주도하던 정치 현실은 좀처럼 바뀌지 않았다. 신진사류의 불만은 팽배해져만 갔고, 당대 최고 교육기관인 성균관은 그 불만의 거점으로 떠올랐다. 성종 9년에 훈구공신 퇴진과 소릉 복위의 건의를 담은 상소를 올렸던 핵심 인물들도 그곳에서 공부하던 유생들이었다. 그리고 죽림우사의 모임이 행해지던 무렵인 성종 13년 봄, 마침내 불만이 폭발하고야 말았다. 성균관 담벼락에 나붙은 한 편의 풍자시가 조정을 발칵 뒤집어놓았던 것이다. 성균관 교수를 비난하는 내용은 차마 입에 담기 어려울 정도였다.

誰云芹館是賢關	누가 성균관을 현관(賢關)이라고 하였던가
陳腐庸流尸厥官	진부하고 용렬한 이들이 자리만 차지하고 있네.
擧酒擬唇掀輔頰	술잔을 들어 입술에 대고 양 볼 벌름거리며
叱儒張口肆兇頑	입만 열면 유생을 꾸짖으며 흉악한 성질 부리네.
洪同已逝林同在	홍동지는 이미 죽고 임동지만 남았으며,
李學纔歸趙學還	이학관이 가자마자 조학관이 돌아왔네.

老漢只應忙置散　늙은 놈은 하루바삐 산관에 두어 마땅하고,
蟲餘端合早投閑　버러지 같은 놈들은 속히 한직에 던져야 하리.
南生疏奏心應悸　남생의 상소에 심장이 두근거릴 것이며,
李子詩章膽亦寒　이자가 지은 시편에 간담 또한 서늘하리라.
衣綠方成何足算　의록(衣綠), 방생(方成)은 족히 따질 것 있으랴,
鶩梁宋籍不須看　추량(鶩梁), 송적(宋籍)은 볼 가치조차 없구나.
窮妹不恤顔何厚　궁한 누이 구휼치 않으니 얼굴 얼마나 두꺼우며
將父未遑行亦殘　아비 봉양하지 않으니 행실 또한 잔악하구나.
陽爲正直陰懷詐　겉으론 정직한 체하며 속으론 거짓 품었고,
外示寬柔內實奸　밖으론 너그럽게 행세하며 안은 실로 간사하네.
爲弔芹宮諸弟子　성균관의 여러 제자를 위해 조문하노니,
於何考德且承顔[9]　어디에서 학덕 있는 스승을 찾아뵐 수 있을까.

위의 시가 문제로 불거진 때는 성종 13년 윤8월이다. 하지만 조사 결과, 성균관직강으로 있던 하형산(河荊山)이 성균관 직방의 벽에 풍자시가 붙은 것을 처음 발견한 때는 그해 초여름 무렵이었다.[10] 초봄에 죽림우사의 모임이 열린 직후였던 것이다. 풍자시에는 성균관 교수와 관원에 대한 노골적인 풍자가 가득 차 있었다. 비난의 대상도 성균관 교수 전원이 망라되어 있다. 당시 『성종실록』을 편찬했던 사관은 그 시의 전문을 전재한 뒤, 다음과 같은 설명을 덧붙였다.

사신은 말한다. "홍동(洪同)과 임동(林同)은 동지사 홍경손과 임수겸이고, 이학(李學)과 조학(趙學)은 학관 이병규와 조원경이다. 충여(蟲

餘)는 직강 김석원이니, 그는 이때 부스럼 병을 앓고 있었다. 남생(南生)은 진사 남효온이니, 그는 일찍이 상서를 올려 사표(師表) 될 만한 사람이 없음을 논박한 바 있다. 이생(李生)은 누구를 가리키는지 분명하지 않다. 홍경손과 임수겸은 백발에 백마 타고 다니는 자라는 기롱을 받고 있었다. 전에 성균관의 벽 위에 '나그네여, 나그네여, 그 말도 희구나. 하얀 사람의 흰 머리가 백마의 흰 털과 다름이 없구나'라는 시가 붙은 적이 있었는데, 유생 이오(李鰲)가 쓴 것이라고들 한다. 아마도 이오를 가리키는 것으로 보인다. 의록과 추량은 사성 방강과 전적 송원창이니, 이들은 첩을 데리고 살았다. '가난한 누이를 돌보지 않았다'라는 말은 동지사 유진이 홀로 된 누이를 거두어 돌보지 않은 것을 가리키고, '아비를 봉양할 겨를이 없었다'라는 것은 전적 황진손이 고향에 돌아가서 노친을 봉양하지 않은 것을 가리킨다. 그 외에는 누구를 지칭하는 것인지 알 수 없다."[11]

위의 시가 보고되자 곧바로 성균관지사 임수겸과 유진, 그리고 성균관대사성 노자형이 사퇴의 의사를 밝혀왔다. 유생에게 기롱과 모욕을 당했으니, 부끄러워 그 자리에 머물러 있을 수 없다는 이유에서였다. 하지만 성종은 사직을 허락하지 않았다. 오히려 풍자시를 적어 붙인 주모자를 색출할 때까지 성균관 유생 전원에게 과거 응시를 못 하게 하라고 명했다. 그러고는 의금부에서 철저하게 진상을 조사하도록 했다. 그리하여 성균관 유생 전원은 의금부에 갇혀 국문을 받았다. 하지만 좀처럼 진상을 밝혀내지 못했다. 결국 유생들은 9월 27일, 모두 석방된다. 한 달이 넘는 조사에도 불구하고 주모자를 밝혀내지 못했는데, 그 정도로 그들은

한마음으로 똘똘 뭉쳐 있었다.[12]

이런 풍자시를 지어 붙인 성균관 유생의 용기도 대단한 것이었지만, 그것은 오래전부터 불만이 쌓여왔기에 가능한 결과이기도 했다. 풍자시에서 '남생의 상소'와 '이자가 지은 시편'이 거론되고 있는 데서 그런 사실을 확인할 수 있다. 남생이란 성종 9년 소릉복위의 상소를 올린 남효온을 가리키고, 이자란 성균관 유생 이오를 가리킨다. 남효온은 그 상소문에서 "내가 저 사람에게서 도를 배우려 하나 저 사람은 도가 없고, 내가 저 사람에게서 학업을 배우려 하나 저 사람은 학식이 없다[我於彼學道則彼無道, 我於彼學業則彼無業]"[13] 하며 성균관 교수를 비판한 바 있다. 이오는 백발에 백마를 타고 출퇴근하던 홍경손, 임수겸을 두고 "나그네여, 나그네여, 그 말도 희구나. 하얀 사람의 흰 머리가 백마의 흰 털과 다름이 없구나[有客有客, 亦白其馬. 白人之白, 無異於白馬之白.]"[14]라는 풍자시를 지었던 인물이다.

이들 두 사람은 성종 11년의 사마시에 나란히 합격했던 인물이다. 특히 이오는 당시 진사시 장원과 생원시 3등에 모두 합격했을 만큼 실력이 대단했다. 이제현의 7대손으로 쟁쟁한 가문의 자제이기도 했다. 이오가 사육신 박팽년의 외손이라는 사실에서 그의 비판 정신이 어디에서 비롯되었는지 어렴풋하게나마 짐작해볼 수 있다. 어쨌든 성균관 유생들의 이런 집단적 행동을 이해하기 위해, 그 사건의 배경을 잠시 더듬어볼 필요가 있다. 성종 9년 남효온이 상소를 올리기 직전, 좌부승지 손비장(孫比長)은 임수겸, 홍경손이 너무 늙었고 성균관 유생들로부터 존경도 받지 못한다는 사실을 성종에게 보고했다. 그러고는 선산부사로 내려가 있던 김종직을 성균관대사성으로 불러올릴 것을 청했다.[15] 하지만 의도대로

성균관 명륜당. 남효온은 새로운 시대의 희망을 품고, 젊은 시절 성균관에 들어가 과거를 준비하기도 했다. 하지만 인륜을 밝혀야 한다는 유교문명의 기대에 부응하지 못하던 현실에 실망한 유생들은 성종 13년에 성균관 교수들을 풍자하는 시를 지어 내붙이기도 했다. 남효온도 이 사건에 연루되어 곤욕을 치러야 했다.

성사되지 못했다. 그때만이 아니었다. 남효온이 성균관 교수를 비판하는 상소를 올린 직후, 사헌부에서는 대사성 권륜을 비롯하여 교수 유진, 홍경손, 임수겸 등을 교체하는 것이 좋겠다는 의견을 올렸다.[16] 경학에 밝고 행실이 바른 교수가 필요하다는 구체적 대안도 제시했다. 그럼에도 불구하고 그들은 끝내 바뀌지 않았다.

성종도 기존 스승에 대한 유생들의 불만과 새로운 스승에 대한 욕구를 잘 알고 있었다. 하지만 학생의 요구로 인해 교수가 바뀌는 전례를 만들어서는 안 된다는 명분도 포기하기 어려웠다. 이렇게 성균관 교수에 대한 대대적인 세대교체가 없는 상황이 지속되다가 마침내 성종 13년 불만이 터지고야 말았던 것이다. 그 와중에 풍자시 속에 거론된 남효온과 이오도 의금부의 국문을 비껴갈 수는 없었을 터. 분명하게 확인되지 않지만, 모종의 곤욕을 치렀을 것이다. 그래서였을까? 남효온은 사태가 어느 정도 가라앉은 뒤, 성종 13년 말 쫓겨가듯 산사로 들어갔다. 이듬해 봄에 열리는 식년시를 준비하기 위해서였다. 모친의 간곡한 부탁으로 마지못해 과거공부를 하고 있었지만, 폐비 윤씨의 사사라든가 성균관 유생의 벽서시 사건 등 어지럽게 돌아가는 현실을 외면한 채 틀어박혀 있는 마음이 편안할 수 없었다. 게다가 성종 9년에 함께 구언상소를 올렸다가 '망령된 사람[妄人]'이라는 별호를 얻었던 고순에게 다음과 같은 이야기를 전해 듣고는 마음이 더욱 흔들리기 시작했다.

> 안응세가 죽은 지 3년이 지난 임인년(성종 13년)의 일이다. 고순은 그와 시를 주고받는 꿈을 꾸었다. 안응세가 물었다. "남효온과 이종지는 지금 어디에 있는가?" 고순이 대답했다. "절에 올라가 과거공부를 하고 있다네." 안응세는 기뻐하지 않으며 시를 지어 두 사람에게 전해달라고 부탁했다. 내용은 이러했다. "문장과 부귀는 모두 뜬구름 같거늘, 어찌 수고롭게 과거공부를 하고 있는가. 돈이 생기거든 술이나 사서 마실 뿐, 인간 세상의 일이란 말할 게 못 된다네." 고순이 꿈에서 깨어 기록하여 내게 보내주었다.[17]

남효온과 절친했던 안응세가 또 다른 벗인 고순의 꿈에 나타났다. 안응세는 고순에게 남효온의 근황을 묻고는, 남효온이 과거공부를 하고 있다는 말에 크게 실망했다. 그리하여 이처럼 어지러운 세상에 공부해서

뭐하겠느냐는 말을 전해달라고 부탁했다. 산사에서 함께 지내던 이종지가 먼저 공부를 포기하고 내려갔다. 안응세의 말처럼, 공부해봐야 부질없다고 여겼기 때문이다. 안응세와 이종지가 보여준 이런 자포자기의 정서는 그즈음 신진사류에게 드리워져 있던 절망감의 표출과 다름없어 보인다. 혼자 남은 남효온도 흔들렸다.

不識治心是道根　마음 다스림이 도의 근본임을 알지 못하여
鏤氷工巧謾攻文　얼음에 교묘히 새기듯 문장만 헛되이 익혔네.
何功更得鳶魚妙　어떤 공부로 다시금 연어의 묘리를 터득할까
十載光陰浪負君[18]　십 년의 세월 동안 부질없이 이내 몸 저버렸구나.

남효온은 마음의 바름을 깨우치는 도학공부와 시문만 아름답게 꾸미는 문장공부 사이에서 갈등했다. 도의 본체를 깨달아 솔개가 하늘을 날고 물고기가 연못에서 뛰노는 연비어약(鳶飛魚躍)의 희열을 맛보고 싶건만, 부질없는 과거공부로 젊은 나이를 허송하고 있다는 자괴감에 괴로워했다. 심성 수양을 통해 도학의 세계로 들어가고자 했던 남효온의 이런 학문적 열망은 죽림우사의 모임에서 서로 정자와 주자를 본받고자 했다는 증언에서 확인한 바 있었다. "수신제가(修身齊家)에는 『가례』, 『소학』보다 절실한 것이 없고, 치심진학(治心進學)에는 『심경』, 『근사록(近思錄)』보다 긴요한 것이 없다"[19]라는 후대 도학자의 말처럼, 남효온의 학문세계 또한 『소학』과 같은 수신서로부터 『근사록』과 같은 성리서로 옮겨가고 있었다. 마침내 한 해가 저물어갈 무렵, 남효온도 절에서 내려왔다.

守歲他鄉坐不眠　타향에서 한 해 보내며 앉아서 잠 못 이루니
寒燈無焰紙窓穿　차가운 등불 가물대고 종이 창문 뚫어졌네.
客中不見椒花頌　나그네 신세라서 「초화송」은 보지 못할 터
默計明朝三十年[20] 묵묵히 헤아려보니 내일 아침이면 서른일세.

죽림우사의 결성, 폐비 윤씨의 사사, 성균관 풍자시 사건, 산사에서의 과거공부 등으로 어지럽게 돌아가던 성종 13년의 마지막 날 밤, 남효온은 황해도 장단의 객사에 머물고 있었다. 위의 시는 그때 그곳에서 지은 시이다. 객지에서 지내는 처지라서 한 해의 평안을 기원하며 아내가 남편에게 지어 올리는 시인 「초화송」도 받아볼 수 없었다. 남효온은 그런 자신의 신세가 처량하기 그지없었다. 잠시 머물렀던 절도, 지금 머물고 있는 객사도, 이제 돌아가야 할 집도 모두 편치 않았다. 때문에 밤새 잠을 이루지 못했다. 그러다가 문득 헤아려보니, 내일 아침이면 어느덧 서른이 되었다. 김시습, 김굉필과 같은 벗들이 뿔뿔이 흩어져 새로운 삶의 모색을 시작하던 시절, 그리고 자기 자신도 행주에서 은거를 시작했던 성종 14년(1483)의 새날이 그렇게 밝아오고 있었다.

과거공부의 포기와 은거생활의 선택

성종 14년 봄날, 남효온은 산사에서 내려와 서울로 돌아왔다. 그해 3월 29일에 열릴 식년시에 응시하기 위해서였다. 하지만 그 무렵 절친했던 사우 김시습은 3월 19일, 돌연 서울을 등지고 춘천으로 떠났다. 머리를 기르고 환속하여 결혼까지 했던 그가 불과 2년도 되지 않아 다시 승려의 모습으로 되돌아간 것이다. 그 이유는 자세하게 밝혀져 있지 않다. 다만 한 달 전쯤인 2월 14일에 치른 사마시에서의 낙방이 직접적인 계기가 되지 않았을까 추측될 따름이다. 현실로 복귀하여 과거를 준비했지만, 훈구공신이 주관하던 과거시험을 통과하기란 쉽지 않았을 터, 남효온은 물론 김시습과도 절친했던 홍유손에게서도 그런 정황을 엿볼 수 있다. 앞서 소개한 바 있듯, 무오사화 때 그의 처벌을 요구하던 윤필상은 이렇게 증언했다. "과거를 보러 가서 답안은 쓰지 않고, 종일 술에 취해 우스갯소리[戱語]만 쓰고 나왔다."[21] 김시습이 과연 시험에 응시했는지 확인되지 않지만, 설사 응시했다 하더라도 애당초 합격은 기대하기 어려웠다.

그런 상황은 남효온도 마찬가지였다. 훈구대신들이 주관하던 그해의 과거시험에서 소릉복위의 파문을 일으킨 전력이 있고 성균관 풍자시에도 깊이 연루된 바 있는 그가 합격하기 어려우리라는 사실은 명약관화해 보였다. 흥미롭게도 당시 출제된 문제는 "당나라 이필(李泌)이 사직을 청하고 산으로 돌아가다[唐李泌請辭職還山]"였다. 독권관(讀券官)은 영의정 정창손이었다. 독권관이란 과거시험의 최종 관문인 전시(殿試)에서 합격 답안을 뽑아서 임금 앞에서 읽어 내려가는 사람이다. 당락이 그의 손에 달렸던 셈이다. 그때 정창손은 무려 82세였다. 그 나이에도 여전히 영의정 자리를 꿰차고 있었으니, 참으로 대단했다. 그만 물러나야 한다는 여론도 비등했다. 김시습은 길에서 만난 그를 "네놈은 그만두어야 한다"라고 대놓고 꾸짖었다고 하지 않았던가.

그런 비판적 여론을 의식했던 것일까? 정창손이 출제했을 것으로 짐작되는 그 문제는 오랫동안 조정을 이끌어 온 자기 자신의 처지를 당나라의 명재상 이필에게 비기는 것처럼 보인다. 황제의 간청을 마다할 수 없어 현종, 숙종, 대종, 덕종의 4대를 섬기다가 만년에 비로소 형산(衡山)으로 돌아갔다는 이필의 고사는 세종, 문종, 단종, 세조, 예종, 성종까지 무려 6대를 섬기고 있던 정창손 자신에 대한 변명이자 자기 소망이기도 했다. 포즈에 불과한 소망일 가능성이 높았겠지만. 그러나 세조 대 훈구공신의 퇴진을 주장해온 남효온에겐 이 문제가 너무나도 위선적인 질문처럼 여겨졌다. 그때 남효온이 작성한 답안지가 지금은 전해지지 않지만, 그 내용이 어떠했으리라는 것은 짐작하고도 남는다.

여기에서 남효온이 『추강냉화』에 실은 일화 하나를 깊이 읽어볼 필요가 있다. 과거 날짜가 임박했던 성종 14년의 어느 봄날, 죽은 증조모가 남효온의 꿈에 나타났다.

2월 17일에 증조모가 내 꿈에 나타났다. 내가 묻기를 "제가 과거에 급제하겠습니까?" 하니, 대답하지 않았다. 다시 묻자 "너는 급제하기 어려울 것이다" 했다. 그러다가 조금 있더니 내게 이르기를 "너는 금년 5월에 급제할 것이 분명하다. 지은 글이 여러 선비 가운데 으뜸이겠지만, 원수진 사람이 들어와 시관(試官)이 될 터 반드시 너의 글을 빼내어 맨 아래에 둘 것이다. 이것이 네가 급제하기 어려운 까닭이다" 하였다. 내가 말하기를 "천지신명이 위에서 굽어보시고 옆에서 바로잡을 것이니, 비록 원수진 사람이 있다 한들 어찌 사사로운 뜻을 그 사이에 둘 수 있겠습니까"라고 했다. 그러자 증조모가 "네 말이 옳다" 하였다.[22]

성종 14년, 3월 29일 창덕궁에서 식년시가 열렸으니, 과거가 한 달 정도 남은 때였다. 남효온은 산사에서 공부하며, 마음공부와 문장공부 사이에서 숱한 갈등을 겪었다. 과거에 응시할지 말지를 두고 고민도 많았다. 결국 과거를 보기로 마음먹었지만, 여전히 갈피를 잡지 못하고 있었다. 그러는 사이 과거 날짜가 다가왔고, 돌아가신 증조모가 꿈에 나타났다. 남효온은 이번 과거에 급제할 수 있을지 없을지를 바로 물었다. 당시 초미의 관심사가 그것이었음을 반증한다. 증조모는 주저주저하다가 떨어질 것이라고 말해주었다. 그런데 답변이 석연치 않다. 악연을 맺은 시관에 의해 떨어지리라는 예언인데, 그 낙방의 시점이 과거가 치러지는 3월이 아니라 5월이라는 것이다. 기억 또는 기록의 착오였을까? 하지만 예언은 놀랍도록 정확했다. 과거시험은 예정대로 3월 29일에 치러졌지만, 최종 합격증서의 수여는 5월에 이루어졌다. 과거시험 다음날인 3월 30일에 합격자를 발표할 예정이었는데, 공교롭게도 그날 정희왕후(貞熹王后)가 사망했던 것이다. 어린 나이에 즉위한 성종을 대신하여 수렴청정을 했던 왕실 최고 어른의 죽음이었다. 때문에 모든 행사는 취소되었고, 급제자 발표도 5월 11일로 미뤄졌다.

과거시험이 치러진 3월과 합격증서가 수여된 5월, 그 사이에 어떤 일이 있었는지는 아무도 모른다. 다만 원수의 훼방으로 탈락할 것이라던 증조모의 예언만큼은 뭔가 암시하듯 귓가에서 맴돌며 떠나질 않는다. 독권관 정창손은 성균관 교수를 비판하고 소릉복위를 주장했다는 이유로 남효온을 국문해야 한다고 몰아붙이던 장본인이다. 증조모의 예언처럼 정창손이 농간을 부려 남효온을 일부러 떨어뜨렸는지에 관한 확증은 없다. 하지만 그럴 수 있으리라는 심증의 정황은 차고 넘친다.[23] 그런 일을 겪었을 무렵, 승려의 행색을 하고 관동으로 떠나가는 김시습을 전송하던 남효온의 마음은 참으로 아팠다.

許由入箕山　허유가 기산에 들어간 뒤로
淸名與世隔　맑은 이름이 세상과 막혔으니
非薄帝堯德　요 임금의 덕이 얇아서가 아니고
偏成山水癖　산수를 몹시 즐겼기 때문이리라.
況當聖明時　하물며 밝고 성스러운 시대에
不喜風漢客　미치광이를 좋아하지 않음에랴.
行藏有定命　진퇴에는 정해진 운명 있으니
得失何戚戚　얻고 잃음에 대해 어찌 근심하랴.
終風十二街　서울 거리에는 바람이 종일토록 불어
莫非狐兎跡[24] 온통 여우와 토끼의 발자취뿐이네.

(하략)

당시 집정자들은 "우리나라는 좁고 작아서 재능이 있는 사람이면 반드시 영달하게 되니, 어찌 창해의 버려진 진주처럼 인재가 등용되지 않는다는 탄식이 있겠느냐"[25] 하면서 당대를 태평시절로 자부했다. 하지만 남효온에게는 그렇게 보이지 않았다. 능력 있는 인재들이 모두 떠나가버리고 난 서울의 거리에는 여우와 토끼와 같은 소인배들만이 활개를 치리라는 탄식은 결코 빈말이 아니었다. 김시습을 전송하고 나서 남효온도 곧바로 서울을 떠나 선대의 전장이 있던 행주로 숨어 들어갔다. 때론 잘못된 과거를 바로잡기 위한 열정으로 들끓었고, 때론 좌절된 울분을 달래기 위한 시주에 빠져들었던 성종 대의 젊은 선비들은 마침내 현실 정치를 포기한 채 속속 자취를 감추기 시작했던 것이다.

성종 14년 무렵, 남효온과 그의 벗들이 과거시험을 포기했던 현상을 개인적인 또는 우발적인 결심으로 치부해서는 안 되는 까닭이다. 남효온은 『사우명행록』에서 노조동, 홍유손, 신영희, 강응정과 같은 벗들을 소개하며 그들이 과거공부를 즐겨 하지 않았다는 사실을 특기했다. 김종직의 제자였던 안우는 점차 벼슬할 마음을 버려 스승과의 사이가 벌어지게 되었다고도 했다.[26] 사대부라면 당연하게 목표로 삼아야 할 과거시험을 당대의 젊은이들이 대거 포기하던 사태는 당대 현실에 대한 절망감과 함께 그들이 삶의 전범을 새롭게 발견했기 때문이기도 하다.

[1] 정호(程顥)의 자는 백순(伯淳)으로 하남인(河南人)이다. (…) 15, 16세 때부터는 아우 정이와 함께 여남(汝南)의 주돈이가 학문을 강론하고 있다는 말을 듣고, 마침내 지난날의 습관을 버리고 개연히 도를 구하는 데 뜻을 두게 되었다. 진한(秦漢) 이후 이런 이치에 이른 사람

은 없었다.[27]

[2] 하남처사 정이는 학문에 힘쓰고 옛것을 좋아하며 가난을 편안하게 여기고 절개를 굳게 지켜 반드시 충신(忠信)으로 말하고 예법에 따라 행동했다. 나이 오십이 넘도록 벼슬을 구하지 아니하니, 진실로 고고한 유자요 태평성대의 일민(逸民)이라 할 수 있다.[28]

김시습이 『성리군서(性理群書)』에 실려 있던 북송시대 학자의 생애 자료를 참고하여 지은 정호와 정이의 전기이다. 과거공부에 연연하던 과거의 관행과 결별하고 있는 모습이 무척 인상적이다. 입신양명을 멀리한 채, 험난한 구도(求道)의 길을 선택했던 그들. 그 이전에는 누구에게서도 발견할 수 없었던, 전혀 새로운 인간 모델이었다. 남효온과 그의 벗들은 그들의 그런 삶에 점차 매료되어 가기 시작했다. 점차 쇠퇴해가던 세상과 함께 점점 깊어져가던 성리학의 학문세계가 맞부딪치며 만들어낸 새로운 시대 현상이었다. 앞서 살펴보았던 것처럼, 젊은 그들은 죽림우사를 결성하여 서로를 '정자(정호 · 정이 형제)'나 '주자'에 견주곤 했다. 비록 행동하는 모습이 그런 선현(先賢)의 단정한 삶과 달라 보일지 몰라도, 그들이 추구했던 내면의 지향만큼은 그들에게 맞춰져 있었음을 반증한다. 그러다가 성종 14년 봄에 열렸던 과거시험에서의 좌절을 계기로 마침내 그들처럼 도학적 학문의 길을 걷겠다는 결단을 내리기 시작했던 것이다.

경지재에서의 침잠과 성리학으로의 전회

남효온이 성종 14년 봄에 열린 과거시험에서 낙방하고 난 뒤, 행주에 들어간 이후의 행적은 뚜렷하게 드러나는 것이 없다. 그가 밖으로 나다니지 않고 침잠의 시기를 보내고 있었기 때문일 터이다. 뒷날 작성된 생애 자료에는 도승지 임사홍과 영의정 정창손의 배척을 받아 세상과의 관계를 끊은 채, 행주에서 몸소 농사를 지으며 때때로 근처 남포(南浦)에 나가 낚시로 소일했다고 적혀 있다.[29] 추강이란 자호도 그 무렵에 지었던 것으로 보인다. 실제로 그의 문집 『추강집』을 보면, 행주 부근의 압도(鴨島)에서 지낼 때 지은 시편이 적지 않게 발견된다. 한가로운 한강의 정경을 배경으로 삼아, 자신의 쓸쓸한 심경을 읊조리고 있는 작품이 대부분이다.

[1]

辛壬强飢僅存命　신축, 임인 큰 기근에 목숨 겨우 보존했더니
此生復見大豐年　이 생애에 다시 한 번 큰 풍년을 보게 되었네.
青蓑牛背手周易　푸른 도롱이에 소를 타고 『주역』을 쥐어 들고
和睡經過稷穗邊　꾸벅꾸벅 졸면서 기장 여문 밭가를 지나노라.

[2]

古鏡新開大江面　오래된 거울이 큰 강 수면에 새롭게 펼쳐지고
潮生潮落暮朝間　아침저녁 사이로 밀물 썰물이 들고 나네.
青牛藁引繫蘆葦　새끼줄로 푸른 소 끌어 갈대밭에 매어두고
坐點白沙鷗與閒[30] 백사장에 앉아 백구와 함께 한가롭네.

「7월 13일 소를 타고 밭 사이로 압도에 들어가다」라는 제목의 시이다. 창작 연도는 밝혀놓지 않았지만, 창작 시기를 확정할 수 있는 단서가 존재한다. 첫 행에 신임(辛壬)의 가뭄에 죽지 않고 살아났다고 하였으니, 신축년(성종 12년)과 임인년(성종 13년)의 이듬해인 성종 14년(1483) 7월에 지은 것이 분명하다. 낙방한 것이 그해 5월이었으니 남효온은 과거에서 떨어지자마자 곧바로 서울 생활을 정리하고 행주로 들어갔던 것이다. 그럼에도 그가 소의 등에 올라앉아 꼴을 먹이러 나가는 모습은 여유가 작작하다. 실제로 두 번째 수에서는 "새끼줄로 푸른 소 끌어 갈대밭에 매어두고, 백사장에 앉아 백구와 함께 한가롭네"라며 갈매기와 벗하고 있는 자신의 여유로운 일상을 화폭에 가득 그려내고 있다.

그런데 소를 타고 가면서 들고 있던 책이 눈길을 끈다. 왜, 하필 『주역』인가? 자신의 힘으로 어찌할 수 없는 현실 세계에 미련을 끊고, 끊임없이 변화하는 천지만물에 모든 것을 맡기고 마음을 추슬러보려 했던 것일 수도 있다. 물론 김시습과 함께 양생술에 깊은 관심이 있었던 사실을 상기해본다면, 그가 읽고 있던 『주역』은 후한의 위백양(魏伯陽)이 지은 『주역참동계(周易參同契)』였을 가능성이 높다. 그가 좌절과 울분으로 지쳐버린 심신을 도가류 서적을 읽으며, 자기 몸과 마음을 잘 다스리며 침잠의

삶을 꾸려가겠다는 다짐을 하고 있었을 것이기 때문이다. 어쨌든 그렇게 힘든 한 해를 보내고 봄을 맞이하며 쓴 시에서 남효온의 모습은 정말 새로워졌다.

> 朱戶家家頌季倫　부잣집은 집집마다 계륜을 노래하지만
> 秋江圭竇耐淸貧　추강은 오두막에서 가난을 견디며 지내네.
> 呼童將理耕田器　아이 불러 장차 밭 가는 농기구 손질하여
> 叱犢春行鴨島濱[31]　송아지 몰고 압도 가로 봄 일을 나갈거나.

떵떵거리며 사는 부잣집 사람들은 모두 진(晉)나라 큰 부자 석숭(石崇)을 부러워하고 있다. 하지만 그와 대비되는 삶을 살아가던 궁핍한 자신은 전혀 그렇지 않다. 강가에 작은 오두막을 지어놓고 가난을 견디며 살아감에도 불구하고, 자기 자신을 비하한다거나 안쓰럽게 여기지 않고 있다. 오히려 담담하다. 겨울을 보내고 새봄을 맞이하여 농기구를 손질하고 있는 모습에서 오히려 희망에 들뜬 모습이 발견될 정도이다. 세상에 대한 모든 미련을 끊어버렸기 때문일까? 어쨌든 자신의 삶에 자족하고 있는 모습은 남효온이 남긴 시문 전체를 통틀어 매우 드문 사례에 속한다. 그렇게 안온한 생활을 보내고 있던 압도 시절의 마음가짐을 엿볼 수 있는 일화가 하나 있다.

> 내가 일찍이 "기심(機心)을 잊고 갈매기와 친하다"는 고사를 보고 반신반의하였다. 갑진년(성종 15년, 1484) 행주에서 농사지을 때, 밭을 가는 여가에 남포에 나가 물고기를 잡았다. 갈대밭 사이의 밀물이 물

러 나간 흔적이 있는 곳에서 그물을 손질하다가 해를 쳐다보니 매우 밝게 비추고 있었다. 마음속으로 '사람이 천지 사이에 살아가면서 사람은 속일 수는 있으나 밝은 해는 어찌 속일 수 있겠는가'라고 생각하며, 얼핏 곁을 보니 물새가 울며 가까이 날아와 앉았다. 그래서 '내가 기심을 잊었구나'라고 믿었다. 그러자마자 갈매기가 다시 날아가버렸다. 기심을 잊었다고 여긴 것이 바로 기심이 된 것이 아니겠는가? 뒤에 이런 생각으로 "해와 달은 머리 위에서 밝게 비추고, 귀신은 좌우에 임하여 지켜보고 있다[日月昭昭於頭上, 鬼神監臨於左右]"라는 열네 글자를 「경지재명(敬止齋銘)」의 제3연으로 삼았다.[32]

성종 14년 봄 이후, 행주에서 지내던 자신의 삶이 어떠했는가를 보여주는 고백이다. '성종 15년'이라는 시점, '행주'라는 장소, '농사와 낚시'라는 일상을 분명하게 밝혀놓고 있다. 성종 15년이면, 은거를 시작한 지 1년이 지났을 때였다. 현실에 대한 꿈을 접고, 농사짓는 여가에 물고기를 잡으며 지내던 한가로운 모습이 선연하다. 김시습도 서울을 떠나면서 관동지방에 적당한 터전을 마련하여 기장이나 심으며 지내겠다고 다짐한 바 있다. 절친했던 두 사람은 각기 다른 지역에서 비슷한 방식의 삶을 영위하고 있었다. 모든 욕심을 내려놓은 무욕의 삶. 그럼에도 가장 밑바닥에 남아 있는 세속에 대한 미련의 찌꺼기마저 털어버리기란 쉽지 않은 일이었다. 그리하여 갖고 있는 모든 것을 남김없이 버려야 한다고 다짐하고 또 다짐했다. 한 터럭의 욕심이라도 남아 있다면 하늘에 뜬 해와 달이 환하게 들춰내고, 좌우에서 지켜보고 있는 귀신이 눈치 챌 것이라는 믿음 때문이었다.

그런 마음가짐은 모든 인간의 욕심을 제거하고 하늘의 이치를 보존하는 것을 궁극의 요체로 삼고 있는 성리학적 학문세계로 남효온을 이끌어 갔다. 그것을 단적으로 보여주는 증거가 자신의 서재를 '경지재'라 이름하고, 그에 대한 잠명(箴銘)을 벽에 붙여두었다고 밝히고 있는 대목이다. 뒷날 성리학자들이 심성수양의 최대 관건으로 여겼던 '경(敬)'을 굳게 간직한 채, 본격적인 마음공부의 길로 정진하기 시작했던 것이다. 실제로 남효온은 경지재에 머무는 동안 적지 않은 성리학 관련 담론을 왕성하게 집필했다. 귀신에 대한 본격적인 논의를 펼쳐보이고 있는 「귀신론(鬼神論)」이라든가 성리학의 핵심 개념을 깊이 논증하고 있는 「성론(性論)」, 「심론(心論)」, 「명론(命論)」들은 모두 당시 그곳에서 집필한 글들이다. 마음[心]에 대한 사색을 문학적으로 형상화하고 있는 「옥부(屋賦)」도 그 시절에 지은 작품으로 보인다. 남효온은 출세를 위한 과거공부와 수양을 위한 마음공부 사이에서 갈등하던 시절을 뒤로하고, 성종 14년 이후부터 경지재에 은거하며 성리학적 학문세계를 본격적으로 탐색해나가기 시작했다.

7장

금강산 유람과 성리담론의 집필

김시습과의 재회,
그리고 영원한 이별

남효온이 행주의 경지재에서 적막한 은거생활과 본격적인 성리담론의 집필로 시간을 보내고 있을 무렵, 김시습은 춘천 소양호 부근의 청평사(淸平寺) 등지를 전전하고 있었다. 수레에 가득 싣고 갔던 육경(六經)과 자사(子史)를 탐독하며 지냈을 것이다. 그 시절의 작품을 담은 『관동일록(關東日錄)』을 보면, 「실리(實理)」, 「일기(一氣)」, 「지성(至性)」, 「주경(主敬)」, 「존심(存心)」, 「양성(養性)」, 「궁리(窮理)」, 「정심(正心)」, 「성의(誠意)」, 「수기(修己)」, 「치인(治人)」과 같은 성리담론을 소재로 다룬 시가 다수 실려 있는 데서 확인되는 바이다. 그 무렵 남효온은 김시습과 시를 주고받기도 했고, 김시습이 직접 서울로 남효온을 찾아오기도 했다. 몸은 떠났지만, 마음만은 쉽게 떠나지 못하고 있었던 것이다. 회포를 나눌 벗이 무한 그립기도 했을 것이다.

그에 관한 증거가 남아 있다. 김시습은 서울을 떠난 지 1년쯤 되었을 무렵, 서울에서 자주 어울렸던 젊은 벗들을 추억하는 시를 부쳐왔다. 모두 일곱 수로 이루어진 연작시 「옛일을 그리워하며[憶舊]」가 그것인데, 김시습은 여기에서 자신의 벗들을 그리는 마음을 절절하게 담아냈다. 시에서 거론하고 있는 벗들은 남율(南慄), 남효온, 이심원, 김굉필, 이정은 등 모두 다섯 명이다. 그 가운데 남효온을 그리워하는 시는 이러했다.

南容年少輩　남용(남효온)은 젊은 무리로서
豪氣故難禁　호기는 그 누구도 금하기 어려웠지.
九萬大鵬志　구만리의 붕새와 같은 큰 뜻 품었고
三淸孤鶴心　선경(仙境)의 학과 같은 고고한 마음이었네.
綴文多迅速　문장을 짓는 것은 신속함에 능하였고
精義入幽深　정밀한 의리는 오묘한 경지에 들었다네.
相見已逾歲　서로 만나본 지 이미 한 해가 지났는데
空懷伐木吟[1]　부질없이 친구 그리는 노래만 부르고 있네.

만나본 지 한 해가 지났다고 했으니, 성종 14년(1483)에 지은 작품임이 분명하다. 앞서 살펴보았듯이 남효온은 과거공부와 도학공부 사이에서 갈등하기도 했고, 10년 동안 문장 다듬는 일로 허송세월을 보냈다는 자괴감에 빠져들기도 했다. 그럼에도 김시습은 남효온을 시문창작과 도학탐구에 모두 뛰어났던 후배로 기억하고 있었다. 흥미로운 것은 김시습이 남효온을 남용(南容)으로 부르고 있다는 점이다. 왜, 하필 남용일까? 남용은 공자의 제자 남궁괄(南宮适)의 자이다. 소학계 멤버들 사이에서 강응정은 '공자'로 불렸고, 박연은 '안연'으로 불렸다고 한다. 거기에 의거하여 볼 때, 남효온은 소학계 안에서 '남용'으로 불린 것으로 보인다. 성씨가 같은 남씨였기 때문만은 아니다. 『논어』에 남궁괄의 행적이 간략히 소개되어 있는데 그는 『시경, 대아(大雅)』의 「백규시(白圭詩)」를 매일 세 번씩 외웠던 인물로 그 모습을 훌륭하게 생각한 공자가 남궁괄을 자신의 조카딸과 결혼시켰다고 한다.[2]

그런 「백규시」는 흰 옥돌[白圭]의 오점은 씻어낼 수 있지만, 말을 한번 잘못해서 생긴 오점은 어찌해볼 도리가 없다는 내용의 시였다. 위령공(衛靈公)이 여왕(厲王)을 풍자한 것이라 전하는데, 누구도 금하기 힘들 정도의 결기가 단연 돋보이는 작품이다. 남효온도 젊은 나이에 누구도 하지 못하는 시사(時事)를 과감하게 건의했고, 그로 인해 모진 곤욕을 치른 바 있다. 벗들은 그런 남효온을 '남용'이라 부르며, 말의 신중을 당부했던 것으로 보인다. 그럼에도 그의 기세는 꺾이지 않았고, 김시습은 그처럼 호기로운 남효온이 몹시 그리웠다. 마찬가지로 남효온도 행주에서 김시습을 한없이 그리워했다.

秋霖濕茅檐 가을장마가 띳집 처마 적시는데
夜起憶遠人 밤에 일어나 멀리 있는 사람 그리워하네.
學道反類狗 도를 공부하려다가 제대로 이루지 못하고
坐度秋與春 앉아서 하릴없이 세월만 보내고 있네.
世不記風漢 세상 사람들 미치광이를 기억하지 못하니
吾道屬嶙峋 우리의 도는 깊은 산에 묻혀버렸다오.
空然醉鄕裏 부질없이 술에 흠뻑 취하여
顚沛倒吾囷[3] 엎어지고 자빠지듯 모두 쏟아내네.

김시습을 관동으로 떠나보내고 난 뒤, 성종 15년 행주 전장에서 지내면서 지어 보낸 시이다. 가을비가 추적추적 내리는 밤, 문득 빗소리에 깨어 멀리 떠나 있는 김시습을 떠올렸다. 성리학 공부를 한다고 틀어박혀 있지만, 답답하고 지지부진하다. 토론할 벗도 없이 혼자 하는 공부란 늘 그렇게 외로운 법이다. 그랬기에 김시습이 더욱 그리웠다. 모두 그를 미치광이로 치부했지만, 남효온만은 그의 내면에 온축된 학문의 깊이를 알고 있었다. 그럼에도 결국 산속에 묻혀 지내다가 잊히고 말 것이기에 안타까움은 더욱 컸다. 울울한 마음을 달랠 방법이라곤 오직 지난날의 뜨거웠던 시절을 회상하며 술에 흠뻑 취하는 것 외에는 달리 길이 없었다.

그처럼 남효온이 김시습의 부재를 절실하게 느꼈던 까닭은 몇 달 전에 찾아왔던 그와의 재회와 이별의 기억이 아직 생생하게 남아 있었기 때문이다. 남효온은 그때 춘천의 은거지로 되돌아가는 그를 다음과 같이 전송한 바 있다.

[1]

爲送吾君起病身　선생을 송별하려고 병든 몸 일으켜서
興仁門外觸炎塵　흥인문 밖에서 더운 먼지 덮어쓴다오.
天涯離別自今夕　하늘 끝의 이별은 오늘 저녁부터이니
蕎麥花前忍淚人　메밀꽃 앞에서 눈물 참는 사람이라오.

[2]

東郊餞飮徐男子　동교에서 술잔 들어 서남자를 전별하니
不與茅容說世間　모용과 더불어 세상사를 말하지 않도다.
吾道傷心立無地　우리의 도는 애달프게도 설 땅이 없건만
先生坦腹百年閒[4]　선생께서는 편히 누워서 일평생 한가하리.

남효온은 더위를 무릅쓰고 동대문 밖에까지 나가 김시습을 전송했다. 메밀꽃 앞에서 눈물을 참았다고 했으니, 더위가 한창인 늦여름쯤이었겠다. 서로 그리워하다가 1년 만의 재회 뒤에 다시 마주한 이별이었기에 할 말이 많았겠지만, 애써 세상사에 대한 이야기는 참고 참았다. 남효온이 머무르고 있는 현실은 도가 설 땅을 잃어 점점 더 엉망진창이 되고 말았지만, 김시습은 애써 모른 척하고 더 깊은 산으로 들어가 모두 잊고 지내겠노라 떨쳐 일어났기 때문이다. 그런 김시습은 남효온에게 "오늘 소나무 아래서 술 마시고, 내일 아침 깊은 산으로 향하리[今日松下飮, 明朝向嶙峋]"라는 이별시를 지어 보였다. 서울을 다시 찾아온 것도 더 깊은 산속으로 가겠다는 의지를 전해주기 위해서였는지 모른다. 남효온은 그런 긴 이별을 고하고 떠나는 김시습이 야속했지만, 그를 잡을 수가 없었다.

그들은 성종 15년 여름날, 그처럼 짧은 만남 뒤에 다시 헤어졌다. 그 무렵에 남효온은 「귀신론」의 집필을 마쳤다. 작품 말미에 성종 13년(1482) 가을에 시작하여 성종 15년(1484) 여름에 완성했다고 밝혀놓고 있어 그 사실을 확인할 수 있다. 흥미로운 것은 2년이란 시간이 걸려 집필한 「귀신론」의 결론을 김시습의 주장으로 마무리하고 있다는 사실이다.[5] 이것은 「귀신론」의 집필을 마무리 하던 즈음, 다시 만난 김시습과 귀신의 존재에 대해 깊은 논의를 주고받았다는 유력한 증거이다. 그처럼 학문적 동지이기도 했던 김시습이 지금쯤 강원도 산속을 헤매고 있으리라는 생각에 남효온의 머릿속은 더욱 아득해졌다. 가을비 내리는 밤, 문득 잠에서 깨어 김시습의 부재를 두고 "우리의 도가 깊은 산에 묻혀버렸다[吾道屬嶙峋]"라고 탄식했던 것은 그런 까닭이었다.

현실로부터의 일탈을 맛본 금강산 유람

김시습을 떠나보내고 다시 행주로 돌아온 남효온은 이듬해 초여름, 즉 성종 16년(1485) 4월에 돌연 먼 여행을 결심한다. 강원도 금강산을 찾아 떠난 것이다. 누구나 한 번쯤 가보고 싶어 하지만, 쉽게 가보기 어려운 여정으로 남효온이 10년 전부터 가보려고 별렀던 곳이다. 그곳 어디쯤엔가 김시습이 머물고 있으리라는 생각도 들었을 터이다. 게다가 2년 넘게 이어지던 행주에서의 은거생활도 더 이상 견디기 어려웠다. 벗이 그립고, 갑갑하기 그지없던 갇힌 시간. 그 무렵이었을까? 금강산 유람을 떠나는 신윤종(申胤宗)을 전송하면서 남효온은 금강산을 더욱더 가보고 싶어졌다.

楓岳根靑冥　풍악산이 푸른 하늘에 닿았으니
三十六峰春　서른여섯 봉우리마다 봄이리라.
鳥度靑蓮屛　새는 이백의 병풍을 지나가고
山明郭熙眞　산은 곽희의 산수화처럼 밝으리.
公今騎馬去　공께서 지금 말을 타고 떠나가면
應探寂寞濱　응당 적막한 물가를 찾으리라.
時方桃李開　지금 한창 도리화가 피어나서

春事一一新　봄의 흥취 하나하나 새로우리.
離筵酒百栝　이별의 자리에 백 잔 술 마시니
晩路飛輕塵　저문 길에 가벼운 먼지 날리네.
嗟余謫罪者　아, 나처럼 죄 지은 사람이야
斷無記取人　결단코 기억해줄 사람 없으리라.
到今一十年　이제까지 십 년 세월 지나도록
欲作金剛賓　금강산 유람객이 되고 싶었으나
却縛塵纓在　도리어 속세 일에 묶인 몸이라
慚爲化涸鱗[6]　부끄럽게도 학철어가 되었다네.

신선들이 산다는 절경의 금강산, 그곳을 찾아 떠나는 신윤종. 당나라의 시인 이백이 「청계행(淸溪行)」에서 노래한 것처럼, 그림처럼 맑은 산속을 거닐고 있을 그가 한없이 부러워졌다. 하지만 은거 중인 자신의 신세란, 마치 죄를 짓고 유폐된 유배객과 다를 바 없었다. '길 위에 난 수레바퀴 자국 웅덩이에 고인 물속에서 숨을 헐떡이며 말라 죽어가는 물고기의 신세'라는 표현은 과장이 아니었다. 어쩌면 그해 봄 신윤종을 금강산으로 전송하고 난 뒤, 남효온도 곧바로 금강산을 찾아 떠났는지 모른다. 남효온은 이후 한 달 남짓 걸린 금강산의 여정을 일기 형식으로 꼼꼼하게 담아냈다. 『유금강산기(遊金剛山記)』가 그것이다.

남효온의 금강산 유람은 4월 15일부터 윤4월 20일까지, 한 달이 넘는 짧지 않은 일정으로 이루어졌다. 남효온은 그 여정을 다음과 같이 끝맺었다. "두미천과 평구역을 지나고 중녕포를 건너 70리를 더 가서 서울에 들어왔다. 모두 계산해보면 산길로 간 것이 485리이고, 바닷길로 간 것이 274리이고, 육지로 간 것이 937리이다." 걸어온 거리까지 일일이 헤아려 적고 있을 정도로 꼼꼼한 여행기였다.[7] 잠시의 일탈을 맛본 유람이었던 만큼, 금강산의 기이한 형상과 그 앞에 펼쳐진 망망대해의 절경도 놓치지 않았다. 그뿐만 아니라 끝 모를 심연으로 빠져들던 자신의 속내까지도 세세하게 기록했다. 하나의 장면을 읽어보자. 다음은 금강산 부근에 도착한 첫 번째 여정, 강원도 통천군의 총석정에 이르렀을 때의 기록이다.

갑술일. 통천군수 자달(子達)과 작별하고 15리를 가서 총석정에 이르렀다. 그 아래 이르러 보니, 과연 돌산이 바다 굽이로 뱀처럼 구불구불하게 들어가 있었다. 바다로 들어간 돌산 끝머리에 사선정(四仙亭)이 있었다. 정자에 다다르기 3, 40보 앞에서 북쪽으로 길 하나를 지나니, 바다에서 솟아오른 네 개의 바위가 깎아지른 듯이 서 있었는데 돌기둥을 묶어놓은 모습이었다. 이런 모습으로 '총석'이란 이름을 얻은 것이다. 바다 서쪽 해안은 온통 총석 형태로 1리쯤 뻗어 있었다. 총석의 옆에 평평한 바위 하나가 수중에 있었는데, 작은 바위가 어지럽게 쌓여 육지로 이어져 있었다. 내가 운산(雲山)과 맨발로 해안가로 내려가 평평한 바위 위에 앉아 노복에게 전복, 소라, 홍합, 미역 등을 따오게 하였다. 운산과 물장난을 하다가 눈을 들어 멀리 보니, 하늘 끝과 땅 끝이 탁 트여 끝이 없었다. 마치 유리와 거울이 서로 비추고, 위언(韋偃)과 곽희(郭熙) 같은 화가가 그려낸 듯하였다. 황홀하여 꿈인가 의심하다가 한참 만에야 깨어났다. 내가 아쉬워하며 떠나려 하지 않자 운산이 "해가 이미 저물었소" 하며 갈 길을 재촉했다. 비로소 해안

을 나와서 사선정에 올랐다.[8]

기이한 형상을 한 총석정과 그림처럼 벼랑 끝에 앉아 있는 사선정, 그리고 끝없이 펼쳐진 동해의 풍경. 4월 23일의 여정이다. 그 스스로 고백하고 있듯, "평소에 보았던 물은 모두 아이들 장난과 같았다"라는 말은 결코 과장이 아니었다. 우리는 진경산수화의 대가로 일컬어지는 겸재 정선이 그린 「사선정」에서 그 정경을 잠시 상상해볼 수 있다. 처음 보는 광대한 광경에 취한 남효온은 노복에게 바닷가에 내려가 해산물을 따오게도 하고, 동행한 승려 운산과 어린아이들처럼 물장난을 쳐보기도 했다. 그러다가 문득 멀리 바라다보니 하늘과 바다가 광활하게 펼쳐진 모습은 당나라 때의 위언과 송나라 때의 곽희와 같은 유명한 산수화가가 그려낸 화폭을 떠오르게 했다. 운산이 황홀한 마음으로 망연자실 앉아 있던 자신을 재촉하는 바람에 이번에는 사선정에 오르게 되었다. 남효온은 그때 그곳에서 느낀 감회를 한 편의 시로 풀어냈다.

巖前采藿　　바위 앞에는 미역 캐고
巖面采蛤　　바위 면에는 대합 캐네.
坐久無心　　오래 앉았다 무심해지니
白鷗甚狎　　백구가 심히 가까이하네.
滄溟無津　　푸른 바다는 닿을 곳 없고
坤軸無極　　땅의 지축은 끝이 없네.
是知身世　　이에 알겠네, 이 신세가
太倉一粟　　큰 창고의 좁쌀 한 알 같음을.

겸재 정선이 그린 총석정과 사선정. 남효온은 성종 16년 금강산 유람을 떠난 지 아흐레 만에 이곳에 다다랐다. 처음 본 그 모습을 "바위산이 뱀처럼 바다를 향해 구불구불하였다. 바위산 끝머리에 사선정이 있었다. 정자에 다다르기 3~40보 앞에 바다에서 일어난 돌기둥을 묶어 놓은 듯 깎아지른 네 개의 바위가 있었다"라고 묘사했다.

心兮本虛　마음은 본래 텅 비었고
動靜如水　동정은 물과 같은지라
波伏而伏　물결이 자면 고요하고
波起而起　물결이 일면 움직이네.
上天下天　위도 하늘이고 아래도 하늘인데
四石絶奇　네 개 바위가 몹시도 기이하네.
疑是夢中　아마도 꿈속의 일인 듯하여
眷戀忘歸[9]　아쉬운 마음에 돌아가길 잊었네.

지난날 압도에서처럼, 사선정에 올라 무심하게 바다를 바라보고 앉아 있자 자기 곁으로 흰 갈매기가 사뿐 내려앉았다. 그러고는 날아가지 않았다. 기심을 모두 내려놓았기 때문일 터이다. 남효온의 금강산 유람은 첫날부터 이렇게 오랜만의 해방감으로 충만한 채 시작되었다. 실제로 그의 일생을 통틀어 가장 밝고 유쾌한 시간처럼 읽힌다. 그리고 총석정을 뒤로하고 금강산으로 발을 들여놓은 유람 첫날, 발연암(鉢淵庵)에 도착했다. 발연암은 신라 혜공왕 때 진표(眞表) 스님이 미륵봉 동쪽 험준한 계곡에 창건한 절이라고 전해진다. 연못 주변의 바위 모양이 발우[鉢盂]처럼 생겼다고 해서, 절의 이름도 그렇게 붙였다고 한다. 하지만 남효온은 절의 유래를 조금 다르게 설명하고 있다. 발우처럼 생긴 연못에 살던 용왕이 살 만한 땅을 바쳤다고 하여 절을 발연암이라고 명명했다는 것이다. 사연이 어찌 되었든, 그곳에 도착한 남효온은 영락없는 장난꾸러기 어린아이처럼 놀았다.

> 내가 행장을 풀고 물을 움켜서 입을 헹구고 꿀물을 마셨다. 발연의 고사(故事)에 불자(佛子)의 유희(遊戲)라는 것이 있다. 이는 곧 폭포 위에서 나무를 갈라 그 위에 앉아 물 위로 띄워 물길을 따라 내려가는 것이다. 재주 있는 자는 제대로 내려가고 재주 없는 자는 고꾸라져 내려간다. 고꾸라져 내려가면 머리와 눈이 물에 빠졌다가 한참 뒤에 도로 나오게 되니, 곁의 사람들이 모두 깔깔대고 웃는다. 그러나 바위가 매끄럽고 반질반질하여 비록 고꾸라져 내려가더라도 몸이 손상되지 않기 때문에 사람들이 이 놀이를 싫어하지 않는다. 내가 운산으로 하여금 먼저 해보게 하고 이어서 뒤따라갔다. 운산은 여덟 번 하여 여덟 번 모두 물에 빠졌고, 나는 여덟 번 하여 여섯 번만 물에 빠졌다. 바위

위로 올라와 손뼉을 치며 크게 웃다가 이내 책을 베고 바위에 누웠다가 설핏 잠이 들었다.[10]

발연암에서 즐겁게 놀던 한 장면이다. 하지만 금강산의 여정이 매양 평온하고 유쾌했던 것만은 아니었다. 금강산이란 이름부터 『화엄경』에서 유래된 것처럼, 산 전체가 불교적 색채로 가득 차 있었다. 그 때문에 발 닿는 곳의 지명이든 그곳에 얽힌 전설이든 불교와 관련되지 않은 곳이 없었다. 무수하게 산재한 사찰이야 말할 나위도 없었다. 남효온은 잠시의 일탈을 꿈꾸며 금강산을 유람하고 있었지만, 그는 어디까지나 불교를 극력 배척하고 있던 유자였다. 결국 유점사에 이르러 민지(閔漬)의 『유점기(楡岾記)』를 읽고 나서 젊은 선비 남효온의 불만스러운 속내가 폭발하고 말았다. 그 비문에는 유점사가 세워진 내력이 적혀 있었다. 서역의 월지국(月氏國)에 있는 사찰에 불이 나자 부처가 국왕의 꿈에 나타나서 불상을 다른 곳으로 피신시키라고 하였다. 이에 불상을 쇠북 속에 넣어 바다 위에 띄웠더니, 혼자서 흘러 흘러 강원도 고성 강가에까지 도착하게 되었다. 그러더니 불상이 혼자 금강산으로 걸어 들어가 여기에 와서 멈춰 섰다는 것이다. 그런 기이한 장면을 목격한 태수 노춘(盧偆)이 신라 남해왕(南海王)에게 아뢰어 불상이 멈춰선 자리에 사찰을 짓고 불상을 안치하였다고 한다. 사찰의 창건설화가 으레 그러하듯, 유점사가 세워진 내력을 담고 있는 『유점기』도 믿기 힘든 불교적 경이로 가득 채워져 있었다.

범상한 우리들은 으레 그러려니 지나치고 만다. 하지만 남효온은 달랐다. 허황된 이야기라며 가차 없이 비판했다. 쇠로 만든 북이 바다에 뜰 수 없다, 불상이 혼자 걸어갈 수 없다, 불교는 이차돈의 순교에 의해 신라 제23대 법흥왕 때 전래되었는데 제2대 남해왕 때 절이 지어졌다는 것은 역사적 사실과 어긋난다 등이 비판의 논거였다. 불교를 배척하던 유자의 시각에서 보자면, 일견 맞는 말이긴 하다. 그는 여기에서 한 걸음 더 나아가, 앞서 조목조목 늘어놓은 비판을 다음과 같은 결론으로 마무리했다.

> 심하도다! 민지의 황당무계함이여. 일곱 개의 망령된 이야기만 늘어놓고 명교(名教)에 보탬이 되는 한마디 말도 없으니, 이 기록은 모두 태워 없애버려도 괜찮은 줄을 알겠도다. 더구나 삼국의 초기에는 사람에게 일정한 성이 없었고 이름도 사람에게 걸맞지 않았으니, 노춘이라는 이름은 아마 후세 사람이 지은 것일 터이다. 신라 말엽에 학술 있는 승려 원효, 의상과 같은 중의 무리들이 금강산의 사적을 과시하기 위해 뒤에 기술해 넣은 것이 어찌 아니겠는가. 그렇지 않으면 그릇됨이 어찌 이와 같다는 말인가.[11]

『유점기』를 지은 민지는 고려의 충선왕을 세자 시절에 여러 차례 모시고 원나라에 다녀왔을 뿐만 아니라 충선왕의 아들 충숙왕에게도 두터운 신임을 받았던 인물이다. 전하는 바에 의하면, 재상이라는 높은 지위에 있었으면서도 생활은 아주 청빈했고 79세의 장수를 누렸다고 한다. 고려가 불교국가였던 만큼, 민지는 독실한 불교신자이기도 했다. 때문에 유점사 창건에 얽힌 설화를 황당한 이야기가 아니라 종교적인 경이로 받아들였을 것임에 분명하다. 하지만 성리학의 세계에 한창 침잠해 있던 남효온에게는 유점사의 창건설화가 황당무계한 망설로만 들려왔다. "모두 불태워버려도 무방할 정도"라는 단언에서 그 배척의 강도를 짐작할 수 있다. 지금도 그렇지만, 종교의 세계란 비종교인의 안목으로는 이해하기 어려운 법이다. 정도전이 『불씨잡변』을 저술하면서 불교의 교리를 절대적으로 부정하고자 했던 것처럼. 그런 확신에 찬 조선시대 유자로서의 강경한 배불(排佛) 태도를 남효온의 금강산 유람에서 다시 만나게 되는 것이다.

금강산의 여정에서 만난 많은 인연들

남효온은 금강산을 유람하는 한 달 동안, 적지 않은 불교계 인물들을 만나게 된다. 남효온의 금강산 유람의 가이드 역할을 맡은 승려 운산의 벗이었던 보문사 주지 조은(祖恩)이라든가 표훈사 주지 지희(智熙) 등은 말할 것도 없고, 산행 도중 묵었던 사찰의 승려들도 여럿 만났다. 그들 가운데에는 엉터리 중도 많았지만, 남효온으로 하여금 깊은 경외감을 갖게 만드는 고승들도 있었다. 마하연암에 만난 나융(懶融)도 그중 한 명이었다. 남효온은 산비둘기가 노승 곁에서 유유하게 노니는 것을 보고, 그에게 기심이 없음을 알았다는 소회를 밝혔다. 행주 남포에서 그물을 손질하다가 자신이 경험한 갈매기, 사선정에 앉아 있는 동안 경험한 갈매기, 그리고 마하연암에서 직접 목격한 나융 스님 곁의 산비둘기 등 끊임없이 반복되는 새와의 일화에서, 성리학 하면 흔히 떠올리게 되는 물아일체(物我一體)의 경지는 그즈음 남효온이 추구하고자 했던 마음공부의 최고 가늠자였음을 짐작할 수 있다.

남효온은 이런 승려들과의 만남 외에 세속의 인물들도 적지 않게 만났다. 따라서 그들의 면면을 자세히 살펴볼 필요가 있다. 서울에서 금강산을 오고 가는 도중에 연천의 거인(居仁), 김화의 정시성, 신안의 심달중, 홍천현감 백기(伯起), 지평현의 권경우를 찾아가 그들의 집에서 묵었다.

금강산에 도착해서는 인근 고을의 수령으로 있던 통천군수 자달, 간성군수 원보곤(元輔昆), 고성군수 조모(趙某)로부터 후한 대접을 받았다. 고성군수가 양양부사 유자한을 위해 마련한 삼일포에서의 뱃놀이에도 함께 참석하여 흥겨운 시간을 갖기도 했다. '삼일포'라는 지명이 신라시대의 화랑 안상(安祥)과 영랑(永郞)의 무리가 3일 동안 놀고 갔다고 하여 붙여진 이름인 것처럼, 그들도 그곳에서 신선처럼 놀다 헤어졌다. 남효온이 금강산 유람에서 만난 인물 가운데에는 권경우처럼 자신의 오랜 친구도 있었고, 고성군수처럼 선대로부터 친분이 이어진 선배도 있었다.

그런 가운데 양양부사 유자한과의 만남은 특별히 주목해볼 필요가 있다. 그는 세조 6년(1460) 치러진 평양별시문과(平壤別試文科)에서 장원급제할 정도로 발군의 능력을 보인 인물이다. 실제로 경서를 제대로 익힌 사람이라는 평가를 받아 예문관응교와 경연관을 맡기도 했다. 하지만 생몰연대조차 확인이 안 될 만큼 잊힌 인물이기도 하다. 그는 성종 13년에 사간원에 있으면서 김종직과 함께 경연에서 내수사(內需司)의 폐단을 건의했고, 연산군 10년에는 갑자사화에 연루되어 유배되었다가 귀양지에서 죽었을 만큼 당대 신진사류와 뜻을 같이 하기도 했다. 남효온도 성종 9년에 올린 상소에서 내수사의 혁파를 주장했고, 갑자사화 때에는 부관참시를 당했다.

그처럼 유자한은 남효온과 나이 차이에도 불구하고 시대의 행보를 함께 했던 인물이다. 더욱이 성종 15년 무렵 양양부사로 부임한 그는 춘천에서 설악산 부근으로 거처를 옮긴 김시습과 빈번한 교유를 나누고 있었다. 김시습을 종종 불러 대접도 하고, 다시 세상에 나갈 것을 권유하기도 했다. 그 시절 김시습이 유자한에게 보낸 편지가 『매월당집』에 여러 편

실려 전하고 있다. 그런 사실로 미루어보건대, 김시습도 그 무렵 금강산에서 그리 멀지 않은 곳에 머물고 있었음에 틀림없다. 하지만 그때 남효온과 김시습은 서로 만나지 않았다. 이상한 일이다. 마침 김시습이 다른 곳으로 나가 있었던 것일까? 알 수 없다. 다만 남효온은 금강산 유람 도중에 만난 김시습의 자취에 대해서는 분명하게 기록해두고 있다. 4월 28일, 보덕암과 수건암에서 김시습의 필적(筆跡)을 보았을 때의 기록이다.

> 내가 먼저 절에 들어갔더니 친구인 동봉(東峰) 청한자(淸寒子)가 벽에 쓴 기문(記文)과 허주(虛舟) 신지정(申持正)이 채색한 그림이 걸려 있었다. 조금 있다가 절에서 굴로 내려오는데, 쇠줄 두 개가 있었다. 내가 잡고 내려올 때에 판자 소리가 삐걱삐걱하여 두려워할 만하였다. 이른바 관음보살상 앞에는 원장(願狀)이 자못 많았다. 나와서 대(臺) 위를 둘러보고 도로 절집으로 들어가서 밥을 먹은 뒤에 내려왔다. 다시 시냇물을 따라 내려가니, 흰 바위가 매끄럽고 윤택하여 맨발로 걸어도 물집이 생기지 않았다. 이윽고 앞으로 나아가 수건암에 이르렀다. 동봉의 기문에 이르기를 "관음보살이 아름다운 여인으로 화신하여 이 바위에서 수건을 빨다가 승려 회정(懷靜)에게 쫓겨서 바위 아래로 들어갔다" 하였다.[12]

김시습이 쓴 기문을 보게 된 남효온의 태도는 반가워하기는커녕 뜻밖에도 담담했다. 하긴, 금강산에는 김시습의 자취만 있었던 것이 아니다. 절친했던 김굉필도 예전에 금강산을 다녀가며, 자신의 족적을 남겨두었다. 남효온은 그것을 보고 "송라암(松蘿庵)에 이르러서는 벽 위에 있는 친구 대유(김굉필의 자)의 이름과 그가 새겨놓은 절구(絶句) 한 수를 보았다"라고 적고 있다. 지금도 그렇지만, 옛사람들도 멋지고 너른 바위를 보면 자신의 흔적을 남겨두고 싶어 했다. 남효온도 자신의 이름을 석벽에 깊이 새겨놓고 그곳을 지나갔다.

남효온은 김굉필이 앞서 다녀간 흔적을 금강산에서뿐만이 아니라, 개성에서도 보았고 지리산 천왕봉에서도 보았다. 그럴 때마다 그 사실을 스쳐 지나가듯이만 밝혀두곤 했다. 그런 맥락에서 보면, 김시습의 자취만을 유독 덤덤하게 기록했던 것은 아니다. 하지만 그토록 그리워하던 김시습이었으니, 그의 자취를 금강산에서 접하게 된 남효온의 감회는 남달랐을 법하다. 정말 그러했다. 『유금강산기』에는 김시습의 기문을 보았다는 사실만 기록했지만, 남효온은 그때 자신이 느낀 소회를 절구 두 편에 담아두었다. 『추강집』에 그 시편이 실려 있다.

[1]

日照香罏晩翠深　석양 비친 향로봉은 저녁 비취 빛이 짙은데
鐵繩咿軋響高岑　쇠사슬이 삐걱대며 높은 봉우리에 울리네.
虛舟畫手東峰記　허주가 그림 그리고 동봉이 기문 지었으니
留喜沙門萬古心　승려들의 마음을 만고토록 기쁘게 함이네.

[2]

飽德淸寒我友師　덕이 성대한 청한자는 내 벗이자 스승이니
一生行業在書詩　일평생 행실과 학업은 유가 경전에 있었지.
如何賣擧浮圖說　어찌하여 부처의 얘기를 엉뚱하게 거론하여

反使人倫化入夷[13] 인륜으로 하여금 오랑캐로 들어가게 하는가.

지난 성종 14년 봄에 애달프게 헤어진 뒤, 종종 시를 주고받으며 회포를 달래었던 김시습이었다. 하지만 금강산에서 김시습의 자취를 만난 남효온의 마음은 착잡했다. 이 절 저 절 전전하며 부처를 찬양하고 있는 그의 행적이 남효온에게는 한없이 실망스럽게 느껴졌다. 두 번째 시의 마지막에 거론하고 있는, 이른바 인륜을 오랑캐로 떨어뜨리고 있다는 비판은 통렬하기까지 하다. 양양부사 유자한을 만나 함께 묵기도 하고 삼일포에서 질탕한 뱃놀이를 즐기기도 했던 남효온이 김시습을 불러오기는커녕, 그의 안부조차 묻지 않았던 것은 그런 실망감 때문이었는지도 모른다.

실제로 김시습은 성종 16년 봄에 오대산의 진부령을 넘어와서 동해 근처 어딘가에 자리를 잡고 있었다.[14] 그럼에도 남효온은 지근거리에 있었을 김시습을 만나지 않고 서울로 그냥 돌아왔다. 만약 김시습이 그 사실을 알았다면, 몹시 서운했을 것이다. 아닌 게 아니라 그 무렵 명주(溟州, 지금의 강릉) 근처의 산중에 머물던 김시습이 남효온을 그리워하며 지은 시가 남아 있다. 산중에서 서울에 있는 남효온을 그리워한다는 제목의 시이다.

山中樹陰翳　산중에 나무 그늘 우거졌는데
牢落少人蹤　적적하고 쓸쓸하여 사람 자취 적네.
極目憐高鳥　높이 날아가는 새 가련하게 바라보고
傷懷愁遠峯　아득한 봉우리 첩첩하여 가슴 아파하네.

餘生成潦倒　남은 생애 모두 쓸모없이 되어
浮世歎龍鍾　부질없는 세상에 볼품없는 모습 탄식하네.
何日長安去　어느 날 장안으로 훨훨 걸어가서
情懷話伯恭[15] 마음속 깊은 정을 백공에게 말해볼까.

산중 나무 그늘이 우거졌다는 것을 보면, 때는 깊은 여름이다. 어느 해에 쓰인 시인지 확인되지는 않지만, 만약 성종 16년이었다면 남효온이 금강산 유람을 마치고 돌아간 직후였을 터이다. 김시습은 자신이 산속에서 영락해가는 모습을 스스로 탄식하며, 자신의 속내를 말해보고 싶다는 심경을 간절하게 토로하고 있다. 남효온이 자신을 만나지도 않은 채 다녀갔다는 사실을 뒤늦게 알고서는 이런 시를 지어, 자신의 최근 행적을 변명이라도 해보고 싶다는 말이었을지도 모른다. 확인할 길은 없다. 하지만 금강산 유람을 전후하여 그들 사이에는 넘어설 수 없는 간극이 존재했던 것처럼 보인다. 실제로 그 이후부터 죽을 때까지 남효온이 김시습과 교유했던 흔적은 발견되지 않는다.

어쩌면 그들은 가는 길이 달라졌고, 가는 길이 달라지면서 교유관계도 소원해졌을지 모른다. 그만큼 그들은 가파른 시대를 살아갔다. 더욱이 추호의 잘못도 허투루 넘기지 않았던 남효온처럼 예민한 성정을 가진 경우에는 더욱 그럴 수 있다. 앞으로 살펴보게 되겠지만, 남효온은 젊은 시절 절친하게 지냈던 많은 벗들과 차츰 멀어지거나 갈라서게 된다. 외롭게 혼자 남아 죽을 때까지. 그렇다고 해서 남효온이 금강산에서 만난 불교계의 인물들에 대해 무조건적으로 배척의 감정을 드러냈던 것은 아니다. 마하연암에 만난 나융처럼 세속의 욕심을 놓아버린 노승에게는 깊은 경외감을 표하기도 했고, 발연암의 주지 축명(竺明)에게 전해 들은 이야기는 남효온으로 하여금 새로운 깨달음을 불러일으키는 계기가 되기도 했다.

> 주지 축명이 나를 이끌고 절로 들어가 절 뒤에 있는 비석을 보여주었다. 바로 율사(律師)의 유골을 간직한 비석이었다. 고려 때의 승려 형잠(瑩岑)이 짓고 승안(承安) 5년 기미년(1199) 5월에 세워진 것이었다. 비석 곁에 마른 소나무 두 그루가 있었다. 율사의 비석이 세워진 때로부터 500여 년 동안 세 번 마르고 세 번 무성해졌다가 지금 다시 말랐다고 한다. 보기를 마치고 다시 암자로 내려오니, 축명이 밥을 대접하였다. 밥을 먹은 뒤에 또다시 폭포에 이르렀다가 밤이 깊고 날씨가 차가워져서야 들어왔다.[16]

진표 율사의 사리탑 옆에 서 있던 두 그루의 소나무에 얽힌 이야기는 놀라웠다. 500년 동안 말라 죽었다 살아났다 하기를 세 번이나 반복했다는 고목의 불사담(不死談). 지금은 말라 죽은 듯이 보이지만 언젠가 다시 살아날 것이라는 기대. 그 고목의 경이는 삶에 지친 남효온에게 새로운 삶에 대한 의지를 불러일으켰다. 비록 담담하게 그 사실만 기록하고 있지만, 금강산 유람을 마치고 행주로 돌아와서도 발연암 고목에 얽힌 전설은 남효온의 머리에서 떠나질 않았다. 그리하여 당시 집필 중이던 성리학 담론인 「심론」을 마무리하면서, 그때 들은 이야기를 자기 논지의 결론으로 삼기에 이르렀다.

> 저 죽음이라는 것은 돌아가고 다한 것이니, 돌아가고 다한 것은 결

코 다시 살아날 이치가 없다. 이른바 죽었다가 살아난다는 것은 형체는 죽었으나 마음은 죽지 않은 것이다. 그러므로 다시 살아날 이치가 있는 것은 심흉(心胸)이 반드시 따뜻하니, 여기에 하나의 증거가 있다. 금강산 발연사(鉢淵寺) 곁에 두 그루의 소나무가 있다. 500년 동안 세 번 마르고 세 번 무성하더니, 이제는 마르고 또한 껍질이 없어졌다. 내가 어루만지며 물었더니, 가장 늙은 승려가 말하기를 "지난 40년 전에 말랐을 때에 내가 마침 볼 수 있었는데, 껍질을 손톱으로 긁으면 진액이 나왔습니다" 하였다. 이것은 나무의 마음이 죽지 않은 것이다. 그런 까닭에 어느 땐가 다시 살아날 것이니, 마치 사람이 죽었다가 살아남과 같은 것이다.[17]

노송이 말라 죽었다가 다시 살아나기를 세 번이나 반복했다고 했지만, 그것을 죽음과 부활이라고 부를 수는 없다. 얼핏 보면 죽은 듯이 보이지만, 속은 죽지 않았던 것이기 때문이다. 사람들이 단지 겉만 보고 죽었다고 여겼을 따름이다. 남효온은 노송에 얽힌 이야기를 어쩌면 자신의 현재 상황으로 환치하여 읽고 싶었는지도 모른다. 많이 사람들이 자신을 죽었다고 여겼지만, 자신의 내면은 결코 죽지 않았노라고 강변하고 싶은 마음. 실제로 그의 내면은 불의의 시대에 대한 비판 정신으로 성성하게 번뜩였다. 아니, 그래야 한다고 다짐하고 또 다짐했다. 그런 다짐을 되새기면서, 남효온은 한 달 남짓한 금강산 유람을 마치고 다시 현실로 돌아왔다. 그리고 다시 예전처럼 행주에서 치열하게 성리담론을 집필하며 힘든 시간을 견뎌냈다. 마치 겉으로는 죽은 듯이, 농사일과 낚시질로 소일하고 지내면서.

성리담론의 본격적 집필과 논쟁의 시대

금강산 유람을 마치고 돌아온 남효온의 일상은 다시 잠잠해졌다. 성종 14년 이후 남효온을 비롯한 그의 절친한 벗들도 침잠의 시간을 보내고 있었다. 소학계라든가 죽림우사를 결성하여 시끌벅적하던 분위기와 비교해 사뭇 달라진 풍경이다. 하지만 조용하던 외형적 행보와 달리 그 내부에서는 치열한 학술 논쟁을 펼치는 등 당시 그들은 또 다른 방식으로 뜨겁게 어울렸다. 남효온의 『추강냉화』 후반부는 그런 당대 분위기를 잘 보여준다. 음양오행의 작용이라든가 이기(理氣)의 체용(體用) 문제에 대해 정여창이 갖고 있던 문제점을 비판하기도 했고, 이-기의 존재 방식이라든가 유교-불교의 차이에 대한 이견을 개진하기도 했으며, 귀신의 존재 여부를 둘러싸고 김시습, 정여창, 이관의(李寬義) 사이에서 벌어진 논쟁을 소개하기도 했다.[18]

그뿐만 아니라 남효온은 시문창작과 성정도야의 관계에 대해 정여창과 날 선 공방을 벌이기도 했다. 정여창이 "시란 성정의 발현이니 억지로 공부할 필요가 없다"라고 주장한 것에 대해, 남효온은 이런 견해는 '썩은 선비의 소견[腐儒之見]'과 다를 바 없다며 막말 수준으로 비판했다. 한편, 시를 즐긴 소옹(邵雍)과 주돈이(周敦頤)의 경우를 비롯하여 두보, 황정견을 좋아하고 『초사』의 주해까지 달았던 주희(朱熹)의 사례를 들어 자기주장의 정당성을 입증하고자 했다. 성리학을 수립한 송나라 선학들을 이단으로 치부할 수 없다면, "시는 성정을 도야한다"라고 주장한 김종직의 견해도 전적으로 옳은 주장이라고 지지를 선언했다. 성리학에 대한 이해가 심화됨에 따라 신진사류 사이에서 시문과 도학의 관계에 대한 논쟁이 본격적으로 펼쳐지기 시작했던 것이다.

이런 논쟁은 시대정신을 공유하던 절친한 사우들 사이에서는 물론이고 성균관 교수를 비롯한 선배 그룹과도 치열하게 벌어졌다. 『추강냉화』에서 거론된 정여창, 안우, 이심원과의 논쟁이 전자에 속한다면, 이관의, 김시습, 김종직과의 논쟁은 후자에 속한다. 당시 지성계의 선배 그룹과 동류 그룹을 망라하여 성리학에 대한 뜨거운 논쟁이 전방위적으로 벌어지고 있었던 것이다. 이들 가운데 남효온이 직접 사사한 바 있던 성균관 교수 이관의의 존재를 우선 주목할 필요가 있다. 남효온은 「귀신론」에서 성균관 사성(司成) 장계이(張繼弛)와 함께 그를 비판의 대상으로 삼았다. 논쟁 상대자로 설정된 가상의 인물이 "장계이, 이관의 같은 분이 이치를 설명한 것은 그 당시 가장 정밀하다 할 수 있다. 그리고 그대도 일찍이 스승으로 섬긴 바 있거늘, 이처럼 주장이 다른 것은 무슨 까닭인가?"라고 반문하는 자리에서 그의 이름이 거론된다. 여기에 대해 남효온은 조목조목 반박했다. 비록 한때의 스승이었지만, 지금은 견해가 달라졌기에 추호도 양보할 생각이 없다는 것이다.

실제로 세종 대에 성리학의 대가로 이름을 날렸던 그들은 새로운 학문적 관심사로 떠오른 성종 대 성리담론의 최전선에서 활약하기에는 너무 늙어버린 세대였다. 장계이는 성종 6년에 사망해버렸고, 이관의는 성종 14년에 75세의 나이로 낙향했다. 그런 까닭에 남효온이 논쟁의 주된 대상으로 상정한 부류는 당시 영향력을 행사하던 이론가들이었다. 젊은 유생을 가르치던 성균관의 사유(師儒), 그리고 후배에게 두터운 신망을 받고 있던 동류(同類)가 그들이다. 그들의 견해를 비판하기 위해, 남효온은 「성론」과 「심론」을 집필했다. 먼저, 절친했던 정여창과 김자인을 논박하기 위해 집필한 「심론」의 경우를 보자.

> 자욱(정여창의 자)이 말하기를 "여기에 앉아서 마음이 천 리 밖에서 노닐다가 잠깐 사이 돌아와서 몸속에 있게 되니, 이것이 나가고 들어오는 것이 아니겠는가" 하였다. (…) 자인이 말하기를 "내가 여기서 잠잘 때에 혼이 다른 곳에서 노닐다가 깨면 다시 들어오니, 이것이 마음이 나가고 들어오는 것이 아니겠는가" 하였다. (…) 자욱은 경전을 연구하고 행실을 삼가는 것이 근세에 견줄 사람이 없고, 자인은 원대한 책략을 가진 사람이거늘 소견이 이와 같으니 내가 의아하게 여기는 바이다. 이런 까닭으로 나란히 거론하여 다른 견해를 널리 소개하고자 한다.[19]

마음의 출입에 대한 이견이 논쟁의 주제였다. "잡으면 보존되고 놓으면 없어져 출입에 일정한 때가 없이 어디로 가는지 종잡을 수 없는 것, 이것이 마음이다[操則存, 舍則亡, 出入無時, 莫知其鄕, 惟心之謂與]"라는 『맹자』의 구절을 두고 그들은 날카롭게 맞섰다. 정여창은 마음이 몸 밖으로 나가고 들어올 수 있다고 여겼던 반면, 남효온은 절대 그럴 수 없다고 보았다. 두 사람의 견해 가운데 누가 옳고 누가 그른가를 판결 내리기란 쉽지 않다. 그것은 객관적으로 입증할 수 없는 형이상학적 문제였기 때문이다.

실제로 마음의 출입을 둘러싼 논란은 조선 중기 이후 이황, 김장생, 송시열과 같은 당대 최고의 유학자들도 확실한 주견을 내세우기 어려워했던 난제 중의 난제였다. 그런 점에서 보자면, 남효온이 정여창과 벌인 마음의 출입에 대한 논란은 조선시대 성리학적 논쟁의 선구로 꼽을 만하다. 남효온은 정여창과 같은 벗들과의 논쟁에서 그치지 않고, 성균관 교수의 견해를 신랄하게 비판하는 데에도 주저하지 않았다. 그런 목적으로 집필했다고 밝힌 「성론」의 경우를 보자.

> "그렇다면 분분한 성에 대한 논란을 한마디로 포괄할 만한 말이 있는가?"라고 묻는다면, 이렇게 대답하면 된다. "지극한 이치를 묘합(妙合)하여 마음속에 성실한 것이 성(性)이다. 형체에 담겨 있기 때문에 기질지성(氣質之性)이라는 이름을 얻었고, 이(理)에 순전하기 때문에 본연지성(本然之性)이라는 이름을 얻은 것이다." 이것으로 성론은 끝난 것이다. 우러러보건대 선현들이 성에 대해 논한 것이 많으니, 내가 굳이 군더더기 말을 보탤 필요가 없다. 그러나 성균관 사유의 의논이 본연지성과 기질지성을 나누어 둘로 여기는 것을 보게 되었다. 그래서 부득이 「성론」을 짓는다. 성화(成化) 을사년(성종 16년, 1485)에 추강이 경지재에서 쓰다.[20]

「성론」의 결론 대목이다. 성이란 '인성이 곧 천리이다[性卽理]'라는 명제가 보여주듯, 성리학의 핵심적 개념에 속한다. 성리학은 인간의 본성과 하늘의 이치를 형이상학적으로 궁구해 들어가는 학문이었다. 그렇지만 하늘로부터 품수받은 '본연지성'과 사람에 따라 달라지는 '기질지성'의 관계는 많은 논란을 불러일으켰다. 맹자는 "성이 선하다"라고 했지만, 본연의 성만 이야기하고 기질의 성에 대해서는 일체 말하지 않았기 때문이다. 그래서 '성은 악하다'라거나 '성에는 선악이 뒤섞여 있다'라는 여러 주장이 난무하게 되었다. 이런 문제점을 극복하기 위해 장재(張載)와 정이가 기질지성이란 개념을 들고 나왔다. 성은 본디 선한 것이지만, 개개인의 기질에 따라 각기 다르게 드러난다는 것이었다. 그리고 주자는 그것으로 성에 대한 논란이 종식되었다고 확신했다.

하지만 논란은 쉽게 끝나지 않았고 본연지성과 기질지성을 둘로 나누어 보아야 하는가, 그렇지 아니한가라는 논란으로 번져나갔다. 여기에 대해 성균관 교수들은 둘로 보아야 한다고 주장했고, 남효온은 그렇지 않다고 반박했다. 본연지성과 기질지성은 성의 두 측면, 곧 '형체에 담긴 속성[盛於形]'과 '이치에 순연한 속성[純於理]'을 갈라서 설명한 것일 뿐 둘로 보아서는 안 된다는 주장이다. 물론 그런 주장에도 불구하고 성을 둘러싼 논란은 마음의 출입 문제와 함께 조선의 성리학자들 사이에서 중요한 학문적 과제로 오래토록 이어졌다.

이런 관점에서 본다면 남효온을 현실에 대한 울분으로 전국을 정처 없이 떠돌던 방외인으로만 치부해서는 안 된다. 그는 조선 성리학의 논쟁사에서 중요하게 다루어져야 할 이론적 선구자이기도 했다. 물론 남효온이 저술한 「심론」, 「성론」, 「명론」은 송나라 학자들의 언설을 얼기설기 종합한 것처럼 보일지도 모른다. 그렇지만 성리학을 완성했다고 평가되는 주희 또한 북송 시절의 선배 학자들의 다양한 언설을 집대성하여 자기 논리로 재구성했다는 역사적 사실을 환기할 필요가 있다. 남효온도

『근사록』, 『성리군서』, 『성리대전(性理大全)』과 같은 성리서적에 실려 있는 단편적인 언설을 활용하여 자기 자신만의 성리담론으로 재구성했던 것이다. 더욱이 남효온이 다룬 주제는 성리학의 핵심적 개념으로 이른바 성리학이 본격적으로 학습되고 토론되던 16세기를 거쳐 조선시대가 끝날 때까지 논쟁적인 담론으로 이어졌다.

그런 맥락에서 성종 14년(1483) 행주에 은거한 이후 발표되기 시작한 남효온의 논설들은 조선 최초의 성리학적 담론으로 평가할 만하다. 또한 그 수준도 결코 만만하지 않다. 당대 최고의 문장가로 꼽히던 남효온은 자신의 견해를 딱딱한 논설로만 풀어내지 않았다. 시부(詩賦)라는 장편의 문학 작품으로 표현하기도 했다. "주인이 있으면 뜰과 대문을 청소하고 담과 모퉁이를 정돈하지만, 주인이 없으면 그 집은 황폐한 집에 불과할 뿐이다"라는 주자의 말을 단서로 삼아 지은 「옥부」가 그것이다.

將鋪張莊叟謬悠之論	장자의 황당한 의논을 늘어놓으며
常壞吾儒者之敬字	항상 유자의 경(敬)을 무너뜨리려 하니
驅主於放曠者汝也	주인을 호방한 데로 내모는 자도 너이고
壞我牆屋者爾也[21]	내 담과 집을 무너뜨리는 자도 너로구나.

(하략)

「옥부」의 한 대목이다. 남효온은 이 작품에서 몸을 집[屋]에 비유하고, 마음을 집의 주인[主人翁]에 비유하고 있다. 사람의 주인인 마음을 바로 세워야 사람이 사는 집인 몸도 바로 선다는 말이다. 그때, 마음을 바로 세우는 요체는 '경'이다. 그것은 "오직 마음에 주재(主宰)가 있어야 하니, 어떻게 해야 주재가 되는가? 공경(恭敬)일 뿐이다. 주재가 있으면 마음이 텅 비게 되니, 텅 빈다는 것은 간사한 생각이 들어오지 못함을 이르는 말이다. 주재가 없으면 사욕이 가득 차서 실해지니, 실해진다는 것은 어떤 사물이 들어와서 내 마음을 빼앗는 것을 이르는 말이다"[22]라는 정이의 주장과 상통한다.

여기에서 흥미로운 지점은 노장(老莊)의 자유분방한 사유가 유가에서 그토록 중시하는 경을 해치는 최대의 적으로 설정되어 있다는 사실이다. 노장사상에 깊이 경도되어 있던 자신의 젊은 날을 뉘우치고 있는 일종의 반성문처럼 읽히기 때문이다. 남효온이 「옥부」를 창작한 시기는 분명하게 밝혀져 있지 않다. 다만 앞서 살핀 성리담론을 집필하던 무렵에 지었을 것으로 추정될 따름이다. 성리학 공부를 통해 도학으로 삶의 전회를 모색하던 시절이니, 충분히 그러했을 법하다.

그런데 성리담론을 활발하게 펼치며 지내던 성종 16년(1485)이 끝나갈 무렵, 남효온은 전혀 엉뚱한 고백으로 우리를 당황스럽게 만든다. 성리학 공부에 전념하던 자신을 또다시 후회하고 있기 때문이다.

志願成灰鬢欲絲　품은 뜻은 재가 되고 귀밑머리 희어지니
飄零惟有袖中詩　영락한 이내 몸엔 소매 속의 시뿐이라.
早知道學當年病　도학이 당년의 병인 줄 알았더라면
寧拜芹宮訓詁師[23]　차라리 성균관의 훈고하는 스승을 찾았을걸.

성종 16년 겨울에 지은 연작시 「스스로 읊다[自詠]」 가운데 다섯 번째 작품이다. 여기에서 주목할 만한 대목은 도학 곧 성리학 공부가 병이 될 줄 알았다면, 차라리 성균관 교수에게 경전의 자구나 풀이하는 훈고나 배울걸 그랬다는 후회이다. 성균관의 교수의 행태를 공개적으로 비판했던 성종 9년의 상소와 성종 13년의 성균관 풍자시 사건, 그리고 성균관 교수들이 성리학의 개념조차 제대로 이해하지 못하고 있다며 「성론」을 지어 비판했던 지난날의 태도에 비추어볼 때, 참으로 뜻밖의 발언이다. 일종의 자조(自嘲)처럼 들리기도 한다. 하지만 그 이전까지는 그런 심경의 변화에 관한 어떤 조짐도 눈치 챌 수 없었다. 도대체 남효온에게 무슨 일이 있었기에 도학이 당대의 병이 된다고까지 자학하게 된 것일까? 필연, 곡절이 있었을 터이다.

8장

절절하게 읊은 시편과 울울했던 송도 유람

비통하게 읊조린 한 해의 간난의 시편

성종 16년 초여름, 금강산 유람을 마치고 돌아온 남효온은 잠시의 일탈과 휴식으로 활력을 되찾았을 법하다. 금강산 발연암의 고목이 500년 동안 삶과 죽음을 반복하던 경이로움을 체험하고 돌아와 경지재에서 「심론」을 탈고한 것은 그런 정황으로 읽힌다. 하지만 우리의 그런 기대와는 달리, 유람에서 돌아온 이후 남효온은 전혀 그렇지 못한 시간을 보냈다. 남효온은 그로부터 몇 달 뒤에 「스스로 읊다」 15수를 지어 한 해를 회고했는데, 그 내용이 비통하기 그지없다. 첫 번째 작품은 이렇게 시작된다.

燈花結焰影幢幢	등잔 불똥에 불꽃 맺혀 그림자 너울대고
亂雪紛紛斜打窓	어지러운 눈 분분히 창문을 비껴 때리네.
身上五勞仍病易	온몸의 힘든 일들이 병으로 바뀌었으니
一歌萇楚淚如江[1]	「장초시」 한번 부르매 눈물이 강처럼 흐르네.

등잔 심지에 불똥이 맺힐 정도로 깊은 밤, 눈발이 흩날려 창문을 두드리는 겨울이다. 남효온은 다섯 가지 수고로움[五勞]으로 말미암은 병에 시달리고 있었다. 의지, 생각, 마음, 걱정, 피로의 고통이 한꺼번에 밀려들

어 심신이 완전 탈진해버렸던 것이다. 그리하여 남효온은 「장초가(萇楚歌)」를 읽고는 울음을 터뜨리고 말았다. 약초로 쓰이는 장초는 몹시 쓴맛이 나는 풀인데, 『시경, 회풍(檜風)』의 「습유장초(隰有萇楚)」에 그 이름이 등장한다. "습지에 장초가 있으니, 그 가지가 야들야들하네. 잎이 윤택하니 너의 지각이 없음을 부러워한다[隰有萇楚, 猗儺其枝, 夭之沃沃, 樂子之無知]"라는 내용이다. 어느 한 사대부도 임진왜란의 참상을 겪은 뒤, "이 노래를 무심히 읽었을 때는 그 말이 아프고 절박한 데서 나온 것인 줄을 몰랐다. 그러다가 직접 변란을 겪고 나서야 한 글자 한 글자가 모두 폐부에서 나오고 허투루 내뱉은 말이 아님을 알았다"[2]라고 토로했던 바 있다. 세상사의 온갖 고통을 견뎌내기가 너무 힘들어지자 지각이 없어 아무 걱정도 느끼지 못하는 들풀이 오히려 부러워졌다는 내용이다. 얼마나 괴로웠으면 들풀마저 부러웠던 것일지, 가늠하기조차 어렵다. 남효온은 두 번째 노래에서 그 괴로운 까닭을 보다 직접적인 언사로 토로한다.

不用區區怨天公	구구하게 하늘을 원망할 필요 없나니
步兵生分是途窮	완적의 타고난 분수는 궁도에 곡함일세.
憂家憂國憂心亂	집안 걱정과 나라 걱정으로 마음 어지러우니
爭似藏名萬衲中[3]	승려들 속에 이름을 감춰버리는 게 나으리라.

앞의 두 구에서는 완적의 고사를 빌려와 절대적인 절망을 읊고 있다. 죽림칠현의 한 명이던 완적은 울분이 일어날 때마다 혼자 수레를 몰고 달려 나갔다가 길이 끊어지면 더 가지 못하고 통곡하다 돌아왔다고 한다. 가슴 가득한 슬픔을 풀어낼 길이 없는 상태를 비유할 때 자주 사용하

는 고사이다. 성종 13년 봄, 완적이 맛본 실의와 그 실의를 잊어버리려던 모임을 본받아 남효온은 벗들과 함께 죽림우사를 결성했었다. 하지만 지금은 그런 친구도 없이 비통한 마음을 오롯이 혼자 감당해야 한다. 집안 걱정과 나라 걱정이 너무나도 심해 차라리 중이 되어버리는 게 낫겠다고 자탄할 정도이다. 남효온은 성종 16년의 겨울에 들풀보다 못하고, 승려조차 부러울 정도로 힘겨워하며 한 해를 갈무리하고 있었다. 그렇다면 그토록 쾌활하게 금강산 유람을 마치고 돌아온 뒤, 도대체 어떤 일을 겪었기에 이렇듯 침통해 했던 것인지 궁금하지 않을 수 없다.

愁來渴病倍平昔 근심 때문에 소갈증이 평소에 배가 되나
其柰長安水價增 장안의 물값 올라 맘껏 마실 수도 없네.
病婢持甁枯井上 병든 여종이 말라버린 우물가에서 물병 들고
日看雙淚自成氷 흘리는 눈물이 절로 얼음 되는 걸 날마다 보네.

辛壬强飢逢乙巳 신축, 임인 큰 기근을 을사년에 다시 만나니
萬家散盡我家存 모든 집들 다 흩어지고 우리 집만 남았네.
傷心紫陌東南路 장안의 동남쪽 거리에서 마음을 아파하니
看見村村棄子孫[4] 마을마다 자손 버리는 참상 보게 되었네.

가장 먼저 꼽고 있는 일은 극심한 가뭄이다. 신축년, 임인년의 기근이란 성종 12년과 13년에 걸쳐 전국을 황폐하게 만든 가뭄을 가리킨다. 「가뭄을 걱정하시느라 성상의 옥체가 손상되었다는 소식을 듣고[五月二十三日, 聞聖體以憂旱魃瘦減]」라는 시를 지어 비통해 했던 것도 바로

성종 13년 5월 23일의 일이었다. 하지만 금년에 찾아온 기근은 그때보다 훨씬 심했다. 우물이 말라버려 마실 물조차 구할 수 없었고, 유리걸식으로 온 마을이 텅 비어버렸으며 심지어 자식을 버리는 끔찍한 참상도 곳곳에서 벌어지고 있었다. 실제로 자기 이웃에 살던 한 늙은이도 자기 손자를 거리에 버렸다.

僕家漢江頭 이 늙은이 집 한강가에 있어
十世田隴頭 십 대를 밭을 갈며 살아왔는데
生理薄秋葉 생계는 가을 잎처럼 메마르고
有命危九樓 목숨은 구층 누각처럼 위태했네.
(중략)
今年赤千里 금년 가뭄이 천리를 불태워서
禍及鷄狗愁 그 화가 닭과 개에까지 미쳤네.
窮老骨髓乾 곤궁한 늙은이 골수까지 말라버려
有孫不得留 손자 있어도 함께 살 수조차 없네.
棄置窮巷中 으슥한 골목에다 내버려
聽汝任浮遊 제 마음대로 떠돌아다니도록 하니
縱延頸上喘 설령 그 목숨 이어질지라도
重逢諒無由 다시 만날 길이 참으로 없다네.
來生業緣在 만약 내생에 인연이 있다면
骨肉當相求[5] 골육을 응당 서로 찾으리라.

극심한 가뭄은 자신의 혈육조차 지켜낼 수 없는 지경으로 몰아갔다.

그리고 그런 참상은 남효온의 집안도 비껴가지 않았다. 그의 가족 역시 극심한 궁핍에 시달려야 했다. 예나 지금이나 시련은 가장 허약한 처자식에게 먼저 들이닥치는 법이다. 배고파서 우는 자식, 굶주린 자식을 부둥켜안고 하늘을 원망하는 아내. 그런 참상을 보고서도 손 한 번 쓰지 못하는 무기력한 가장 남효온은 이렇게 읊조릴 따름이었다.

山蔬甘苦食相幷　산나물 달고 쓴 것 안 가리고 모두 먹으니
兒子呼飢粥未成　아이가 배고파 해도 죽도 끓일 수 없네.
無識孟光加惱語　철없는 맹광은 성내는 말까지 더하니
梁鴻安得定中情[6]　양홍인들 어떻게 속마음 진정시킬까.

그해 찾아온 가뭄과 궁핍으로 결국 열 살짜리 막내아들은 학질에 걸리고 만다. 오늘날 '말라리아'라고 부르는 그 병이다. 견디지 못할 정도로 포악한 질병이라는 이름을 가진 학질은 여름철 더위에 몸이 상해서, 흔히 가을에 걸리는 병으로 알려져 있다. 치료제가 없던 당시에는 치사율이 매우 높아 공포의 대상 그 자체였다. 그토록 무서운 학질에 걸려, 겨우내 사경을 헤매던 막내아들은 결국 이듬해 봄에 죽고 만다. 하지만 남효온은 죽은 자식의 시신을 거적으로 싸서 대충 묻은 채 장사조차 치러주지 못했다. 장례를 치르기엔 너무나도 궁핍했던 것이다. 그러다가 막내아들이 죽은 지 두 달이 지나서야 집안 제사에 쓰고 남은 음식이 있어 겨우 제사를 지내줄 수 있었다. 그때, 남효온이 지은 제문은 눈물 없이 읽기 힘들다.

성화 병오년(성종 17년, 1486) 3월 26일에 추강거사가 사람을 보내어 죽은 아들 종손에게 치제(致祭)하노라. 오호라! 네가 태어난 지 10년 동안 여름에는 부채가 없고 겨울에는 갖옷이 없었으며, 음식은 겨우 하루에 두 끼이고 거처는 좋은 집이 없었네. 잠잘 때엔 이불과 베개가 없고 앉을 때엔 방석이 없었으며, 죽었을 때엔 염습할 옷이 없고 묻힐 때엔 관이 없었네. 지난해 을사년(성종 16년, 1485)에 농사에 수확이 없어 온 집안이 울먹이며 나물과 죽을 먹었더니, 굶주림과 추위가 뼈를 침범하여 네가 학질에 걸리고 말았네. 그때는 다행히 화를 면했지만 봄이 되어 결국 세상을 떠나니, 거적으로 관을 덮어 볏짚으로 묶었다네. 집안에 남은 것을 모두 기울여 한잔 술을 올렸을 뿐이더니, 외로운 혼령은 경경(煢煢)하여 오고 감이 없네. 다음 달 그믐날에 우거하던 집에서 세사(歲事)를 지내니, 술과 쌀이 다섯 되가 되어 술병에 남은 제사 음식이 있었네. 두 그릇을 얻어 너의 무덤에 치제하니, 갈대와 죽순이 점점 가지런해지고 봄꽃이 동산에서 지려 하네. 네가 내 곁을 떠난 지 51일 만에야 비로소 제사를 지내니, 아! 네가 저승에 들어감은 금년부터로다.[7]

열 살짜리 막내아들의 죽음, 극심한 기근이 몰고 온 가족의 참상이 눈에 선하다. 염습할 옷도 없고, 시신을 넣을 관도 구할 수 없어 거적으로 싸고 볏짚으로 묶어 아무렇게나 자식을 파묻을 수밖에 없었던 처지는 아비로서 한없이 힘들고 부끄러운 일이 아닐 수 없었다. 두 번째 시에서 "집안 걱정과 나라 걱정으로 마음이 어지럽다"라고 읊었던 집안의 걱정이란 이처럼 학질에 걸려 죽어가는 어린 아들을 지켜보던 일과 무관할 수 없다. 그렇다면 남효온을 괴롭히던 또 다른 걱정, 곧 나라 걱정은 무엇을 가리키는 것이었을까? 극심한 가뭄이 전국을 휩쓸고 있으니, 나라 걱정이 없을 수 없었겠다. 하지만 남효온의 나라 걱정은 그런 자연재난에만 그치는 것이 아니었다.

가뭄, 언문투서,
그리고 김종직의 좌천

성종 16년 을사년에 찾아온 가뭄이 조정에서 거론되기 시작한 것은 5월 24일이었다. 경기도관찰사 어세겸은 오랫동안 비가 오지 않아 곡식이 모두 말라 죽고 있으니, 기우제를 지내자고 건의했다. 성종은 가뭄을 이유로 종친(宗親)과 의빈(儀賓)의 잔치를 중지시켰다. 그러고는 "가뭄이 매우 심하니, 날을 가릴 필요 없이 기우제를 지내라. 또한 전례에 의거하여 저자를 옮기고 북을 치지 말며, 남문을 닫고 북문을 열라"라는 전교를 내렸다. 어세겸의 건의가 올라온 지 닷새가 지난 5월 29일의 일이다. 조정의 분위기가 심상치 않게 돌아가고 있었다. 마침내 성종은 영의정 윤필상을 불러 물었다. "지난달에도 비가 오지 않고 이번 달에도 비가 오지 않으니, 하늘의 재앙이 어찌 까닭이 없겠는가? 이는 필시 실정(失政)의 소치일 것이다. (…) 변고란 반드시 까닭이 있는 것이니, 그대들은 들은 바를 각기 말해보도록 하라." 윤필상은 조정에서 폐막(弊瘼)은 모두 제거하였고, 억울하게 갇힌 죄수도 모두 풀어주었는데 이런 변고가 왜 일어나는지 알 수 없다며 금주령 등 필요한 조치를 잇달아 건의했다. 지난 성종 9년에 내린 흙비로 말미암아 구언의 분부를 내리던 때를 방불케 했다. 그런데 성종은 뜬금없이 의미심장한 전교를 내렸다.

> 바야흐로 지금 천인(賤人)으로서 조사(朝士)를 모욕하는 자가 있고 조사로서 재상(宰相)을 능멸하는 자도 있어, 이런 풍조를 바로잡을 것을 매양 마음속에 품고 있다. 그러나 갑자기 고칠 수는 없고 모름지기 점차적으로 해 나아가야만 고칠 수 있을 것이다. 그대들은 알고 있도록 하라.[8]

전후사연이 없어 자세한 내막을 알 길은 없다. 다만 모욕과 능멸의 언사가 조정 안팎에 들끓고 있었음을 짐작할 수는 있다. 그것은 오랜 가뭄으로 생계가 막막해지고 민심이 각박해지면서 야기된 각종 소문이었을 것이다. 이런 흉흉한 정국을 수습하기 위해 호조판서 이덕량은 6월 8일과 16일에 연이어 구황 대책을 내놓았고, 6월 18일에는 관원의 녹봉을 삭감하는 조치까지 취했다. 하지만 백약이 무효였다. 그러던 중 이덕량이 가지고 들어온 언문투서 두 장으로 정국은 소용돌이치기 시작했다. 앞서 성종은 가뭄을 해소하기 위해 저자를 옮기도록 명한 바가 있었다. 풍수지리의 비법으로 가뭄을 해소하려는 대책의 하나였다. 게다가 좁은 시장을 넓혀달라는 청원도 전부터 있었던 터였다.

그러던 차에 저자를 옮기려는 일이 사단이 되어 투서가 날아들었던 것이다. 그 전문은 알 수 없지만, 조정에서 오고 갔던 대화를 통해 그 내용을 어느 정도 짐작해볼 수는 있다. 저자를 옮겨 다시 배치하려는 일은 공도(公道)에서 나온 것이 아니라 조정 대신들의 잇속을 채우기 위한 조치였다는 투서였다. 호조판서 이덕량은 자기 아들의 이익을 챙겨주려 했고, 호조참판 김승경은 뇌물을 받아먹으려 했고, 신숙주의 아들 신정은 부정한 방법으로 축재의 죄를 범했고, 영의정 윤필상은 재물에 대한 욕심이 끝도 없다는 비난을 낱낱이 적시한 투서였다. 요즘으로 치면, 재개발을 통해 막대한 이익을 편취하는 세태의 일환처럼 보이기도 한다. 하지만 조정 대신들은 물론 성종까지도 하극상이라며 노발대발했다. 그리하여 이 투서가 저자 옮기는 것을 앞장서서 반대하던 철물전(鐵物廛)과 면주전(綿紬廛) 상인의 소행이라 간주하고 그들을 모조리 잡아들였다. 그날 당일 잡혀 온 자만 해도 79명에 달했다.[9] 그로부터 17차례의 모진 고문을 하여 거상(巨商) 유종생에게 자백을 받아내어 평안도 강계로 전 가족을 이주시키는 처벌을 내렸다. 무려 8개월 남짓 걸린 대규모 옥사였다.[10]

하지만 사관이 평하고 있는 것처럼 유종생의 처벌은 불문에 부치게 되어 있는 익명서(匿名書)를 문제 삼아 일으켰던 불법적 옥사였고, 뚜렷한 증거도 없이 상인을 마구 잡아들여 모진 고문으로 여러 명을 죽게 만든 잔혹한 사건이기도 했다.[11] 어찌 보면 비방을 당한 탐욕스러운 훈구공신들이 하극상을 바로잡아야 한다는 명분으로 성종을 부추겨 일으킨 복수극에 다름 아니었던 것이다. 그런 사실을 간파했던 김흔, 신종호와 같은 젊은 문신들은 유종생을 사형에 처하라는 판결의 잘못을 지적하고 나섰다. 신진사류의 신망을 받고 있던 김종직도 경연에서 이들의 간언을 거들어줌으로써 주모자로 지목된 유종생은 가까스로 유배형으로 감면될 수 있었다.[12]

남효온이 금강산 유람을 마치고 돌아온 직후부터 찾아든 극심한 가뭄과 더불어 언문투서로 발발한 대규모 옥사로 인해 나라 전체는 이처럼 한 해 내내 들끓고 있었다. 그런 참상을 남효온은 다음과 같이 시에 담았다.

德優杖下無完肉　　덕우는 곤장 맞아 온전한 살점 없고
孝伯糧化身命危　　효백은 양식 떨어져 목숨이 위태롭네.
佔畢先生雖得志　　점필 선생이 비록 뜻을 얻었다고 하지만
自從參判到僉知[13]　　참판에서 첨지 벼슬에 이르렀을 뿐이네.

덕우(德優)는 곤장을 맞아 죽을 지경이 되었고, 효백(孝伯)은 양식이 떨어져 굶어 죽을 지경이라고 했다. 덕우는 남효온과 절친했던 신영희의 자이고, 효백 또한 친한 친구였을 텐데 누구인지는 확인되지 않는다. 따라서 신영희가 어떤 인물이었는지만 들여다보기로 하자.

> 신영희는 자가 덕우이다. 본관은 영산(靈山)으로, 재상 신석조(辛碩祖)의 손자이다. 도량이 커서 구애됨이 없고 활달하여 정의심이 많았다. 과거공부를 좋아하지 않았으며, 시의 명성은 온 나라에 파다하였다. 참의(參議) 성현(成俔)은, "그의 시는 소식, 황정견의 경지에 출입하고 있다" 하였다. 계묘년(성종 14년, 1483)에 진사를 하였으나, 그 후로는 과거에 응하지 않았다.[14]

남효온은 신영희를 도량이 크고 정의가 충만하고, 과거를 마음에 두지 않았던 벗으로 기억했다. 그런 그가 무슨 사건으로 심한 곤장을 맞았는지 확실치 않다. 저잣거리 상인들을 대상으로 한 옥사가 한창 벌어지고 있던 때라는 점을 염두에 둔다면, 그 사건과 모종의 관련이 있을 법하다. 극심한 가뭄과 저자의 이전 문제로 야기된 언문투서 사건은 주모자의 처벌을 둘러싸고 훈구대신과 신진사류의 대결 양상으로 비화되기도 했다.

그렇다면 정의감에 충만했다던 신영희가 그 사건에 연루되어 있었을 가능성은 농후하다.

이처럼 대규모 옥사와 절대적 궁핍으로 나라 전체가 뒤숭숭하다고 시의 1~2구를 시작한 남효온은 3~4구에서 또 다른 문제를 들고 나왔다. 점필 선생, 즉 김종직의 처지를 거론했다. 비록 뜻을 얻었다고들 하지만 지금은 참판에서 첨지로 좌천되었다는 지적이었다. 이런 상황을 이해하기 위해서는 당시 김종직의 동향을 간단하게 짚어볼 필요가 있다. 성종 2년 함양군수로 내려갔던 김종직은 임기를 마치고 성종 7년 잠시 서울로 복귀했다가 반년도 지나지 않아 다시 선산부사로 내려갔다. 그리고 임기를 마칠 무렵 모친상을 당해 고향인 밀양에서 삼년상을 치렀다. 이처럼 12년 넘게 함양, 선산, 밀양 등 지방을 전전하다가 성종 13년 비로소 조정으로 복귀했다. 홍문관응교로 화려하게 돌아온 이후 김종직의 정치적 도약은 눈부실 정도였다. 성종 15년 도승지에 오르고, 두 달 뒤에는 이조참판에 제수된다. 홍문관응교, 부제학, 도승지, 이조참판이라는 청요직(淸要職)을 빠르게 거쳐 올라가면서 조정의 관심을 한 몸에 받았다.

하지만 이조참판에 올라 절정에 다다른 순간, 그의 승승장구는 꺾이고 만다. 사헌부의 탄핵으로 이조참판에서 물러나게 된 것이다. 성종 16년 7월 17일이었다. 호조판서 이덕량이 언문투서를 성종에게 보고하여 옥사가 시작되던 바로 그날이다. 우연치고는 참으로 공교롭다. 이조참판에서 물러난 김종직은 동지중추부사에 제수된다. 중추부는 일정한 직무가 없는, 당상관을 우대하기 위해 설치된 관청이다. 아무 할 일 없는 한직이었다. 그나마도 두 달 뒤인 9월 29일에는 동지에서 첨지로 낮춰진다. 종2품에서 정3품으로의 좌천이다. 남효온은 신진사류의 스승으로 존중받던 김종직의 정치적 좌절이 안타깝기 그지없었다. 하지만 남효온은 단지 김종직 개인의 정치적 좌천을 안쓰럽게 여기는 데서 그치지 않았다. 그보다 훨씬 복잡한 사연이 배면에 깔려 있었다.

스승을 향한 제자들의 날 선 비판들

김종직은 이조참판에 제수되기 직전, 성종 15년 8월 6일에 도승지에 임명되었다. 54세라는 늦은 나이였다. 성종도 김종직이 이미 나이가 많으니 차례를 뛰어넘어 특별히 제수한다고 말할 정도였다. 좌부승지에서 좌승지, 우승지를 거치지 않고 곧바로 도승지에 임명했던 것이다. 김종직은 좌승지, 우승지가 자기보다 젊기는 하지만 조정에 몸담은 경력이 많다는 이유로 도승지 임명을 사양했다. 하지만 성종의 의지는 단호했다. 스물여덟의 활기 넘치는 나이였던 성종으로서는 이제껏 미뤄왔던 자기 정치를 본격적으로 실천하고자 했다. 그러기 위해서는 젊은 사류들의 신망이 두터운 '시대의 스승' 김종직을 새로운 정치적 파트너로 삼는 일이 절대적으로 필요했다. 때문에 정치 쇄신을 위해 파격적으로 단행된 김종직의 도승지 임명은 조정 안팎에 적지 않은 긴장을 불러일으켰다. 그런 사실은 김종직의 도승지 임명에 대해 사평을 두 개씩이나 달아 두고 있는 데서 짐작해볼 수 있다. 매우 이례적인 일이었다.

> [1] 좌부승지 김종직을 도승지로 삼으라고 명하였다. (…) 사신은 평한다. "김종직은 경상도 사람이다. 박문(博文)하고 문장을 잘 지으며 가르치기를 좋아했는데, 그에게 배운 자 중에 과거급제한 사람이

많았다. 그러므로 경상도 선비로서 조정에서 벼슬하는 자들이 종장으로 추존하여, 스승은 제 제자를 칭찬하고 제자는 제 스승을 칭찬하는데 사실보다 지나쳤다. 그럼에도 조정의 신진(新進) 가운데 그 그른 것을 깨닫지 못하고 따라서 붙좇는 자들이 많았다. 당시 사람들이 이들을 기롱하여 '경상도 선배의 무리[慶尙先輩黨]'라고 하였다."[15]

[2] 김종직을 통정대부 도승지로 삼았다. 사신은 평한다. "김종직이 문장을 잘 짓기 때문에 특별히 지우를 입었다. 승정원에 들어가서 좌부승지로 옮겼다가 차서를 뛰어넘어 도승지에 제수되니, 사림(士林)이 모두 눈을 씻고 그가 하는 일을 바라보았다."[16]

첫 번째 인용은 성종이 김종직을 도승지에 임명하려던 때 달린 사평이고, 두 번째 인용은 김종직의 사양에도 불구하고 성종이 임명을 강행했을 때 달린 사평이다. 경상도 시골 선비 김종직이 비록 박학하긴 하지만 신진사류 대다수가 추종하고 있는 사실을 고깝게 보는 심사와 그런 김종직이 임금의 최측근에 있으면서 얼마나 잘하는지 지켜보겠다는 불편한 심사를 담고 있다. 실제로 두 번째 인용한 사평 뒤에는 김종직의 처사를 구체적으로 거론하며 "임금의 비위를 맞추기 위해 견강부회하는 일이 많았다"라든가 "먼저 바른 의론을 내고도 결국에는 권세에 아부하는 꼴을 면하지 못했으니, 평소의 명망이 어디 갔는가?"라며 비아냥대는 말을 덧붙이기도 했다.

하지만 성종은 김종직을 마땅찮아 하는 분위기에도 아랑곳하지 않고, 그를 도승지로 발탁한 지 두 달 만에 이조참판에 제수한다. 성종 15년 10

월 26일의 일이다. 이조참판은 만사의 근본이라고 일컬어지는 인사를 관장하는 요직 가운데 요직이었다. 김종직이 이조참판에 제수되자 훈구대신의 불안과 함께 신진사류의 희망은 극적으로 대비되기 시작했다. 성종 9년 구언상소를 올린 남효온과 이심원이 한목소리로 요구했던, 젊고 능력 있는 인재 등용의 꿈이 마침내 이루어지리라 기대되는 순간이었다. 그런 희망에 부응하듯, 김종직은 이조참판에 임명되자마자 공공연히 행해지던 인사 청탁의 풍조를 금지시키고, 순자법(循資法)에 얽매여서 능력 있는 인재를 발탁하지 못하고 있는 폐단의 개선을 강력히 건의했다. 순자법이란 관리를 임명할 때 근무 기간에 따라 승진시키는 제도이다. 그 법에 의하면 아무리 능력 있는 인재라도 품계를 뛰어넘는 발탁이란 제도적으로 불가능했다. 또한 지방의 풍속을 자체적으로 교화하고 조정대신들의 불법적인 침탈을 제어하기 위한 자치기구로서 유향소의 복설을 주장하기도 했다.

그리하여 목민관으로서 최고 높은 평가를 받았는데도 승진하지 못하고 있던 풍덕군수 이계남, 어우동 사건에 연루되어 버려진 이승언, 조부에게 불효를 저질렀다는 모함으로 침체기를 보내던 이심원과 같은 젊은 인재를 발탁하고자 했다. 하지만 김종직의 이런 의지는 거의 대부분 관철되지 못했다.[17] 조정 대신의 질시와 신진사류의 기대를 한 몸에 받으며 이조참판이라는 요직에 올랐지만, 그 성과는 보잘것없어 보였다. 오히려 인물을 잘못 천거했다는 이유로 사헌부의 탄핵을 받고 불과 1년 만에 그 자리에서 물러나고 만다. 한명회의 심복으로 일컬어지던 김지를 만경현감에 임명했다는 이유에서였다. 김종직은 탄핵을 이유로 자진 사퇴를 청했다.

김종직이 이숭원과 함께 입궐하여 아뢰었다. "신은 오랫동안 외직을 지내어 조정 신하의 어질고 어질지 못함을 제대로 알지 못합니다. 그런 까닭에 인사 조처가 옳게 되지 못해 사람들의 비판을 받으니 부끄럽습니다. 또한 신은 이극기를 이어받아 성균관동지를 겸하였습니다. 이극기는 유생들을 잘 가르쳐 훌륭한 공적을 쌓았는데, 신은 가르치는 일에 전념하지 못했습니다. 청컨대 본직인 이조참판에서 해임시켜 항상 성균관에 근무할 수 있게 하소서." 임금이 윤허하였다.[18]

사퇴의 변이 절절하다. 사실, 김종직은 탁월한 능력에도 불구하고 함양군수, 선산부사 등을 지내며 오랫동안 지방관으로 전전했다. 성종이 뒤늦게 불러올리긴 했지만, 변변찮은 가문의 시골 출신 김종직으로서는 얽히고설킨 중앙정계의 복잡하고도 은밀한 인적 네트워크를 속속들이 파악하기 어려웠다. 오랫동안 외직에 있어 조정 신료의 면면을 제대로 모른다는 말은 결코 변명이 아니었다. 설사 알고 있었다 하더라도 자신의 뜻을 관철시킬 수 있는 여건은 아직 마련되지 않았다. 훈구공신들이 수십 년 동안 구축해 두었던 인적 정치의 벽은 여전히 완강했다.

그런 처지였음에도 불구하고 스승 김종직에게 잔뜩 기대를 걸었던 젊은 제자들의 실망은 너무나도 컸다. 그리고 그들의 실망은 스승에 대한 불만과 비판으로 터져 나왔다. 성균관 교수에 대해 가차 없이 퍼부었던 비판의 칼날은 진정으로 존중하던 스승 김종직이라고 해서 예외일 수 없었다. 그 당시 신진사류의 비판 정신은 조금의 사사로움도 허용하지 않았을 만큼 강렬했다. 남효온은 김종직이 이조참판으로 재직하던 성종 16년 무렵에 오고 갔던 사제 간의 그런 날 선 공방을 가감 없이 증언했다.

점필재 선생이 이조참판이 되었으나 국사를 건의하는 일이 없자 대유(김굉필)가 시를 지어 올리기를, "도란 겨울에 갖옷 입고 여름에 얼음물 마심에 있거늘, 비 개면 가고 비 오면 멈춤이 어찌 전능한 일입니까? 난초도 만약 세속을 따른다면 마침내 변할 것이니, 소는 밭 갈고 말은 탄다는 이치를 누가 믿으리까?" 하였다. 선생이 시를 지어 답하기를 "분에 넘치게 관직이 경대부에 이르렀으나, 임금 바로잡고 세속 구제함을 내 어찌 능히 하랴? 이로 말미암아 후배에게 오졸하다는 비웃음을 받았으니, 구구한 권세의 벼슬길에는 나설 것이 못 되는구나" 하였으니, 대개 이를 싫어한 것이다. 이로부터 점필재와 사이가 나빠졌다.[19]

향기로운 난초도 세속의 풀과 함께 지내다 보면 그 향기를 잃고 말 것이라는 제자 김굉필의 비판은 참으로 뼈아프다. 이조참판이라는 요직에 있으면서 제구실을 못 했다며 제자로부터 들어야 했던 비난은 그 정도에 그치지 않았다. 또 다른 제자 홍유손의 비판은 더욱 노골적이었다. "선생께서 시사(時事)를 건의하지 않으시니, 어찌 헛되게 남의 작록(爵祿)을 취하는 일을 하고 계십니까? 지금의 학자들 가운데 노불(老佛)을 미워하지 않는 자가 없지만, 처신에 있어서는 노불에서 벗어나는 자가 하나도 없습니다. 둥글둥글 행하며 모남을 싫어하는 것은 노자(老子)이고, 홀로만 행하고 다른 사람을 돌보지 않는 것은 부처입니다." 스승 김종직을 노자와 부처에 비유했는데, 유자에게는 참으로 치욕적인 야유를 서슴없이 퍼부은 셈이다.

그리하여 스승 김종직은 참으로 아끼던 김굉필과 '갈라지게[貳]' 되고, 홍유손은 '미워하게[惡]' 되는 지경에까지 이르렀다. 그런 사제 간의 공방을 지켜보던 남효온의 가슴은 너무나도 쓰라렸다. 존중해 마지않던 스승 김종직과 시대정신을 공유했던 제자들 사이가 벌어지는 현실을 견딜 수 없었다. 하지만 남효온은 절친한 벗들의 힐난에도 불구하고 스승의 의중을 깊이 헤아렸고, 스승의 판단을 절대적으로 지지했다.

柳下聖人隱下僚　유하혜 같은 성인도 하급 관료로 몸 숨겼다가
油油烏帽立明朝　자득하게 관복 입고 밝은 조정에 섰었다네.
群兒疑是同塵汚　더러운 세상과 어울렸다고 사람들 의심하지만
誰識東周意未消[20] 동주로 만들려는 뜻 가졌음 누가 알겠는가.

남효온은 열악한 정치 현실 속에서도 벼슬길을 마다하지 않고 나아간 스승 김종직을 변호하기 위해 유하혜(柳下惠)를 끌어들였다. 춘추시대 노나라의 사사(士師)를 맡았던 유하혜는 세 번씩이나 쫓겨나는 치욕을 겪었지만, 끝내 벼슬에서 물러나지 않았다. 그런 처세를 두고 구차하다고 비난하는 사람이 적지 않았다. 하지만 남효온은 거기에 동의하지 않았다. 자기 한 몸의 부귀영화를 위해서가 아니라 노나라를 동주(東周)와 같은 이상적인 나라로 만들어보려는 신념으로 가득 찼던 것으로 그의 행동을 이해하고자 했다. 실제로 유하혜는 자기를 비난하는 사람들에게 "도를 곧게 하여 사람을 섬기면 어디에 간들 쫓겨나지 않겠으며, 도를 굽혀 사람을 섬기려면 부모의 나라를 떠날 필요가 있겠는가?"[21]라고 반문하곤 했다. 그런 까닭에 맹자는 그를 성인(聖人)의 한 명로 칭송했다.

남효온은 김종직에게서 유하혜의 마음을 읽었다. 자신의 의지를 관철

시키지 못하면서도 이조참판의 벼슬을 내던지지 않고 버텼던 까닭 또한 김종직에게 조선을 제대로 된 유교문명 국가로 만들어보려던 꿈이 있었기 때문이라고 이해했다. 결국 김종직은 이조참판에서 물러나 아무 권한 없는 동지로 좌천되고 다시 첨지로 내려앉고 말았지만, 남효온이 "점필 선생이 비록 뜻을 얻었다고 하지만, 참판에서 첨지 벼슬에 이르렀을 뿐이네"라고 읊었던 것은 그런 스승의 처지를 십분 이해한 탄식이었다.

하지만 그토록 기대했던 스승조차 자신의 뜻을 펼치지 못하던 정치 상황을 지켜보고만 있어야 하는 상실감, 그런 처지를 이해하지 못하고 날 선 비판을 퍼붓던 벗들에 대한 실망감, 그렇지만 스승과 제자 그 누구도 미워할 수 없는 현실에 대한 안타까움이 남효온을 깊은 시름에 빠져들게 만들었다. 금강산 유람을 마치고 돌아온 남효온은 유례를 찾기 힘들 정도의 극심한 가뭄, 흉흉해진 민심과 가혹하기 그지없는 옥사, 그리고 사제 간의 날선 공방을 무력하게 지켜보면서 성종 16년의 여름을 그렇게 힘들게 보내고 있었다.

벗들과 함께 한 울울했던 송도 유람

극심한 가뭄이 휩쓸고 간 성종 16년의 늦가을, 남효온은 행주 경지재에서 개성부에 있는 노사(奴舍)로 거처를 옮겨 머물렀다. 그곳에는 선조로부터 물려받은 얼마간의 전장이 있었는데, 그런 정황으로 미루어보면 가을걷이를 위해서 노사로 가 있었던 것으로 보인다. 그리고 9월 7일, 절친한 벗 우선언과 이정은이 필마에 아이 종을 데리고 그곳을 방문했다. 오랜만에 만난 세 사람은 함께 송도 유람을 떠났다. 금강산에 다녀온 지 몇 달 뒤의 유람이었건만, 분위기는 완연히 달라졌다. 유쾌하던 금강산 유람과 달리 송도 유람을 떠날 무렵에는 앞서 살펴본 것처럼 극심한 가뭄, 스승을 둘러싼 공방, 그리고 대규모의 옥사로 심신이 지칠 대로 지쳐 있었기 때문이다. 이정은과 함께 남효온을 찾아온 우선언도 마찬가지였다. 남효온은 그를 이렇게 소개하고 있다.

조금 있다가 눈이 걷히자 나와서 사식(思湜)과 함께 몇 리쯤을 걸어 윤필암에 들어갔다. 승려 몇 사람이 머물며 공부하고 있다가 내가 오는 것을 보고 기쁘게 맞이하여 들어가 앉게 했다. 우선언이 말했다. "내가 이전에 지리산 절간에 들어가서 3년을 지냈고, 뒤에 금강산에 들어가서 묵언한 것이 2년이었소. 지금 또 광망한 객[남효온]을 따라 여기에 이르렀다가 행각승을 만나보게 되었으니, 어찌 숙세의 인연이 아니겠소." 승려들이 크게 놀라며 남달리 여겼고, 검은 바리때와 검은 수저를 다투어 가져다가 우리들 앞에 늘어놓고 밥을 대접하였다. (…) 식사를 마치고 나서 이정은이 거문고를 내어와 타니, 모든 승려들이 감탄하고 기이하게 여겼다.[22]

지리산과 금강산을 5년 동안 떠돌아다니며 묵언수행까지 했다는 우선언이다. 그리고 광망한 객[狂客]으로 불리고 있는 남효온과 곁에 앉아 묵묵히 거문고를 타던 이정은. 이들 세 사람은 무슨 관계였고, 무슨 사연이 있었던 것일까? 그 궁금증을 풀어보기 위해서는 잠시 시간을 거슬러 올라갈 필요가 있다. 지리산에서 3년, 금강산에서 2년을 보내는 동안 절간에서 지냈다던 우선언은 자신의 고백처럼, 성종 12년(1481) 10월 무렵 서울을 떠나 남쪽으로 내려갔다. 그때 남효온이 전송하며 지어준 시가 남아 있다.

吾徒世幾多　우리 같은 무리 세상에 몇일까
可人一二數　뜻 맞는 사람 한둘로 헤아릴 뿐.
子挺落鬼錄　자정[안응세]은 귀신 명부에 들어갔고
餘慶困刀簿　여경[홍유손]은 잡무 처리에 고달프네.
杜門但坐愁　문을 닫고 앉아서 근심만 하는데
屋茅風以雨　초가지붕에 비바람 몰아치네.
心知惟德父　내 마음 아는 이는 덕보[우선언]뿐이니
用心極淸苦　마음 씀이 지극히 맑고 굳세다네.

然我家無桐　하지만 우리 집에 오동나무 없으니
安得留鳳羽　어찌 봉황을 머물게 할 수 있으랴.
翻懷千里思　천 리를 달려보려는 새로운 각오로
負笈嶺南土　영남 땅으로 책 상자를 지고 내려가네.
爲言拜佔畢　말하기를 점필재[김종직] 선생을 배알하고
旋訪㵢溪主　이어서 뇌계[유호인] 주인을 방문할 것이고
然後訪南溟　그런 뒤에는 남쪽 바다를 구경하고
船憩頭流樹　두류산 나무에서 몸을 쉬겠다고 하네.
夫何益孤我　어찌 그다지도 나를 외롭게 만드는가
愁與恨交午[23] 근심과 한스러움이 마구 교차하네.

(하략)

첫 구절의 "우리 같은 무리 세상에 몇 일까?"라는 물음이 남효온의 절박한 심사를 여실하게 보여준다. 안응세는 이미 죽어 저 세상으로 가버렸고, 홍유손은 향리의 잡무에서 허덕대고 있는 신세이다. 그리고 하나 남은 친구 우선언마저 서울을 떠나려 하고 있다. 자신을 용납하지 않는 현실을 뒤로 한 채, 밀양에서 모친상을 치르고 있던 김종직과 거창현감을 지내고 있던 유호인을 찾아가 배워보겠다는 이유에서였다. 시에서 밝히고 있듯 서울은 봉황과 같이 큰 뜻을 품은 인재가 내려앉을 오동나무가 없는 곳이고, 영남 땅은 자신의 포부를 펼쳐볼 만한 기대를 걸어도 좋을 곳이었다. 시대의 스승 김종직과 그의 수제자 유호인이 그곳에 있었기 때문이다.

물론 우선언도 그들에게 학업을 배우는 것만으로는 자신의 울울함이

해소될 수 없다는 사실을 알고 있었다. 그래서 지리산에 들어가 지친 심신을 달래보겠노라고 다짐하고 떠났다. 그리고 성종 16년(1485) 9월, 우선언은 다시 서울로 돌아왔다. 마침 그때 남효온은 개성에 가 있었다. 우선언은 벗을 찾아 개성으로 갔다. 그렇게 하여 시작된 송도 유람의 여정을 적은 『송경록』에서 남효온은 만남의 첫날을 "자용[우선언]이 정중[이정은]과 함께 개성부 판문 노사에 있던 자신을 찾아왔다"라며 담담하게 기술했다. 어찌 보면 송도 유람은 오랜만에 현실 세계로 돌아온 실의한 벗 우선언을 환영하는 여행이기도 했다. 그런 까닭에 그들은 환호작약하며 미친 듯이 놀아보기도 한다. 하지만 전체적인 분위기는 매우 침통하다. 떠날 때나 지금이나 현실은 달라진 것이 하나도 없었기에 그럴 수밖에 없었다. 질탕한 유흥과 먹먹한 침묵, 극과 극이 엇갈리는 그 장면을 대비하며 읽어보자.

[1] 건덕전(乾德殿) 터에서 야제(野祭)를 지내는 남녀를 만났다. (…) 주인 남녀가 과일을 내오고 술자리를 베풀었다. 백원[이총]이 돌아보면서 부르자 정중[이정은]은 비파를 타다가 거문고를 타기도 하고, 회령은 피리를 불고, 석을산은 노래를 부르고, 자용[우선언]은 일어나 춤을 추었다. 비파 소리와 노랫소리와 피리 소리가 매우 절묘하게 어우러졌다. 자용이 가장 젊은 주인 여자와 마주 보고 춤을 추었고, 춤이 끝나고 다시 원숭이 춤을 추니, 몸동작이 굽이굽이 노래와 피리 소리에 들어맞아 주인 남녀가 모두 눈물을 흘릴 정도로 기뻐했다.[24]

[2] 장원정(長源亭)의 옛터에 이르렀다. (…) 앉아서 산과 바다를 볼

고려 황궁 만월대의 옛터. 남효온은 성종 16년 가을 이정은, 우선언 등과 송도를 유람했다. 그때 남효온 일행은 중양절을 맞이하여 건덕전에서 야제를 지내던 사족 남녀들과 비파와 거문고를 타고, 노래와 춤으로 즐겁게 놀았다. 현재 건덕전을 비롯한 고려의 모든 궁전은 사라지고 빈터만 황량하게 남아 있다.

때에 정중과 백원은 기쁜 기색이 보다 역력했는데, 두 사람이 산과 바다를 구경한 것은 이것이 처음이었기 때문이다. 곡식을 내어 앞마을 수군(水軍) 집에 가서 밥을 지어 왔다. 무 뿌리를 잘라 소금 간장에 무쳐 버들고리에 밥을 담아 다섯 사람이 나란히 앉아 먹었다. 자용은 간혹 손으로 한 움큼씩 집어 먹기도 했다. 식사를 마치고 바위 사이에 앉아 시사(時事)를 논하다가 옛일을 논하기도 하고, 음양조화의 담론과 밀물, 썰물의 이치까지 이야기했다. 밤이 깊도록 흥취가 지극하여 세속의 회포가 흩어져 사라졌다. 서늘한 달이 하늘 가운데 떠오르고 조수(潮水)가 불어나 갈매기가 울었다.[25]

고려시대 정궁인 연경궁에 있던 건덕전 옛터에서 들제사를 지내던 사대부 집안의 남녀들과 어울려 놀던 모습이 생생하게 그려져 있다. 그들은 목청껏 소리를 지르며 노래하고 연주에 맞춰 춤을 추는 등 참으로 질탕하게 놀아댔다. 한참 동안 놀던 그들과 헤어지면서 "만일 우리들을 다시 만나보려거든 한양의 저잣거리에서 물어보십시오"라고 말할 정도로 이들 세 사람은 한때 장안을 떠들썩하게 만들던 서울 명문가문의 자제들이었다. 하지만 그러했던 그들의 모임은 장원정에서의 달밤처럼 분위기가 완전히 가라앉기도 했다. 거친 음식을 얻어다가 허기진 배를 채우고 밤 깊은 줄 모른 채 시대를 논하고, 옛일을 토론하고, 우주의 이치를 따져 묻기도 했다. 갑갑한 현실 세계를 잠시 벗어던진 자들의 일탈과 깊은 수심에 빠져 있던 자들의 침울함이 수시로 교차했다.

실제로 그때 그들의 송도 유람은 참으로 많은 추억을 남긴 시간이었다. 뒷날, 전국을 혼자 방랑하던 남효온은 이날의 유람을 아련하게 회상하기도 했다. 실의에 가득 찬 벗들과의 여행은 그만큼 강렬한 기억으로 남았다.

> 정은이 송도를 유람하며 거문고를 탈 때에 사인(士人)과 기녀들이 모두 눈물을 흘리고 성거산(聖居山) 승려들도 눈물을 흘리지 않은 자가 거의 없었던 것을 직접 보았다. 도성으로 돌아오던 날에 말을 타고 서성거리며 연주를 하자 길 가는 사람들이 걸음을 멈추고 서서 들었으니, 백아(佰牙)가 세상을 떠난 천년 뒤에 이 사람이 아니면 누구이겠는가. (…) 그런데도 음악을 아는 사람이 간혹 "정중의 거문고 타는 재주는 백이(伯夷)와 같지만, 소리가 편벽되어 백원[이총]에게 미치지 못한다"라고 비판한다. 하지만 그것은 세상을 구제하고 경영할 만한 재

주가 내면에 가득했지만 그것을 작은 기예로 돌릴 수밖에 없었기 때문에 편벽된 소리로 드러난 것이 아니겠는가? 나는 흐르는 눈물을 주체하지 못하고 하염없이 오열하노라.[26]

우선언과 함께 찾아온 이정은은 왕족의 후예로서 세상을 경영할 만한 능력을 갖고 있었다. 그럼에도 불구하고 그 능력을 발휘할 수 있는 기회는 철저하게 차단되었다. 울울한 마음을 거문고에 의탁할 수밖에 없었다. 하지만 음악과 시주에 의지하여 가슴속의 울분을 터뜨리는 일탈조차 쉽사리 허락되지 않았다. 송도 유람을 함께 했던 이들은 연산군의 시대를 만나 모두 비극적인 최후를 맞이했다. 남효온은 소릉복위 상소를 올린 일로 부관참시 되고, 하나 남은 아들마저 그 일에 연루되어 저잣거리에서 효수되고 말았다. 우선언도 마찬가지로 죽임을 당하고, 처자는 관노비가 되었다. 다만 조용하고 온건한 성품이던 이정은만은 겨우 목숨을 부지할 수 있었다. 하지만 홀로 살아남은 그는 세상을 등지고 강가에 홀로 앉아 거문고를 타며 지내다가 생을 마쳤다고 한다.

뒷날 그렇게 벗들과 비극적인 운명을 맞이했던 남효온은 이들과 열흘 남짓한 송도 유람을 마친 뒤, 그때의 여정과 감회를 『송경록』 한 편에 오롯이 담아냈다. 전체적인 분위기는 현실에서 소외된 자의 침울한 정감으로 가득 차 있었지만, 가끔은 잘나가던 선배들의 발자취를 되짚어가며 문사로서의 자부심을 한껏 뽐내보기도 했다. 또는 여기저기 흩어져 있는 산사에 들러 지친 심신을 달래본다거나 고려 왕실을 지키려다 죽어간 충신들의 절의의 행적을 곱씹어보기도 했다. 실제로 남효온이 송도에서 읊은 시문은 서거정, 이승소와 같은 훈구공신 문인들이 표출하던 유흥적인 정취와는 물론이고 채수, 유호인과 같은 신진관료 문인들이 보여주던 비판적인 회고와도 사뭇 달랐다. 그의 문장에는 새로운 시대를 꿈꾸었던 젊은 이상주의자의 좌절, 그리고 뜻을 함께 하는 벗들과 어울리며 얻게 된 잠시의 위무(慰撫)라고 불러도 좋을 만한 독특한 파토스로 가득했다. 남효온은 그런 『송경록』의 결말을 이렇게 끝맺고 있다.

> [을축일] 장단을 지나는 길에 이자하(李子賀, 이장길)를 만났고, 백연(伯淵, 이심원)을 방문했지만 만나지 못했다. 임진나루를 건너 마산역(馬山驛)에서 묵었다.
>
> [병인일] 비를 맞으며 서울에 들어왔다.[27]

송도 유람의 마지막 이틀 치 기록이다. 유람을 마치고 돌아오는 길이니, 특별한 사건이 있기 어려웠다. 그럼에도 불구하고 돌아오는 길에 만나보려 방문했던 이자하와 백연이라는 인물의 의미는 예사롭지 않다. 이들은 누구이고, 남효온은 왜 굳이 이들을 찾았던 것일까? 이자하는 절친했던 벗 이승언(李承彦)의 아들 이장길(李長吉)이고, 백연은 성종 9년 함께 상소를 올렸던 벗 이심원이다. 이승언은 효령대군의 손자 춘양군(春陽君)의 사위이고, 이심원은 효령대군의 증손자이니 모두 왕실의 인물들이다. 하지만 이승언은 어우동과 사통했다는 모함을 받아 유배를 가서 아들이 빈집을 지키고 있었고, 이심원은 조부 보성군(寶城君)에게 불손한 언사를 했다는 이유로 유배를 갔다가 얼마 전에 풀려나 있었다. 하지만, 그마저도 길이 어긋나 만나지 못했다.

남효온이 유람을 마치고 돌아오는 길에 그들의 집을 굳이 방문하려 한 까닭이다. 그러고 보면 송도 유람에 동행했던 우선언, 이정은은 물론이고 송도 부근의 장단에 연고를 두고 있던 이승언, 이심원 모두 깊은 좌절에 빠져 있던 벗들이다. 그래서일까? "비를 맞으며 서울에 들어왔다"라는 마지막 날의 사실 기록조차 우울하게 읽힌다. 이제, 서울에는 남효온을 반겨줄 벗들이 거의 남아 있지 않았다. 실제로 남효온은 송도 유람을 다녀온 늦가을부터 더욱 깊은 우울증에 빠져든다. 오늘날 우리는 흔히 남효온을 평생 정처 없이 전국을 떠돌던 방외인으로 기억한다. 하지만 그의 방랑은 송도 유람을 마친 이때부터 시작된다고 말해야 옳다. 남효온이 벗도 없이 홀로 전국을 떠돌던 것은 추적추적 내리는 가을비를 맞고 서울로 돌아온 뒤부터였다.

9장

정처 없이 이어지던 방랑의 시작

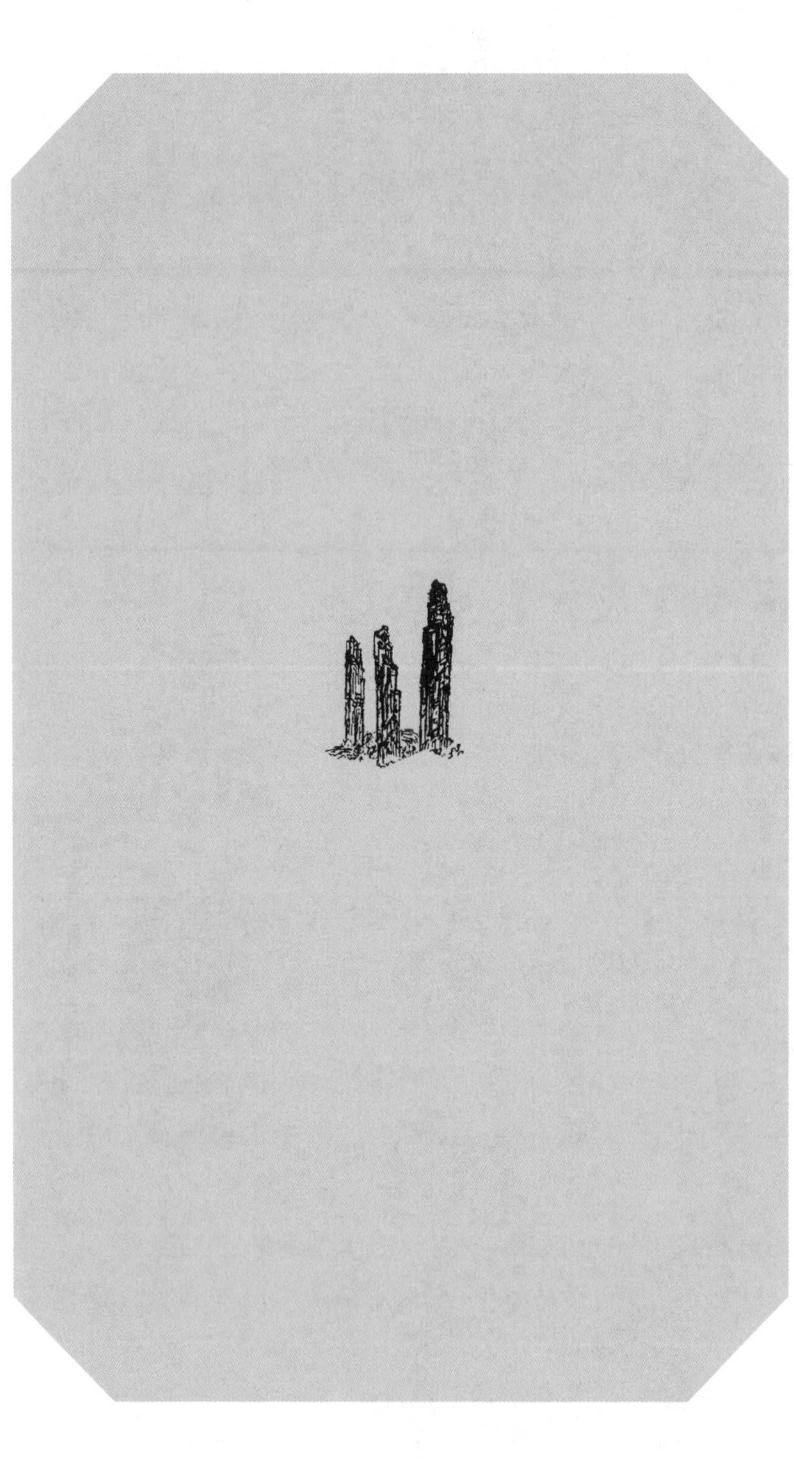

연속된 가족의 죽음과 비탄

성종 16년 늦가을, 남효온은 실의에 빠진 벗들과 함께 송도 유람을 마치고 돌아와서 혹독한 겨울을 보내야 했다. 앞서 살펴보았듯이 유례없는 기근의 여파가 추위와 함께 찾아들었고, 김종직을 둘러싼 사제 간의 논란, 시정 상인의 언문투서에 대한 훈구대신들의 대대적인 핍박은 여전히 이어지고 있었다. 여기에 더해 병들어 죽어가는 막내아들을 손 놓고 지켜볼 수밖에 없었던 아비로서의 심경은 형언할 수 없을 정도로 아팠다. 남효온은 그런 참담한 사건들로 점철된 한 해의 굴곡을 총 15수의 「스스로 읊다」를 통해 풀어냈다.

그런데 뜻밖에도 이 시의 제8수부터는 앞의 작품들과 전혀 다른 분위기로 채워져 있어 눈길을 끈다. 역대 인물에 대한 세간의 평가를 하나하나 반박하고 있는데, 유교 지식인으로서의 비판적인 안목이 빛을 발하는 대목이 많다. 굴원의 자살을 비판했지만 자기 자신은 오히려 치욕적인 최후를 맞이한 양웅(揚雄), 주변의 핀잔에도 아랑곳하지 않고서 불교를 비판하여 길이 이름을 남긴 한유(韓愈), 중용의 처세로 당대에는 추앙을 받았지만 지금은 아첨의 달인으로 회자되는 호광(胡廣), 벼슬길의 재앙을 피해 몸을 감췄지만 화를 면하지 못한 혜강(嵇康), 연단술로 불로장생을 꿈꾸었지만 결국 한 줌의 흙이 되어버린 역대 군주들, 변변찮은 식견으로 헛된 명성만 잔뜩 쌓은 왕통(王通)이 그 비판의 주인공들이다.

남효온이 참담한 시련 속에서도 세론의 이면을 투시하는 비판 정신만큼은 여전히 견지했던 사실이 돋보인다. 앞서 살펴본 바 있듯, 유하혜 고사의 전복적 독법도 그런 맥락에서 이해할 수 있다. 남효온은 많은 사람들로부터 자리에 연연한다는 의혹에 시달렸던 김종직을 변호함으로써 스승이 품고 있던 내면의 진정을 드러내 보이고자 했다. 이처럼 역대 인물에 대한 시비를 하나하나 분별해가다가 시의 마지막 수에서 남효온은 다음과 같이 자기 다짐을 하고 있다.

周程朱蔡道無私　주정주채 네 선생은 도에 사사로움 없으니
洙泗餘波接洛伊　수수와 사수의 남은 물결 낙양 이천에 이어졌네.
尤喜季通治屋漏　계통의 신독 공부를 내 더욱 기뻐하여
几床長寫獨行詩[1]　안석과 침상에다 독행시를 길이 적어두네.

공자가 제창한 유학의 도통이 주돈이, 정자, 주자, 채원정으로 면면히 이어져 왔음을 밝히고 있다. 그러면서 그들의 도맥(道脈)을 자신이 홀로 이어가겠노라 굳게 다짐하고 있다. 자신의 서재에 걸어두었다는 송나라 학자 채원정의 「독행시(獨行詩)」는 다음과 같은 내용이다. "혼자 걸을 때에도 그림자에 부끄러움이 없게 하고, 혼자 잠잘 때에도 이부자리에 부끄러움이 없게 하라." 그것은 시인 윤동주가 "하늘을 우러러 한 점 부끄러움이 없기를"이라고 읊은 「서시」의 견결함을 연상시킨다.

윤동주에게 그것만이 식민지 지식인으로서 지켜야 했던 마지막 양심이었던 것처럼, 남효온에게 신독(愼獨)이란 온갖 걱정으로 흔들리던 자

기 자신을 다잡기 위한 최후의 보루나 마찬가지였다. 그렇게 힘겹게 한 해를 보내고 마침내 성종 17년의 새해를 맞이했다. 끝나지 않을 것 같던, 그 한 해의 어두운 겨울을 보내버리려던 마음은 남다를 수밖에 없었다.

萬事傷心在目前　모든 일 마음 아프게 눈앞에 펼쳐지니
寒齋徹曉祇無眠　차가운 서재에서 새벽까지 잠 못 이루네.
虞衣虞食虞無已　옷 걱정 밥걱정으로 걱정은 끝이 없거늘
更與相逢丙午年[2]　이제 다시 병오년을 맞이하게 되었구나.

성종 17년의 입춘, 남효온의 나이 서른셋이 되었다. 하지만 새봄을 맞이했음에도 불구하고, 새봄의 희망은 전혀 보이지 않았다. 가뭄과 궁핍, 벗들과의 불화, 암담한 정치 현실, 그리고 사경을 헤매는 막내아들과 함께 맞이한 입춘이었기 때문이다. 그렇다면 그렇게 시작한 남효온의 한 해는 어떠했을까? 상황이 호전되어 새로운 희망이 조금이라도 싹트고 있었을까? 현실은 전혀 그러하지 못했다. 그로부터 꼭 1년이 지난 성종 18년 정월 초하루, 서른넷이 되던 아침에 지은 시를 보면 상황은 더욱 처참한 지경으로 빠져들었던 것으로 보인다.

客中元日錦江西　금강 서쪽에서 맞는 객지의 정월 초하루
千里人來一紙書　천리 먼 곳 사람이 편지 한 장 가져왔네.
未及洗心參佛祖　마음을 씻고 부처에게 참배하기도 전에
肺肝枯渴馬相如[3]　소갈증을 앓던 사마상여처럼 속이 타네.

성종 18년 1월 1일, 남효온은 집을 떠나 공주 국선암(國仙庵)에서 새해를 맞이했다. 무슨 사연이 있었는지는 밝혀놓지 않았다. 다만 그 전날 지은 「섣달그믐날, 공주 국선암에서 밤을 새우다. 성행 선사를 위하여 적다」라는 시를 통해 대략의 상황을 짐작해볼 따름이다. 여러 어른과 아이들이 자신을 따라와 국선암에서 자고 있는데, 자신만은 잠을 이룰 수 없었다고 적었다. 하여, 홀로 깨어 범패 소리를 들르며 밤새도록 선승과 함께 이야기를 나누었다. 불교를 그토록 배척하던 그가 절간에서 섣달그믐을 보내고 새해를 맞이했던 것은 예사로운 일이 아니다. 게다가 새해 아침부터 마음을 정결하게 하고 부처에게 참배를 드려야 했던 사정도 궁금하다.

남효온이 많은 식솔들과 함께 국선암에서 묵었던 사연은 위의 시 바로 앞에 실려 있는 작품과 관련이 있을 듯하다. 「고모의 장례에 참석하여 2수」가 그것이다. 제목 옆에는 다음과 같은 주석을 달아두었다. "우씨(禹氏)에게 시집간 선군(先君)의 여동생은 일찍이 『수심결(修心訣)』을 읽어 성명(性命)의 이치에 밝았다. 병오년(성종 17년) 7월에 집에서 세상을 떠나 11월에 장사를 지냈다. 후사는 없다." 부친의 누이인 남효온의 고모는 우씨 문중에 후처로 시집을 가서 자식도 낳지 못한 채, 전처소생의 자식을 자기 자식처럼 키우다가 병사한 가련한 여인이었다.

고모가 생시에 『수심결』을 즐겨 읽었다는 내용으로 미루어 짐작할 때, 독실한 불교 신자였던 것으로 보인다. 한 점 혈육도 남기지 못하고 세상을 떠난 고모의 죽음은 남효온에게 또 다른 아픔을 안겨주었다. 돌이켜보면, 남효온은 성종 17년 한 해의 시작부터 많은 사람들과 애달픈 이별을 해야만 했다. 새해를 맞이하고 한 달 남짓 지난 2월 6일, 해를 넘기며 학질을 앓던 막내아들도 죽고 말았다. 제물조차 장만하지 못해 거적에 둘둘 말아 묻어준 뒤, 다음과 같은 시를 지어주는 것으로 장례를 대신했다.

招魂剪紙掛空枝 혼을 부르려 종이 잘라 빈 가지에 걸어두니
無數白楊颺晩絲 백양나무 가지들이 저녁 바람에 나부끼네.
酹爾春風一桮酒 봄바람 맞으면서 네게 한잔 술을 부어주노니
恩情猶自九原知[4] 아비의 그리는 심정 무덤 속에서라도 알리라.

저승으로 가는 노잣돈으로 삼으라고 백양나무 가지에 매어둔 종이돈이 저녁 바람에 나부낀다. 봄바람은 그렇게 살랑살랑 불어오건만, 죽은 자식의 몸은 싸늘하기만 하다. 한잔 술을 따라주며 어린 자식을 홀로 보내는 아비의 마음은 참으로 비통하다. 봄바람이 불어오던 봄날, 흐느끼는 남효온의 모습은 처연하다. 이렇게 두 명의 아들 가운데 막내아들을 일찍 떠나보내고 말았다. 훗날의 일이긴 하나 큰아들도 이후 갑자사화 때 자신의 죄에 연루되어 저잣거리에서 효수되고 만다. 자식 모두를 자신의 무기력함으로 죽게 만들었으니, 남효온의 최후를 알고 있는 우리의 마음은 더욱 짠해질 수밖에 없다. 물론, 그때 남효온은 자기가 죽고 나서 그토록 엄청난 비극이 또다시 들이닥칠 줄은 꿈에도 생각하지 못했겠지만 말이다.

실의의 극점과 방랑의 시작

남효온의 나이 서른세 살이던 성종 17년, 그에게 찾아왔던 이별의 시련은 막내아들과 고모의 죽음으로 끝나지 않았다. 막내아들이 죽고 한 달쯤 지났을 무렵, 광진 나루터에서 또 다른 한 사람을 떠나보내야 했다. 이번에는 죽어서의 이별이 아니라 살아서의 이별이었다. 돌연, 맏사위 이온언(李溫彦)이 김해로 내려갔던 것이다. 맏사위의 부친 이손(李蓀)이 김해부사로 있었기 때문이다. 예사로운 일처럼 보이지만, 그때의 이별은 그 어느 때보다 남효온을 감당 못 할 비통함으로 빠뜨렸다. 모두 11수나 되는 많은 시를 지어주며 전별했을 정도인데, 남효온은 시 안에 그 아픈 마음을 오롯이 담아냈다. 그 가운데 두 수를 직접 읽어보자.

和叔吾家壻　화숙은 우리 집의 맏사위라
嘗艱未半年　반년 남짓 가난을 맛보았지.
今將渭城酒　이제 이별의 술잔 들이켜며
老淚忍江邊　강변에서 늙은이 눈물 참노라.

肺病年來甚　폐병이 근년 들어 더욱 심해지고
憂愁日日侵　근심 걱정은 나날이 침노해오네.

春前喪子痛　지난달 봄에 자식 잃은 애통함이
春後送君心[5]　늦은 봄에 그대 보내는 심정일세.

맏사위를 광진 나루터에서 전송하는 장인 남효온의 가슴은 찢어질 듯 아팠다. 애써 눈물을 참아보려 했지만, 참을 수도 없었다. 무슨 곡절일까? 맏사위 이온언은 한동안 개성 부근 풍덕(豐德)의 어느 절간에서 과거 공부를 하고 있었다. 남효온은 그런 맏사위가 자신이 못다 이룬 꿈을 대신 이루어주리라 기대를 걸었다. "내 공부가 진일(眞逸, 주희) 같지 아니하여 부끄럽지만, 그대의 경전 공부는 면재(勉齋)와 같기를 바라네"라며, 그를 주희의 제자이자 사위였던 황간(黃榦)에 견주곤 했다. 또는 "그대는 내가 실패한 전철을 거울삼아, 마음공부하기를 끝내 잊지 말게나"[6]라고 간곡하게 당부하기도 했다. 그런 맏사위가 돌연 과거를 포기한 채 김해로 내려갔던 것이다.

남효온의 맏사위가 과거를 중도에 포기한 내막은 정확히 알기 어렵다. 다만 반년 남짓 극심한 가난을 겪었다는 내용을 보면, 지난해 들이닥쳤던 기근과 무관하지 않은 듯하다. 남효온의 맏사위 역시 막내아들과 같이 깊은 병이 들었던 것으로 보인다. 남효온으로서는 맏사위에게 부친 곁에 내려가 있으면서 몸을 추슬러 "가을 과거에는 부디 응시하여, 공명을 소홀히 하지 마시라"[7]라고 당부하는 수밖에 없었다. 하지만 그런 기대는 수포로 돌아가고 말았다. 그해 9월 15일에 치러진 사마시 합격자 명단에도, 10월 12일에 열린 문과 합격자 명단에도 맏사위의 이름은 없었다. 합격은커녕 이듬해 가을, 맏사위는 죽어서 영구에 실려 올라왔다.

막내아들이 가련하게 죽고, 기대를 걸었던 맏사위는 병을 얻어 지방으로 내려가고, 자식 하나 없이 고모가 죽는 등 남효온에게 가족사의 비극은 한 해 동안 끊이지 않고 찾아왔다. 상심은 컸고, 세파를 견디기에는 너무나 힘겨웠다. 결국 공주 국선암에서 새해를 맞이한 남효온은 서울로 돌아가지 않는다. 돌아가고 싶었지만, 돌아갈 수 없었다. 손자를 잃은 모친과 자식을 잃고 비탄에 잠겨 있을 아내를 대면할 엄두가 나지 않았으리라. 그리하여 그는 발길을 서울과 정반대인 남쪽으로 돌렸다. 선대로부터 물려받은 전장이 있던 송도 부근, 그리고 잠시나마 일탈을 경험했던 금강산 유람을 제외하면 서울을 벗어나 다른 지역으로의 먼 발걸음은 이번이 처음이었다. 남효온의 본격적인 방랑은 그렇게 서른네 살 되던 해부터 시작되었다.

유교문명을 향한 도도한 이상과 좌절, 현실 정치에서의 완벽한 배제와 그로 인한 울분, 절친했던 사우들의 엇갈린 행보와 갈등, 그리고 가족들의 연이은 죽음과 비애가 남효온을 방랑의 길로 내몰았다. 목적지 없는 방랑으로 주체할 수 없이 밀려드는 극한의 슬픔을 달래보려 했는지도 모른다. 손자를 잃은 모친과 자식을 잃은 부인은 그처럼 방황하는 남효온을 걱정스럽게 지켜볼 수밖에 없었다. 남효온도 그 사실을 모르지 않았다. 충청도 차령고개[車峴]를 넘어 정처 없이 남녘으로 내려가는 자신을 돌아보며 모친을 생각하지 않을 수 없었다.

車峴根靑冥　차고개 푸른 하늘에 닿았는지라
弊鞭聊一鳴　해진 채찍 애오라지 한 번 울리네.
僮頑虞夕爨　아이 종 미련하여 저녁밥 염려되고
馬病嘆孤征　조랑말 병들어 외로운 길 한탄하네.

雨過澗芼濕　비 내린 뒤라서 산골 풀 젖었고
雪消春水生　잔설이 녹아서 봄물이 생겼구나.
回頭北堂遠　머리 돌려 보니 어머니 계신 곳 아득하니
遊子無限情[8]　떠도는 자식 심정 한량이 없어라.

「차현(車峴)」이라는 제목의 시이다. 고개는 충청도 공주목(公州牧)의 서북쪽에 있고, 잔설이 녹아 봄물이 흐르고 있다고 했으니 정월 초하루로부터 그리 멀지 않은 시점이다. 차고개를 넘어가면 서울에서 눈이 빠지게 기다리고 계실 모친과는 더욱더 멀어지게 된다. 방황하는 자식을 무던히도 걱정하고 계실 모친을 생각하면 발길을 되돌려야 하겠지만, 도저히 그럴 수가 없다. 그처럼 실의에 잠긴 남녘으로의 발걸음은 이윽고 공주에 닿았다. 그곳에서 남효온은 자신처럼 좌절하며 지내고 있는 벗 진백원(涌陳百)을 만났다. 며칠 동안 그와 속 깊은 회포를 나누고 난 뒤, 남효온은 다음과 같은 긴 시를 남겨 둔 채 다시 길을 떠났다.

歲年閱江浪　세월은 강물처럼 끝없이 흘러가니
荏苒人代速　흐르는 인간 세상 빠르기도 하구려.
居然三十四　어느덧 이내 나이 서른하고 넷이라
短髮多如簇　짧은 머리카락이 조릿대처럼 많다오.
世故熱我耳　세상일이 내 귀를 뜨겁게 만들고
黃塵眯我目　누런 먼지가 내 눈을 따갑게 하오.
苜蓿苦我腸　목숙 나물은 내 창자 쓰리게 하고
朔風破我肉　북쪽 찬바람은 내 살을 파고드네.

蒼蠅忌我來　못난 소인들 내가 온 것 꺼려서
訴我公山牧　공주목의 관아에 나를 소송하니
官奴覓我酒　관가 노비들은 내 술을 찾아내고
官吏束我僕　관가 아전들은 내 종을 잡아갔소.
世情惡衰歇　세상인심은 쇠락함을 싫어하나니
誰肯慰我獨　누가 고단한 나를 위로하려 할까.
陳君長者徒　그대는 장자의 풍모를 지닌 무리로서
純茂守空谷　아름다운 행실로 빈 골짜기 지켜왔소.
生芻縶白駒　생꼴 한 다발로 망아지 묶어두니
末契敷心腹　이 사람 속마음을 모두 털어놓았네.
俱是沈淪者　우리 모두 세상에 불우한 사람이라
天涯同賦鵩　하늘 끝에서 함께 「복조부」 읊었다오.
取別一何速　이별이 어찌 이렇게도 빠르던가
草草天庭蹙　마음 괴로워서 이맛살 찌푸려지오.
春風吹麥阪　보리밭 언덕에 봄바람이 불어오고
日馭已東陸　해 수레가 이미 동쪽 땅에 닿았구려.
雪消長錦水　눈이 녹아 금강의 물이 불어나고
天陰飛蠖蝠　하늘이 흐려서 박쥐가 날아다니오.
揮手謝送者　전송하는 그대를 손 흔들어 작별하며
忍淚春山麓　봄 산의 기슭에서 눈물을 참노라.
留詩如見我　남겨둔 이별시를 나를 보듯이 하여
月寄三四幅[9]　달마다 서너 편씩 부쳐주길 바라오.

서른넷의 한창 나이였지만 남효온이나 공주에서 지내던 친구나 세상에서 배척받고 있는 처지는 마찬가지였다. 게다가 남효온은 방랑의 길을 나선 직후부터 모종의 사건에 연루되어 심한 곤욕을 치러야 했다. 시의 내용에 따르면 못난 소인배들이 자신이 온 것을 꺼려 공주목 관아에 소송을 했다고 하는데, 그 이상의 내막은 알 길이 없다. 혹여 궁핍을 타개하기 위해, 선대로부터 물려받은 노비를 추쇄(推刷)하러 갔다가 봉변을 당했던 것인지도 모른다. 또는 불온한 인물이라는 이유로 모함을 받았을 수도 있다. 절친했던 김시습도 그와 유사한 봉변을 종종 겪어야 했다. 김시습은 서울에 머물러 있던 동안에는 "날마다 사람들과 장례원(掌隷院, 노비문서 관리 및 소송을 관장하던 관서)에서 쟁송을 하였다"[10]거나 강릉 지방을 찾았을 때는 세속을 미혹하게 만든다는 까닭으로 옥에 갇혔던 적도 있었다.[11] 이유가 무엇이었든 소송에 휘말린 남효온은 공주의 아전에게 가지고 있던 물건은 물론이요, 따르던 종들까지 모두 빼앗기는 처지가 되어버렸다.

그런 곤경에 빠진 남효온을 따뜻하게 다독여준 사람은 오래전 벗이었던 진백원이다. 그에 대한 자세한 인적사항은 확인되지 않는다. 하지만 시의 내용으로 미루어 짐작하건대, 진백원은 공주에 유배 와 있었거나 실의에 빠져 낙향 중이었던 것으로 보인다. 그와 함께 불렀다는 「복조부(鵩鳥賦)」라는 작품이 그런 추정을 가능케 한다. 복조는 올빼미를 닮은 불길한 새로 알려져 있는데, 그와 관련된 유명한 고사가 전해진다. 한문제(漢文帝) 때 가의(賈誼)가 권신의 배척을 받아 유배 갔을 적에 복조가 집 안으로 날아드는 것을 보았다. 그 새가 날아오면 집주인이 죽는다는 말이 있었기에 가의는 자신의 죽음을 예감하고 「복조부」를 지어 슬퍼했다고 한다. 남효온과 진백원도 가의의 처지를 떠올리며, 서로의 불우를 위로했던 것이다.

그렇게 두 사람은 며칠을 함께 묵으면서 서로의 속마음을 남김없이 털어놓았음에 분명하다. 하지만 한곳에 마냥 눌러앉아 있을 처지는 못 되었다. 그리하여 남효온은 장편의 이별시를 남겨 둔 채 홀연 떠났다. 그 이후의 행로를 꼼꼼하게 추적하기는 어렵지만, 남도의 끝자락인 전라도 장흥(長興)에까지 다녀왔던 것만큼은 확실하다. 죽마고우였던 윤구(尹遘)를 만나 며칠을 함께 지내다가 이별했다는 내용의 시가 그런 사실을 증명한다. 성종 13년 8월에 폐비 윤씨가 사사된 뒤, 그의 오라비 윤구는 모친과 함께 장흥으로 유배를 와서 5년째 지내던 중이었다. 공주의 진백원과 장흥의 윤구. 어쩌면 남효온의 첫 번째 방랑은 낙척한 벗들을 찾아다니는 일종의 유배지 순례였는지도 모른다.

지리산 천왕봉에 오른 감회

서른네 살, 남효온의 봄날은 그처럼 힘겨웠다. 그는 장흥까지 내려갔다가 다시 서울로 돌아와 잠잠하게 지냈다. 그즈음 그의 움직임은 포착되지 않는다. 아마도 경지재에서 죽은 듯이 웅크리고 지냈기 때문일 터이다. 그랬던 남효온은 그해 늦가을, 남쪽 끝자락인 지리산에 모습을 다시 드러냈다. 음력 9월 27일 지리산에 오른 것이다. 남효온의 삶에 있어 지리산 유람은 각별한 의미가 있다. 당시 신진사류들에게 지리산이 가졌던 상징적 의미 때문이다. 남효온이 지리산을 오르기 15년 전인 성종 3년(1472)에 스승 김종직은 함양군수로 있으면서 제자 유호인, 조위와 함께 지리산에 오른 적이 있었다. 정확히 언제인지 모르지만, 절친 김굉필도 지리산을 다녀왔다. 성종 12년(1481)에는 홍유손, 우선언, 양준, 양개와 같은 절친한 벗들도 지리산을 찾아 서울을 떠난 적이 있다. 그뿐만이 아니다. 김일손, 정여창도 성종 20년(1489)에는 지리산에 올랐다.

특히 지리산 유람의 여정을 기록한 김종직의 『유두류록(遊頭流錄)』과 김일손의 『속두류록(續頭流錄)』은 많은 문사들의 입에 오르내렸다. 그로 인해 성종 대의 신진사류에게 지리산은 한 번은 꼭 올라가 보아야 할 명산으로 각인되었다. 당시 지리산에 오르는 일은 일종의 성지순례와 같은 의식처럼 느껴질 정도였다. 남효온은 그처럼 뜻 깊은 지리산을 서른네 살의 가을에 올랐다. 하지만 남효온의 지리산 유람은 각별난 바가 있다. 그가 지리산에 오르기 시작한 때는 음력 9월 말, 양력으로 따지자면 10월 말쯤이다. 초겨울 쌀쌀한 날씨에 지리산 등반은 쉽지 않은 도전이다. 그가 천왕봉 정상에 올랐던 때인 9월 30일은 "서리가 매섭고 땅이 얼어 추위가 산 아래보다 갑절이나 더"했고, 10월 10일 쌍계사 불일암을 찾았을 때에는 눈까지 흩뿌렸다. 천왕봉 정상에서 보름달 뜨는 것을 보고 싶어 8월 중순에 지리산을 찾은 스승 김종직이나 지리산의 봄날 경치를 감상하려고 4월 중순에 지리산을 찾은 벗 김일손, 정여창과는 사뭇 다른 목적의 여정이었던 셈이다.

만약 사전에 지리산 유람을 목표로 정했다면, 그렇게 쌀쌀했던 초겨울에 지리산을 찾았을 리 없다. 분명 남효온은 다른 일로 내려왔다가 발걸음을 문득 지리산으로 향했던 것이다. 많은 사람들은 김시습과 남효온을 전국을 정처 없이 떠돌았던 인물로 기억한다. 하지만 두 사람의 방랑에는 차이가 있다. 김시습의 방랑은 주로 봄에 시작되었던 데 반해, 남효온의 방랑은 주로 가을에 시작되었다. 왜 그럴까? 남효온은 개국공신의 후예였던 만큼 전국에 전장이 산재해 있었고, 그로 인해 가을걷이를 겸해 관서, 영남, 호남지역 등지를 찾았다. 하지만 그와 처지가 달랐던 김시습은 뚜렷한 목적지도 없었고 딱히 머물 만한 곳도 없었다. 그 때문에 발길 닿는 산사에서 겨울 한 철을 보내고 난 뒤, 날이 풀리는 봄날이 되어야 비로소 움직일 수 있었다.

물론 추수하는 계절에 맞춰 움직였다고는 해도 남효온의 여정이 결코 넉넉했던 것만은 아니다. 그의 마음은 항상 외롭고 쓸쓸한 심사로 가득했다. 현실로부터 소외된 선비의 울울한 처지는 물론이고 유난히 빈번하게 찾아왔던 기근으로 말미암아 그의 유람은 일종의 생존투쟁과 같은 여정이었다. 서른네 살 때의 지리산 유람도 전장이 있던 고향 의령으로 가을걷이를 하러 내려왔다가 문득 산에 오르게 된 것으로 보인다. "너무나 다행히도 고향이 의령 자굴산 아래에 있어 어머니의 명을 받들고 갔다 올 일이 있었다. 길을 나선 지 닷새 만에 그곳에 도착하니, 현감 금(琴) 사또가 포의의 선비를 귀한 손님처럼 대접하였다"[12]라는 말에서 그런 추정이 가능하다. 처음으로 찾은 고향의 가을은 지친 남효온을 안온하게 맞이해주었다.

一百年前此故居　일백 년 전 이곳은 선조가 사시던 곳
水雲撩我首丘懷　강물과 구름이 내 고향 생각 돋우누나.
秋深柿栗闍山下　가을 깊어 감과 밤이 익은 자굴산 아래
父老相持濁酒桮[13]　고향 어른 서로 함께 탁주 잔 들고 오네.

감과 밤이 주렁주렁 익어가는 계절, 고향의 어른들과 탁주 잔을 기울이는 모습이 참으로 정겹다. 게다가 의령현감은 귀한 손님을 맞이하듯이 남효온을 경상감사의 뱃놀이에 참여하게 해주는 배려를 베풀었다. 해운대에서 선유놀이를 하는 호사까지 누렸던 것이다. 뜻밖의 후의였다. 남효온은 그날의 놀이를 「유해운대서(遊海雲臺序)」라는 기록으로 남겼다. 그는 그 글에서 의령현감에게 깊은 감사의 말을 남겼다. "아, 나는 본디 사또와 친분이 없었다. 그런데도 부평초처럼 서로 만나 나에 대한 세간의 비방을 괘념치 않고 성대한 자리에 참여하도록 허락해주었다. 덕분에 산과 바다의 아름다운 경치를 구경하고 오묘한 도리의 말씀을 듣게 되었으니, 오늘의 유람이 커다란 행운이 아닐 수 있겠는가." 실제로 해운대에서 보낸 시간은 쉬이 잊기 어려웠다. 만년의 시편에서 자세하게 회고하고 있듯, 해운대 뱃놀이에서 만났던 항아(姮娥)라는 늙은 기생은 동래온천까지 따라와 지칠 대로 지친 남효온의 심신을 어루만져주었다. 그 누구도 '비루한 자신[腐儒]'을 기억해주지 않는데도 불구하고 애틋하게 보살펴준 그녀의 손길은 오래도록 지워지지 않고 마음속에 남아 있었다.[14]

그런 까닭에 "대그릇의 밥을 먹고 표주박의 물을 마시며 마음 내키는 대로 술 마시고 시 읊조리는 것은 빈한한 선비로서 분수 안의 일이다. 하지만 고을 사또의 은혜가 아니었다면 가무(歌舞)의 즐거움과 악기의 소리를 어찌 구경할 수 있었겠는가"[15]라고 거듭거듭 감사를 표한 뒤, 의령현감 일행과 헤어졌다. 남효온은 다시 갈 곳을 두고 고민했다. 모친이 부탁한 용무를 마쳤으니 집으로 돌아갈 것인가, 아니면 다른 곳을 찾아갈 것인가? 결국 후자를 선택했다. 그렇게 서울로 가지 않고 남도로 방향을 잡았다가 문득 지리산에 올랐다. 물론, 혼자였다. 남효온은 그 외로운 산행을 『지리산일과(智異山日課)』에 담아냈는데, 이 글은 김종직이나 김일손이 지리산을 유람하고 적은 유람록들과는 완전히 달랐다.

그들의 유람록을 보면, 지리산에 오르기 전의 들뜬 기대라든가 함께 오를 동행들과 의기투합하는 과정이 세세하게 밝혀져 있다. 하지만 『지리산일과』는 그렇지 않다. 너절한 서두를 일절 생략한 채, "정미년 9월 27일 계해일, 진주 여사등촌(餘沙等村)을 출발하여 단속사(斷俗寺)로 향하였다"로 시작된다. 등반의 동기는 물론이고 명확한 계획조차도 없다. 조선시대 신진사류에게 있어 지리산 등반의 목적은 대부분 천왕봉 정상에 올라 보름달이 뜬 풍광을 보는 것이었다. 하지만 남효온은 그들과 달랐다. 특별한 목적도 없었고, 함께 오를 동반자도 없이 그냥 오르게 된 쓸쓸한 여정처럼 보인다. 다만 지리산 기슭에서 하룻밤 묵으며, 자신의 심경을 담은 시가 한 편 남아 있어 그때의 심사를 헤아려볼 수는 있다.

秋晚頭流落葉深　가을 저문 두류산엔 낙엽 깊이 쌓였는데
山行惟有一張琴　산행에 지닌 것은 오직 한 장 거문고라오.
連床幾日逢靑眼　며칠이나 함께 지내면서 반갑게 마주했던가,
此夜燈前萬里心　오늘 밤 등불 앞엔 만 리의 그리운 마음일세.

世緣欺客二毛新　세상 인연 사람 속여 반백 머리 새로운데
九月霜嚴鴻雁賓　구월이라 된서리에 기러기 떼 날아오네.
擧國搢紳皆禮士　온 나라 사대부들 예법 갖춘 선비인지라
阮生身世益酸辛[16]　완적 같은 이내 신세는 더욱더 괴롭구려.

절친했던 홍유손에게 지어 부친 시이다. 가을 저문 두류산이라든가 9월의 된서리가 내렸다는 구절이 말해주듯, 9월 27일 지리산에 오르기 직전에 지은 시이다. 예법을 갖추고 있는 척하는 여느 사대부들과 달리 방달한 완적처럼 떠돌아다니는 자기 자신을 되돌아보면 괴롭기 그지없다. 불현듯 홍유손이 떠올랐다. 죽림칠현을 본떠 결성한 죽림우사의 멤버이기도 했던 홍유손도 지난날 지리산을 찾아 한동안 머문 적이 있었다. 송도 유람을 함께 했던 우선언도 지리산에서 3년 동안 묵언수행을 했다고 했다. 그런 그들에게 지리산 이야기를 실컷 들었을 터, 홍유손이 문득 그리워진 까닭이다. 몇 날 며칠이고 함께 밤을 지새우며 회포를 털어놓던

절친한 벗, 홍유손의 부재는 홀로 지리산 산행을 앞두고 더욱 크게 느껴질 수밖에 없었다.

그리하여 홍유손에게 시를 지어 부쳐 보내고 난 뒤, 남효온은 혼자 지리산 등반길에 올랐다. 오직 거문고 한 장을 짊어진 채였다. 하지만 남효온이 거문고를 탔다는 기록은 『지리산일과』 그 어디에서도 발견되지 않는다. 같이 연주할 사람은 물론이고, 들어줄 사람도 없는 거문고였다. 아니, 거문고를 꺼낼 일조차 없었다. 그러고 보면 지리산을 유람하는 내내 남효온의 목소리는 들을 수 없다. 기껏해야 산행을 인도하는 승려 또는 하룻밤 머물던 사찰의 주지에게 속 깊은 이야기를 간혹 털어놓았을 따름이다. 그 외에 대부분은 건조하기 그지없는 일상적 대화만 주고받았다. 동행이 없는 고독한 여정이었으니 그럴 법도 하다.

거문고를 메고 지리산을 오르내리던 그때, 남효온은 우선언, 이정은과 같은 벗들과 함께 개성을 유람하던 지난날을 떠올렸을 법하다. 성종 16년 가을, 서른두 살의 남효온은 그들과 개성을 유람할 때 거문고를 타며 참으로 흥겹게 놀았다. 간혹 침울한 심경에 젖어 들긴 했지만, 이를 털어버리기 위한 일탈적 유흥은 여정 내내 끊어지지 않았다. 하지만 지금은 그때와 전혀 다르다. 보름이 넘도록 한 번도 타지 않은 거문고를 그저 메고 다닐 뿐이다. 불과 2년 전만 하더라도 시끌벅적하기 그지없던 유람의 분위기를 눈을 씻고 찾아보려 해도 찾아보기 어렵다. 그런 처지였기에 천왕봉 정상에 올랐을 때의 모습도 참으로 남달랐다.

> 의문(義文), 일경(一冏) 선사와 함께 향적암에서 상봉(上峰, 천왕봉)으로 올라갔다. 구름에 묻히고 바람에 깎이어 나무에는 온전한 가지가

없고 풀은 푸른 잎이 없었다. 서리가 매섭고 땅이 얼어 추위가 산 아래보다 갑절이나 더하였다. 구름사다리와 석굴은 겨우 한 사람이 지나갈 정도였는데 우리들이 뚫고 올라갔다. 상봉에 올랐을 때 이른바 천왕(天王)이라는 것을 보았다. 승려가 말하기를 "이는 석가의 어머니 마야부인이 지리산의 신령이 된 것으로, 당세의 화복을 주관하다가 장래에 미륵불을 대신하여 태어날 자입니다" 하였다. 그 말이 어찌 이리 황당하며 근거가 없단 말인가? 나는 사당 모퉁이의 바윗부리에 앉았다. 엷은 구름이 사방으로 걷히어 산과 바다를 헤아릴 수 있었고, 전라도와 경상도가 내 발아래에 있었다. 사당 안에는 어모장군 정의문(鄭義門)의 현판 기문이 있고, 내 벗 김대유(김굉필) 등의 이름이 현판 위에 적혀 있었다. 저녁이 되어 향적암으로 다시 내려왔다. 왕복 20리 길이었다.[17]

자못 그 내용이 담담하다. 지리산을 오른 지 사흘째 되던 9월 30일, 정상 천왕봉에 오른 감흥치고는 무미건조하기 짝이 없다. 예나 지금이나 산 정상에 오르게 되면 으레 갖게 되는 마음이 있다. "태산에 오르니 천하가 작게 보였다"는 공자의 감탄이 그것이다. 하지만 남효온은 "전라도와 경상도가 내 발아래에 있었다"라며 보이는 그대로를 기록하고 있을 따름이었다. 정상에 오른 감회란 서리가 매섭고, 땅이 얼어붙고, 극심한 추위로 황량하기 그지없었다는 진술이 고작이다. 가슴 벅찬 감동이란 찾아볼 수 없다. 정말 그뿐이었을까? 아니다. 오히려 깊은 비감에 빠져들었다. 남효온은 여정만을 담담하게 기록한 『지리산일과』와 달리 그때 그곳에서의 감회를 별도의 시로 갈무리해 두었다. 장편의 오언고시로 써 내려간 「천왕봉에서 노닐다[遊天王峰]」의 마지막 대목은 이러하다.

(전략)

人間世界廣　인간 세상엔 세계가 넓디넓고
頭上白日駛　머리 위엔 흰 해가 빨리 달리네.
未收方寸功　조금의 공업도 거두지 못했거늘
百年如一醉　백년 인생은 한 번 취한 듯하네.
儒言明明德　유가는 명덕(明德)을 밝힌다 하고
僊言治鼎器　선가는 정기(鼎器)를 다스린다 하고
老言守玄牝　노자는 현빈(玄牝)을 지킨다 하고
佛言修不二　불가는 불이(不二)를 닦는다 하니
紛紛萬說者　분분한 수만 가지 학설 가운데서
孰爲第一義　어떤 것이 제일가는 의리일런가.
登臨益慘悽　정상에 올라서니 더욱 처참하여
永痛朱公思[18]　도주공(陶朱公) 생각에 길이 애통하네.

역시 천왕봉 정상은 남효온에게도 깊은 상념을 안겨다 주었다. 드넓은 세상에서 덧없이 흘러가는 세월, 천왕봉에 올라선 남효온은 작은 공업도 이루지 못했다는 자괴감에 빠져들었다. 아니, 깊은 방황에 빠져들고 말았다. 앞으로 남은 삶의 행로를 어디로 잡아야 하는가? 유가, 선가, 도가, 불가 그 어떤 것도 확신할 수 없었다. 그래서 극심하게 흔들렸다. 결국 명예도 재물도 모두 흩어버린 채 은자로서의 삶을 마친 도주공을 생각하면서 시린 가슴을 달래보는 수밖에 없었다.

그런 감회 또한 이곳 지리산에 올랐던 사우들과는 전혀 달랐다. 스승 김종직은 천왕봉에서 이렇게 자부했다. "예로부터 천왕봉에 오른 사람이 많았겠지만, 오늘 우리처럼 이렇게 명쾌하게 살펴보았겠는가?"[19] 또한 후배 김일손의 기개는 이러했다. "어찌하면 그대[정여창]와 함께 신선의 무리를 만나 고니보다 높이 날며, 몸은 세상의 밖에서 노닐고 우주의 근원까지 다가가서 기(氣)가 생성되기 이전의 시점을 관찰할 수 있을까?"[20] 함양군수와 진주학관으로 있으면서 지리산에 올랐던 김종직과 김일손, 그리고 혼자 떠돌아다니다가 지리산에 올랐던 남효온이 지리산 정상에서 표출한 감회는 이렇게나 달랐다. 그래서 남효온이 천왕봉에서 지은 산문 「천왕봉에서 노닌 기록[遊天王峰記]」의 마지막 구절은 읽는 이의 가슴을 저리게 만든다.

> 내가 천왕당(天王堂)의 돌부리에 앉아 사방을 둘러보며 한참 동안 있자니, 속념(俗念)이 없어지고 신기(神氣)가 기뻐졌다. 다만 생각건대 세속의 선비는 몸이 명예와 이익의 굴레에 매여 있어 위로 부모를 섬기고 아래로 처자를 기를 즈음에 산을 오르고 물에 임하는 날이 적으니, 함께 올라온 승려 일경과 의문에게 물어보면 그들이 직접 눈으로 본 바일 것이다. 뒷날 집으로 돌아가 처자는 굶주림에 울고 노비는 추위에 울부짖어 온갖 근심이 마음을 어지럽히고 번뇌의 찌꺼기가 가슴에 가득할 때에 이 글을 본다면 아마 오늘의 감흥을 갖게 될 것이다.[21]

남효온에게 지리산 유람은 일상의 근심과 번뇌를 잠시 잊게 만드는 일탈적 망각, 그 이상도 그 이하도 아니었다. 다른 신진사류들이 보였던 호

조선 후기 화가 김윤겸이 그린 지리산 전경. 천왕봉에서 이어지는 지리산 북쪽 자락의 산세가 너르디너르다. 성종 18년 늦가을, 지리산을 찾았던 남효온은 9월 30일 천왕봉에 올랐다. 남효온은 그때의 감회를 "산과 바다 뚜렷이 헤아릴 수 있어, 밝은 시야 시원하게 펼칠 수 있도다. 인간 세상은 더 넓어지고, 머리 위의 흰 해는 빨리 달리네. 조그마한 공업도 이루지 못했거늘, 백년 인생은 취한 듯 흘러가네"라고 읊었다.

기라든가 다짐과는 거리가 멀었다. 집에서 굶주림과 추위에 시달리고 있을 모친과 처자식의 울부짖음을 잠시 잊어버릴 수는 있었지만, 결코 그 굴레로부터 벗어날 수는 없었다. 그러기에 지금의 감흥을 떠올린다면 앞으로 다시 마주하게 될 삶의 고통을 잠시나마 잊을 수 있겠다는 그의 마지막 기대는 읽는 이의 마음을 짠하게 만든다. 남효온은 천왕봉 정상에 걸터앉아 지리산은 모든 사람을 말없이 품고 길러주는 성인(聖人)과 같은 산, 아니 불로초(不死草)의 다른 이름이리라고 생각한 적이 있었다. 지리산에서 나는 과일, 약재, 짐승 등에 의지해서 살아가는 사람이 너무도 많다는 이유에서였다. 지리산이 산에 기대어 사는 사람에게 끼쳐주는 공리(功利)가 그만큼 크다는 뜻이다. 하지만 어디 그들뿐이었겠는가. 삶에 힘겨워하고 세상에서 버림받은 자들을 넉넉하게 보듬어주던 산, 그 웅장한 지리산은 한 젊은 이상주의자의 상처까지도 그렇게 말없이 어루만져주고 있었다.

너르디너른 지리산 자락의 위무

빈발암(貧鉢庵)을 출발하여 영신암(靈神庵)을 지나 서쪽 산 정상의 수목 속으로 30리를 가서 의신암(義神庵)에 이르렀다. 암자 서쪽은 모두 긴 대나무이고, 감나무가 대나무 사이에 뒤섞여 나 있었다. 붉은 감이 햇빛에 투명하게 빛나고 있었다. 방앗간과 뒷간도 대나무 사이에 있었다. 근자에 구경한 아름다운 경치로는 여기에 비할 것이 없었다.[22]

남효온이 천왕봉에서 내려와 이틀을 더 걸어간 뒤에 만나게 된 의신암의 정경이다. 대나무와 감나무에 둘러싸인 정갈한 암자, 붉게 익은 감에 반사되어 눈부시게 흩어지는 한낮의 햇살. 어디서든 만날 수 있을 것 같은 산사의 풍경이건만, "근자에 구경한 아름다운 경치로는 여기에 비할 것이 없었다"라며 그 모습을 가장 인상 깊게 그려냈다. 그러고 보면, 지리산을 유람하며 남효온이 가장 섬세하게 기록했던 대목은 대체로 이와 같은 풍광이었다. 지리산 기슭의 양당(壤堂) 마을을 지나면서는 "집집마다 긴 대나무가 숲을 이루고 감나무와 밤나무가 뒤덮고 있었다. 열린 사립문이라든가 닭과 개들이 노닐고 있는 모습이 영락없는 무릉도원이나 주진촌(朱陳村)과 같았다"(9월 27일), 봉천사(奉天寺)에 이르러서는 "절은 대숲 속에 있고, 누각 앞의 긴 시내는 대나무 밑으로 흘러가며 재잘대니, 매우 아름다운 사찰이었다"(10월 5일), 오대사(五臺寺)를 지나 부윤 하숙부(河叔孚)의 집을 지나면서는 "집이 산을 등지고 물을 마주하였으며, 채소밭이 앞에 일궈져 있고 대나무 숲이 두루 펼쳐졌으니 중장통(仲長統)의 「낙지론(樂至論)」에서 말한 것과 다름없었다"(10월 13일) 등의 구절들이 그러하다.

모두 따스하고 안온한 느낌을 주는 정경들이다. 아마도 집을 떠나 전국을 떠도느라 지친 몸을 뉘고 싶었기 때문일 것이다. 삶에 지친 남효온에게 지리산에 서린 최치원의 발자취들은 하나의 꿈결처럼 다가왔다. 지리산 초입의 단속사에는 최치원이 독서했다고 전해지는 글방이 있었고, 지리산 기슭의 쌍계사 입구에는 최치원이 직접 썼다고 전하는 '쌍계석문(雙溪石門)'이 있는 등 그의 자취는 여기저기 존재했다. 최치원이 쌍계사 비문에서 일개 승려에 지나지 않는 혜소(慧素)의 행적을 찬탄하고 있는 것이 불만이긴 했지만, 그는 여전히 최고의 학자이자 문장가였다.[23] 그런 뛰어난 능력에도 불구하고 세상에 용납되지 못해 속세를 등지고 신선이 되었다는 최치원의 행적은 남효온 자신의 삶과 겹쳐지며 강렬한 동경심을 불러일으켰다. 그리하여 남효온은 최치원의 자취를 여기저기 직접 찾아 나서기도 했다. 최치원이 노닐었다는 청학연(青鶴淵)에 가보려고도 하고, 최치원이 거처했다는 팔영루(八詠樓) 앞의 선방에서 묵어보기도 했다. 그러면서 "절 앞에는 흰 국화 몇 떨기와 사계화(四季花) 한 그루가 있었다. 나는 꽃 사이에 앉아 쉬며 차마 떠나지 못하였다"[24] 하면서 오래 머물고 싶었던 소회를 토로하기도 했다.

이런 남효온의 태도에서 현실 세계를 벗어나고자 했던 탈속적인 선취(仙趣)를 읽어낼 수 있을 법하다. 하지만 그는 현실에 발 딛고 살아가는 유자이기를 다짐했다. 그런 가운데 봉천사에서의 추억은 무척 각별했다. 남효온이 대숲에 둘러싸인 아름다운 사찰이라며 감탄했던 그 절이 어디에 있었는지는 확인되지 않는다. 오랜 세월과 함께 폐사가 되어버렸기 때문이다. 하지만 그 절은 남효온의 지리산 유람에서 결코 잊을 수 없는 절이었다. 남효온은 그곳에서 무려 사흘씩이나 묵었다. 첫째 날은 그렇다 치고, 둘째 날은 비가 내려 하루가 지체되었다. 셋째 날은 화엄사로 내려가서 하루를 묵었다가 봉천사 주지 육공(六空)이 청하여 다시 올라가 하루를 더 묵었다. 지리산에서조차 정해진 여정이 없기란 마찬가지였지만, 봉천사는 사흘이나 묵을 정도로 가장 마음 편한 휴식처였다. 남효온은 그곳에서 낙숫물 떨어지는 소리를 들으며 밤새 차를 마시고 있다가 문득 절창(絶唱) 한 수를 얻게 된다.

禿翁三十謝靑衿　이 늙은이 서른에 선비들을 떠나오니
九月頭流錦樹林　구월의 두류산은 비단 숲이 되었구나.
雨打斜風樓外響　비바람 비껴쳐서 누각 밖이 요란하고
溪穿竹底檻前吟　시냇물 대밭 뚫어 난간 앞이 졸졸대네.
霜能脫落千林葉　서리가 온 숲 잎사귀 떨어지게 하지만
秋不彫零一木心　가을도 나무의 생기는 시들게 못 하네.
枯淡襟懷還潑潑　메말랐던 회포가 다시 살아 움직이니
曉囱茶罷四山沈[25]　차 마신 뒤 새벽 창엔 온 산이 어둑하네.

시의 첫 구에서 밝힌 것처럼, 남효온은 나이 서른에 선비의 길을 포기했다. 절친한 벗들도 함께 흩어졌던 성종 14년의 일이다. 그로부터 어느덧 4년 반이란 시간이 흘렀다. 지금 자신은 머리 터럭조차 성글게 된 중늙은이가 되어버렸고 눈앞에는 단풍으로 붉게 물든 늦가을의 지리산이 비단처럼 펼쳐져 있다. 불과 서른넷의 나이였음에도 불구하고 자신을 머리가 빠져버린 대머리 늙은이[禿翁]이라 부르고 있는 심사가 애잔하다. 아무런 벼슬도 하지 못해 머리에 관을 쓰지 못한 자신의 처지를 자조적으로 일컫는 말이기도 했다. 어쨌거나 나이만 한 해 두 해 먹어가면서 자신의 몰골은 된서리가 내려 낙엽 떨어지는 늦가을의 풍경과 참으로 닮아가고 있었다.

하지만 비바람이 온종일 그렇게 후려치더니 어느덧 비가 그쳐, 대밭 사이로 흘러내리는 시냇물 소리가 정겹다. 졸졸졸, 생명이 흐르는 소리이다. 그러고 보면 잎사귀를 모두 떨군 가을 나무라 해도 결코 생명까지 함께 시들어버린 것이 아니었다. 시든 나무에 잠복되어 있는 생명의 에너지. 분노와 좌절로 들끓었던 젊은 시절의 삶, 그리고 격정이 잦아든 산사에서 잠시 얻은 평온을 남효온은 그렇게 표현했다. 삶에 지쳐 모든 것을 포기하고 싶었던 마음 가장 밑바닥에서부터 뭔가 꿈틀대는 느낌, 또는 투명한 아침 햇살이 창가를 비추기 직전에 감도는 새벽의 적막감 같은 감정이 깃들었다. 천왕봉에 오르고, 반야봉을 지나서 봉천사에 이르렀던 남효온은 지리산의 품에서 새로운 삶의 위안을 얻었다.

이처럼 지리산 봉천사는 남효온에게 잊지 못할 장소가 되었다. 예전부터 알고 지내던 육공이 주지로 있어서 더욱 편안했을 것이다. 육공은 남효온이 28세 되던 해에 조신, 이종지와 관서지방을 유람할 때, 개성 감로사(甘露寺)에서 만난 적이 있던 승려였다. 그런 인연으로 그는 남효온을 융숭하게 대접했고, 헤어지는 것이 못내 아쉬워 남효온에게 하루 더 묵어가기를 청할 정도였다. 하긴, 남효온이 지리산에서 만난 승려 가운데에는 기왕에 인연이 있던 승려들이 적지 않았다. 지리산에 오르기 직전, 첫날밤을 묵었던 덕산사(德山寺)의 주지 도숭(道崇)과 그의 문도인 형유(洞裕), 의문(義文), 선화주(詵化主) 등이 그들이다. 의문은 남효온의 지리산 등반길을 내내 인도해주었다. 덕산사의 승려들이 떠돌이 남효온을 그토록 각별하게 맞아주었던 데는 나름의 이유가 있었다. 남효온은 덕산사 주지와의 만남을 이렇게 소개했다.

> 덕산사의 주지 도숭은 일찍이 비해당(匪懈堂, 안평대군)을 만난 뒤에 선림(禪林)에 이름이 있었는데, 비해당이 패망하자 임천(林泉)으로 자취를 감추었다. 나를 만나 담론하며 매우 기뻐하였고, 나와 종들에게 밥을 대접함이 매우 융숭하였다. 이야기가 한밤중까지 이어졌다.[26]

도숭은 안평대군과 매우 가까웠던 승려였고, 그런 사실로 미루어 짐작할 때 그와 정치적 행보도 함께 했을 것이다. 하지만 안평대군의 정치적 패망으로 자신의 생사조차 장담하지 못할 처지가 되자, 수양대군의 보복을 피해 지리산 깊숙한 사찰에 몸을 숨겨야만 했다. 그렇다면 왕위를 찬탈했던 수양대군에 대한 반감의 정서가 남효온과 도숭의 재회를 더욱 뜻깊게 만들었을 터이다. 어떤 담론으로 그렇게 기뻐했고, 어떤 이야기로 밤을 지새웠는지는 굳이 밝히고 있지 않지만, 충분히 짐작할 수 있다. 수양대군의 왕위찬탈에 얽힌 비화와 그를 부추겨 불의의 권력을 휘두르던 훈구공신에 대한 은밀한 뒷담화가 아니었겠는가.

그러고 보면, 남효온이 남도를 떠돌다가 지리산 산행을 결심할 수 있었던 까닭은 불가의 친구들이 그곳에 흩어져 지내고 있었기 때문이기도 했다. 지리산은 현실 세계와 어그러진 삶을 사는 벗들이 숨어 지내던 또 다른 세상이었다. 불가의 벗들만이 아니었다. 천왕봉에 올랐을 때, 현판 위에 적힌 김굉필의 이름도 보았다. 그도 그곳을 다녀갔던 것이다. 쌍계사에서는 홍유손과 양준이 머물며 글을 읽었다는 방을 직접 찾아보기도 했다. 심지어 최충성(崔忠成)과 김건(金鍵)과 같은 후배들이 멀지 않은 지급암(知及庵)에 모여 공부하고 있다는 사실을 알고는 이들을 찾아가서 함께 『소학』, 『근사록』을 읽으며 이틀 밤을 보내기도 했다. 지리산은 세상을 피해 숨어든 벗들, 세상에 나갈 준비를 하던 벗들이 숨을 고르던 너르디너른 공간이었다. 남효온은 그런 지리산을 보름 남짓 둘러보고 난 뒤, 터덜터덜 산자락을 내려왔다. 그리고 내면의 상처를 잠시나마 어루만져주던 지리산의 위무를 뒤로한 채, 다시 번뇌 가득한 세상 속으로 걸어 들어갔다.

10장

인생의 길을 일깨워준 스승과의 만남

신진사류들의 스승, 김종직과의 첫 만남

남효온은 10월 13일에 지리산을 내려와 잠시 진주에 들렀다. 그러고는 다시 발걸음을 호남지역으로 향해 순천, 나주, 강진, 해남 등을 떠돌았다. 그곳을 지날 때마다 시로 자신의 발자취를 남겼다. 진주에서 쓴 「진주 촉석루[晉州矗石樓]」, 순천에서 쓴 「순천의 동백원 누각에 적다 2수[書順天冬柏院樓 二首]」, 나주에서 쓴 「석교에서 옛일을 회상하다[石橋懷古]」 등이 그런 작품들이다. 그 가운데 조선 3대 누각의 하나인 진주 촉석루에 올랐을 때, 자신의 감회를 이렇게 적어두었다.

樓壓大江面　누각이 큰 강의 수면 제압하니
奇觀甲海東　기이한 경관은 해동에서 으뜸일세.
登臨一瓢水　누대에 올라앉아 마시는 한잔 물
冷與禪僧同[1]　냉랭하기가 마치 선승과도 같구나.

참으로 술을 즐기던 남효온이었다. 하지만 풍광 좋은 촉석루에 올라앉았을 땐 술 대신 한 바가지의 냉수를 들이켜 마셨다. 반복적인 폭음과 절주의 음주 패턴을 보이던 그였는데, 그때는 술을 끊었던 시절이었을까? 술조차 마실 수 없게 된 처지, 아니 냉수라도 함께 주고받을 벗조차 없던 그의 고립감이 눈에 밟힌다. 오죽했으면 자신의 그런 모습을 선승(禪僧)에 견주었을까 싶다. 순천에서 지은 시에도 그런 고독감은 짙게 묻어난다.

雪染潘生鬢　눈은 반생의 귀밑머리 물들이고
天寒季子裘　날씨는 계자의 갖옷에 차갑구나.
幾年南北客　몇 해째 남북으로 떠도는 나그네
今上仲宣樓[2]　오늘은 중선루에 올랐도다.

순천 동백원(冬柏院) 누각에 올라 지은 두 편의 시 가운데 첫째 수이다. 반악(潘岳), 소진(蘇秦), 왕찬(王粲)의 고사를 인용하고 있어, 그 내용을 알아야 시의 의미를 제대로 이해할 수 있다. 진(晉)나라 반악은 「추흥부(秋興賦)」를 지으면서 자신은 32세 때부터 흰머리가 성성했다고 밝힌 바 있다. 남효온도 나이 서른넷에 그처럼 머리가 희어졌음을 뜻한다. 전국시대 합종설(合從說)로 이름을 떨친 소진은 진왕(秦王)의 유세에 실패하고 돌아올 때, 갖옷은 해지고 노잣돈은 바닥나 갖은 고생을 겪어야 했다. 남효온은 고난에 찬 자신의 남도 유람을 그런 처지에 비겼다. 끝으로 건안칠자(建安七子)로 일컬어졌던 왕찬은 누각에 올라 고향 생각을 하며 지은 「등루부(登樓賦)」로 명성을 날린 시인이다. 남효온도 중선루에 올라 아득히 먼 고향 땅을 바라보며 그리워했다. 흰머리를 날리며 여기저기 떠돌아다니다가 누각에 올라 자신을 기다리고 있을 가족 생각에 빠진 자신을 그렇게 표현했던 것이다.

하지만 며칠 뒤, 아무 소득도 없이 남북으로 쏘다니기만 한다며 자탄하던 남효온은 참으로 귀한 사람을 만나게 된다. 오래전부터 멀리서 우러러보기만 하던 시대의 스승, 점필재 김종직을 직접 배알하게 된 것이다. 그 당시 전라도관찰사로 호남 땅에 내려와 있던 김종직은 섣달 그믐날 나주 관아에 머물렀는데, 남효온은 그곳에서 그와 수세(守歲)를 함께 할 수 있었다. 김종직의 처남이자 남효온의 친구이기도 했던, 조신이 자리를 주선했다. 조신은 그 당시를 이렇게 회상했다.

> 성화(成化) 기해년(성종 10년, 1479)에 내가 서울로 불려가 장차 일본에 가게 되었는데, 남효온이 나의 시축(詩軸)을 보고 한강까지 전송해 주었다. 그때부터 사이가 좋아져서 함께 송도를 유람하기도 하고 천마산에 오르기도 하였다. 집이 고양(高陽)에 있어 당나귀를 타고 서로 찾았는데, 압도에 가서 갈대로 불을 피워 물고기와 게를 구워 먹으며 운자(韻字)를 내어 시 짓기로 밤을 지새우곤 했다. 나이는 동갑으로 모두 벼슬살이에 익숙하지 않아 매우 친하게 지냈다. 나의 소개로 점필재 선생을 호남에서 뵈었는데, 예전부터 그의 시를 사랑했다면서 고인(古人)에 견주었다.[3]

조신이 『소문쇄록』에서 밝힌 내용이다. 남효온의 각종 생애 자료를 보면, 한결같이 "약관의 나이에 도를 구할 뜻을 두어 책 상자를 짊어지고 점필재 선생의 문하에서 종유하며 성리학을 배웠다"라고 기술되어 있다. 하지만 이는 사실과 다르다. 남효온은 김종직을 약관이 아닌 서른넷이라는 늦은 나이에 호남에서 처음 만났다. 물론 남효온은 김종직의 명성을 이전부터 익히 들어 알고 있었다. 성종 12년에 우선언, 홍유손 등이 밀양에서 삼년상을 치르던 김종직에게 배움을 청하기 위해 내려갈 때 직접 전송하기도 했고, 성종 16년에 김종직을 둘러싸고 사제 간의 논란이 벌어졌을 때 김종직의 처사를 적극 지지하기도 했다. 또한 성종 17년에는 이달선과 김일손이 과거에 급제하자 그를 가르쳤던 김종직을 '우리들의 스승[吾師]'이라고 일컬은 적도 있다.

김종직을 고인에 견주며 좋아했었다는 조신의 전언처럼, 남효온은 먼발치에서 김종직을 바라보며 사숙(私淑)했던 것이다. 그랬던 두 사람은 남도의 끝자락인 나주에서 처음 만나게 되었고, 그날로부터 급속하게 가까워졌다. 아주 오래전부터 알고 지냈던 사람들처럼 나주 금성관에서 수세를 함께 하고서는 해남 우수영으로 자리를 옮겨 다시 며칠 동안 함께 머물렀다. 그런 진진한 만남에도 불구하고 미진함이 남았던 김종직은 전주에서 다시 시를 보내 남효온을 초대했다.

守歲錦官城　금관성에서 섣달 그믐밤 지새고
吟詩細柳營　세류영에서도 시를 읊조렸네.
同君襟抱暢　그대와 함께 마음이 통하여
連日笑談淸　연일 맑은 담소를 나누었지.
滄海悠然別　창해에서 갑자기 이별을 하니
韶華空復情　따스한 봄날 괜스레 정이 돋아나네.
完山餘臘味　완산에 납제의 술이 남았으니
思與禰衡傾[4]　예형과 함께 기울이고 싶구려.

호남지역을 순시하던 김종직은 전주에 도착해 보니, 마침 납제(臘祭)에 쓰고 남은 술이 있었다. 납제란 동짓날 이후 세 번째 돌아오는 술일(戌

日)에 농사를 주관하는 여러 신들에게 지내는 제사이다. 김종직은 술을 보니, 얼마 전에 만났던 남효온이 생각났다. 그리하여 그에게 다시 한 번 함께 술을 마셨으면 좋겠다고 불렀다. 시에서 밝히고 있듯, 서로 회포가 맞아 며칠 동안 맑은 담소를 나누었던 일을 잊을 수 없었던 것이다. 그런데 김종직 자신이 시의 마지막 구절에 달아둔 원주(原註)가 예사롭지 않다. 거기에는 이렇게 적혀 있다. "남추강(南秋江)은 필사(拂士)이다. 예형(禰衡)이라고 부른 것은 젊은 친구라는 뜻만을 취한 것이다." 필사란 임금을 보필할 만한 어진 신하를 뜻하는 말이다. 남효온은 그동안 많은 사람들로부터 미친 서생[狂生] 취급을 받아왔지만, 김종직은 처음 만나보자마자 그에게서 뛰어난 신하로서의 재질을 발견했다. 몇 날 며칠 밤을 지새우며 그의 됨됨이를 속속들이 알게 된 까닭이다.

그렇지만 김종직은 남효온을 예형에 견준 것이 마음에 걸렸다. 후한 사람 예형은 문장가로 이름이 높았지만, 성격이 강직하고 오만하여 미친 선비[狂士]로 불리기도 했다. 그 때문에 뛰어난 재주를 지녔음에도 불구하고 세상 사람들이 알아주지 않았다. 그런 가운데 공융(孔融)만은 그의 재능을 알아보았다. 그리하여 "사나운 새가 수백 마리 있어도 한 마리의 독수리보다 못하다"라면서 예형을 조정에 천거했다. 예형의 나이 스무 살, 공융의 나이 마흔 살 때였다. 20년이라는 연배 차이가 있었음에도 서로를 알아주어 지기처럼 지냈던 그들의 관계는 남효온과 김종직의 관계와 방불했다. 그들도 23년의 나이 차이가 났다.

하지만 예형의 고사 가운데 가려서 읽어야 하는 대목이 있었다. 공융의 추천으로 벼슬길에 나아간 예형은 결국 비극적인 최후를 맞이했다. 조조(曹操), 유표(劉表), 황조(黃祖)와 같은 당대 집정자들에게 모두 미움

나주 금성관. 남효온은 남도를 유람하다가 성종 18년의 마지막 날을 전라도 나주목(羅州牧)의 객관 금성관에서 보냈다. 마침 전라도관찰사로 순찰 중이던 점필재 김종직과 함께 수세를 했던 것인데, 그 며칠 동안 본격적인 사제 관계를 맺은 후로 생을 마치던 성종 23년까지 그를 시대의 스승으로 마음에 간직하며 지냈다.

을 받아 결국 스물여섯이라는 젊은 나이에 살해되고 만다. 때문에 김종직은 남효온을 예형에 견준 것이 그런 비극적인 운명을 말하려던 뜻이 아니라 스물세 살의 나이 차이를 뛰어넘은 두 사람 사이의 우의를 말하려고 했다는 사실을 밝혀두고자 했다. 그때, 김종직은 쉰일곱이었고 남효온은 서른넷이었다. 하지만 김종직은 남효온을 부를 때 이름을 부르지 않고 항상 '우리 추강[吾秋江]'이라며 호로 불러주었다고 한다. 김종직이 남효온을 그토록 미더운 제자로 우대했던 것처럼, 남효온도 또한 김종직을 진정으로 존중하는 스승으로 받들었다.

오랜 남도 방랑을 마친 뒤의 귀갓길

남효온은 나주 금성관에서 섣달그믐을 김종직과 함께 지내고 난 뒤에 해남 두륜산으로 내려갔다. 그리고 얼마 지나지 않아 해남 우수영에서 그들은 다시 만난다. 그곳에서도 둘은 며칠을 함께 보냈는데, 그때 남효온이 지어 올린 화답시가 남아 있다. 나주에서 맑은 담소를 나눈 데 이어 해남에서도 응어리진 회포를 모두 털어놓을 수 있었다는 내용이다.

棠梨花滿城　팥배나무 꽃 피어 성 안에 가득하니
萬口頌行營　만백성 입 모아 감사 어른 칭송하네요.
德自忠勤大　덕은 충실과 근면으로써 성대하고
心因虛白淸　마음은 텅 빔으로 인해 맑으시구려.
天涯同守歲　하늘 밖에서 함께 한 해를 보냈으니
客裏更多情　나그네 신세라서 더욱 회포 많답니다.
舍瑟□言志　거문고 내려놓고 포부를 아뢰나니
靑燈臘雨傾[5]　푸른 등불이 섣달 비에 가물거리네요.

정처 없이 남도를 헤매던 방랑객 남효온과 바쁜 일정으로 고을을 순시하던 관찰사 김종직은 그렇게 남쪽 끝 해남에서 다시 만났다. 남효온은 첫 구에서 팥배나무가 성 안에 활짝 피었다는 말로, 김종직의 선정을 추켜세웠다. 주나라 소공(召公)은 남쪽을 순행하며 문왕(文王)의 정사를 펼치던 중 가끔 팥배나무 아래에서 휴식을 취했다. 그처럼 어진 소공이 임기를 마치고 떠난 뒤에도 백성들은 그의 은덕을 잊지 못해 팥배나무를 차마 베지 못했다는 고사를 인용했다. 하지만 남효온과 김종직은 그런 의례적인 관계에 그치지 않았다. 비록 처지는 다르지만 객지에서 한 해의 끝과 시작을 함께 보냈다는 공감대가 있었고, 그것은 서로를 진정으로 이해하는 촉매제가 되었다. 실제로 김종직도 남도 전역을 순시해야 하는 임무를 수행 중이던 처지였던지라 나그네로서의 회포가 많을 수밖에 없었다. 더욱이 도승지, 이조참판과 같은 요직에 있던 김종직은 좌천되다시피 전라도관찰사를 맡아 내려온 것이었기에 심사가 마냥 편할 수는 없었다. 정처 없이 남도를 떠돌던 남효온의 심사야 말할 필요도 없다.

그런 처지를 서로가 이해했기에 헤어진 뒤에도 김종직은 남효온을 부르는 시를 종종 지어 보냈고, 남효온은 호남 곳곳에서 마주하게 되는 김종직의 선정을 한껏 추켜세웠다. 뒤늦게 맺어진 사제 간의 관계는 그렇게 돈독하게 이어졌다. 그러다가 그들은 금강이 가로질러 흐르는 충청도 웅진 땅에서 다시 만난다. 남효온은 여전히 떠돌아다니던 중이었고, 김종직은 그런 남효온에게 서둘러 귀가하라고 종용했다. 제자의 마음이 상하지 않도록 다독여주던 스승의 배려가 진하게 묻어나는 그 시를 읽어보자.

遨遊南裔幾多城	남쪽 끝에서 얼마나 많은 성 다니며 놀았는가
却怪吟詩太瘦生	시 읊느라 비쩍 마른 것이 외려 괴이한 일일세.

枉註蟲魚空碌碌　자질구레한 훈고는 부질없이 녹록한 일일 뿐
不如歸勒孟堅銘　돌아가서 맹견의 명을 새기는 것만 못하리라.

錦水熊津深復深　금수와 웅진의 물이 깊고 또 깊으나
何如吾與子同襟　그대와 나의 깊은 우정만이야 하겠는가.
男兒着處皆爲客　남아는 가는 곳마다 나그네가 되는 법이니
休唱驪駒更攪心[6]　이별가 불러서 다시 마음을 흔들지 말게나.

김종직은 한 해를 넘기고도 여전히 호남 전역을 헤매고 있는 남효온이 안쓰럽게 보였다. 게다가 시를 짓거나 자질구레한 주석을 다는 데 힘을 써서 심신마저 피폐해져가는 모습도 마뜩하지 않았다. 적어도 사내대장부가 시문에 종사한다면, 후한 때의 대학자인 반고(班固)처럼 『한서(漢書)』라든가 『백호통의(白虎通義)』와 같은 기념비적인 저술에 힘쓰는 것이 마땅하다는 첫 번째 수의 마지막 구절은 그런 뜻의 고사이다. 그러고 난 뒤 두 번째 수에서 김종직은 몇 달간 함께 하며 금강보다 깊어진 사제 간의 우정으로 남효온의 귀가를 권유했다. 물론 김종직도 남효온이 방황하는 까닭을 모르지 않았다. 그렇지만 누구나 크고 작은 아픔을 간직하고 살아갈 수밖에 없는 법. 김종직은 남효온에게 진정을 담아 타일렀다.

남효온은 스승 김종직의 권유를 받아들였는지 귀가를 서둘렀다. 그리하여 이태 만에 방랑의 시절을 접고 서울로 돌아왔다. 그 이후에 펼쳐졌을 행적이 궁금하다. 물론 그 후로도 남효온의 삶은 여전히 팍팍했다. 견디기 힘든 일들도 계속 몰려들었다. 좀처럼 모습을 보이지 않던 그는, 그해 늦가을 무렵 문경새재[鳥嶺]에 자취를 드러냈다. 온 숲이 단풍으로 곱

게 물들어가던 9월 1일, 그곳에서 대성통곡을 했다. 2년 반 전, 과거공부를 중도에 포기하고 김해로 내려갔던 맏사위의 영구를 맞이하러 내려갔던 것이다.

> 鳥嶺風初落　조령에 가을바람 막 불어오니
> 千林錦繡新　온 숲이 비단으로 새로 물들었네.
> 凄然南土鬼　남녘에서 온 혼백은 처량하기만 하고
> 匹馬北來人[7]　북녘에서 온 사람은 필마에 의지했네.

「무신년(1488) 9월 초하룻날 사위의 영구가 김해에서 오므로 내가 조령의 남쪽에서 맞이하다」라는 제목으로 지은 네 수 가운데 세 번째 시이다. 남효온이 "사철 가운데 봄이 먼저 지나가고, 농사에도 보리를 처음 얻는 법"[8]이라 통곡했지만, 죽음의 순서에는 나이의 많고 적음이 필요 없는 법이다. 막내아들도 자기보다 앞서 죽었고, 맏사위도 자기보다 앞서 죽었다. 지난번 광진 나루터에서 이별할 때도 그러했지만, 산 자와 죽은 자로 재회하게 된 이때도 비통함을 금할 길이 없었다. 남효온은 집으로 돌아와서 겨울 석 달 동안 깊은 병을 앓아야 했다. 죽음의 그림자도 어른거렸다. 겨우내 앓아 누웠다가 겨우 일어나 정월 초하루를 맞이한 남효온은 한 통의 편지를 쓴다. 호남 땅에서 만났던 스승 김종직에게 부치는 편지였는데, 거기에 자기의 근황을 이렇게 밝혔다.

> 공손한 마음으로 공조참판 점필재 김 선생께 삼가 아룁니다. 섣달이 가고 봄이 되었습니다. 묵은해를 보내고 새해를 맞이하는 즈음에

제자로서 마땅히 달려가 뵈어야겠지만, 겨울 석 달 동안 병을 앓은 나머지 두 다리가 마비되고 타고 갈 말도 없어 감히 사람을 보내 안부를 여쭙습니다. 바라옵건대 나라를 위해 몸을 진중히 하소서. 이곳의 제자는 병들지 않았을 때, 육맥(六脈)을 짚고 오장을 살피며, 팔괘(八卦)를 찾아보고 용호(龍虎)를 참고하여 제 수명이 얼마 남지 않았음을 알고 있습니다. 그러다가 지난가을이 끝날 무렵, 집안의 액운이 겹쳐 상사(喪事)가 반복되니, 바삐 쫓아다니느라 마음이 허하고 미친 듯 두근거리는 병을 얻어 요망하고 실없는 말을 절도 없이 발설하게 되었습니다. 다행히 약의 힘으로 병세는 조금 가라앉았지만 남은 독기가 아직 거세니, 지난번에 얻었던 점괘가 공연한 것이 아니었습니다.[9]

지난해 가을이 끝날 무렵 당한 집안의 상사란 맏사위의 죽음을 가리키는 것이 분명하다. 남효온은 그의 죽음에 비통해 하다가 결국 병을 얻어 자리에 누웠다. 그러는 동안 자신의 죽음도 멀지 않았다는 사실을 깨달았다. 그리하여 자신의 죽음을 스스로 애도하는 「자만시(自挽詩)」 네 수를 지어, 위의 편지와 함께 보냈다. 나이 어린 제자가 늙은 스승에게 자신의 죽음을 조문하는 시를 지어 보내는 것은 불경스러운 일이다. 그럼에도 남효온이 그런 만사를 보낼 수 있었던 것은 지난해 호남에서 김종직을 여러 차례 만나 자신의 속내를 모두 털어놓았고, 그때의 만남 때문에 기대고 싶은 유일한 인물로 그를 떠올렸기 때문이리라. 스승의 너른 품 안에 안기고 싶었던, 지친 제자의 어리광일지도 모르겠다.

남효온의 편지와 자만시를 받아본 김종직은 걱정하는 마음과 아끼는 마음이 반반 섞인 답장을 적어 부쳤다. 헤어진 지 반년이 넘도록 일체 연락이 없다가 오랜만에 받아본 소식이었기에 무척 반갑기도 했다. 답장은 이렇게 시작된다.

> 추강 족하(秋江足下)여. 내가 호남에서 서울로 온 지 거의 반년이 되었는데 우리 추강의 안부 편지가 한 번도 오지 않는 것을 이상하게 생각하고 있었소. 추강이 지난해에 호남과 영남을 두루 노닐며 진한과 변한의 유적을 남김없이 찾아다녔으니, 지금쯤은 틀림없이 철령(鐵嶺) 이북이나 패강(浿江) 이서에 있으면서 두만강을 거슬러 올라가 물길(勿吉), 읍루(挹婁)의 옛터를 바라보고, 마자수(馬訾水, 압록강)에서 배를 타고 국내성, 환도성의 유적을 찾아서 다니느라 지체하여 돌아오지 않는 게 아닐까 추측했소. 그렇지 않다면 자취를 딱 끊어버리는 것이 어찌 이리 심하단 말이오. 오늘 새벽에 문 두드리는 소리가 나더니 홀연 깨끗한 종이에 단정한 해서(楷書)로 써서 마치 조정의 재상에게 보내는 것 같은 편지를 받고서 보니, 바로 우리 추강의 편지였구려.[10]

김종직은 지난해 여름에 전라도관찰사 임기를 마치고 한성부좌윤을 거쳐 연말부터 공조참판의 자리에 있었다. 남효온이 서울로 올라온 시기와 엇비슷하게 김종직도 조정으로 복귀했던 것이다. 그럼에도 서로의 근황조차 모른 채 지내고 있었다. 다만 김종직은 남효온이 지난해 신라와 백제의 강역을 두루 찾아다녔으니, 이번에는 고구려의 고토를 헤매고 있지 않을까 짐작만 하고 있었을 따름이었다. 아마도 호남에서 만났을 때, 남효온이 그런 계획을 김종직에게 털어놓은 적이 있었던 것으로 보인다. 하지만 그 계획은 실행으로 옮겨지지 못했다. 오랜 기간 남도 유람으로 쌓인 피로에다가 맏사위의 죽음으로 인한 슬픔까지 더해져 남효온은 겨우내 앓았기 때문이다. 김종직도 마찬가지였다. 그도 서울로 돌아온 뒤, 열흘에 아흐레는 아파 누워 있느라고 남효온의 행방을 수소문할 겨를이 없었다. 두 사람 모두 객지 생활의 뒤끝으로 고생하다가 성종 20년 새해가 되어서야 비로소 죽음을 조문하는 만시(挽詩)로 소식을 주고받았다.

스승 김종직에게 지어 보낸 자만시

남효온은 서른여섯이 되던 새해 아침, 자신의 죽음을 애도하는 만사 네 편을 지어 아들에게 깨끗하게 옮겨 적도록 했다. 그리고 인편으로 스승 김종직에게 부쳤다. 하필이면 하고 많은 날을 버려두고 정월 초하루, 그것도 이른 새벽에 보냈다. 그렇게 만사를 지어 보낸 제자 남효온의 태도는 당돌하기 짝이 없었으나, 그런 만사를 받고도 답장을 적어 보낸 스승 김종직의 태도는 한량없이 너그러웠다. 지난해 호남에서 만났을 때, 스스럼없는 사제 간의 관계를 만들어두지 않았다면 상상하기 어려운 장면이다. "죽을 날이 조석에 달렸다"라며 보내온 남효온의 편지를 받아보고, 김종직은 다음과 같이 어르고 달래주는 당부로 답장을 했다.

> 나는 일찍이 옛사람 가운데 자기가 묻힐 자리를 미리 만들어놓는 경우가 많다는 말을 들어본 적이 있소. 또한 시골 노인이 스스로 관을 만들고 의복과 이불 등 염습할 물건까지 빠짐없이 준비하고, 죽을 때까지 그 관 속에 누워보기도 하는 것을 본 적도 있었소. 이런 일들은 갑작스럽게 닥칠 일에 대비한다는 의도만이 아니라 은근히 장수하기를 바라는 것이라고 비웃음을 받기도 한다오. 지금 추강의 「자만시」도 이런 종류가 아닐는지? 이 말은 농담이오. 정월이라 양기(陽氣)가

화창하여 만물이 소생하고 있는데, 모친의 마음을 생각해서라도 신중하게 몸 조섭하기를 바라오.[11]

김종직이 보낸 답장을 한마디로 요약하자면, 아직 죽지 않을 듯하니 너무 엄살 부리지 말라는 것이다. 예로부터 죽음을 미리 준비한다면서 호들갑 떠는 사람을 종종 보았는데, 그것은 오히려 수명을 늘려보려는 민간의 술수에 불과하다는 농담으로 편지를 마무리하고 있다. 죽을 것 같다고 엄살을 피우고 있는 어린 제자의 등을 다독여주는 스승의 따뜻한 위안이 느껴진다. 하지만 김종직은 장난기 섞인 위로와 함께 만사 네 수에 대한 날카로운 비평을 해주는 스승의 자세도 잊지 않았다.

만사를 읽어보니 도연명(陶淵明), 진소유(秦少游)를 이어받았다고 할 만하네. 이것으로 우리 추강의 수명이 아직 다하지 않았음도 알 수 있었네. 저 두 사람의 만가는 모두 임종 때 지은 것이라서 도연명은 몹시 활달하고 진소유는 몹시 슬퍼하는 데 그쳤을 뿐 여운의 맛이 없었네. 그런데 우리 추강은 세상에서 만난 여섯 가지 액운을 슬퍼하는 것 같아도 마침내 "36년을 사는 동안 내내 세상 사람의 시기를 받았다"라고 하였으니, 이것은 대단한 자찬(自讚)이네. 또한 세상을 연연해하고 잊지 못하는 생각이 있으니, 이것을 어찌 아침 이슬처럼 갑자기 죽을 사람의 소리라고 하겠는가. 추강 같은 사람은 고질병이 비록 육신은 괴롭힐지언정, 수명을 어찌 마음대로 할 수 있겠는가.[12]

사실, 남효온이 지은 「자만시」는 시적 전통으로 볼 때 중국의 도잠(陶

潛)이나 진관(秦觀)의 작품을 잇고 있었다. 물론 그렇다고 해도 그 시는 우리나라에서 최초로 창작된 자만시라는 점에서 특별하게 기억할 만하고, 기존의 자만시들과 뚜렷이 구별되는 지점도 있다. 도잠처럼 생사를 초탈한 듯 광달한 정조로 흐르지도 않았고, 진관처럼 세상에 대한 울분으로 넘쳐나지도 않았다. 삶과 죽음의 경계 또는 슬픔과 초탈의 경계를 유연하게 넘나들고 있었던 바, 김종직은 거기에서 남효온의 삶에 대한 강렬한 의지를 읽어냈다. 당대 최고의 시적 감식안을 갖추고 있었을 뿐만 아니라 제자의 마음을 가장 예리하게 헤아릴 줄 알았던 스승 김종직의 탁월한 면모가 유감없이 발휘되는 지점이다.

실제로 남효온의 「자만시」는 겉으로 드러나는 비탄의 언어에만 몰두하여 읽다 보면, 그가 진정 말하고자 했던 요점을 놓쳐버리게 된다. 무한한 슬픔의 이면에 잠재된 세상에 대한 분노, 하지만 그것을 초월하여 또 다른 비상을 꿈꾸는 삶의 의지가 번뜩이는 작품이다. 김종직은 그런 모습을 "36년을 사는 동안 내내 세상 사람의 시기를 받았다"라고 남효온이 자신의 삶을 회고하는 대목에서 간파해냈다. 실제로 그것은 남효온이 스스로 간직하고 있던 자부의 발로였다. 올바른 사회를 만들어보기 위해 평생 분투했지만, 세상 사람들은 자신의 그런 아름다운 꿈을 무참하게 짓밟곤 했다. 그러기에 자신의 죽음은 매우 슬픈 일이지만, 결코 슬프지 않을 수 있다는 역설이 성립될 수 있었다.

남효온의 「자만시」는 매우 장엄하게 시작한다. 태초에는 호오(好惡)의 감정조차 없었건만, 음양이 나뉘게 되면서 생기게 된 인간의 욕심. 그것을 기심(機心)이라 한다. 그로 인해 빈천을 싫어하고 부귀를 탐하게 되었지만, 생사의 순간에 서면 모든 것이 부질없어지는 현실. 모두가 싫어하는 죽음이건만, 죽음의 세계는 겉으로 드러나는 바와는 사뭇 다르다는 깨달음. 썩어가는 시체의 참혹함과 살아남은 가족의 애통함과 달리 죽음 이후의 세계는 참으로 황홀하다. 그것은 희로애락의 감정이 소거된 태초로의 복귀이자 무엇과도 바꿀 수 없는 진락(眞樂)의 경지이기도 하다. 「자만시」의 제1장은 그렇게 사후세계를 아름답게 그려내고 있는데, 문득 그 결말은 정반대의 회한으로 마무리된다. 죽음의 세계로 들어가서 행복을 만끽하기는 하지만 살아생전 겪은 횡액은 여전한 회한으로 남아 있다는 것이다.

但恨爲人時　다만 사람이었을 때에
慘慘有六厄　여섯 가지 액을 겪은 것은 한스럽네.
貌醜色不近　얼굴이 못나 여색이 가까이 오지 않았고
家貧酒不足　집이 가난하여 술이 넉넉지 못했다네.
行穢招狂號　행실이 더러워서 미치광이로 불렸고
腰直怒尊客　허리가 곧아 높은 사람 노엽게 만들었지.
履穿踵觸石　신발이 뚫어져 발꿈치가 돌에 차였고
屋矮椽打額[13]　집이 낮아 서까래가 이마에 부딪쳤네.

남효온 자신이 제시한 여섯 가지 액운은 외모, 궁핍, 행실로 요약될 수 있다. 여기에서 핵심은 행실이다. 불의를 바로잡으려다가 권력자의 미움을 받았고, 많은 사람들로부터 미친 서생이라는 놀림도 받았다. 스물다섯 살 때 올린 소릉복위 상소로 겪었던 일들을 일컫는 말이다. 하지만 그것은 자신의 잘못이 아니었다. 그것을 받아들이지 않던 세상이 모든 문제의 발단이었기 때문이다. 그렇게 살다가 맞이한 죽음이었기에 누구에게 부끄러울 것도, 굳이 슬퍼할 것도 없다. 제2장은 제1장에서의 그런 정서가 확대 변주된다. 자신도 살아 있을 때는 삶을 탐내 양생술을 배워보기도 했지만 결국 불로장생의 길은 그 어디에도 없었다는 깨달음, 가족과 친지들은 자신의 죽음을 애통해 하고 있지만, 정작 자신은 살아생전 품었던 좋음과 싫음의 감정으로부터 해방된 세상을 만나게 되었다는 내용이 담겼다.

그렇게 삶을 탐하고 죽음을 싫어하던 세속적 감정으로부터의 초탈을 노래하고 난 뒤, 제3장에서는 사후세계에서 누리는 또 다른 즐거움을 본격적으로 노래한다. 옥황상제가 자신의 재주를 알아주어, 붉은 대궐로 초대해 성대한 연회를 베풀어주었다는 내용이다. 만조백관이 늘어서서 반갑게 맞이하고, 음주가무로 잔치를 베풀어주는 광경이 화려하게 펼쳐진다. 그런 사후세계는 자신이 평생 몸담고 살았던 인간 세상과는 정반대의 모습이었다.

焉知死後樂　어찌 알았으랴, 사후의 즐거움이
勝於生前災　생전의 재앙보다 더 나은 줄을.
余嘗爲人時　내 일찍이 인간의 몸이었을 때
擧世嘲散材　온 세상이 무용한 사람이라 비웃었지.
賢人憎放浪　현명한 사람은 나의 방랑을 미워하고
貴人陵傾頹　귀한 사람은 나의 영락함을 능멸했지.
窮鬼逐猶隨　궁하게 하는 귀신은 쫓아도 달라붙고
孔方絶不徠　돈은 절대로 내게 다가오지 않았네.

三十六年間　서른여섯 해를 사는 동안
長被物情猜[14] 언제나 세인의 시기를 받았네.

제3장의 마지막 대목인 "서른여섯 해를 사는 동안 언제나 세인의 시기를 받았네"라는 데서 김종직은 남효온의 자부를 읽어냈다고 앞서 말한 바 있다. 비록 살아생전에는 숱한 시기와 배척을 받았지만, 죽어서는 옥황상제가 자신의 재주를 알아주어 영화롭게 대접해주었다고 했으니, 백번 맞는 해석이다.

하지만 남효온의 진정한 자부는 마지막 제4장에 담아두었다고 보아야 한다. 천상세계에서 온갖 영화를 누리던 남효온은 잠시 자기가 머물렀던 지상세계를 내려다본다. 그곳에서는 여전히 만장(挽章)이 휘날리는 장례가 치러지고 있었고 자신의 죽음을 애도하는 장면이 펼쳐졌다. 특히, 마흔 살도 못 채우고 죽었다고 탄식하며 상여를 뒤따르던 백부와 숙부의 모습을 보면서는 마음이 무진 아파왔다. 하지만 정말 마음을 아프게 만들었던 것은 다음의 장면이다.

禿筆罥蛛網　모지랑붓에는 거미줄 얽혀 있고
枯硯沒黃塵[15] 마른 벼루엔 누런 먼지 쌓였네.

자신이 거처하던 경지재에는 주인을 잃은 붓과 벼루만 덩그러니 남았다. 현실 정치 세계에서 버림을 받게 만든 것도, 전국을 떠돌며 방황하던 자신을 버티게 해준 것도, 그리고 자신이 죽은 뒤에 자신의 존재를 증명해줄 수 있는 것도 그 붓과 벼루가 전부였다. 남효온은 시문에 자신의 평생을 걸었다고 해도 과언이 아니었다. 실제로 「자만시」를 지어 김종직에서 보내면서 쓴 편지의 끝에도 이렇게 적었다. "병중에 정신이 소모되고 지기(志氣)가 꺾여 거친 말로 문리가 제대로 이어지지 않았을 것이니, 바로잡아 주시기 바랍니다." 남효온은 문장으로 자신을 드러냈고, 문장으로 자신을 자부했다. 그는 자신의 죽음을 애도하는 만사를 짓던 그 순간까지도 한 글자 한 글자가 어긋나지 않았을까를 걱정했던 당대 최고의 문장가였다. 그런 그에게 붓과 벼루를 다시 잡을 수 없음은 삶의 모든 것을 잃는 것과 마찬가지였다. 그리고 그처럼 대단한 자부심의 대가로 오늘날 우리는 삶과 죽음에 대한 깊은 성찰을 시문으로 풀어낸 남효온의 최고 걸작 「자만시」를 만날 수 있게 되었다.

관서유람에서 만난 또 다른 노스승

정월 초하루 아침에 스승 김종직에게 「자만시」를 지어 보낸 남효온은 그날 저녁 한강에 거룻배를 띄웠다. 그리고 밤이 깊도록 친구들과 배를 타고 술잔을 기울였다. 달밤의 흥취와 죽음의 감회가 엇갈려 대취할 때까지 마셨다. 죽을 것 같다면서 자신의 만사를 지어 보낸 사람의 행위라고는 도저히 믿어지지 않을 정도이다. 하지만 그러한 태도가 그의 진면목이었다. 친구 신영희가 증언하지 않았던가. 몸이 좋아지면 술을 끊었다가 몸이 나빠지면 술을 다시 마셨다고. 그의 증언이 사실로 입증되는 순간이다. 어찌 되었건, 취흥이 도도해지자 남효온은 다시 한 편의 시를 지었다. 그날 그때의 정경을 담아 「이날 밤에 술이 얼큰하여 감회가 있어 짓다」라고 제목을 달았다.

人生半哀樂　인생은 슬픔과 즐거움이 반반이다가
造次成今古　순식간에 지난 일이 되어버리네.
繁華今日身　번성하고 화려한 오늘의 이 몸도
寂寞明日土　내일이면 적막하게 흙이 되리라.
安得土一抔　어찌 한 움큼의 흙을 얻으려고
浪逐浮名苦　부질없이 이름을 좇아 괴로워할까?

携朋此登舟　벗을 데리고 이렇게 배에 오르니
屯雲迷極浦　하늘 가득한 구름 먼 포구 가렸네.
大江純浸山　큰 강물이 온통 산 모습 비추니
動影掀天宇　움직이는 그림자는 하늘을 흔드네.
蒼茫兩岸黑　아득한 양쪽의 언덕이 깜깜해지니
欲作神靈雨　신령스러운 비가 내리려는 것이리라.
柂樓開瓦甌　거룻배에 걸터앉아 술 단지 여니
興與感交午　흥취와 감회가 종횡으로 교차하네.
神淸萬慮空　정신이 맑아 온갖 걱정 사라지니
病骨欲生羽[16]　병든 몸에도 날개가 돋으려 하네.

전체적인 시상은 아침에 지어 보낸 「자만시」와 자연스럽게 이어진다. 모두들 영원한 삶을 탐하지만, 결국에는 한 움큼의 흙으로 돌아가버리고 만다는 사실. 아름다운 풍광에서 마음 맞는 벗들과 나누는 도도한 취흥. 순간, 온갖 걱정과 시름이 사라지고 정신이 맑아지면서 아득한 하늘로의 비상을 꿈꾼다. "병든 몸에도 날개가 돋으려 하네"라는 대목은 어디선가 본 듯하지 않은가. 스물여덟에 요절한 천재 작가 이상(李箱)이 「날개」의 마지막에서 "날개야 다시 돋아라. 날자. 날자. 날자. 한 번만 더 날자꾸나. 한 번만 더 날아보자꾸나"라고 절규하던 바로 그것이다.

이상의 날개는 미스코시 백화점 옥상에서 추락하고 말았지만, 남효온의 날개는 광활한 대지로 비상해갔다. 남효온은 병으로 잠시 미뤄두었던 드넓은 북녘, 곧 고조선과 고구려의 도읍지였던 평양과 그 인근 지역으로 떠났다. 그해 봄날, 바로 출발했다. 김종직이 소식이 끊어진 남효온의 안부를 궁금하게 여기며, 두만강을 거슬러 물길(勿吉)과 읍루(挹婁)의 옛 터를 돌아보고 압록강에 배를 띄워 국내성, 환도성 부근을 배회하고 있으리라고 짐작했던 바로 그곳이다. 그러고 보면, 남효온의 행보는 선배이자 절친한 사우였던 김시습의 방랑과 상통하는 바가 많다. 김시습도 세조의 불의를 견딜 수 없어 서울을 떠나 전국을 떠돌았다. 그런 그의 방랑은 무질서한 듯 보이지만, 사실은 그렇지 않았다. 관동 → 관서 → 호남 → 영남을 차례대로 거치며 읊조렸던 김시습의 『사유록(四遊錄)』은 시로 기록한 전국 역사탐방 보고서이기도 했다.

남효온도 다르지 않았다. 우리가 지금까지 살펴본 주요 여정만 꼽아보더라도 쉽게 확인되는 바이다. 금강산, 송악산, 해운대, 지리산, 두륜산, 부여, 공주 등 그의 발길은 관동 → 영남 → 호남으로 이어졌다. 그리고 마지막으로 관서지역을 찾았던 것이다. 마음속으로 벼르던 유람이었던 만큼 발길도 무척 바쁘게 이어졌다. 핵심 지역인 평양을 집중 탐사했음은 말할 필요도 없고, 그 너머의 변방까지 골고루 누비고 다녔다. 그가 들른 지역을 그의 술회로 직접 확인해보자.

(전략)

今春入關西　올해 봄에 관서 땅 들어가니
觸眼皆索寞　보이는 풍경 모두 삭막했다오.
眼涉妙香山　묘향산을 두루 돌아보고
舟泛沸流川　비류천에 배를 띄웠으며
獻詩檀君殿　단군 성전에 시를 올리고
贊述箕王賢　기자 왕의 어진 덕을 찬술하였소.

流憩浿江邊 패강 주변을 돌아다니다 쉬면서
細閱衛滿跡 위만조선 흔적을 자세히 살폈고
歷覽九梯宮 구제궁을 두루 구경하면서
想像東明德 동명왕의 덕을 상상하였소.
薩水隋戰場 살수는 수나라의 싸움터요
玄菟漢四郡 현도는 한사군의 하나라오.
紅巾死棘城 홍건적이 극성에서 죽었고
七佛扶麗運[17] 칠불이 고구려 국운 부지했소.
博川魚鱉橋 박천은 어별교 놓았던 강
紇骨松讓封 흘골산은 송양을 봉한 곳.
首陽今海州 수양산은 지금의 해주 땅
龍岡古黃龍 용강은 옛날의 황룡국이라오.
茫茫千古事 아득하고 아득한 천고의 일들
歷歷目前數 역력히 눈앞에서 헤아려보았소.

(하략)

남효온은 이 땅에 나라를 처음 열었던 단군과 기자의 사당, 고구려의 동명성왕이 머물렀다고 전해지는 구제궁, 주몽이 대소의 추격을 따돌렸다는 박천, 주몽이 송양에게 봉해준 흘골산성, 고려 때 홍건적을 섬멸시킨 정방산성 등 고대의 역사가 서린 유적지를 샅샅이 뒤지고 다녔다. 물론 그때마다 느낀 감회를 시문으로 거두었다. 남효온은 "내가 일찍이 관서를 유람하면서 지은 시가 근 100여 편이다"[18]라고 『추강냉화』에서 밝힌 바 있다. 그처럼 뜻 깊은 관서지역 유람이 끝나갈 무렵, 남효온은 구월산 패엽사(貝葉寺)를 찾았다. 그곳은 선친의 벗이었던 일암(一庵) 스님이 머물던 절이었다.

때는 8월 20일이었는데, 그날은 마침 선친의 기일이기도 했다. 비록 떠도는 몸이긴 했지만, 그냥 지나칠 수는 없었다. 그래서 절에서 제사를 드렸다. 불당에서 재(齋)를 올리는 행위가 유자의 도리에 어긋나는 일이긴 했지만, 독실한 불교 신자였을 부친을 위해서라면 마다할 일만은 아니었다. 그렇게 재를 드리고 난 뒤, 여든세 살의 노스님과 마주앉아 지난 일을 회고하며 밤을 지새웠다. 그러고는 그에게 장편의 시를 지어 바쳤다. 제목은 「8월 20일, 선친의 불가친구였던 일암 스님을 구월산 패엽사에서 찾아뵈었다. 이날은 바로 선친의 기일이라 대사께 청하여 열반당에서 제사를 올린 뒤, 이어서 옛이야기를 나누었다. 대사의 연세는 여든셋이다」로 매우 길다. 일암 스님에게 자신의 회포를 길게 털어놓았던 까닭은 그가 부친의 오랜 친구이기도 했지만, 자신이 어린 시절에 직접 가르침을 받은 스승이기도 했기 때문이다.

어릴 때의 첫 스승을 근 20년 만에 찾아뵌 구월산의 가을, 남효온은 흐느껴 울며 법당에서 선친에게 재를 올리고 나서 자신이 겪어온 시절을 이렇게 길게 아뢰었다.

二十年前事　이십 년 전의 그 옛날 일들이
油然到心頭　마음 끝에 뭉게뭉게 일어나네.
師其聽我否　대사께서 제 얘기 들어보시겠소
小子請具陳　소자가 청컨대 모두 아뢰리다.
在昔天順末　그 옛날 천순 연간 말년에

興天誨後人　홍천사에서 후인을 가르칠 때
余在諸生後　저도 제생의 말석에 참석하여
得遊文墨場　문묵의 마당에 놀 수 있었더니
在今數十載　수십 년의 세월이 흘러간 지금
同列竝鵷行　같이 배운 이들은 조정에 올랐다오.
獨余稟性懶　유독 저만은 품성이 게으른 데다
加以阻趨庭　부친의 가르침을 받지 못했고
坎壈少失學　불행히도 젊을 때 배우지 못해
與世同醉醒　세상과 함께 취하고 깨었소.
百事百蹉跎　백이면 백 가지가 모두 어긋나니
菟裘知何處　돌아가 은거할 곳 그 어디일까?
廣野歌匪兕　광야에서 무소를 노래 부르고
原隰羨萇楚　언덕의 보리수를 부러워했네.
前年訪頭流　연전엔 지리산을 찾아갔고
去歲登楓岳　거년에는 풍악산에 올랐으며
今春入關西　올해 봄에 관서 땅 들어가니
觸眼皆索寞[19] 보이는 풍경 모두 삭막했다오.

위의 시에서 밝혀놓고 있듯, 남효온은 천순(天順, 1457~1463) 말엽에 서울 홍천사에서 일암 스님에게 처음 가르침을 받았다. 조선 초기의 고승으로 이름이 높던 그는 유가의 인물들과 많은 교유를 했다. 시를 직접 주고받은 인물만 꼽아보아도 서거정, 이승소, 강희맹, 신숙주, 성삼문, 성현 등 당대 명사들이 총망라될 정도였다. 그런 일암이 지난날 홍천사에서 젊은 유생들을 가르칠 때, 열 살 무렵의 남효온도 그 자리에 참석하여 배웠던 것이다. 그때 함께 공부했던 동료들은 거의 모두 조정에서 벼슬을 하고 있었다. 다만 자기만 거기에 끼지 못한 채 지리산과 금강산, 그리고 이렇게 관서지역을 떠돌고 있다. 그 누구도 자신을 반갑게 맞이해주지 않았고 모두 냉랭했다. 그리하여 다음과 같은 하소연으로 시를 마무리 하게 된다.

舒憂心愈亂　근심 펼칠수록 마음 더욱 어지럽고
强歌聲愈苦　억지로 노래할수록 소리 더 괴롭소.
正如失棲鳥　정녕 이내 몸 둥지 잃은 새 같아
長夜呼嗚嗚　긴 밤 내내 슬프게 울부짖는다오.
風觸七哀生　바람만 닿아도 일곱 슬픔 생겨나니
世事自無娛　세상일 자연히 즐거울 게 없구려.
親戚背面笑　친척도 얼굴 돌리고 비웃을 뿐이니
孰肯矯我失　그 누가 내 잘못 바로잡으려 할까.
師能誨三字　대사께서 삼자를 가르쳐주시니
改過從今日[20] 오늘부터 곧바로 허물을 고치겠소.

남효온은 자신의 신세가 너무도 비참해서, 둥지 잃은 새처럼 밤마다 흐느껴 울었다고 고백한다. 바람만 불어도 온갖 슬픔이 몰려오니, 마치 위나라의 조식(曺植)이 지은 「칠애시(七哀詩)」와도 같았다. 여기에서 말하고 있는 일곱 가지의 슬픔이란 아파서 슬프고, 의리로 슬프고, 느꺼워서 슬프고, 원망스러워서 슬프고, 눈으로 보고 귀로 들어서 슬프고, 입으로 탄식하여 슬프고, 코가 시어서 슬픈 것이다. 하지만 세상 누구 하나 그런 자신을 돌아보지 않고 비웃을 따름이다. 하소연을 모두 듣고 난 노스승은 남효온에게 삼자부(三字符)를 주며 타일렀다. 그것은 『주역, 복괘(復卦)』에 나오는 '불원복(不遠復)', 곧 멀리 가지 않고 돌아온다는 뜻이었다. 허물이 있는 자가 머지않아 빨리 뉘우쳐 회복된다는 말인데, 주자가 도에 들어가는 차제(次第)에 대한 질문을 받고 "나는 『주역』에서 도로 들어가는 문을 얻었다. 이른바 '불원복'이 나의 삼자부이다"라고 말하여 유명해졌다. 그런 가르침을 노스승으로부터 받은 남효온은 그 말을 가슴에 새기며 지난날의 허물을 고치겠다고 다짐하며 다시 집으로 돌아왔다. 지난날 공주에서 김종직의 귀가 권유를 받았을 때처럼 다시는 멀리 떠나 방황하지 않겠다고 결심도 했다. 모두 지키지는 못했지만 말이다.

11장

죽음 앞에서 얻은 지극한 즐거움

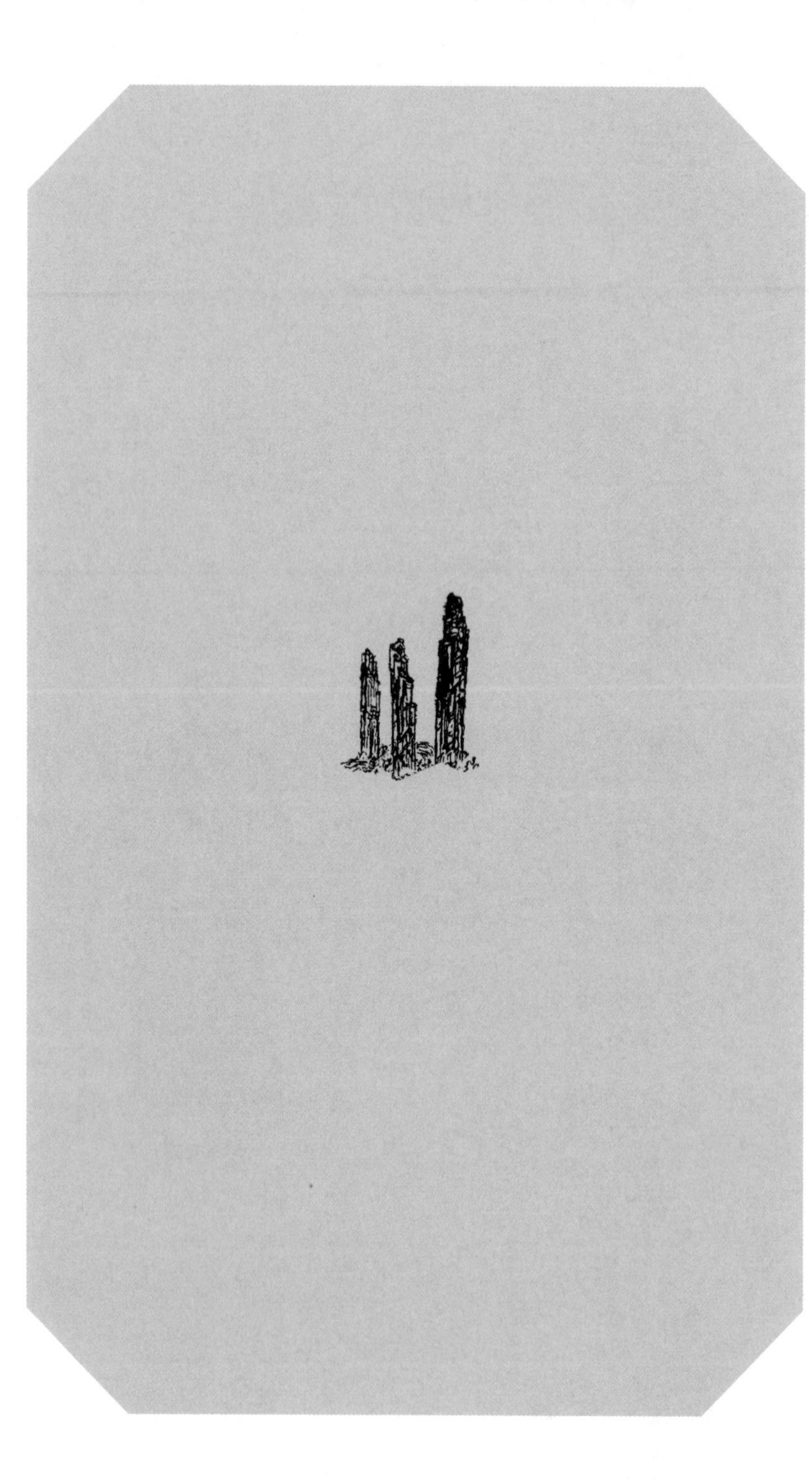

호남으로의 마지막 여정, 또는 이별 여행

성종 20년 가을, 관서지역을 둘러보고 돌아온 남효온은 1년 넘게 행주에 머물렀다. 일암 스님이 일러준 삼자부를 지키려고 했는지도 모른다. 그러면서 자신이 겪어온 시대와 뜻을 함께 했던 사우를 추억하는 침잠의 시간을 가졌다. 『추강냉화』와 『사우명행록』은 그때 길어 올린 저술이다. 전자는 태평성대로 일컬어지는 성종 대의 어두운 그늘을 보여주는 일화들을 이것저것 모은 잡록(雜錄)의 형식이고, 후자는 젊은 시절에 함께 어울렸던 벗들의 언행을 짤막짤막하게 기록한 약전(略傳)의 형식이다. 맨 끝에 "추강거사가 경지재에서 썼다[秋江居士書于敬止齋]"라고 밝혀놓아, 행주에 은거하며 집필했다는 사실을 확인할 수 있다. 하지만 어느 때 집필했는지 특정하기는 어려운데, 내용 가운데 성종 21년(1490) 7월 26일 이후의 일화가 들어 있어 그 이후까지 다듬었던 것만큼은 분명하다.

그렇게 시대의 증언을 적어가던 남효온은 성종 22년 정월, 백제의 고도 부여로 떠났다. 그때, 그의 나이 서른여덟이었다. 이듬해인 서른아홉에 생을 마쳤으니, 그의 생애 마지막 여정인 셈이다. 1년 넘게 잠잠했던 그가 왜 다시 유람을 시작했는지 자세한 사연은 알기 어렵다. 다만 그때 지은 「부여회고(扶餘懷古)」라는 칠언절구 10수를 통해 그 정황만큼은 엿볼 수 있다. 제목 아래에 "백원(이총)과 함께 배를 타고 백마강(白馬江)의

천정대(天政臺), 조어대(釣魚臺), 낙화암(落花巖), 부산(浮山)을 지나 돌아왔다. 이때가 신해년(성종 22년, 1491) 1월 23일이다"라고 동반했던 사람, 유람했던 장소, 그리고 유람의 날짜까지 분명하게 밝혀두었다.

이때 함께 갔던 이총은 막역한 벗이자 사돈지간으로 갑자사화 때 참혹한 화를 함께 당했다. 그처럼 강퍅한 시대를 함께 견디던 두 사람 모두 부여를 돌아보며 역사의 흥망에 대한 남다른 감회를 가졌을 법하다. 그렇더라도 정월은 아직 추위가 만만치 않을 때였다. 그런 계절에 먼 길을 다녀온 데는 나름의 이유가 있었을 터이다. 마지막 이별 여행을 다녀온다고 생각했던 것일까? 아니면 새봄이 돌아오니 뭔가 다시 시작할 수 있겠다는 의욕이 꿈틀대던 것일까? 모를 일이다. 하지만 희망의 조짐은 발견되지 않는다. 오히려 자신의 영락한 처지와 망해버린 나라를 보며 느끼는 쓸쓸한 정취만이 짙게 드리워져 있을 따름이다. 문득문득 드러나는 역사에 대한 날카로운 통찰에도 불구하고 전편을 휘감고 있는 회한의 정감은 새 기운이 감도는 봄날과 대비되어 보다 처참하게 읽힌다.

半生不與人間客　반평생을 인간사에 간여하지 않던 나그네
今日津頭愴世身　오늘은 나루터에서 세상을 슬퍼하는 몸일세.
古國千年歌舞盡　천년 전 옛 나라엔 노래와 춤이 다했는데
煙花時節過江春[1]　봄꽃 피는 좋은 계절에 봄 강물을 지나가네.

여섯 번째 시이다. '반평생[半生]'이란 시구로 시작한다. 죽음을 눈앞에 둔 그의 만년임을 알고 있는 우리, 그리고 죽음이 멀지 않다는 것을 항시 생각하고 있던 그였기에 그 말은 긴 여운을 남긴다. 새봄의 좋은 경치

였기에 그런 희망을 은연중에 드러냈을지도 모른다. 하지만 지내온 시절 내내 현실 세계와 화합하지 못한 처지였기에 망해버린 백제의 고도를 둘러보는 심경은 쓸쓸할 수밖에 없었다. 망국의 회한은 산천초목이 시들어버린 가을에도 깊어질 수 있지만, 만물이 아름답게 피어나는 봄날에 한층 더 깊어질 수 있다. 은나라가 망해 폐허가 되어버린 궁궐터에 보리와 기장이 무성하게 자라나던 모습을 보고, 기자가 읊었다던 「맥수가(麥秀歌)」 또한 그러했다. 백제의 화려했던 전성기와 그때의 영화가 스러져버린 현재, 그리고 강가에 피어나는 봄꽃과 그것을 바라보며 배회하는 자신의 모습. 백마강의 불어난 봄물은 남효온을 그렇게 하염없이 아득하게 흘려보냈다.

이총과 부여 유람을 마친 뒤, 남효온은 다시 혼자가 되어 더 먼 유람의 길을 떠났다. 다음 달인 2월에 호남으로 향했던 것이다. 그의 발길이 멈춘 곳은 남도의 최남단인 전라도 장흥이었다. 여기저기 들러가며 도착했던 그곳에서 잠시 머물렀다가 다시 행주로 돌아왔다. 이렇게 다시 남도로 내려갈 요량이었다면, 부여에서 내쳐 내려가면 될 것을 굳이 서울로 올라왔다가 다시 내려간 까닭이 궁금하다. 떠나면 돌아오고 싶고, 돌아오면 떠나고 싶었던 것일까? 사전에 계획하지 않은 방랑이야말로 그 자신도 어찌하지 못하는 답답증의 발로였을 터이다. 다음은 남효온이 웅진의 객관에서 묵으며 지은 시이다.

一方春色來天地　한 지방의 봄빛이 천지간에 찾아오니
江觸石磯碪杵鳴　강물이 바위에 부딪쳐 다듬이 소리 울리네.
少歲賦詩多取謗　젊은 시절 시 짓다가 비방 많이 들었으니

晚年行館不題名[2] 노년에는 객관에다 이름 적지 않으려네.

충청도 웅진은 서른네 살과 서른다섯 살의 봄날에도 들른 적이 있었으니, 위의 시가 그때 지은 것인지 아니면 서른여덟 살 때 다시 찾아 지은 것인지 단정하기 어렵다. 다만 봄빛이 한창이던 날, 노년의 시절이라고 밝힌 구절을 보면 세 번째 유람 때 지은 것으로 보아야 할 듯하다. 그렇게 추정할 때, 젊은 날에 지은 시로 인해 온갖 비방을 받았기에 다시는 객관에서 지은 시에 자기 이름을 밝히지 않겠다는 마지막 구절은 의미심장하다. '미친 서생'이라는 비난을 받으며 살아온 자신의 존재를 아예 지워버리고 싶다는 말처럼 읽히기 때문이다.

그런 마음으로 웅진의 객관에 머물렀던 남효온은 남쪽을 향해 내려가다가 이번에는 담양향교에서 하룻밤을 묵게 된다. 그곳에는 죽마고우인 김빈(金濱)이 교관으로 있었다. 김빈의 행적은 알려진 것이 거의 없다. 다만 성종 13년 7월 7일, 직첩을 돌려받았다는 실록의 기사를 보면 어떤 사건에 연루되어 직첩을 빼앗기는 고초를 겪었음을 알 수 있다. 이날 이승언도 직첩을 돌려받았는데, 그는 그 유명한 어우동 스캔들에 연루되어 억울하게 벌을 받았다. 그렇다면 김빈도 같은 사건에 연루되어 처벌을 받았던 것일까? 하긴, 남효온도 그 일에 연루되어 곤욕을 치를 뻔했었다. 젊은 시절 함께 어울렸던 김빈도 남효온과 마찬가지로 세상에 쓰이지 못한 채 지방의 훈도로 근근이 연명하던 처지였다.

그런 김빈이 남효온에게 기문을 하나 부탁했다. 담양향교의 보자[寶上]를 기념하기 위한 글이었다. 보자란 특별한 목적을 위해 기금을 모아 운영하는 제도를 가리키는 우리의 옛말이다. 담양향교에서 후학을 안정적으로 양성하기 위해 조성한 장학기금을 축하하고자 했던 것이다. 그 보자는 김종직이 전라도관찰사로 있으면서 담양부사 곽은(郭垠)과 함께 만든 것이었다. 막역하던 친구의 부탁이자 존경하던 스승의 정성이 깃든 일이었던 만큼 마다하기 어려운 일이었다. 이에 보자를 만들게 된 내력을 소상하게 적은 뒤, 김종직에게 제자로서의 각별한 경의를 표했다. 지난 성종 18년 섣달그믐날 나주에서 처음 만나 맺은 사제의 인연, 성종 19년 정월 초하룻날 자만시를 지어 바쳤던 기억이 새록새록 되살아났으리라.

> 김공은 호가 점필재이고, 문장과 도덕이 이 시대 사대부의 으뜸이다. 조정에 일이 있으면 공에게 자문하고 학자에게 의문이 있으면 공에게 질문하니, 백성에겐 부모가 있고 나라에는 시귀(蓍龜)가 있다는 것이 이것이다. 내가 스승으로 섬긴 지 몇 해가 되었고, 공도 나를 받아들이고 예우하여 으레 문하의 선비로 보아 나를 알아줌이 매우 깊었다.[3]

남효온은 김종직을 "나라의 시귀"라고 추켜세웠다. 시귀란 점을 칠 때 쓰는 시초(蓍草)와 거북을 일컫는 말로, 국가에서 절대적으로 믿고 의지할 수 있는 원로를 비유할 때 자주 쓰는 표현이다. 그런 분이 만들어준 보자에 힘입어 담양에서 많은 인재가 나리라는 요지로 기문을 써주고 난 뒤, 이번에는 발길을 전라도 영광으로 돌렸다. 거기에는 의령 남씨 가문에서 중시조로 떠받들고 있는 7대조 남천로(南天老)의 무덤이 있었다. 고려 후기에 영광군(靈光郡)의 수령을 지냈던 그는 그곳에서 죽어 그곳에 묻혔다. 그런 사실로 미루어 짐작한다면, 남효온이 지친 몸을 이끌고 먼 남쪽으로 내려온 까닭은 선조의 무덤에 제사를 올리기 위해서였을지도 모른다. 그가 황해도 개성과 경상도 의령을 종종 찾은 까닭이 선대로부터 물려받은 전장이 그곳에 있었기 때문이었던 것처럼 말이다. 그러고 보면 남효온이 호남을 세 번씩이나 찾았던 때는 모두 봄날이었다. 그곳에 7대조의 무덤이 있었을 뿐만 아니라 일가친척도 적잖이 살고 있었을 터, 개성과 의령 못지않게 호남도 남효온과 깊은 인연을 맺고 있는 지역이었다.

그렇다고 해서 남효온의 호남 방문이 금의환향과 같을 리 없었다. 벼슬도 하지 못한 서생으로 생계를 위해 이곳저곳을 찾아다니는 자신의 신세는 한없이 초라했다. 7대조의 선영에 지어 바친 제문에서 그런 심사를 확인할 수 있다. "홍치(弘治) 4년(성종 22년, 1491) 2월 24일에 7세손 성균 진사 효온이 삼가 특시(特豕, 한 마리의 돼지)의 제물로써 고(故) 고려 영광군사(靈光郡事) 남후(南侯) 천로(天老)의 묘에 올립니다"로 시작되는 그 제문은 다음과 같이 마무리 된다.

> 시중(侍中)을 지낸 3세손과 개국공신이 된 두 손자가 비로소 우리 집안을 열게 되었던 것은 오로지 후(侯)의 은덕으로 말미암은 바입니다. 이에 잔약한 후손이 가업을 지키지 못한다면, 선대로부터 물려받은 귀한 유물을 어떤 방법으로 전할 수 있겠습니까. 세상 사람들에게 더할 수 없는 비웃음을 받게 된 것은 실로 저의 불초한 죄입니다. 불우한 신세로 말하자면 이름은 관리의 명부에서 탈락되었고, 고달픈 여생으로 말하자면 몸은 남쪽 변방을 떠돌고 있습니다.[4]

7대조 남천로의 음덕으로 가문의 성세를 이어간 선조들과 진사의 신분으로 전국을 떠돌고 있는 자신의 대비가 극명하다. 부끄럽고 죄스러운 일이었다. 남효온이 제문에서 특별하게 거론하고 있는 선조는 태조 때 개국공신으로 봉해진 5대조 남재와 남은, 그리고 문종 때 좌의정을 지낸 증조부 남지였다. 비록 왕자의 난으로 죽은 남은과 계유정난으로 몰락한 남지의 처지를 드러내어 말하지는 못했지만, 건국 초기의 잦은 정변으로 기울어가던 가문의 쇠퇴와 이를 일으켜 세우지 못하고 있는 자신의 처지에 대한 회한은 감내하기 힘든 아픔이었다. 남효온은 처량한 자신의 몰골을 감추기라도 하듯, 다음 발길을 호남의 최남단인 장흥으로 잡았다.

죽음의 달관,
실의한 동류와의 묵은 회포

전라남도 장흥에는 자신과 마찬가지로 힘든 삶을 견뎌내고 있는 죽마고우가 살고 있었다. 성종이 사사한 폐비 윤씨의 오빠 윤구가 그였다. 폐비 윤씨가 사사된 뒤에 그의 오라비 세 명은 모두 외방으로 내쳐졌는데, 맏형 윤구는 어미와 함께 장흥에 유배되었다. 그때가 성종 13년 8월 17일이었으니, 벌써 10년이란 세월이 흘렀다. 물론 폐비 윤씨의 오라비였기에 쫓겨나긴 했지만, 뒷날 왕위에 오르게 될 세자의 외삼촌이기도 했던 만큼 조정에서도 그를 마냥 방치해둘 수만은 없었다. 그 때문에 윤구를 풀어주어야 한다는 논의가 조정 한 켠에서 조심스럽게 일어나던 중이었다. 남효온은 오랫동안 유배 생활을 하던 윤구를 위로도 하고 조정의 최근 소식도 전할 겸 그곳으로 갔던 것으로 보인다.

그리고 장흥에서 윤구와 며칠을 함께 지내며 진진한 회포를 풀었다. 그와 헤어져 돌아온 뒤, 무려 스물한 수에 달하는 많은 시를 지어 회상할 정도였다. 또한 그때의 만남을 생생하게 보여주는 한 편의 명문을 짓기도 했다. 「조대기(釣臺記)」가 그것이다. 남효온은 장흥의 객관에 머물면서 그곳의 유력 인사들과 즐거운 한나절을 보내기도 했다. 오랫동안 유배살이를 하던 윤구, 모친상을 치르고 아직 복직하지 않고 있던 함열현감 이침(李琛), 장흥부사의 아들 김세언(金世彦)과 사위 김양좌(金良佐),

그리고 윤구의 사위 이세회(李世薈) 등이 함께 했던 면면이다. 예양강에서 잡은 물고기를 안주로 삼아 너른 바위 위에 둘러앉아 술자리를 가졌다. 달이 뜰 때까지 담소도 나누고 흥에 겨워 춤을 추기도 했다. 그러다가 문득 남효온은 그 모임을 기념하는 글을 짓게 되었다. 작은 잔치를 벌이고 놀았던 바위를 제목으로 삼은 그 작품은 이렇게 시작한다.

> 내가 생각건대, 천지 가운데 부여된 바는 동일한 명(命)이다. 때문에 만물이 태어날 때에 동일한 성품을 받고 태어난다. 그러므로 편안함을 추구하고 위태로움을 피하며, 삶을 좋아하고 죽음을 싫어하는 것은 사람이나 물건 모두 마찬가지이다. 그런데 사람은 물고기를 보면 잡아먹고 물고기는 사람에게 잡혀 삶겨지게 되니, 물고기의 근심을 자신의 즐거움으로 삼아서야 되겠는가?[5]

글의 시작은 생뚱맞다. 종일토록 물고기 잡아먹는 것을 승사(勝事)로 여기며 실컷 마시고 떠들던 처지였으면서도 물고기를 잡아먹는 것을 즐거움으로 삼아서야 되겠느냐고 반문했다. 취흥이 도도하던 좌중의 분위기가 순간 싸늘해졌을 법하다. 이를 노렸던 것일까? 대단한 문장가의 솜씨답게 글의 기세는 갑자기 돌변한다. 그물을 처음 만들었다는 황제(皇帝), 뇌택(雷澤)에서 물고기를 잡으며 지냈다는 순임금, 그리고 그물질을 하는 대신 낚시질을 했다는 공자 등 역대 성인이 물고기 잡은 사례를 즐비하게 늘어놓기 시작한다. 성인도 물고기를 잡아먹었으니, 자신들의 행위도 그리 탓할 것이 못 된다는 변명이다. 그러더니 문득 궤변처럼 들리는 논리를 펼쳐나갔다.

물고기를 낚는 즐거움은 진실한 것이다. 하물며 물고기는 나에게 먹히고 나는 조물주에게 먹히니, 내가 조물주에게 먹히는 것이 즐거운 일임을 안다면, 물고기가 나에게 먹히는 것도 또한 즐거운 일임을 알겠다. 어찌 물고기 낚는다는 것으로 제목을 삼지 않을 수 있겠는가?[6]

세상의 살아 있는 생물은 모두 죽는 것을 싫어한다. 그렇지만 우리 모두가 태어난 조물주의 세계로 되돌아가는 것은 즐거운 일이 아닐 수 없다. 사람은 죽음으로써 비로소 태어난 곳으로 돌아갈 수 있다는 깨달음이다. 남효온은 그렇게 죽음의 두려움마저 넘어섰던 것일까? 정말로 생사를 초월한 경지를 엿본 듯이 보이기도 한다. 내가 죽음을 즐겁게 맞이할 수 있다면, 물고기도 죽음을 즐거운 마음으로 받아들이리라는 일종의 궤변, 또는 놀라운 달관이 돋보인다. 남효온은 자신의 죽음을 불과 1년 남짓 앞두고 있던 만년의 봄날을 그렇게 보내고 있었다. 그러던 어느 날, 함열현감을 지낸 이침이 술병을 들고 자신이 묵고 있던 객관으로 찾아왔다. 낙척한 남효온을 위로하기 위해서였다. 그에 감읍하며 지어준 시가 남아 있다.

靑衿零落二毛疎	선비 시절 영락하여 흰머리 성글어졌으니
弧矢任他千里魚	웅대한 포부 안고 천리 길을 쏘다녔다오.
豈料陳平門外轍	어찌 생각했으랴, 진평의 문밖 수레 길에
今來邵子酒甁車	지금 소자의 술병 실은 수레가 찾아올 줄을.
花飛涷雨春將暮	소낙비에 꽃이 날려 봄날 장차 저물어가고

葉遍青林夏欲初　푸른 숲에 잎이 덮여 초여름 되려 하오.
梧酒武城歌舞裏　장흥 땅에서 술 마시며 노래하고 춤출 때
喜逢先輩話詩書[7]　선배를 기쁘게 만나 시서를 함께 얘기하네.

한나라 진평은 무척 궁핍했지만, 찾아오는 손님들은 끊이지 않았다고 한다. 남효온은 그 고사를 빌려다가 이침의 방문에 짐짓 감사를 표했다. 그렇지만 젊은 시절부터 뭇사람의 배척을 받아 머리가 희어지도록 천지사방을 떠돌고 있는 천리어(千里魚) 같은 자신의 처지가 회생할 가능성은 없어 보였다. 천리어란 "어항 속에 사는 물고기가 끝이 어딘지 모르고 한없이 뱅글뱅글 돌기만 한다"라는 뜻이다. 춘추시대 노자의 제자 윤희(尹喜)가 지었다는 『관윤자(關尹子)』에 나오는 말이다. 남효온은 남쪽 끝에 버려져 있던 그들을 위로했고, 그들은 평생 울울하게 지내던 남효온을 위로했다. 동병상련의 아픔을 함께 하는 나날이었다.

남효온이 장흥을 방문하여 그곳의 유력 인사들과 함께 했던 인연은 그 지역의 사족들에게 뜻 깊은 미담으로 전해졌다. 장흥은 유배객이 많았던 먼 변방이었기에 그런 기억은 더욱 강렬한 인상을 남겼다. 그런 까닭에 뒷날 조선의 건국에 동참하지 않아 귀양 온 이색(李穡)이라든가 기묘사화 때 유배되거나 낙향했던 신잠(申潛), 김광원(金光遠)을 기리기 위해 설립된 예양서원(汭陽書院)에 남효온도 함께 배향될 수 있었다. 3월 말쯤 장흥을 떠나 행주로 돌아왔던 남효온 자신도 그곳에서의 기억을 쉽게 잊지 못했다. 그해 8월 무렵에 스물한 편이나 되는 연작시를 지어 장흥에서 보낸 시간을 길게 추억할 정도였다.

장흥 예양서원. 남효온은 죽기 직전인 성종 22년 봄, 전라도 장흥을 마지막으로 찾았다. 그곳에서 유배생활을 하던 친구 윤구를 비롯하여 향중 인사들과 속 깊은 회포를 나누었는데, 그런 인연으로 숙종 7년, 장흥의 예양서원에 배향된다. 예양서원은 이색(李穡)의 학덕을 기리기 위해 광해군 12년에 세워진 서원이었다.

落魄前身杜紫微　실의한 처지는 두보의 전생인 듯
楊州市上思依依　양주의 저잣거리에서 생각이 아련하네.
年華浪度秋將晩　세월은 덧없이 흘러 가을이 저물어가니
落葉一庭埋半扉[8]　뜨락에 낙엽 쌓여 사립문 반쯤 잠겼겠지.

唐世無能識志和　당나라 시대에 장지화 아는 이 없었고
呂巖流落袖青蛇　여동빈은 유랑하며 청사검을 감추었네.
神仙本是蹭蹬客　신선이란 본래 뜻을 잃은 사람이건만
人道貪生鄙術家[9]　사람들은 목숨 탐내는 술사라고 말하네.

장흥에서 함께 지냈던 윤구를 그리는 시편 가운데 두 수이다. 남효온과 윤구 모두 문장으로 이름이 높았고, 특히 두보를 좋아했다. 두보처럼 그들의 삶도 고달프기 짝이 없었다. 낙엽이 가득 쌓인 채, 찾아주는 사람 없는 사립문은 늘 반쯤 잠겨 있다. 세상의 버림을 받아 적막하기 그지없던 두 사람이다. 윤구는 당나라의 시인 장지화처럼 궁벽한 곳에서 낚시질이나 하며 지냈고, 남효온은 여동빈처럼 아무도 알아주지 않는 청사검을 가슴에 품은 채 전국을 떠돌아다녔다. 아무도 모르는 곳에 은거하여 지내거나 아무 꺼릴 것 없이 방랑하며 지내는 그들의 삶이 어찌 그들의 본뜻이었겠는가? 현실에서 용납되지 못해 선택한 불가피한 은거와 방랑일 수밖에 없었다. 그런데도 사람들은 그들을 신선처럼 지낸다며 놀려대곤 했다. 그런 남효온이 되묻던 한마디, 곧 신선이란 본래 뜻을 잃은 사람이라는 절규는 우리의 마음을 뭉클하게 만든다. 정신없이 바삐 살아가는 현대인에게 꿈같은 로망처럼 부러움을 사는 텔레비전 프로그램 속의 '자연인'들도 알고 보면 모두 현실로부터 쫓겨나간 떠돌이였다.

살갑게 대해주던 두 여인에 대한 추억

남효온은 죽기 1년 전인 성종 22년, 마지막 유람을 두 차례 다녀왔다. 정월에 이총과 부여를 유람하고 돌아왔다가 2월부터 다시 호남의 여러 지역을 두루 찾아보고 돌아왔다. 앞에서 살펴본 담양, 영광, 장흥 외에도 여산, 전주, 나주, 순천 등 여러 곳에서 그의 자취가 확인된다. 그리고 발길 닿는 곳마다 자신의 소회를 시문으로 남겼다. 하지만 그가 가장 잊지 못한 장소는 장흥이었다. 서울로 돌아와서 마지막으로 맞이했던 그해 가을, 죽음을 예감했던 것일까? 남효온은 장흥에서 보냈던 봄날을 너무나도 절절하게 추억했다. 천관산 아래 또는 예양강에서 낙척한 사람들과 함께 한 시간이라서 그처럼 그리워한 것일 수도 있다. 스물한 수에 이르는 장편의 연작시에 담은 장흥의 추억은 이렇게 시작된다.

回首江南幾短亭　돌아보매 강남 땅 몇 단정을 지나왔던가
冠山崒嵂枕滄溟　높고 험한 천관산은 푸른 바다 베고 있네.
六宵春夢懵如醉　여섯 밤의 봄꿈은 취한 듯이 아스라하니
匹馬何年眼更靑[10]　필마 타고 어느 해에 반갑게 다시 만날까.

예전에는 행인들이 여행하는 도중에 쉴 수 있도록 정자를 중간중간 설치해두었다. 10리 간격으로 설치한 정자는 장정(長亭)이라 부르고, 5리마다 설치한 정자는 단정(短亭)이라 불렀다. 『춘향전』에서 이도령이 서울로 떠나갈 때 춘향이와 이별하던 장소가 바로 그 유명한 오리정(五里亭)이다. 춘향이와 이도령은 남원에서 서울로 올라가는 길의 첫 번째 단정에서 헤어졌던 것이다. 남효온도 장흥을 떠나 서울로 올라올 때 수많은 단정을 지나왔다. 남효온이 행주에서 남쪽 끝의 장흥을 바라보는 심적 거리를 더욱 멀게 느껴지게 만들었던 것도 이 단정들이었다. 그토록 먼 장흥에서 머물렀던 엿새 동안의 봄꿈 같은 나날들을 쉽게 잊지 못했다. 남효온은 왜 그리도 장흥에서의 기억에 연연했던 것일까? 장흥에서 유배생활을 하던 죽마고우 윤구만을 그리는 것으로 보이지는 않는다. 대상의 정체는 이어지는 시편들 속에 점점 모습을 드러낸다.

南國佳人蘇小小	남국의 아름다운 사람은 소소소요
長安詞伯白香山	장안의 문장 대가는 백향산이라네.
春風一別渭城下	봄바람 속 위성에서 한번 이별할 때
日借鵝黃嫩柳間[11]	버드나무 아래에서 맛난 술 마시었지.

소소소(蘇小小)는 누구이고, 백향산(白香山)은 또 누구인가? 소소소는 남조(南朝) 제(齊)나라 때의 이름난 기생이고, 백향산은 향산거사(香山居士)로 불린 당나라 시인 백거이(白居易)를 가리킨다. 백거이는 「화춘심(和春深)」에서 그녀를 "전당 땅의 소소소, 사람들이 가장 아름답다고 말하지[錢塘蘇小小, 人道最夭斜]"라며 칭송했다. 천하제일의 명기 소소소를 백거이가 연연했듯, 남효온도 장흥에서 만난 어떤 여인을 그리워했다. 장

홍 객관에서 엿새 밤을 묵었을 때, 곁에서 자신을 모시던 관기(官妓)였을 터이다. 외로운 방랑으로 여겨지던 그의 유람에서 만나게 되는 뜻밖의 광경이다. 참담한 심경으로 전국을 떠돌고 장흥에서도 낙척한 사람들과 비감한 시간을 보냈던 것으로만 알았는데, 이런 에로틱한 만남도 가졌던 것이다. 어쩌면 외로움에 떨던 그였기에 자신을 따스하게 보듬어 안아주던 여인의 손길이 더욱 애틋하게 느껴졌으리라. 그런 정황을 보여주는 시편이다.

逆旅蕭條雙眼青　쓸쓸한 객관에서 반갑게 서로 만나
春風一別渭城下　봄바람에 술 마실 때 밤 등불 밝았소.
相逢卽別江南路　만난 뒤 곧바로 강남에서의 이별에
兒女無情亦愴情[12] 무정한 아녀자조차 마음 서글퍼했네.

나그네의 여정이라 장흥 객관에서 만남은 짧기만 했다. 여섯 밤에 불과했다. 하지만 그들은 조촐한 술자리를 마주하고 정겨운 담소로 밤을 지새웠다. 서로 할 말이 많았다. 짧은 만남과 긴 이별을 눈앞에 두고, 그들은 애틋하게 헤어졌다. 관아에 속한 기녀의 운명이란 오고 가는 손님을 접대하고 보내는 일이 일상이라고들 말하지만, 때론 그렇지 않은 이별도 있다. 남녀의 만남이란 누구도 예측할 수 없다. 춘향이가 그러했듯, 사대부와 관비 사이의 뜻하지 않은 연정도 심심치 않게 발견된다. 장흥의 기녀도 그러했다. 남효온의 고달픈 심사를 진정으로 이해했기 때문일 터이다.

남효온도 마찬가지의 마음으로 헤어진 장흥의 여인을 그리워했다. 제

4수에서는 비파 소리를 들으며 하염없이 눈물을 흘렸다고도 했고, 제6수에서는 먼 곳에 있는 그녀 생각으로 해 저문 언덕에 올라보기도 한다고 했다. 제10수에서는 남과 북으로 떨어져 있는 두 사람 모두를 함께 비춰주고 있을 달을 바라보며 그리워하기도 했다. 당대 최고의 시인으로 꼽히던 남효온이었으니 시적 포즈가 보통 사람의 수준을 훨씬 뛰어넘으리라고 생각하기 쉽다. 하지만 그도 그리운 여인 앞에서는 사랑에 눈이 먼 철없는 한 사내일 뿐이었다. 사춘기 학생의 연애편지처럼, 유치하고 상투적인 사랑의 고백으로 가득 찬 시들이었다.

남효온이 전국을 떠돌던 여정에서 만난 여인은 장흥의 기녀 외에 또 한 명이 있었던 것으로 확인된다. 지난 성종 18년, 영남지역을 유람하던 때였다. 경상감사를 접대하기 위해, 의령현감이 마련한 해운대 뱃놀이에 참석했다가 한 여인을 만나게 된다. 그 무렵에 지은 시문 어디에도 그녀는 등장하지 않았다. 그런데 뜻밖에도 몇 년이 지난 뒤, 영남으로 떠나는 친구를 전송하는 시에서 그녀는 모습을 드러낸다. 절친한 친구 신영희가 고향으로 내려갈 때 한강 나루터에서 전송하는 시를 지어주는 자리에서였다. 친구를 전송하면서 겸하여 그가 가는 편에 항아(姮娥)라는 동래의 노기(老妓)에게 사연을 적어 보냈던 것이다. 창작 시기는 확정하기 어렵다. 다만 헤어진 지 몇 해가 지났다거나 지난 40년의 세월을 탄식한다는 구절 등으로 미루어 짐작할 때 만년의 작품임에 분명하다. 죽음을 눈앞에 둔 남효온은 그녀와의 만남을 이렇게 추억했다.

秋天不復春　가을은 다시 봄이 되지 못하나니
收淚送君行　눈물 거두며 그대 행차 보내네.

坎壈薄暮人　해 질 무렵 험한 길을 나서는 사람아
馬前江不平　말 앞의 강물도 평온하지 않구려.
日落千林黑　해가 떨어져서 온 숲 어두워지니
螢火吾甚明　반딧불이 몹시도 환하게 빛나네.
人間白駒馳　일생은 백구가 틈을 달려가는 것 같고
榮華過耳聲　부귀영화는 귀를 스치는 바람 같은 것.
因嗟四十年　인하여 사십 년 세월 탄식하나니
所學何事成　배운 바로 어떤 일을 이루었던가.
麴生託末契　술 선생에게 이내 몸 의탁했으나
不能事錢兄　돈 형님은 제대로 섬기지 못했네.
老來萬慮衰　늙은 뒤에 온갖 생각 쇠퇴했건만
但不負鷗盟　은둔의 맹세만은 저버리지 않았네.
前年關東行　연전에는 관동지방 여행하였고
去年關西征　지난해에는 관서지방 돌아보았지.
往歲尋頭流　지나간 해에는 두류산을 찾았다가
踏盡東南程　동남의 여정을 모두 다 밟았었네.
行過海雲臺　그때 걸음이 해운대를 지나갈 때
美人開雙睛　미인이 나를 반갑게 맞이했었지.
物情惡衰歇　세상 물정은 쇠잔한 사람을 싫어하나니
誰記腐儒名　누가 썩은 선비의 이름을 기억해줄까.
朝雲獨耐醜　조운만이 홀로 더러운 모습 견디며
不鄙蘇先生　소 선생을 비루하게 여기지 않았네.
從來護溫湯　나를 따라와 온탕에서 보살펴주어

永使沈痾平　오래 묵은 병을 낫게 해주었다오.
別來幾寒暑　이별한 이래로 몇 해가 흘렀으니
夢中呼卿卿　꿈속에서나 경경이라고 불러보네.
君歸過蓬原　그대 낙향하는 길에 봉래를 지난다니
送君豈無情　그대를 보냄에 어찌 무정히 있으랴.
臨分寄一詩　이별에 임하여 시 한 수를 부치나니
意重貂襜誠[13] 좋은 옷의 선물보다 의미가 깊으리라.

「한강에서 영남의 전원으로 돌아가는 덕우(德優)를 송별하고 겸하여 항아 노랑(老娘)에게 보내다 2수」라는 시의 두 번째 수이다. 남효온은 첫 구절에서 지금 신영희와 이별하는 이 가을이 봄날로 이어지지 못할 것 같다는 불안감에 휩싸여 있다. 내년 봄에 다시 만나자고 약속했지만, 그 약속을 지킬 수 있을지 확신하지 못했다. 남효온과 신영희는 같은 처지의 절친이었다. "마음도 같아 번화함을 싫어하고, 행실도 같아 가난을 견뎌야 했[心同惡紛華, 行同耐貧窶]"으며, "뜻을 얻지 못함도 같아, 노년에 가무를 배우[落魄又同調, 晩來學歌舞]"던 사이였다. 궁핍해진 신영희도 서울에서 버텨낼 방도가 없어 고향 영산으로 내려갔던 것으로 보인다.

본래 신영희도 남효온과 마찬가지로 명문가의 후예였다. 부친 신인손(辛引孫)은 병조판서를 지냈고, 조부 신석조(辛碩祖)도 집현전학사로 이름을 떨치다가 대사헌, 이조참판, 경기도관찰사 등을 지냈다. 하지만 신영희는 기개가 높고 절개가 곧아서 과거에 응시하지 않고 벼슬을 포기한 대가로 곤궁한 삶을 살아야 했다. 그런 처지에서의 낙향이었던 까닭에 그를 전송하는 남효온의 마음은 더욱 쓰라렸다. 관동지역, 관서지역, 영남지역을 떠돌던 자신과 그 처지가 크게 다르지 않았기 때문이다. 그때 문득 지난날 영남을 유람할 때, 자신을 살갑게 대해준 여인이 떠올랐다. 그렇게 해서 시의 후반부는 그 항아라는 늙은 기생에게 부치는 내용으로 채워지고 있다.

유람하는 도중 만나는 사람들은 대부분 자신의 초라한 행색을 보고 멀리했건만, 해운대에서 만난 그녀는 아주 달랐다. 아무도 돌아보지 않던 '썩은 선비[腐儒]'인 자신을 각별하게 대해줬다. 심지어 해운대 놀이를 마치고는 동래까지 따라와 지친 심신을 온천에서 씻어주기까지 했다. 남효온은 그녀에게서 소식(蘇軾)의 애첩 조운(朝雲)을 떠올렸다. 송나라의 대문장가 소식이 좌천하게 되자 모든 애첩들이 그 곁을 떠나갔다. 하지만 조운은 끝까지 떠나지 않았다. 남효온은 장흥에서 만난 여인을 백거이가 사모한 소소소에 비겼던 것처럼, 해운대에서 만난 여인을 소식에게 의리를 지켰던 애첩 조운에게 비겼다. 누구 하나 제대로 알아주지 않던 자신을 진정으로 인정해주었던 두 여인에 대한 추억은 애틋하고도 고마웠다. 죽음을 눈앞에 둔 남효온은 뜻밖에도 그처럼 두 여인네에 대한 그리움을 간직한 채 생의 마지막 가을을 보내고 있었다.

죽음을 앞에 두고 얻은 마지막 깨달음

성종 23년 어느 날, 남효온은 서른아홉이라는 짧은 나이로 생을 마쳤다. 죽은 날짜조차 정확히 확인되지 않을 만큼, 쓸쓸한 최후였다. 서른여덟의 가을, 장흥의 시절을 그리워하며 쓴 연작시 외에는 그의 마지막 1년을 재구성해볼 만한 생애 자료는 남아 있지 않다. 추측건대 심하게 앓으면서 간간이 자신의 지난날을 추억했을 것이다. 그렇다면 그의 마지막 1년은 거동할 기력조차 남아 있지 않던 만년의 공백이라 이름할 만하다. 그 무렵의 심경을 엿볼 수 있는 시를 한 수 읽어보자.

二十年前舊酒徒　이십 년 전에 함께 했던 예전 술친구들
如今零落可嗚呼　지금은 영락하여 탄식만 할 뿐이라오.
春風一訪冠山下　봄바람 불 때 천관산 아래 한번 찾으니
頭白津梁二丈夫[14] 나룻가에서 마주한 백발의 두 장부일세.

지난해 봄날 장흥에서 윤구와 만났던 일을 회고하는 장면이다. 20년 전, 그들의 나이는 스무 살 남짓이었다. 그때 함께 어울렸던 친구들은 모두 영락하고 말았다. 자신도 그렇고, 윤구도 그렇다. 어디 그들 두 사람뿐이겠는가. 장안을 누비고 다니던 젊은 시절의 친구들도 하나둘 떠나버리고 없다. 어떤 친구는 일찍 죽었고, 어떤 친구는 가는 길이 달라졌고, 어떤 친구는 곁에서 멀어져갔다. 만년의 남효온에게 남은 벗이라곤 거의 없었다. 소릉복위 상소를 올리고, 『육신전』을 지으며 일그러진 과거를 비판했던 호기롭던 시절도 한바탕의 꿈처럼 지나가버렸다.

때로는 분노와 울분을 달래보려 전국을 떠돌아다니기도 했고, 때로는 뉘우치고 경지재로 돌아와 침잠과 성찰의 시간을 가져보기도 했다. 태평성대로 일컬어지는 성종 대의 어두운 그늘을 날카롭게 증언한 『추강냉화』라든가 시대정신을 함께 했던 젊은 벗들의 행적을 기록한 『사우명행록』은 그런 시절에 지어진 기록이다. 하지만 모든 것이 부질없다는 허탈감에 빠져들기도 했다. 마침내 죽음을 눈앞에 둔 만년, 남효온은 참회록과도 같은 장편의 시로 홀로 남은 자신을 위로했다. 그렇게 하여 자신의 생애를 통틀어 최고의 명편으로 꼽힐 만한 두 편의 장편시를 남길 수 있었다. 「애인생부(哀人生賦)」와 「득지락부(得志樂賦)」가 그것이다. 자신의 인생을 슬퍼한다는 뜻으로 제목을 삼은 「애인생부」는 이렇게 시작한다.

哀人生之長勤兮	애달프다, 언제나 수고로운 인생이여!
喟憑心而何求	아, 마음에 번민하며 무엇을 구하는가.
春秋代於逆旅兮	봄가을이 천지 사이에서 뒤바뀜이여
百年駃於隙駒	백 년이 틈을 지나는 말보다 빠르도다.
窃悲夫詩書之發塚兮	슬퍼하노라, 시서로 무덤을 파헤침이여!
亦知慧之生機	또한 지혜가 기심을 만들어내는 것이라.
嗟夢迷而不悟兮	아, 꿈속처럼 혼미하여 깨닫지 못함이여!
曁聖賢而同歸[15]	성인이나 현인이나 모두 함께 돌아간다네.

첫 구절부터 침통하게 절규한다. 수고롭게 이어진 인생, 순식간에 지나간 한평생, 그것을 모르고 시를 지어 우쭐대보기도 했고 부질없는 욕심을 부려보기도 했다. 그럼에도 그 헛됨을 깨닫지 못하고 지내다가 겨우 깨달았을 즈음, 성인이든 현인이든 모두 죽음으로 돌아간다는 사실을 알게 되었다. 남효온은 헌원씨, 순임금, 우임금, 탕임금, 문왕, 주공, 한고조, 광무제, 유현덕, 당태종, 송태조와 같은 역대 성인들과 영웅들도 모두 죽음을 맞이했음을 하나하나 열거한다. 살아생전의 업적들도 부질없는 허사가 되고 말았다. 그처럼 대단한 인물들도 모두 죽음으로 돌아가고 말았는데, 자신처럼 보잘것없는 존재야 말할 필요조차 없다.

그렇다고 남효온의 그런 회한을 모든 것을 잃어버린 패배자의 자포자기로만 읽어서는 안 된다. 성성하게 날 선 비판 정신은 그 순간에도 전혀 녹슬지 않았기 때문이다. 남효온은 성인과 영웅으로 칭송받던 그들의 그늘진 이면을 시편 속에게 날카롭게 지적했다. 성군으로 일컬어지던 그들이 역사에 끼친 해악을 다음과 같이 적었다.

> 玆五六人　　이 대여섯 사람 중에
> 執戈脅主者　창을 잡고 임금을 위협한 자는
> 誇湯武功　　탕왕과 무왕의 공로를 자랑했고
> 狐媚取禪者　간교한 방법으로 선양을 취한 자는
> 藉舜禹忠　　순임금과 우임금의 충정을 빙자했네.

역대 성군들에 대한 신랄한 비판이다. 탕왕과 무왕과 같은 부류는 포악한 군주를 내쫓고 그 자리에 오르기도 했고, 순임금과 우임금과 같은 부류는 자신의 덕을 인정받아 그 자리를 물려받기도 했다. 모두 역사적으로 그 정당성을 인정받고 있는 혁명과 선양의 방식이다. 하지만 남효온은 그들 이면에 감추어진 정치적 탐욕을 읽어낸다. 무력으로 나라를 빼앗은 자들은 항상 탕왕과 무왕처럼 천명을 받들어 일으킨 혁명이라고 거짓 포장하고, 위력으로 왕위를 찬탈한 자들은 순임금과 우임금처럼 덕이 있어 선위(禪位)를 받았다고 꾸며댄다는 것이다. 실제로 탕왕과 무왕은 하나라의 걸왕(桀王)과 은나라의 주왕(紂王)를 죽이고서는 포악한 한 사내를 벌했을 뿐이라고 선전했고, 순임금와 우임금은 덕이 있어 요임금과 순임금에게 왕위를 물려받았다고 미화했다.

이처럼 성군으로 일컬어지던 탕왕과 무왕, 순임금과 우임금이 후대에 왕위찬탈의 빌미를 제공했다는 전복적인 발상은 젊은 시절 김시습과 공유했던 역사 인식이기도 했다. 김시습도 "임금을 죽이고 나라를 취한 자는 탕왕과 무왕이고, 주인을 배반하고 간사한 자에게 빌붙은 자는 여상과 이윤이다[弑君取國言湯武, 叛主依姦道呂伊]"[16]라고 역설한 바 있다. 아마도 그들은 그런 비판 정신을 담금질하며, 선위라는 형식을 빌려 왕위를 빼앗았던 수양대군을 떠올렸을 것이다. 지난날의 역사는 정말 그러했다. 당시 영의정이던 수양대군은 위력으로 어린 조카를 겁박했고, 단종은 숙부에게 왕위를 손수 물려주었다. 이때 요임금이 순임금에게, 순임금이 우임금에게 왕위를 물려준 전례를 근거로 삼았다.

그처럼 세조는 역대 성군의 전례를 명분으로 삼아 왕위에 오른 임금이었다. 하지만 곧바로 단종을 죽이고 그 모친의 시신과 위패도 왕릉과 종묘에서 내쳤던 반인륜적인 인물이기도 했다. 성군의 선위와 수양대군의 왕위찬탈이 명백하게 갈라지는 지점이다. 스물다섯의 젊은 남효온은 그런 불의를 용납할 수 없었고, 모두 침묵하던 시절에 역사 바로 세우기를 도모했다. 그 결과 자신의 삶은 풍비박산되어버리고 말았지만, 젊은 날의 비판 정신은 만년에도 여전히 서슬 시퍼렇게 살아 있었다. 그럼에도 무상한 시간의 흐름과 그 흐름 위에서 홀연 사라지게 되는 유한한 인생 앞에서 슬퍼하지 않을 수는 없었다. 그의 시가 다음과 같은 비감함으로 끝맺는 이유이다.

余生世之濩落兮	내 세상에 태어남이 쓸쓸함이여
絶交遊而獨處	교유를 끊고서 홀로 지냈네.
仰惟混沌尙友兮	하늘을 우러러 혼돈과 벗하였더니
爲余留此之語	나를 위해 이런 말을 남겨주었네.
昏室蹔明	어두운 방이 갑자기 밝아지고
聾耳蹔通	먹었던 귀가 갑자기 소통되니
庶將服膺而勿失兮	장차 가슴에 새기고 잃지 말아서
付此殘生於夢中[17]	이 쇠잔한 인생을 꿈속에 부치리라.

젊은 날 함께 했던 모두와 관계가 끊어진 만년, 그 쓸쓸함은 이루 말할 수 없었다. 벗할 존재라고는 '혼돈(混沌)'밖에 남지 않았다. 그가 말하는 '혼돈'이란, 이목구비에서 일어나는 일체의 욕망이 없는 순수한 상태를 일컫는 말로 『장자』의 「응제왕(應帝王)」에 나오는 가상의 존재이다. 애초 아무 감각기관이 없던 그를 불쌍하게 여겨서 사람처럼 눈, 귀, 코, 입 등 일곱 구멍을 하루에 하나씩 뚫어주었더니 7일 만에 그만 죽고 말았다는 이야기인데, 욕망이 그 자신을 결국 죽게 만들었다는 한 편의 우화이

다. 남효온은 삶의 마지막 순간, 그 혼돈의 우화를 떠올렸다. 그리고 인간 세상에서 맺었던 모든 인연을 끊은 채 자신의 내면을 응시하기 시작했다. 그때 혼돈이 들려주는 가르침은 이러했다. "파리나 개처럼 구차하게 탐내다가, 관을 덮어야 비로소 그치게 되니, 비유컨대 모여든 모기떼들이 바람을 만나면 그침과 같다네[蠅營狗苟, 蓋棺乃已, 比如聚蚊, 遇風則止]"라는 깨우침이었다. 인생이란 덧없는 것일진대, 그런 인생을 비유하는 파리나 개와 같은 존재들도 비루하기 짝이 없다. 자신의 인생을 되돌아보는 심경이 그처럼 비참했기 때문일 터이다.

자신이 생각하기에도 자신의 최후를 너무 비루하게 끝맺고 있다고 생각했던 것일까? 남효온은 곧바로 다시 한 편의 장편시를 적어 내려갔다. 지극한 즐거움을 깨달았다는 뜻을 제목으로 삼은 「득지락부」가 그것이다. 제목 아래에는 이 작품을 짓게 된 배경을 밝혀두었다. "내가 「애인생부」를 짓고 나니, 몸 밖의 결습(結習)이 사라지고 마음속의 천유(天游)가 자재(自在)하였다. 술이 다하고 사람들이 흩어졌으나 흥취는 여전히 사라지지 않아 다시 「득지락부」를 지었다." 몸 밖에서 사라져버렸다는 '결습'이란 불교 용어인데, 외물에 집착하여 생기는 상념을 뜻한다. 반면에 마음속에서 저절로 생겨나는 '천유'란 노장의 용어인데, 마음이 자기 몸의 주인이 되어 스스로 즐거워하는 상태를 가리킨다. 온갖 집착에서 벗어나면 마음의 자유를 얻게 된다는 것, 그것이 그가 깨달은 지극한 즐거움[至樂]이었다. 그런 경지를 평생 찾아 헤매던 여정을 되돌아보는 「득지락부」는 이렇게 시작한다.

余曾遠遊兮　　내 일찍이 멀리 유람함이여

求至樂之所在	지락이 있는 곳을 찾아다녔던 것이라네.
行李彌於上下兮	발걸음이 상하에 두루 닿았고
足跡遍於寰海[18]	발자취가 사해에 널리 미쳤다네.

평생 천지사방을 헤매면서 지락을 찾아보려 했지만, 그 어디에서도 찾을 수 없었다. 해가 뉘엿뉘엿 저물어갈 무렵, 멀리 은하수를 건너 인간의 생사와 복록을 주관하고 있는 사명신(司命神)을 찾아가 물었다. 도저히 혼자서는 찾을 수 없어 그에게 의지했던 것이다. 자신이 살아온 삶의 무게 전체를 담아서 물었던 그의 질문은 참으로 눈물겹다.

余生一隅垂四十年兮	내 벽지에 태어난 지 거의 사십 년
何志大而計疎	어찌 뜻은 그리 크고 계책은 엉성했던가.
聒簧口之嘈嘈兮	떠들썩하게 비방의 말이 일어남이여
志已改於余初	뜻은 애초에 먹었던 것과 다르게 되었네.
飢寒亂我心曲兮	굶주림과 추위가 내 마음 어지럽히고
世故逐日而繽紛	세상사는 날마다 분분하게 일어났네.
無一日之開口兮	하루도 입을 열어 말하지 말아야 할 것이니
有百年之憂勤	평생의 근심과 수고로움 여기에서 생기네.
心絓結而不解兮	마음이 울적하여 풀리지 않음이여
中憫瞀之忳忳	가슴속이 근심으로 안절부절못하네.
願賴夫神明之結我兮	바라건대, 나를 만난 신명에 힘입어서
顧示至樂之門[19]	지극한 즐거움의 문을 열어 보여주시기를.

뜻만 크고 계책은 소홀하기 그지없었던 사십 평생의 생애, 사방에서 일어나는 비방으로 어그러진 초심, 추위와 굶주림에 내몰렸던 하루하루의 일상, 그 모든 불행의 진원지는 '말'이었다. 단 하루도 속마음을 말하지 않았어야 했다는 깊은 자책이다. 세상을 바로잡아 보기 위해 올렸던 소릉복위 상소, 역적으로 죽어간 사람을 충절의 인물로 되돌리려 했던 『육신전』, 그리고 시대정신을 함께 했던 벗들을 증언하는 『사우명행록』과 『추강냉화』의 집필이 못내 후회스러웠다. 때론 그런 말을 남긴 것이 후회스럽기도 하고, 때론 시간을 과거로 되돌리고도 싶었다. 하지만 남효온에게 들려준 사명신의 대답은 예상을 뛰어넘었다. 슬프게 여겨지던 인생을 지극한 즐거움으로 뒤바뀌게 만들어준 비결은 이러했다.

憂樂無方兮	근심과 즐거움은 일정함이 없어
隨處而有	이르는 곳마다 생기게 마련이네.
方寸之間兮	사방 한 치인 마음의 사이에는
天游不苟	천유가 구차하지 않다네.
苦何求之身外兮	괴롭게도 어찌 몸 밖에서 찾아 헤매느라
彫朱顏於奔走[20]	젊은 얼굴을 시들게 만들고 있는가.

자신이 40년 동안 겪었던 그 모든 울분과 분노는 몸 밖에서 들어온 것이 아니었다. 바로 자기 마음에서 생겨난 것들이다. 마음이 자기 몸의 진정한 주인으로 자리 잡고 있다면, 그 무엇도 자신을 흔들리게 만들 수 없다. 이런 가르침을 듣게 된 남효온은 깜짝 놀라 정신을 차렸다. 그리하여 천지사방을 넘어 은하수 건너까지 갔던 발길을 급급하게 되돌렸다. 바로

가족들과 친지들이 기다리고 있는 집으로 돌아갈 일이었다.

聞言忽悟兮	이 말을 듣고 홀연히 깨달으니
如醉而醒	술에 취했다가 깨어난 듯하네.
星言回駕兮	황급히 수레를 되돌려서
復夫故鄕	다시 고향으로 돌아오네.
一丘依然兮	고향 언덕은 예전 그대로이고
田園不荒	고향 전원도 황폐하지 않았네.
兒童頭角如昨兮	아이들의 땋은 머리 어제와 같고
慈顔白髮不衰	어머님의 백발도 쇠하지 않았네.
室人歡喜於生逢兮	아내는 살아서 만남을 기뻐하고
親戚靑眼以怡怡	친척도 기뻐하며 반갑게 맞이하네.
情朋壺酒以來慰兮	친구는 술병을 들고 와서 위로하니
萬事不改於舊時[21]	모든 일이 옛날과 달라진 것이 없네.

남효온은 사명신의 말을 듣고 황급하게 고향으로 돌아왔다. 아무것도 변한 것은 없었다. 언덕도 그대로이고, 전원도 그대로이고, 아이도 그대로이고, 어머니와 아내도 그대로였다. 마음이 되돌아오니, 모든 것은 예전 그대로였다. 그동안 마음만 부질없이 괴롭히며 안달을 내고 있었을 뿐이었다. 그처럼 근심과 상념이 사라지게 되자 모든 것이 새로워졌다. 모든 소리가 아름다운 음악이 되어 귀에 들려오고, 모든 사물이 아름다운 모습이 되어 눈에 들어왔다. 남효온은 지극한 즐거움을 얻어 그 안에서 노닐 수 있게 되었다는 삶의 최후를 그처럼 그려냈다. 인생의 지극한

즐거움을 깨달았다고 노래했던 그때는 그가 서른아홉의 짧은 생을 마치던 바로 그 해였다. 짧은 인생, 긴 깨달음을 우리에게 남기고 남효온은 그렇게 지극한 즐거움을 찾은 뒤 하늘로 돌아갔다.

12장

소풍 길 같던 귀천(歸天), 그러나

훌훌 떠나간 남효온의 쓸쓸한 최후

성종 23년(1492)의 어느 날, 남효온은 '지극한 즐거움'을 얻었다는 장편시 「득지락부」를 남긴 채 서른아홉의 이른 나이에 세상을 훌훌 떠났다. 「득지락부」를 읽고 있노라면, 문득 천상병 시인이 남긴 절창 「귀천(歸天)」의 마지막 구절이 떠오르곤 한다. 죽음을 아름다운 이 세상에서 소풍처럼 놀다가 하늘로 돌아가는 것이라고 노래했던가. 아쉽게도 남효온이 죽음을 맞이하던 순간을 알려주는 자료는 현재 남아 있지 않다. 심지어 죽은 날조차 확인되지 않는다. 다만 남효온이 임종할 즈음의 정황을 엿볼 수 있는 일화가 전해질 뿐이다.

> 남효온이 위독하여 김굉필이 가서 문병하려 했으나 남효온은 거절하고 만나주지 않았다. 김굉필이 그냥 문을 열고 들어갔지만, 남효온은 벽을 향해 누워 말 한마디도 없이 결별했다. 김굉필과 절교한 것이다.[1]

왜 그랬을까? 남효온은 만년에 저술한 『사우명행록』에서 맨 앞에 김굉필의 이름을 둘 정도로 벗들 가운데서도 그를 가장 존중했다. 현재 남아 있는 문집이라든가 각종 기록을 통해 보더라도, 김굉필을 대하는 남효온의 태도는 무척 각별했다. 그럼에도 불구하고 남효온은 죽음을 앞두고 김굉필과 절교했다는 것이다. 납득할 수 없다. 문득 「애인생부」 가운데 "내 세상에 태어남이 쓸쓸함이여, 교유를 끊고서 홀로 지냈네[余生世之濩落兮, 絶交遊而獨處]"라던 자탄이 귓가에서 맴돈다. 남효온의 만년은 그토록 쓸쓸했다. 실제로 그의 수많은 방랑길에서 그는 항상 혼자였다. 특히 만년으로 접어들수록 젊은 시절의 벗들을 그리워했지만, 그의 곁에 남은 친구라고는 거의 없었다. 김굉필을 가장 존중했다지만, 그마저도 거리를 두고자 했다. 김굉필과 남효온 모두와 교분이 두터웠던 신영희의 증언을 직접 들어보자.

> 김굉필은 성리학에 연원을 가지고 근면 독실하여 게으르지 아니하였다. 성종 때에 덕행으로 처음 등용되어, 여러 번 천거되어 형조좌랑에 추천되었다. 과거 수십 년 전에 나를 책망하기를 "그대와 절교를 하고자 했지만 인정상 차마 그러지 못했다" 하였다. 내가 이유를 물어보니 "그대가 결단할 일이 아니다" 하였다. 다시 추궁하여 물으니 "남효온, 이총, 이정은, 허반은 모두 죽림칠현의 유풍을 따르고 있다. 진나라는 청담준론이 병폐가 되어 10년도 안 되어 그들은 화를 당했다"라고 대답해주었다. 나도 그로부터 맹세하고 다시는 이들과 왕래하지 아니하였는데, 정말 뒤에 모두 화를 면하지 못했다.[2]

신영희가 남긴 『사우언행록』에서 전재했다고 밝히고 있는 『해동야언』의 한 대목이다. 절친한 친구의 증언이니만큼, 근거 없이 지어낸 말이 아니었다. 물론 남효온과 신영희의 우정은 그때 이후, 그처럼 단절되지는 않았던 것으로 보인다. 만년에 영남으로 내려가던 신영희를 전송하며 남효온이 쓴 시가 그런 사실을 확인시켜준다. 그럼에도 불구하고 성종 13년 봄날, 죽림우사를 결성하던 무렵 사우들 간에 벌어진 분화의 양상은 사실과 어느 정도 부합한다. 말세라고 여겨지던 그때, 어떤 부류는 과거를 포기한 채 학문의 길을 선택했는가 하면 어떤 부류는 시대의 울분을 시주로 달래보고자 했다. 실제로 남효온과 김굉필 사이에 모종의 냉랭한 기류가 흐르기도 했다. 스승 김종직이 이조참판으로 있을 때의 태도를 둘러싸고 사제 간에 견해가 극심하게 갈라졌던 성종 16년 겨울, 남효온은 다음과 같은 시로 김굉필과의 서먹해진 관계를 토로한 바 있다.

> 安生已去知音斷　안생이 이미 죽어 지음이 끊어지고
> 洪子南歸吾道窮　홍자가 남으로 돌아가 오도가 궁하네.
> 縱有大猷趨向苦　대유가 있다지만 지향하는 바가 괴로우니
> 胸懷說與隴西公[3]　가슴속 품은 회포 농서공과 얘기하네.

남효온은 이 시에서 네 명의 벗을 불러냈다. 안응세, 홍유손, 김굉필, 그리고 이윤종이다. 안응세는 이미 죽었고, 홍유손은 지리산으로 내려갔고, 김굉필은 괴로운 길을 걷고 있다고 했다. 그래서 마음을 털어놓을 수 있는 친구라고는 이윤종 하나밖에 없다는 것이다. 여기에서 김굉필이 괴로운 길을 지향한다는 것이 무슨 의미인지 분명치 않다. 무오사화를 일으킨 유자광은 이 시를 연산군에게 보이며 여기에 거론된 인물들을 모두 처벌해야 한다고 부추겼다. 그러면서 김굉필에 대해, 처음에는 남효온과 뜻을 함께 했지만 과거에 응시하는 길을 선택하여 지향하는 바가 달라졌

다고 해석했다.

하지만 성종 14년 이후 김굉필과 남효온 모두 과거를 포기했던 만큼, 그의 해석은 실상에 부합하지 않는다. 오히려 그보다는 김굉필이 학문의 연마와 후학의 교육 외에는 기존의 교유 관계를 모두 끊어버리는 외골수의 길을 걸었다고 해석하는 것이 옳을 듯하다. 도학의 세계에 침잠했던 것이다. 그리하여 음주가무를 일삼고 현실 비판에 거침이 없던 남효온과 자연스레 멀어지게 되었던 것으로 보인다. 김굉필이 신영희에게 조언했던 데서 짐작할 수 있듯, 많은 벗들도 남효온을 위험하게 생각하여 하나둘 그를 떠났다. 성종 13년 무렵부터 미치광이처럼 행동하던 김시습을 위태롭게 여겨 벗들이 모두 멀리하기 시작했다고 했듯, 남효온도 김시습처럼 점차 홀로 남겨지게 된 것이다. 죽음을 앞둔 남효온은 세상과의 모든 교유를 끊어 자유로워졌다고 했지만, 실제로는 모든 사람들이 남효온과 교유를 끊어 본의 아니게 자유로워진 셈이다. 남효온 자신은 아무것도 남아 있지 않아 자유롭게 훌훌 돌아갈 수 있게 되었다고 말했지만, 그의 귀천이 오히려 쓸쓸하게 읽히는 까닭이다.

남효온에 대한 기억, 그리고 남은 벗들

남효온이 그렇게 떠나버리고 난 뒤, 그의 행적은 살아생전에 지은 시문으로만 남게 되었다. 삶을 기록한 행장이나 무덤 앞에 세워진 비문조차도 남아 있는 것이 없다. 외롭게 죽어갔고, 사후에 혹독한 참화를 겪었으니 그럴 만도 했다. 유고(遺稿)로 인해 다시 재앙을 받게 될까 두려워하여 집안사람들이 그가 남긴 많은 시문을 불태워버렸다고도 한다.[4] 그래도 남효온의 모습을 생생하게 기억하는 벗이 있어, 그의 흩어진 시문이 조금이나마 거두어질 수 있었다. 조신이 바로 그 장본인이었다. 서자 출신이라는 신분상의 한계로 인해 울울하게 지내던 그는 남효온을 처음 만나자마자 바로 의기투합했다. 전라도관찰사로 나주에 내려와 있던 김종직과의 만남을 주선해준 사람도 바로 그였다. 그런 조신은 남효온이 죽고 난 뒤, 그의 시문을 하나하나 모아 문집 『추강집』을 묶어주었다. 그리고 맨 뒤에 오언고시(五言古詩)의 형식으로 발문을 달았다.

天生吾秋江　　하늘이 우리 추강을 낳으니
耿介立於獨　　곧은 절개로 세상에 홀로 우뚝했네.
性不喜苟合　　성품이 영합하기를 싫어한지라
傲世長捧腹　　세상을 피하여 치욕을 멀리했네.

醉談空崢嶸　　취중의 담론은 공연히 준엄했고
傲世長捧腹　　세상을 경시하며 늘 크게 웃었네.
出位論國是　　지위에 벗어나 국시를 의논하다
破家身後戮[5]　　집안을 깨뜨리고 몸은 부관참시 당했네.

발문의 서두이다. 남효온의 꼿꼿한 절의, 담백한 성품, 취중의 담론, 그리고 유생 신분으로 소릉복위를 청하는 상소를 올렸다가 결국 집안이 풍비박산나고 부관참시 된 내력을 간략하게 짚어주는 것으로 문집 편찬을 마친 소회를 밝히고 있다. 어찌 보면 문집의 발문이 아니라 남효온의 생애를 적어놓은 무덤 앞의 묘비명처럼 읽히기도 한다. 남효온의 존재를 그렇게라도 후세에 전해주고 싶었던 의도였으리라. 조신은 자신과 절친했던 남효온의 삶을 이렇게 간략히 소개한 다음, 뿔뿔이 흩어진 시문을 수습하여 문집으로 묶어내던 과정도 상세히 밝혀놓았다.

秋江先生文集目錄
卷之一
賦
屋賦
大椿賦
藥壺賦
哀人生賦
得至樂賦
玄琴賦
詩 四言 五言古詩

남효온은 서른아홉이라는 짧은 삶을 살다가 갔다. 현재, 남아 있는 그의 자취는 평생의 시문을 모은 5권 8책의 『추강집』(위의 사진)과 그가 묻혀 있는 무덤뿐이다.

禍餘得遺稿	재앙 끝에 유고를 얻었는지라
斷爛不盈束	흩어져서 한 묶음도 못 채웠네,
揩眼考點竄	눈을 문지르며 살펴서 교정하고
手寫百回讀	손으로 적으며 백 번을 읽었네.
織成氷蠶絲	얼음 누에 실로 베를 짜다가
補此高士服	이 고상한 선비의 옷을 기웠으니
雖無爛錦文	찬란한 비단 무늬는 없을지라도
段段皆脫俗	조각조각 모두 속기를 벗어났네.

조신은 갑자사화 때 화를 입어 불타버리고 남은 남효온의 유고를 긁어모아 꼼꼼하게 읽어가며 교정을 보아 마침내 문집으로 엮어냈다. 조정에 나아가 벼슬을 하지 못했기에 문장화국(文章華國)에 값하는 화려한 시문을 남길 수는 없었지만, 한 편 한 편이 세속의 누추한 기색이란 찾아볼 수 없었다. 모두 맑고 깨끗하고 고상한 선비의 지취로 가득 한 시문들이었다. 흔히 조선 전기 문학사의 구도를 문장으로 나라의 품격을 드높여야 한다고 주장하던 사장파 문학과 도를 담은 시문을 통해 성정(性情)을 수양해야 한다고 주장하던 사림파 문학으로 양분하곤 하는데 남효온의 작품은 그 어느 편으로도 묶어둘 수 없을 정도로 맑고 자유롭다. 또한 슬프다. 그런 남효온의 시문을 읽고 또 읽으며, 마침내 조신은 그를 대면하고 있는 듯한 생각에 울음을 터뜨리고 말았다.

如對吾秋江	우리 추강을 마주 대한 듯하여
掀髥相瞪目	수염 비틀며 눈 부릅뜨고 보네.

仍書數字跋　　이어 몇 글자의 발문을 적으며
爲爾一痛哭　　그대를 위하여 한 번 통곡하노라.

발문의 마지막 대목이다. 그때가 중종 5년(1510) 가을이었다. 남효온이 죽은 지 18년이 되던 해였다. 그 사이에 남효온에게 가혹한 형벌을 내렸던 연산군이 쫓겨나고 중종이 새로운 임금으로 즉위했다. 조정에도 훈풍이 불어오기 시작했다. 남효온이 그리도 꿈꾸던 소릉의 복위가 실현되었고, 억울하게 죽은 그 자신의 신원도 이루어져 좌승지에 추증되었다. 그가 살아생전 인연을 맺은 바 있던 고양, 의령, 장흥에서도 그를 기리는 서원이 속속 세워졌다. 그가 전국을 떠돌며 지은 시문들도 이런 과정에 수습되어 『추강집』이란 이름으로 세상에 전해지게 되었던 것이다. 하지만 안타깝게도 조신이 엮었던 최초의 『추강집』은 사라져버리고 없다. 다만 남효온의 죄에 연루되어 죽은 장남 남충세의 외손자 유홍(兪泓)이 편집한 초간본, 그리고 유홍의 증손자 유방(兪枋)이 재차 편집한 중간본만이 전해질 따름이다.

연산군 대에 갑자사화를 겪으며 후사가 끊긴 남효온이었건만 그나마 다행스럽게도 외손들의 정성에 의해, 그리고 그의 올곧은 삶을 기리고자 했던 후배의 노력에 의해 그의 이름은 민멸되지 않고 살아남았다. 뜻을 함께 했던 성종 대의 많은 신진사류들이 세월의 도도한 흐름과 함께 망각된 것과 비교하면, 기적과 같은 일이 아닐 수 없다. 그런 맥락에서 후세에 잊힐 것을 우려하여 사우들의 행적을 기록으로 남긴 남효온의 『사우명행록』은 새롭게 주목해야 마땅하다. 남효온과 함께 시대를 아파하다 스러져간 그들 또한 우리가 되살려야 할 값진 이름이기 때문이다.

남효온은 사후 300년이 지나도록 그의 행적을 잊지 않은 후인들에 의해 이조판서로 더욱 높여 추증되었고 문정공(文貞公)이라는 시호까지 받았다. 불우했던 그의 삶을 생각하면, 죽은 뒤의 영화가 무슨 의미가 있겠는가 싶기도 하다. 하지만 지난 과거를 잊지 않고 기억해야 하는 우리에게는 무척이나 소중한 과정이 아닐 수 없다. 남효온을 통해 그의 잊힌 벗들도 기억할 수 있게 되었고, 그들 집단의 좌절을 통해 그 시대 젊은이들이 갈구했던 빛나던 이상을 기억할 수 있게 되었으니 말이다. 이제, 그들의 잊힌 꿈들을 하나하나 복원하여 성종 대의 밤하늘을 큰 별과 작은 별로 새롭고도 아름답게 복원해야 할 차례가 되었다. 남효온이 온몸을 던져 우리에게 들려주고자 했던, 간곡한 당부이자 지엄한 명령이다.

보론

『추강냉화』와 성종 대의 어두운 그늘에 대한 증언

1. 프롤로그: 남효온이 잡록으로 거둔 시대의 이면

조선 전기의 정치구도는 훈구세력과 사림세력의 갈등과 대립으로 설명되곤 한다. 그런 길항관계는 성종 시대에 접어들면서 본격화되기 시작했다. 훈구와 사림은 날카롭게 갈등하는 동시에 서로 협력하며 조선의 유교문명을 일궈갔다. 추강 남효온은 그와 같은 시대적 추이에 민감하게 반응했다. 삶의 많은 대부분을 방외인 또는 경계인으로 살아간 남효온이야말로 성종 시대의 밝음과 어둠을 누구보다 예민하게 포착할 수 있는 최적의 위치에 서 있던 인물이었다.

세조 치하에서 유년기를 보낸 남효온은 성종의 즉위를 계기로 새로운 시대에 대한 희망에 한껏 부풀었다. 하지만 그가 20대에 마주한 정치 현실의 장벽은 여전히 강고했고, 그로 인해 그는 희망과 좌절 또는 분노와 자조로 점철된 삶을 살아야 했다. 남효온이 자신의 작품 전반에서 구가하고 있는 착잡한 정감은 조선 전기라는 정치적 격변의 시대를 살아간 한 이상주의자가 보여줄 수 있는 독특한 파토스의 최대치였다.

남효온의 그러한 복잡하고도 예민한 정감은 그가 죽기 직전까지 다듬었던 『추강냉화』 곳곳에 드리워져 있다. 서른아홉이라는 짧은 생을 살아가며 겪었던 깊은 좌절과 슬픔, 그러면서도 끝내 외면하지 않았던 성성한 시대정신이 『추강냉화』의 총 68개의 일화에 담겨 있다. 이러한 『추강냉화』는 조선 전기 사대부 관료 문인 사이에서 널리 유행하던 잡록의 형식으로 쓰였다. 잡록은 필자가 직 · 간접적으로 보고 들은 사건을 특별한 주제나 형식에 얽매이지 않고 자유롭게 기록하는 글쓰기 방식을 취한다. 때문에 잡록으로 거두어진 일화에는 필자 자신이 살던 당대의 생생한 현실과 자신의 개인적 정감이 뒤섞여 있는 경우가 많다. 그런 점에서 잡록은 시대의 현장을 증언하는 공적 기록인 동시에 한 개인의 감회를 담고 있는 사적 기록이기도 하다. 이런 특성으로 말미암아 『추강냉화』에는 이러저러한 일화들이 잡다하게 뒤섞여 있는 듯 보이지만, 꼼꼼하게 읽어보면 남효온이 자신의 시대를 어떤 눈으로 읽고 어떻게 판단하고 있었는지를 그 어떤 문헌 기록보다 사실적으로 보여준다. 그것은 방외인이 포착한 시대의 어두운 그늘인 동시에 그에 대한 날카로운 비판이기도 했다.

2. 성종 대의 국가 편찬 사업과 남효온의 『추강냉화』

성종 대는 유교문명의 체제를 완비한 시대로 평가된다. 국가 차원에서 기획한 거질의 도서 편찬 사업 대부분이 이때 완성이 되었다. 『팔도지리지(八道地理志)』(성종 9년), 『동문선(東文選)』(성종 9년), 『동국여지승람(東國輿地勝覽)』(성종 12년), 『경국대전(經國大典)』(성종 16년), 『동국통감(東國通鑑)』(성종 16년), 『(증보)동국여지승람』(성종 17년)이 그 목록들이다. 이런 국가 편찬 사업의 주체는 정인지, 신숙주, 양성지, 노사신, 서거정, 맹사성, 성현 등 세조 이래의 훈구대신들이었다. 하지만 구체적 작업은 김종직을 비롯한 성종 대의 신진사류에 의해 수행, 완성된다.

대표적인 사례로 『동국여지승람』의 편찬을 꼽을 수 있다. 그 작업은 양성지가 『팔도지리지』를 편찬하는 것으로부터 시작되었다. 단종 1년에 착수해 성종 12년 서거정의 주도 아래 완성되기까지 무려 25년이 걸린 대역사였다. 하지만 곧바로 왕명에 의해 보완 작업에 들어가 성종 17년 김종직과 그의 문인들에 의해 최종적인 완성을 보았다. 가히, 훈구대신과 신진사류의 합작이라 일컬을 만하다.

이처럼 편찬 과정과 담당층도 복잡했지만, 편찬 방식 또한 방대하고도 조밀했다. 당대 최고의 문인을 선발하여 분야별로 역할을 나눈 뒤, 위로는 궁중의 국고문헌으로부터 아래로는 개인 사저에 보관되어 있는 문집까지 망라했다. 거기에다가 국가 행정조직을 총동원하여 전국의 연혁, 풍속, 형승, 궁실, 학교, 사찰, 토산, 누대는 물론이고 인물과 시문까지 포괄했다. 이러한 사정을 참고한다면 『삼국사절요』, 『동국통감』, 『동문선』, 『동국여지승람』과 같은 국가 편찬 사업을 실질적으로 주도했던 서거정이 『필원잡기(筆苑雜記)』, 『태평한화골계전(太平閑話滑稽傳)』, 『동인시화(東人詩話)』와 같은 개인 잡록과 시화를 편찬한 것도 그런 작업과 분리하여 생각하기 어렵다.

조선 전기의 잡록을 훈구관료문인이 한가한 여가에 기록한 한담(閑談) 정도로 취급해서는 안 되는 것이다. 국가적 사업으로 편찬한 『동문선』과 개인적 차원에서 기록한 『필원잡기』 사이의 경중을 가늠하기란 어렵다. 당대인들도 이들 두 저작을 거의 동등한 비중으로 받아들였다. 『필원잡기』의 서문을 쓴 표연말의 경우, 서거정의 개인 기록인 『필원잡기』를 국가가 주도하여 편찬한 『동국통감』, 『동국여지승람』 등과 동등하게 취급했다. 이들 모두 '세도(世道)를 지탱하고 명교(名教)를 담고 있는 중요 저작[無非扶世道, 垂名教爲重]'으로 간주했던 것이다. 비록 원로의 한담(閑談)이라는 겸사를 쓰고 있지만, 당시의 모든 권력은 '한담'의 주체였던 이른바 훈구대신들이 한가롭게 담소를 나누었던 사랑방에서 나왔다고 해도 과언이 아니다.

어쩌면 국사(國史)에 실리지 않은 일화들을 잡록에 담았다는 진술이야말로 그들의 사적 기록도 또 다른 차원에서 국가적인 기록에 버금간다는 사실을 선언하고 있는 것과 다름없었다. 실제로 서거정이 『필원잡기』에 기록한 일화와 주변 인물에 대한 평가가 살아 있는 권력의 힘으로 작동했던 사례를 어렵지 않게 발견할 수 있다. 어떤 면에서는 『조선왕조실록』보다 훨씬 강력한 당대적 영향력을 발휘할 정도였다. 그런 까닭에 조선 전기에 산출된 잡록을 당대의 문단 권력과 정치 권력을 장악하고 있던 훈구관료문인의 시각에서 읽을 때, 각 일화에 담긴 정치문화사적 의미가 보다 선명하게 드러날 수 있다.

성종 대의 훈구관료문인들이 그네들의 시각으로 그네들의 시대를 기록하고 있을 때, 현실 정치에서 배제된 남효온은 전국을 외롭게 떠돌고 있었다. 스물다섯의 젊은 나이에 소릉복위 상소를 올려 파문을 일으킨 이후, 당시 대대적으로 진행되던 국가 편찬 사업에서 배제된 남효온은 그런 광경을 지켜보며 무슨 생각을 하고 있었을까? 개국공신 남재를 선조로 둔 명문가의 후예로서 그런 작업에 자신도 참여해야 마땅하다고 생각했을 터, 그 심경은 착잡하기 그지없었으리라. 흔히 생각하듯, 방외인 또는 경계인으로 살아갔다고 해서 남효온이 현실 정치와 절연하고 지냈던 것은 아니다. 오히려 사태를 예의주시하며, 아웃사이더의 시각으로 과거와 현재를 기억하며 새로운 미래를 그려보고자 했다.

그 유력한 근거의 하나로 『육신전』을 꼽을 수 있다. 그것은 '은폐된 기억'을 '살아 있는 기억'으로 되살리고, '반역의 인물'을 '충절의 인물'로 전복시키고자 했던 도전적 글쓰기였다. 그리고 그와 같은 기록은 왕위찬탈을 주도한 훈구관료문인들에 의해 진행되던 성종 대의 국가 편찬 사업의 결과물과는 완벽하게 대척적인 위치에 자리한다. 모두가 침묵하고 있을 때, 남효온은 사육신의 행적을 역사의 무대 위에 올려놓고자 했던 것이다. 실제로 주변에서는 화가 닥칠 것을 우려하여 그의 『육신전』 집필을 만류했다. 하지만 남효온은 "어찌 한 번 죽는 것을 두려워하여 충신의 이름을 없앨 수 있으리오"라며 포기하지 않았다고 한다.

당시 훈구관료문인들은 사육신과 관련된 이런 행적을 감히 기록할 엄두조차 내지 못했다. 심지어 『추강냉화』를 자신의 잡록인 『소문쇄록』에 대거 전재(轉載)했던 남효온의 절친한 벗 조신조차 『육신전』은 원고가 없어져서 싣지 못했다고 둘러댈 정도였다. 『육신전』은 당대의 불온한 금서(禁書)였던 것이다. 그렇다면 그런 기개를 가진 남효온의 또 다른 기록 『추강냉화』에도 『육신전』에 견줄 만한 비판적인 시대정신이 깃들어 있다고 보아도 좋겠다.

물론 현전하는 『추강냉화』에는 사육신의 행적은 물론, 세조의 왕위찬탈과 관련된 일화는 한 편도 수록되어 있지 않다. 짐작건대 남효온의 후손이 『추강냉화』를 편집, 간행하는 과정에서 일부러 삭제했으리라고 추측된다. 실제로 단종이 폐위되던 날의 모습을 담은 삽화, 권람과 정인지가 단종의 폐위를 모의하던 날의 삽화, 단종이 노산군으로 강등되어 유배지 영월에서 죽임을 당하던 날의 삽화가 삭제된 사실들이 확인된다.[1]

그런 까닭에 현재 전해지는 『추강냉화』는 불완전한 텍스트일 수밖에 없다. 수록된 일화도 모두 68화에 지나지 않을 정도로 적다. 이처럼 불완전하고 소략한 잡록에 근거하여 성종 대의 어두운 그늘을 세세하게 밝혀내기에는 부족함이 많다. 하지만 『추강냉화』를 당대의 정치 현실을 비롯하여 남효온이 전국을 외롭게 떠돌던 여정에서 만난 인물, 그리고 자기 내면의 심경을 진솔하게 풀어내고 있는 시문들과 연계하여 읽어보면, 일화 각각의 의미가 새롭게 떠오른다. 그렇게 길어 올린 의미는, 국가 편찬 사업의 과정에서 거두어진 서거정의 잡록 『필원잡기』와 완벽하게 구별된다. 현실 정치에서 소외된 지식인이 보고 들은 사실을 자신의 시각에서 기록하고 있는 『추강냉화』를 통해 우리는 성종 시대의 또 다른 모습을 만날 수 있게 되는 것이다. 떠들썩하게 펼쳐지던 국가 편찬 사업의 뒤편에서 외롭게 자신의 시대를 적어 내려가던 남효온의 깊은 슬픔과 시대정신, 바로 그것이 지금의 우리들에게 더 큰 울림을 주리라고 기대해도 좋다.

3. 『추강냉화』에 담긴 깊은 슬픔과 시대정신

1) 은둔과 유람, 그리고 내면의 울분

성종 15년(1484) 늦봄, 서른 살의 남효온은 한강 부근 행주로 물러앉아 은거생활을 시작한다. 십여 년 동안 매달려온 현실 정치를 포기한 채, 성리학의 세계도 탐구하고 뜻이 맞는 벗들과 어울리기도 했다. 그러다가 훌쩍 혼자 금강산을 다녀오거나, 친구 몇몇과 송도로 유람을 떠나기도 했다. 『유금강산기』라든가 『송경록』과 같은 작품은 그때의 여정과 감회를 담고 있는 기록이다. 물론 남효온이 선택한 은둔과 유람은 자유로운 자기 의지에 따른 선택이라기보다 소릉복위 상소를 올린 이후 훈구대신의 배척을 받아 강제된 삶이었다. 때문에 그가 그 기간 동안 남긴 시문은 여유로움과는 거리가 먼, 이른바 울울한 정감으로 가득 차 있다. 『추강냉화』에는 그 무렵의 심경을 짐작케 하는 일화들이 적지 않게 실려 있다.

[제52화] 내가 일찍이 "기심을 잊고 갈매기와 친하다"는 고사를 보고 반신반의하였다. 갑진년 행주에서 농사지을 때, 밭을 가는 여가에 남포에 나가 물고기를 잡았다. 갈대밭 사이의 밀물이 물러 나간 흔적이 있는 곳에서 그물을 손질하다가 해를 쳐다보니 매우 밝게 비추고 있었다. 마음속으로 '사람이 천지 사이에 살아가면서 사람은 속일 수는 있으나 밝은 해는 어찌 속일 수 있겠는가'라고 생각하며, 얼핏 곁을 보니 물새가 울며 가까이 날아와 앉았다. 그래서 '내가 기심을 잊었구나'라고 믿었다. 그러자마자 갈매기가 다시 날아가버렸다. 기심을 잊었다고 여긴 것이 바로 기심이 된 것이 아니겠는가? 뒤에 이런 생각으로 "해와 달은 머리 위에서 밝게 비추고, 귀신은 좌우에 임하여 지켜보고 있다"라는 열네 글자를 「경지재명」의 제3연으로 삼았다.[2]

『열자(列子), 황제(皇帝)』에 나오는 망기심(忘機心)을 인용하여, 현실 정치를 포기하고 행주에 은거하며 농사짓고 물고기 잡던 때의 경험을 이야기하는 대목이다. 아무 생각 없이 있을 때에는 갈매기가 곁에 내려와 앉더니, 이제는 정말 기심을 잊었다고 생각하는 순간 다시 날아가더라는 놀라운 경험. 구절구절을 찬찬히 음미해보면 고향으로 물러앉아 모든 것을 잊고 지내고 싶었지만, 그것이 말처럼 쉽지 않더라는 고백을 들려주고 있는 듯하다.

그럼에도 남효온은 욕심을 버리고 마음을 맑게 닦으려고 노력했다. 자신의 서재 이름을 경지재(敬止齋)라고 짓고, 그 이름을 좌우명으로 삼아 흔들리는 마음을 수시로 다잡아보고자 했다. 『추강냉화』의 자매편인 『사우명행록』 뒤에 "추강거사가 경지재에서 쓰다[秋江居士書于敬止齋]"라고 적은 것을 보면, 굳은 다짐으로 지은 서재의 이름은 죽을 때까지 고치지 않았다. 그런 마음으로 삶을 마치겠다고 기필했던 생생한 증거이다. 하지만 굳센 다짐에도 불구하고, 울컥울컥 치밀어 오르는 울분까지 완전히 삭일 수는 없었다.

> [제55화] 공자가 말하기를 "사람의 살아가는 이치는 정직하니, 정직하지 않으면서도 살아 있는 것은 요행으로 죽음을 면한 것이다" 하였다. 내가 이에 대해 처음에는 '선을 행하고 악을 행함에 따라 재앙과 경사가 이르는 법이니, 정직하지 않게 살아가는 무리들은 요행으로라도 면할 수 없지 않겠는가?' 하고 의심하였다. 뒷날 시골집에 정자를 지었더니, 정자 마룻바닥 가운데에 무논의 벼가 싹이 돋아 석 달이 지나도 죽지 않고 가지와 잎이 오히려 무성하였다. 그러한 뒤에야 성인의 말씀이 나를 속이지 않았음을 알았다. 오호라! 오늘날 이익을 관장하는 신하가 위로는 임금을 속이고 아래로는 백성을 착취하고 있지만, 천지간에 살아서 죽지 않고 자손을 길러 쇠퇴하지 않는 것은 정자 마룻바닥 사이에서 자라난 벼와 같은 것이 아니겠는가?[3]

『논어, 옹야(雍也)』에 나오는 구절의 속뜻을 행주에서 은거하던 시절에 몸소 확인하게 되었다는 일화이다. 남효온은 그 구절을 처음 접했을 때, 선악의 대가는 조금의 착오도 있어서는 안 된다고 믿었다. 정직하지 않으면서도 요행으로 살아갈 수 있다는 공자의 말을 의심할 정도였다. 옳고 그름을 명백하게 변별하지 않으면 안 된다고 믿었던 젊은 시절 남효온의 마음가짐이 선연하다.

하지만 숱한 세파를 겪고 물러앉은 뒤, 세상의 이치가 반드시 그렇지만은 않더라는 사실을 깨달았다. 정자의 마루 틈새에 떨어진 볍씨가 놀랍게도 석 달 동안이나 죽지 않고 번성하게 되는 것을 보면서부터였다. 남효온은 그 모습을 보며, 온갖 불법과 술수를 부리면서도 떵떵거리며 지내던 위정자들의 현재 모습을 떠올렸다. 마루 틈의 볍씨처럼 요행으로 살아가던 그들이다. 그런 부류들은 부연할 필요조차 없이 성종 대의 훈구공신을 가리키고 있을 터였다.

은둔과 유람으로 지내던 시절, 세속의 욕심[機心]을 씻어버리고 마음의 평정을 찾아보려고 노력함에도 불구하고 끝없이 밀려드는 삶의 세파와 시대에 대한 울분은 남효온을 칩잠의 삶으로만 묶어두지 못했다. 속에서 끓어오르는 울분과 분노를 참을 수 없었던 것이다. 결국, 남효온은 몇 해 동안 은거하던 경지재를 떠나 고독하게 전국을 전전하기 시작한다. 성종 17년, 서른네 살이 되던 해부터였다.

2) 불의의 시대를 견뎌내던 시대의 선배들

남효온은 세상일을 잊고 지내고 싶었지만, 어그러진 시대에 대한 울분과 자기 자신에 대한 자조가 예민한 그를 끊임없이 흔들어댔다. 그것은 비감한 파토스로 표출되곤 했다. 그럼에도 개인적 차원의 울분이 거대한 시대정신으로 전환될 수 있었던 것은, 시대정신을 함께 공유했던 벗들과의 교유 덕분이었다. 성종의 시대는 건국 초기의 거듭된 정변으로 인해 일그러진 사회를 바로잡아야 한다는 과제를 안고 있었다. 젊은 임금 성종도 그런 사실을 잘 알았다. 성종 7년 친정을 시작하면서 그와 관련된 조처를 하나하나 취해가기 시작했고, 그런 정치적 쇄신의 분위기는 젊은 신진사류를 새로운 희망으로 부풀어 오르게 했다.

성종 9년 초여름 이심원, 남효온, 고순 등 젊은 유생들이 잇따라 훈구공신의 퇴출과 소릉복위의 건의를 담은 상소를 올렸던 것은 당시의 분위기를 단적으로 보여준다. 물론 남효온은 그로 말미암아 삶이 풍비박산나고 말았지만, 그 혼자만 그러했던 것이 아니다. 많은 벗들이 그렇게 무너져 내렸다. 젊은 남효온에게 돌이킬 수 없는 시대적 영향을 끼쳤던 김시습은 그 대표적인 인물이다. 남효온은 시대의 분노를 참을 수 없었던 김시습의 광기를 이렇게 그려낸 바 있다.

> [제26화] 열경이 크게 취하여 길에서 영의정 정창손을 만나자 큰 소리로 외치기를 "네 이놈, 그만두어라" 하였다. 정창손이 못 들은 척하니, 사람들이 재상의 도량에 탄복하였다.[4]

김시습으로부터 그만두라는 말을 들은 정창손이 누구던가? 단종의 복위를 도모하던 성삼문, 박팽년 등의 모의를 사위 김질과 함께 세조에게 일러바친 장본인이다. 그 덕분에 세조 4년(1458) 영의정에 올라 성종 16년(1485)에 이르기까지, 몇 번의 공백은 있었지만 무려 27년 동안 그 자리를 지켜냈던 당대 최고의 권력자였다. 그런 그에게 상말로 그만두라 꾸짖고 있으니, 김시습의 용기도 참으로 대단했다.

하지만 마지막 구절이 조금 이상하다. 김시습의 모욕적 언사를 듣고 정찬손이 못 들은 척한 것은 이해되지만, 그 모습을 보고 사람들이 정창손의 넓은 국량에 탄복했다는 마무리 발언은 쉽게 이해되지 않는다. 남효온답지 않은 평가이다. 짐작하건대 이런 결말은 『추강냉화』를 간행했던 남효온의 후손이 고쳐 적은 것이 분명하다. 남효온은 『사우명행록』에서도 이 일화를 소개하고 있는데, 거기에서는 이렇게 끝맺고 있다.

> 정창손이 못 들은 척하였다. 사람들이 이런 김시습을 위태롭게 여겨 교유하던 자들이 모두 절교하고 왕래하지 않았다. 그리하여 혼자 저잣거리의 미치광이 같은 자들과 어울려 놀다가 술에 취해 길가에 쓰러지기도 하고, 항상 바보처럼 웃고 다니기도 했다.[5]

문제의 구절, 곧 "사람들이 재상의 도량에 탄복하였다"라는 대목은 없다. 김시습의 언사가 너무나 과격하여, 후손들이 사실대로 적지 못하고 고쳐 적었으리라는 우리의 추정을 뒷받침하는 증거이다. 오랜 시간이 흘렀지만, 정창손의 위세는 그만큼 대단했다. 남효온이 위의 일화에서 우리에게 들려주고자 했던 핵심은 김시습이 품고 있던 억제할 수 없는 분노였고, 그로 인해 친하게 지내던 벗들조차 떠나가버리자 그 울분으로 미치광이처럼 행동하게 되었다는 사실이다. 실제로 김시습은 그 이후 다시 서울을 떠나 현실과의 관계를 완전히 끊은 채 깊은 산속으로 영영 몸을 감췄다.

김시습이 서울로 복귀하여 이렇게 분노에 차서 지내던 10여 년은 남효온의 20대 시절과 겹친다. 그 기간 동안 김시습은 남효온을 비롯한 당대 젊은 후배들과 뜨거운 시대적 공감의 관계를 맺었다. 성종 대의 20대 청년들은 세조 시절을 경험했던 김시습과 같은 선배들로부터 일그러진 과거를 바로 세워야 한다는 시대적 과제를 전해 들었을 것이고, 감수성이 한참 예민했을 그들은 곧바로 선배들의 날카로운 시대정신에 깊이 공감했다.

김시습은 어린 시절 세종으로부터 두터운 은혜를 받았기에 의리상 불법으로 왕위를 찬탈한 세조를 섬길 수 없었지만, 남효온으로서는 그런 의리를 지킬 필요가 없었다. 그럼에도 불구하고 소릉복위가 실현될 때까지 벼슬길에 나가기 않겠다고 다짐했던 것은 김시습과 시대정신을 함께 했기 때문이다. 이처럼 남효온은 김시습 외에도 불의를 용납할 수 없어 자신의 몸을 감추고 지내던 시대의 선배들을 자주 만났고, 그때마다 그들의 행적을 기록으로 남겼다.

> [제48화] 홍균(洪鈞)은 사족 출신으로, 젊을 때 내금위에 소속되었다. 경태, 천순 연간에 미친병을 얻어 저자에서 구걸하며 지냈다. 매일 아침저녁으로 베주머니를 들고 쌀과 술을 얻으러 다니되 가득 차면 돌아가고, 부족하면 반드시 저잣거리의 부녀를 위협하여 취해갔는데 한 움큼 이상을 넘기지는 않았다. 어떤 술집과 약속하고 날마다 한

번씩 가서 노래를 불러주고 집으로 돌아왔다. 이와 같이 지낸 지 10여 년이 되었건만, 거친 베옷으로 몸조차 가리지 못해, 사람들이 단정하지 못한 사람을 가리켜 '홍균'이라고 불렀다.[6]

[제16화] 현산(이계기의 호)이 교하현감을 사임한 뒤, 소를 타고 술병을 차고서 산골짜기를 오르내리며 여종으로 하여금 길을 인도하게 하고 사내종으로 하여금 징을 두드리게 했다. 그러고는 말하기를 "병에 걸려 저절로 이렇게 된다"라고 했다. 기축, 경인 이후로는 뜻을 전일하게 하고는 말하기를 "병이 나았다"라고 하니, 사람들이 여러 해 동안 걸렸던 병이 늘그막에 갑자기 나은 것을 보고 놀랐다.[7]

홍균은 누더기 옷을 걸치고 구걸과 노래로 저잣거리를 전전하며 목숨을 부지했고, 이계기는 징을 두드리며 소를 타고 산골짜기를 드나드는 등 미치광이처럼 지냈다. 남효온은 그런 인물들을 왜 주목했을까? 문면에 드러나 있지는 않지만, 그들은 모두 세조의 왕위찬탈을 받아들일 수 없어 현실 정치를 포기한 인물이었다.

홍균이 미치광이로 지냈다는 시절인, 명나라의 경태(1450~1456), 천순(1457~1464) 기간은 세조의 재위 기간(1455~1468)과 정확히 일치한다. 홍균의 경우 본래 내금위에 소속되어 있었다고 했으니, 그는 필시 숙부 수양대군이 조카 단종의 왕위를 찬탈하던 참극을 직접 목도했을 것이다. 남효온의 장인 윤훈도 내금위로 있으면서 그 장면을 지켜본 뒤, 벼슬을 버리고 적성현으로 물러나 은거하며 지냈다. 홍균과 윤훈은 분명 알고 지내던 사이였을 터이다.

두 번째 일화의 주인공, 이계기도 다르지 않다. 그가 오래 앓던 미친병이 기축년(1469), 경인년(1470)에 문득 나았다고 했는데, 그때는 바로 성종 즉위년과 원년이다. 이계기도 세조 치하에서 교하현감 벼슬을 버리고는 적성현과 멀지 않은 산속에 터전을 잡고 미치광이처럼 지냈다. 남효온은 홍균의 행적을 기록하고 나서 이렇게 반문하고 있다. "내가 생각건대, 홍균이 이상한 짓을 하는 것은 미치광이에 의탁하여 양생하려는 것이 아니겠는가?"[8] 양생, 곧 죽지 않고 살아남으려면 미친 척을 하지 않을 수 없던 엄혹한 시절이었다.

3) 사우와의 공감과 훈구공신에 대한 비판

젊은 시절의 남효온은 벗들과 함께 소학계를 결성하여 새로운 유교문명 사회를 꿈꾸는 한편, 김시습을 비롯한 시대의 선배들과 교유하며 시대정신을 날카롭게 벼려갔다. 그런 그들 사이에는 공고한 동류의식이 흘렀다. 남효온이 지은 『사우명행록』과 신영희가 지은 『사우언행록』은 성종 대 신진사류의 동류의식을 생생하게 보여주는 기록이다. 이는 주희의 외손자 이유무(李幼武)가 송나라 정치가와 학인(學人)의 언행을 엮은 『송명신언행록(宋名臣言行錄)』의 영향을 받았던 것일 수 있다. 물론 여기에 소개된 내용은 대부분 고위 관료의 정치적 행적이지만, 남효온의 『사우맹행록』은 그와 달랐다. 서로에게 벗이자 스승인 아름다운 관계, 곧 서로를 사우(師友)라고 부르며 존중했던 인물만 다루고 있다. 그들 대부분은 자신처럼 세상의 인정을 받지 못해 뜻을 펼쳐보지 못했던 인물들이다.

『추강냉화』에도 그런 벗들과의 추억이 많이 실려 있다.

> [제41화] (전략) 정중(이정은)의 거문고 곡조가 편벽되다는 말은 과한 평가가 아니겠는가? 백원(이총)과 유추(有秋)는 일찍이 악기를 갖추어 밤낮으로 익혔다. 하지만 정중은 집에 악기가 없어 다니다가 우연히 남의 악기를 잡았지만 그 음률이 신실하여 나는 그의 솜씨가 매우 높은 것에 탄복했다. 그런데도 음악을 아는 사람이 간혹 "정중의 거문고 타는 재주는 백이(佰夷)와 같지만, 소리가 편벽되어 백원[이총]에게 미치지 못한다"라고 비판한다. 하지만 그것은 세상을 구제하고 경영할 만한 재주가 내면에 가득했지만 그것을 작은 기예로 돌릴 수밖에 없었기 때문에 편벽된 소리로 드러난 것이 아니겠는가? 나는 흐르는 눈물을 주체하지 못하고 하염없이 오열하노라.[9]

당대 거문고의 고수들을 거론하며 이정은의 솜씨를 나름 변호하는 일화이다. 세상 사람들은 이정은의 거문고 소리가 편벽되다고 평가했다. 남효온은 그 점을 수긍한다. 하지만 그의 거문고 소리가 왜 편벽하게 되었는지 알지 못하는 것이 안타깝기 그지없다. 이정은은 세상을 경영할 만한 포부와 능력을 지니고 있었음에도 불구하고 그것을 펼쳐볼 수 없는 현실에 늘 울울해 했다. 그리고 그런 울분을 거문고를 타면서 삭이고 있었기에, 그 소리는 편벽될 수밖에 없었다. 거문고 소리만 듣고도 속내를 헤아릴 수 있었을 만큼, 버려진 벗들에 대한 남효온의 이해는 깊었다.

그렇게 애써 변명하고는 남효온은 돌연 오열한다. 그의 통곡은 비단 이정은 한 사람 때문만이 아니었다. 이정은과 남효온 자신, 아니 세상에서 쓰이지 못하고 있는 많은 벗들을 애도하는 울음이었다. 뛰어난 능력을 지녔음에도 결국 잊힐 수밖에 없을 벗들, 그것이 안타까워 『사우명행록』을 편찬했다. 실제로 거기에 이름을 올린 60여 명 가운데 지금 우리가 기억하는 인물은 별로 없다. 『추강냉화』에서 소개하고 있는 유승탄(兪承坦)이란 이름도 그러하다.

> [제47화] 유승탄은 관향이 면천(沔川)이다. 책을 끼고 대궐에 이르러서 그가 배운 수천 여 글자를 적어 상소하였다. 모두 조정의 병폐를 절박하게 지적한 것이었지만, 사림들은 소리 내어 비웃었다. 유생(兪生)은 일찍이 자신의 정자를 청풍(淸風)이라 이름 짓고, 그의 벗 박생(朴生)은 자신의 서재를 명월(明月)이라 이름 지었다. 고관대작들 사이에서 놀려먹을 만한 일이 생기면 언제나 '유청풍, 박명월'이라는 말로 비웃고 헐뜯었다. 두 사람 모두 불우하게 등용되지 못했지만, 또한 벼슬을 구하려는 마음도 두지 않았다.[10]

성종 18년, 스물여덟 살의 유승탄은 평소에 배운 바에 의거하여 임금에게 시대의 병폐를 적어 올렸다. 유교경전과 어긋나는 현실을 비판하고, 거기에 맞는 바른 정치를 펼쳐야 한다고 직언했다. 하지만 아직 유생인 주제에 조정의 훈구대신을 비난하고 자기가 사는 고을의 수령을 능멸했다는 이유로 형장 80대의 처벌을 받게 된다. 그렇게 모질게 처벌을 가한 이후, 훈구대신들은 '철없는' 젊은 선비를 놀릴 만한 일이 생기면 '청풍명월'이라고 부르며 비아냥거렸다. 요즘 말로 "잘났어, 정말!" 같이, 혼자만 깨끗한 척한다는 뜻으로 비난해댔던 것이다.

남효온은 유승탄의 일화를 소개하며, 자신도 젊은 나이에 상소를 올렸다가 '미친 서생'으로 놀림받던 아픈 기억을 떠올렸음이 분명하다. 유교 문명을 완성하고 태평성대를 구가했다는 성종 대는 이렇게 어두운 그림자가 길게 드리워져 있었다. 남효온이 목도한 그때의 현실은 이러했다.

> [제33화] (전략) 사람들이 이르기를 "우리나라는 좁고 작아서 재능이 있으면 반드시 영달하게 되니, 어찌 창해의 버려진 진주처럼 인재가 등용되지 않는다는 탄식이 있겠느냐?"라고 한다. 하지만 지금 내가 들은 것이 이와 같다. 그렇다면 이런 늙은 사내처럼 내가 미처 듣지 못한 사람들이 얼마나 많이 초야에 묻혀 있으며 얼마나 많이 시장에서 지내고 있는지 알 수 없다.[11]

성종 대의 훈구대신은 밝고 밝은 태평성대에 버려진 인재가 없다고 자부했다. 하지만 남효온은 위의 일화를 통해 그들에게 통렬한 반격을 퍼부었다. 이런 평가에 앞에 소개된 일화의 내용은 이러하다. 명나라 성화(1465~1487), 홍치(1488~1505) 연간에 절에서 과거공부를 하고 있던 한생(韓生)이란 젊은이는 남루한 옷을 걸친 노인을 만났다. 그런데 그 노인은 부질없는 공부를 해서는 뭐에 써먹겠냐며 한생을 나무랐다. 한생은 그런 경험을 남효온에게 전해주었다. 그러자 남효온은 그 노인이 세조 이래 세상에서 몸을 감춘 사람임을 곧바로 알아챘다. 앞서 살펴보았듯이 남효온은 김시습, 홍균, 이계기와 같이 버려진 인재를 많이 알고 있었고, 그랬기에 그 노인의 정체를 짐작하기란 그리 어려운 일이 아니었다.

위의 일화가 중요한 까닭은 불법적으로 왕위를 찬탈했던 세조의 시대와 새로운 희망을 걸어보았던 성종의 시대가 크게 달라지지 않았다는 사실을 확인시켜주기 때문이다. 한생이 절에서 남루한 노인을 만났다는 성화와 홍치의 연간은, 성종의 재위 기간(1469~1494)과 정확하게 일치한다. 지난 세조 대의 '늙은' 인재도 여전히 거두어지지 못하고 있음은 물론이요, 지금 성종 대의 '젊은' 인재도 아무리 공부해도 결국 버려지게 될 것이라는 통렬한 비판이다. 그런 현실에도 불구하고 훈구공신은 버려진 인재가 없을 것이라며 호언장담하고 있었고, 그러기에 남효온은 그들의 허위의식에 더욱 분노하지 않을 수 없었다.

[제51화] 상당부원군 한명회가 한강의 남쪽에 정자를 짓고 압구정(狎鷗亭)이라 이름 하였다. 이는 임금을 세운 공업을 한충헌(韓忠獻)에게 비기고 염퇴(恬退)했다는 명성을 얻어 강호에서 갈매기와 짝하여 노년을 보내겠다는 뜻을 취한 것이다. 하지만 벼슬과 봉록에 연연하여 떠나지 못했다. 임금이 시를 지어 송별하니, 조정의 문사들이 다투어 화답한 시가 수백 편에 달했다. 그 가운데 판사(判事) 최경지(崔敬止)의 시가 제일이었다. 그 시에, "밤낮으로 은근히 접견하여 총애가 극진하니, 정자를 지어놓고도 와서 노닐 계책이 없네. 가슴속에 참으로 기심이 고요해진다면, 벼슬하는 동안에도 갈매기와 친해질 수 있으리라" 하였다. 한명회가 이를 싫어하여 현판으로 걸어주지 않았다. 뒤에 포의 이윤종(李尹宗)이 정자 아래를 지나가다가 위에 올라 쉬며 장편의 대작을 남겼다. 마지막 구절에 이르기를, "정자를 지어놓고도 돌아가지 않으니, 인간 중에 참으로 목욕하고 갓 쓴 원숭이[沐猴]와 같구나" 하였다. 이윤종의 시는 너무 노골적인 까닭에 의사를 함축하

고 온후하며 진중한 최경지의 시만 못하다.[12]

한강 제일의 명승지로 이름이 높던 압구정은 뛰어난 경관에도 불구하고 그 정자의 주인인 한명회의 탐욕스런 삶과 대비되어, 많은 사람들에게 조롱의 이름처럼 전해져 왔다. 지금 우리들에게 그런 조롱은 예사처럼 보이지만, 당대에 살아 있는 최고 권력자인 한명회를 그처럼 노골적으로 비난한다는 것은 결코 쉬운 일이 아니다. 언제, 어떻게 보복을 당할지 누구도 장담할 수 없는 일이었다. 그렇게 볼 때, 너무 노골적이라며 발언 수위를 짐짓 낮추고는 있지만, 갓 쓴 원숭이라며 한명회를 조롱했던 이윤종의 기개도 대단하고 그런 사실을 있는 그대로 기록하고 있는 남효온의 용기도 대단하다. 그들의 기개와 용기 덕분에 권력에 대한 야욕으로 인륜을 어겨가며 왕위찬탈을 주도했던 한명회는 영원히 부끄러운 이름으로 역사에 길이 남게 되었다. 위의 일화 다음에 소개되고 있는 일화 또한 다르지 않다.

[제54화] 인재(仁齋) 강희안(姜希顔)이 젊어서 재예(才藝)가 있었다. 만년에 양주의 누각에 올라 절구 세 수를 지었다. 그 첫 수에, "산이 있으면 어디나 여산(廬山)이 아닐까, 앉아 청산을 대하고 한번 탄식하노라. 벼슬살이 십 년에 늙은이 되었으니, 노경에 귀거래사를 읊게 하지 말라"라고 하였다. 영천군(永川君) 이정(李定)은 이 시를 보고 예를 표하며 평하기를 "이 시는 매우 핍진하니, 서(徐)의 시가 아니면 이(李)의 시일 것이다" 하였다. 그 당시 시명(詩名)을 독차지하고 있는 서거정과 이승소(李承召)에게 항상 감탄하고 있었기 때문이다. 그 뒤에 이

정이 다시 누각 아래를 지나가다가 지난날 자신이 쓴 비평을 보게 되었다. 그런데 그 아래에 다음과 같은 말이 적혀 있었다. "이 시에는 강산의 아취(雅趣)가 있어 한 점의 티끌도 없으니, 반드시 번뇌에 얽매인 세속의 선비가 지은 작품이 아닐 것이다. 또한 천지가 크고 강산이 깊은데 어찌 인재가 없어서 반드시 서와 이의 작품이라고 추측하는가? 인재를 저버리고 사람을 멸시함이 어찌 이리도 심하다는 말인가?" 이정이 읽어보고 크게 뉘우쳐 전에 비평했던 글을 지워버렸다.[13]

어느 날 강희안이 양주에 있는 정자를 지나다가 시를 지어 현판에 걸었다. 강희안은 시서화(詩書畵) 삼절(三絶)로 꼽힐 만큼 뛰어난 예술적 재주를 지녔고, 고요함을 사랑하여 영달을 구하지 않았다고 평가되는 인물이다. 그래서 그랬는지, 자신의 작품에조차 이름을 밝혀두지 않았다. 작가 없는 작품인 된 셈이다. 영천군 이정은 그런 작품의 작자가 서거정 아니면 이승소일 것이라 추정했다. 이 정도로 품격 있는 시를 지을 수 있는 사람으로는 이들 두 사람밖에 없으리라는 판단 때문이었다.

하지만 이런 추정을 본 누군가는 서거정이나 이승소의 작품일 수 없다고 그 아래에 적어놓고 갔다. 이유가 통렬하다. 강호에 대한 고상한 정취, 그리고 거기에 속된 생각이 조금도 없는 것을 보면 세속의 욕심으로 가득 찬 그들은 도저히 지을 수 없는 시라는 지적이다. 그렇게 비판한 사람이 누구인지는 밝히고 있지 않다. 하지만 남효온과 같은 안목을 지닌 누군가임에는 분명하다. 남효온은 "마음이 바른 사람은 시가 바르고, 마음이 바르지 않은 사람은 시가 바르지 않다[心正者詩正, 心邪者詩邪]"라고 믿었다. 그리고 그런 시적 감식안을 가진 남효온에게 당대 최고 시인으로 손꼽히던 서거정과 이승소의 작품은 아름다운 포즈로 꾸며진 허위의식의 산물처럼 여겨질 따름이었다.

4. 에필로그: 미완으로 그친 시대의 증언

15세기 후반, 남효온은 젊어서든 은둔해서든 또는 전국을 떠돌면서든 생애 내내 극심한 번민으로 시달렸다. 현실 정치의 길과 은둔자의 길, 공맹의 길과 노장의 길, 문장가의 길과 도학자의 길 등 삶의 고비마다 갈림길에서 갈등하고 주저했다. 하지만 그런 혼란과 슬픔 속에서도 올바른 시대를 향한 그의 비판 정신만큼은 언제나 성성하게 살아 있었다. 돌이켜보면 남효온의 시대정신이 세상에 처음 드러난 것은 소릉복위의 상소를 통해서였다. 소릉복위 상소를 통해 훈구공신의 권력농단을 비판하고 일그러진 과거를 바로잡아보려 희망했다. 하지만 그 꿈은 이내 좌절되었고 남효온은 세상에서 버려지고 말았다. 그런 상황에서 남효온은 붓을 통해 자신의 성성한 시대정신을 역사에 드러내고자 했다.

앞서 살펴본 『추강냉화』는 젊은 시절 좌절했던 남효온이 '잡록'이라는 우회로를 통해 오늘날 우리에게 증언하고자 했던 성종 대의 어두운 기억들이다. 남효온은 『추강냉화』와 그 자매편인 『사우명행록』에 자기 만년의 모든 삶을 걸었던 것처럼 읽힌다. 전국을 떠돌던 남효온은 죽기 직전, 지친 몸을 이끌고 행주로 돌아와서 지난 시절을 추억하는 『추강냉화』와 『사우명행록』을 기록하며 삶의 최후를 준비했던 것으로 보인다.

이런 흔적은 『사우명행록』의 말미에서 감지된다. 지난날 어울렸던 벗들의 행적을 기록하고 있는 『사우명행록』의 마지막에는 강백진(姜伯珍), 김용석(金用石), 이장길, 최충성, 노섭(盧燮), 유방, 조원기, 조광림(趙廣臨), 정붕(鄭鵬) 등 9명의 이름만 적혀 있다. 정작 중요한 '명행(名行)' 부분은 공백으로 남겨 놓은 것이다. 왜 그랬는지 이유가 궁금하다. 아마도 남효온은 이들의 아름다운 행실을 미처 기록하지 못한 채 붓을 놓았던 것은 아니었을까? 정말 그러하다면, 가슴 먹먹한 미완(未完)의 결말이 아닐 수 없다.

이와 같은 모습은 『추강냉화』의 후반부에서도 유사하게 발견된다. 『추강냉화』의 전반부는 대체로 자신의 행로를 결정 짓던 젊은 날의 중요한 사건들로, 중반부는 벗들과 어울렸던 일화와 훈구관료에 대한 신랄한 비판들로, 그리고 후반부는 자신이 은거 시절 이후 평생의 화두로 삼았던 성리학적 담론들로 구성되어 있다. 그런데 마지막 대목에 이르면 이(理)와 기(氣)의 관계, 불교와 유교의 같고 다름, 귀신의 있고 없음 등 결코 가볍지 않은 사상적 논제들이 짤막짤막한 메모 형식으로 스케치되어 있을 따름이다. 유불, 귀신, 생사, 이기와 같은 주제들을 논리정연하게 풀어내기에는 너무 노쇠해버린 탓이었을까? 남효온은 30대 전반에 「귀신론」, 「성론」, 「심론」과 같은 본격적인 논설을 잇달아 발표하기도 했다. 하지만 그런 담론들은 죽기 직전까지 내면 깊숙한 곳에서 맴돌았을 뿐, 완벽하게 정리해내기에는 너무 어려운 주제이기도 했다. '경지재'라는 자기 서재의 이름을 죽을 때까지 바꾸지 않은 채 그 핵심으로 들어가 보고자 했지만, 그에 대한 만족할 만한 답변을 얻기도 전에 생의 마지막 순간이 덜컥 들이친 것일지도 모른다. 남효온의 깊은 슬픔과 성성한 시대정신으로 번뜩이는 『추강냉화』도 미완의 결말처럼 읽히는 까닭이다.

주석

1장 연산군 10년, 엄동설한에 휘몰아친 광풍

1 사실관계로만 보면, 이 일화에는 오류가 있다. 의경세자가 죽은 것은 세조 3년 9월 2일인데, 단종이 죽임을 당한 때는 그보다 뒤인 세조 3년 10월 하순이다. 다만 단종이 영월로 유배 간 것은 세조 3년 6월 22일이니, 뒷사람들은 세조가 벌인 일련의 처사를 가지고 이야기를 만들어낸 것으로 보인다. 이긍익, 『연려실기술(燃藜室記述)』 권4, 「문종조 고사본말 소릉폐복(文宗朝 故事本末 昭陵廢復)」.

2 조신, 『소문쇄록(謏聞瑣錄)』, "南秋江伯恭, 墳在高陽. 燕山命剖棺時, 御命者以在禁標內, 難於守尸, 使取棺 來, 刑于楊花渡邊, 置尸于沙土(一作上)而去. 南之室及四女婿, 無一收葬者, 今不知其所在. 有一子名忠恕, 元有狂 易疾. 及是幷命殺之. 忠恕大言無所畏縮. 推官以本狂病不足, 數稟之. 燕山曰狂者在世何爲, 必殺之. 旣遇害, 妻 趙氏守尸于市三日夜, 取歸家時, 天寒尸盡僵凍. 趙日夜抱尸以身解凍後, 方斂入棺, 葬祭如禮, 人皆嘆服. 姑乃誚 趙以性强峭不憚尸, 所謂旣不能以禮自處, 又欲處人以非禮也."

3 『연산군일기』, 연산군 11년 2월 24일.

4 『연산군일기』, 연산군 10년 5월 30일.

5 이민보, 『풍서집(豊墅集)』 권18, 「무풍군익장(茂豊君謚狀)」, "公凡前後娶, 南夫人早卒無育, 繼夫人平壤趙氏, 忠義衛見知之女, 生四男一女."

6 신흠, 『상촌고(象村稿)』 권51, 「청창연담(晴窓軟談)」, "南秋江玄琴賦, 足爲國朝詞賦

之冠. 不特文藻爲然, 其終論五音, 極有微意, 豈有所感而發耶. 余讀之, 未嘗不潸然."

7 이민보, 『풍서집』 권18, 「무풍군시장」, "一日彈琴, 琴韵有殺聲, 再三更張猶如之, 公大驚破其琴. 翌日士禍作, 秋江齋首罹泉壤之禍, 公以齋門徒杖流巨濟. 後六年加律, 竟被後命於謫所, 卽甲子六月五日也. 後三年丙寅, 牛山公與其五子同日被禍."

8 남효온, 『추강집』 권3, 「次柳思庵碧瀾渡詩, 久負江湖約, 紅塵二十年, 白鷗如欲笑, 故故近樓前」

9 김시양, 『부계기문(涪溪記聞)』, "蓋傷思庵之禍, 以放浪自幸也. 戊午之獄, 秋江有身後之禍, 而戮及妻孥慘於思庵, 是知天地否泰, 則禍患之來無出處之殊."

10 『연산군일기』, 연산군 10년 윤4월 21일.

2장 어린 성종의 즉위와 새 시대를 향한 기대

1 『예종실록』, 예종 1년 11월 28일.

2 남효온, 『추강집』 권4, 「성종 대왕에게 올리는 글(上成宗大王書)」.

3 남효온, 『추강집』 권7, 『추강냉화』, "玄山交河辭任之後, 騎牛佩酒, 上下山谷, 使女僮引道, 男僕擁錚, 曰: "病自如此." 自己丑庚寅之後, 一意改之. 曰: "病已愈." 人咸嘆積年之病, 老境頓愈."

4 김시습, 『매월당집』 권21, 「유양양에게 드리는 진정서[上柳襄陽陳情書]」, "人以我爲喜釋, 然不欲以異道顯世. 故光廟傳旨屢召, 而皆不就, 處身益以疏曠, 使人不齒, 故或以僕爲癡, 或以僕爲狂, 呼牛呼馬, 皆便應. 今聖上登極, 用賢從諫, 冀欲筮仕, 十餘年前, 復於六籍, 溫熟稍精."

5 김시습, 『매월당집』 권21, 「유자한에게 드리는 글[上柳自漢書]」, "僕本性癖好煙霞, 嘲弄風雲, 向世人謂, "似我, 雖搢紳簪笏, 一見忘情." 僕於京洛故舊文良 · 剛中 · 子固 , 亦以故舊相待. 雖新知, 可與言, 便握手團欒, 論文評詩, 不敢以高下相

軋."

6 남효온, 『추강집』 권7, 『사우명행록』.

7 남효온, 『추강집』 권8, 「시장(諡狀)」, "其友東峯金悅卿謂公曰: "我則受英廟厚知, 爲此辛苦生活宜也. 公則 異於我, 何不爲世道計也耶." 公曰: "復昭陵後赴擧未晩也." 悅卿亦不復強之."

8 남효온, 『추강집』 권8, 「묘갈명」.

9 남효온, 『추강집』 권7, 『사우명행록』, 「정여창」, "自勖爲人, 性端重. 不飮酒醴, 不茹葷菜, 不食牛馬肉. 外 爲常談, 內惺惺也. 少時, 居館與人寢, 鼾睡而不寐, 人不知也. 一宵見獲於崔鎭國, 館中喧傳, 以爲鄭某參禪不寐."

10 남효온, 『추강집』 권7, 『사우명행록』, 「강응정」, "少時遊大學, 與長安俊士, 依朱文公故事作鄕約, 或月朝講論小學. 其選皆一時名士, 如金用石字鍊叔 · 申從濩字次韶 · 朴演字文叔 · 孫孝祖字無忝 · 鄭敬祖字孝昆 · 權柱字友卿 · 丁碩亨字嘉會 · 康伯珍字子韞 · 金允濟字子舟. 此其尤也, 餘不盡錄. 世之不悅者喧之, 或指爲小學之契, 或指爲孝子之契, 有夫子四聖十哲之譏."

11 『성종실록』, 성종 2년 6월 8일.

12 『성종실록』, 성종 7년 7월 23일.

13 『연산군일기』, 연산군 4년 7월 26일.

14 남효온, 『추강집』 권7, 『사우명행록』, 「김굉필」, "金宏弼字大猷, 受業於佔畢齋, 庚子年生員. 與余同庚, 而日月後於余. 居玄風, 獨行無比, 平居必冠帶, 室家之外, 未嘗近色. 手不釋小學, 人定然後就寢, 鷄鳴則起. 人問 國家事, 必曰: "小學童子何知大義." 嘗作詩曰: "業文猶未識天機, 小學書中悟昨非." 佔畢齋先生批云: "此乃作聖 之根基, 魯齋後豈無其人." 其推重如此."

15 『성종실록』, 성종 24년 1월 9일.

3장 한 장의 상소가 불러일으킨 파문

1 『성종실록』, 성종 9년 4월 1일.

2 송웅섭, 「조선 성종 대 공론정치(公論政治)의 형성」, 서울대학교 박사학위 논문, 2010, 263쪽.

3 『성종실록』, 성종 9년 4월 1일.

4 『성종실록』, 성종 9년 4월 8일.

5 『성종실록』, 성종 9년 4월 15일.

6 『세조실록』, 세조 3년 6월 26일.

7 이정형, 『동각잡기(東閣雜記)』, "성종이 남효온의 상소를 승정원에 보이니, 도승지 임사홍은 신하된 자가 감히 의론할 바가 못 된다며 의논을 모아 앞장서서 배격하였다. 그리고 영상 정창손은 소릉을 폐위시키는 논의에 참여한 자였기에 남효온의 상소가 지나치고 적절하지 않다며 반대했다."

8 『성종실록』, 성종 9년 4월 15일.

9 『성종실록』, 성종 9년 4월 15일.

10 『성종실록』, 성종 9년 4월 16일.

11 『성종실록』, 성종 9년 4월 20일.

12 『성종실록』, 성종 9년 4월 24일.

13 『성종실록』, 성종 9년 4월 24일.

14 『성종실록』, 성종 9년 4월 24일.

15 『성종실록』, 성종 9년 4월 24일.

16 허균도 남효온의 간언이 너무 직설적이고 성급하여 일이 성사되지 못했다고 안타까워했다. "한갓 가슴속에 격앙된 것으로써 기필코 임금이 시행해주기를 기대하면서 될 때인가 아닌가를 알지 못했다. 한갓 임금과 더불어 유위(有爲)한 일을 하리라고만 알고, 그 말했던 바가 갑자기 모두 시행되기 어려울 줄은 알지 못했다. 교분이 옅은 사람 앞에서 지나치게 말한 데다가 말한 것이 이미 예리하였고 책망한 것도 너무 길었다."

허균, 『성소부부고(惺所覆瓿稿)』 권11, 「남효온론(南孝溫論)」.

17 이심원, 『성광유고』 권1, 「화남백공 4수(和南伯恭 四首)」 제1수.

18 남효온, 『추강집』 권2, 「숙도(叔度)와 함께 시운을 나눔에 '초강무협반운우(楚江巫峽半雲雨)'를 얻어 중인(仲仁)에게 부치다 7수[同叔度分韻, 得楚江巫峽半雲雨寄仲仁. 七首]」.

19 남효온과 절친했던 조신은 "상소를 올려 소릉복위를 청했다가 귀양을 갔지만, 자신의 뜻을 굽히지 않았다" 하며 남효온을 기억하고 있다. 하지만 『성종실록』에는 성종이 애써 무마하여 직접적 처벌은 면한 것으로 되어 있다.

20 『성종실록』, 성종 9년 4월 20일. 소릉복위 상소의 파문 과정에서 좌승지 손순효는 "구영안이 이문의 딸을 간통할 때 남효온도 따라 했다"라며 남효온의 행실을 헐뜯기도 했다.

21 당나라 사람 손창윤이 당시에 폐해진 관례를 행하고 이튿날 조정에 가서 "내 아들이 관례를 마쳤다" 하니, 사람들이 모두 멍하게 있었다. 심지어 경조윤(京兆尹)은 화를 내며 "나와 무슨 상관인가" 하였다고 한다. 이는 남들이 하지 않는 것을 행했기 때문에 세상 사람들이 경조윤을 비난하지 않고 손창윤을 괴이하게 여긴 것이다. 『고문진보후집(古文眞寶後集)』 권5, 「답위중위서(答韋中立書)」.

22 남효온, 『추강집』 권2, 「만안자정 6수(挽安子挺. 六首)」 제2수 제3구. "뒤늦게 공직을 알아보았고[末路知公直]"의 아래 주석에서 "以爲僞學, 晩聞實行, 自悔欲師"라고 밝히고 있다.

23 『성종실록』, 성종 9년 4월 15일.

24 『연산군일기』, 연산군 4년 8월 10일.

25 『연산군일기』, 연산군 4년 7월 29일.

4장 『육신전』의 집필과 역사 바로 세우기

1 남효온, 『추강집』 권7, 『사우명행록』.

2 『중종실록』, 중종 8년 3월 2일.

3 남효온, 『추강집』 권8, 「묘갈명」, "公上書請復昭陵. 自昭陵廢, 人皆囚舌, 不敢出一言, 公至是抗論之, 固大駭當世矣. 都承旨任士洪言, 此非人臣所敢議, 倡議力排. 領議政鄭昌孫, 曾與廢陵之議, 亦沮之. 時人皆目之爲狂生, 公益悲憤嫉俗, 慟哭入山澤中, 或終日不返. 嘗著六臣傳, 門生故舊懼及禍, 競止之. 公笑曰, 吾豈畏一死, 而終沒忠臣之名乎."

4 남효온, 『추강집』 권7, 『추강냉화』, "百源天姿冠世, 不讀書史, 屬詩文大奇. 嘗別我普濟院上, 賓客皆自歌舞, 百源題我扇子詩曰, 相知八年內, 會少別離多, 臨分千里手, 掩泣聞淸歌. 坐中辟易閣筆. 仲鈞見此詩, 嘆曰大好絶倫."

5 『추강집』에 「是歲後九月念後, 百源與祖胤 · 太白, 乘舟訪余于鴨島蘆間. 因留宿余江廬, 翌日乃去. 余乃追遣蒼頭, 詩以敍之. 五首」라는 시가 실려 있다. 이총을 비롯한 벗들이 남효온이 머물던 압도에 찾아와 하룻밤을 지낸 일을 시에 담은 작품이다. 이 시가 지어진 것은 윤9월 20일인데, 남효온 생존 시 윤9월이 든 해는 성종 2년(1471)밖에 없다. 남효온의 당시 나이는 열여덟이었다.

6 이종준, 『용재선생유고(慵齋先生遺稿)』, 「送秋江南孝溫游柰城郡[柰城 寧越舊號]」.

7 이종준, 『용재선생유고』, 「행장(行狀)」, "每與秋江, 語及莊陵往事, 未嘗不歔唏流涕."

8 『중종실록』, 중종 14년 7월 26일.

9 신흠, 『상촌고』 권36, 「서육신전후(書六臣傳後)」, "若我國六臣者, 實武王之伯夷也, 而卒陷大戮, 子姓倂命, 至今百餘年矣. 人莫敢伸喙尙論, 唯一南處士寂寥數寸之管, 南孝溫著六臣傳, 僅能扶義氣於一髮爾."

10 『선조실록』, 선조 9년 6월 24일.

11 심수경, 『견한잡록(遣閑雜錄)』.

12 『정조실록』, 정조 15년 2월 21일.

13 선조가 엉터리 기록이라고 지적한 내용은 다음과 같다. "노산군에 대해 언급하면서 신유년에 출생하여 계유년까지 그의 나이가 13세인데도 16세로 기록하였으며, 광묘(光廟)께서 임신년에 사은사(謝恩使)로 중국에 갔었는데 여기에는 부음(訃音)을 가지고 중국에 갔다고 기록하였다. 또 하위지가 계유년에 조복(朝服)을 벗고 선산(善山)으로 물러가 있었는데 광묘께서 즉위하여 교서로 불렀기 때문에 왔다고 하였다. 하위지가 갑술년(단종 2년)에 집현전에서 글을 올린 것은 무엇인가? 이와 같은 것이 한둘이 아니다." 이런 선조의 불신은 당시 사헌부헌납으로 있던 류성룡의 견해를 따른 것으로 보인다. 류성룡, 『서애선생문집(西厓先生文集)』 권15, 잡저(雜著), 「남추강기사유오(南秋江記事有誤)」, "南秋江六臣傳, 以傳聞記之, 未免謬誤."

14 허봉, 『해동야언(海東野言)』, "魯山之遜于壽康宮也, 昏夜無火擧, 只從五十餘人, 下鍾樓時, 左右行廊皆哭, 止之不得. 尹壎爲司禁, 爲余云. 出秋江冷話, 下同."

15 남효온의 장인 윤훈은 뒷날 성종의 계비(繼妃)가 되는 정현왕후(貞顯王后)의 부친인 윤호(尹壕)와 사촌지간이다.

16 허봉, 『해동야언』, "魯山之遜也, 始於謀臣權擥, 而成於大臣鄭麟趾之議. 金自仁時年十二, 見其議, 胷如火焰云."

17 허봉, 『해동야언』, "魯山遜于寧越, 自作哀歌曰, 月欲低蜀魄啾, 相思憶倚樓頭, 爾聲若我聞哀, 無爾聲無我愁, 爲報天下苦勞人, 愼莫登春三月子規樓. 國人聞之無不涕泣者. 及遇變. 春秋十七. 卽時雷雨大作, 咫尺不辨人物. 家奴石池之父時行商適寧越, 見其變, 石池爲余云."

18 조신의 경우, 첫 번째 일화는 옮겨 적지 않고 있다. 서자인 까닭에 근근이 벼슬살이할 수밖에 없었던 그에게 권람, 정인지와 같은 훈구대신의 이름을 대놓고 비판하는 일은 부담스럽게 여겨졌던 것으로 보인다.

19 『선조수정실록』, 선조 14년 2월 1일.

20 남효온, 『추강집』 권7, 『육신전』, "彭年性沈潛寡默, 以小學律身, 終日端坐, 衣冠不

解, 令人起敬. (…) 三 問爲人, 詼諧放浪, 喜談謔. 坐臥無節, 外若無持守, 內操堅確, 有不可奪之志云."

21 조경남, 『역대요람(歷代要覽)』, 단종 7년 기사, "尹壎從彭年三問游, 謂人曰, 成公詼諧談笑, 坐臥無節. 朴 公則終日端坐, 衣冠不解, 令人起敬云."

22 남효온, 『추강집』 권7, 『육신전』, "光廟曰, 汝不食我祿乎. 食祿而背, 反覆人也. 名爲復上王, 而實欲自爲也. 三問曰, 上王在, 進賜何以臣我哉. 且不食進賜祿耳. 如不信, 籍我家而計之. 光廟怒甚, 令武士灼鐵穿其脚斷其肱, 而顏色不變. 徐曰, 進賜之刑慘矣. 時申叔舟在上前, 三問叱之曰, 吾與汝在集賢時, 世宗日抱王孫, 逍遙散步, 謂諸儒臣曰, 寡人千秋萬歲後, 卿等須護此兒. 言猶在耳, 汝獨忘之耶. 不意汝之惡至於此也."

23 『세조실록』, 세조 2년 6월 2일.

24 『정조실록』, 정조 15년 2월 21일.

25 남효온, 『추강집』 권7, 『육신전』, "丙子事發, 拿至闕庭. 上問曰, "汝欲何爲." 對曰, "當請宴日, 欲以一尺劍廢足下復故主, 不幸爲奸人所發, 應乎復何爲哉. 足下速殺我." 光廟怒罵曰, "汝托名上王, 欲圖社稷." 令武士剝 膚而問情, 不服. 顧謂三問等曰, "人謂書生不足與謀, 果然. 曩者請宴之日, 吾欲試劍, 汝輩固止之曰, '非萬全計, 以致今日之禍, 汝等人而無謀, 何異畜生." 白上曰, "如欲聞情外事, 問彼豎儒." 即閉口不答. 上愈怒, 命取灼鐵置 腹下, 油火竝煎, 而顏色不變. 徐待鐵冷, 取鐵投地曰, "此鐵冷, 更灼來." 終不服而死."

5장 폭음으로 견뎌내던 시련의 시절

1 남효온, 『추강집』 권7, 『사우명행록』, "安應世, 竹山人. 字子挺, 號月囪, 又號鷗鷺主人, 又號煙波釣徒, 又 號黎藿野人. 後於余一歲, 爲人淸澹洒落, 安貧喜分, 不求名利, 不學仙佛, 不喜博奕. 能詩, 尤長於樂府. 嘗曰, 不 義之財, 補止於家, 不義之食, 補止五臟, 尤不可犯也. 子挺之操心, 類如此, 白玉之疵, 喜酒色也. 庚子年進

士, 是 年九月歿, 年二十六, 知與不知莫不痛之."

2 남효온, 『추강집』 권2, 「안자정에 대한 만사 6수(挽安子挺, 六首)」 중 제6수.

3 남효온, 『추강집』 권2, 「남산에 올라 시운을 나눔에 간(看) 자를 얻다[登南山, 分韻得看字]」.

4 남효온, 『추강집』 권3, 「자정의 꿈을 꾸고 꿈속에 본 바를 기술하다[夢子挺, 述夢中所見]」.

5 남효온, 『추강집』 권1, 「이천으로 귀양 가는 백연을 보내며[送別伯淵謫伊川]」.

6 남효온, 『추강집』 권3, 「묵재에게 부치다 2수[寄默齋 二首]」 제2수.

7 남효온, 『추강집』 권1, 「주잠」.

8 남효온, 『추강집』 권8, 「묘갈명」.

9 신영희, 『사우언행록』.

10 김시습, 『매월당집』 권21, 「추강에게 답하는 편지[答秋江書]」, "昨日見先生止酒, 直欲囚酒星於天獄, 焚醉日於秦坑, 其意美則美矣. 蓋夏殷之主, 以此而亡, 晉宋之士, 以此而亂, 此萬世之所當鑑戒者也. 然抑有可說焉. … 不此之省, 反以酒爲生禍, 直欲專止, 是猶炊飯而逸火, 欲一生不設熟食也, 專酗, 已不可言, 專止, 大昧於禮, 失中庸已甚, 非君子所行之道."

11 남효온, 『추강집』 권4, 「동봉산인에게 답하는 편지[東峯山人書]」, "僕自少酷好麴蘗, 中歲齒舌不少, 肆爲 酒狂, 自分永棄, 身爲物役, 心爲形使, 精神自耗於曩時, 道德日負於初心, 不意馴致不德, 肆酗於家, 大貽慈母之 羞, 孟子以博奕好飮酒不顧父母之養爲不孝, 况於酗乎. 醒而自念則罪在三千之首, 何心復擧栝酒乎."

12 김시습, 『매월당집』 권21, 「또 쓰다」, "先生旣已杜飮醽醁, 僕以先生知己, 斷金臭蘭, 豈可復浪飮乎. (...) 頗覺煩擾僕惟祭祀療病, 不可廢嚼. 其餘看花對月, 接賓賞節, 欲以松茗代醽醁, 人或勸之者, 不過三鍾, 惟先生諒 之. 僕亦欲廢風雲月露之吟, 絶黃白噑啀之文, 常顧言顧行, 以終餘生, 先生亦與我偕之乎."

13 김시습, 『매월당집』 권6, 「추강에게 화답하다 4수[和秋江 四首]」 중 제3수.

14 신흠, 『상촌선생집』, 「산중독언(山中獨言)」.

6장 신진사류의 좌절과 삶의 전회(轉回)

1 남효온, 『추강집』 권7, 『사우명행록』, "獨行無比, 平居必冠帶, 室家之外, 未嘗近色, 手不釋小學, 人定然後就寢, 鷄鳴則起, 人問國家事, 必曰, "小學童子何知大義.""

2 남효온, 『추강집』 권1, 「癸卯三月十九日, 送東峯悅卿歸關東. 悅卿載六經子史, 涉關東山水, 求得黍地, 資耕力以活, 無復還鄕之意. 余持薄酒, 握手嗚嗚, 以爲千里無相見期之別」.

3 남효온, 『추강집』 권7, 『사우명행록』.

4 남효온, 『추강집』 권7, 『사우명행록』.

5 『연산군일기』 연산군 4년 8월 10일.

6 『연산군일기』 연산군 4년 8월 20일.

7 『연산군일기』 연산군 4년 8월 10일.

8 남효온, 『추강집』 권7, 『사우명행록』.

9 『성종실록』 성종 13년 윤8월 20일.

10 성종 13년의 벽서시 사건에 주목한 논의로는 심경호, 『김시습 평전』(돌베개, 2003), 646쪽 참조.

11 『성종실록』 성종 13년 윤8월 20일.

12 성현은 이 사건을 실록보다 자세하게 소개한 뒤, "조정에서 사건을 추궁하니 삼관과 성균관 생도들 가운데 연루되어 옥에 갇힌 자가 수십 명이고, 국문을 받은 사람도 있었다. 그러나 끝내 실상을 파악하지 못한 채 모두 풀어주었다"라고 밝혀두고 있다. 김남이 · 전지원 외 옮김, 『용재총화』(휴머니스트, 2015), 293~295쪽.

13 『성종실록』 성종 9년 4월 15일.

14 『성종실록』 성종 13년 윤8월 20일.

15 『성종실록』 성종 8년 11월 20일, 12월 12일.

16 『성종실록』 성종 9년 4월 16일.

17 남효온, 『추강집』 권7, 『추강냉화』, "子挺亡後三年壬寅, 高生嘗夢見子挺於曠漠之

野, 相與酬唱如平生. 子挺問伯恭·宗之安在? 生曰, 已上寺肄業矣. 子挺不悅, 卽成一詩, 付生以遺二人曰, "文章富貴摠如雲, 何須勞苦讀書勤, 但當得錢沽酒飮, 世間人事不須云." 生覺而記之, 遺余詩云."

18 남효온, 『추강집』 권3, 「영현암에서 공부하다가[靈顯庵肄業]」.

19 김장생, 『사계전서(沙溪全書)』 권45, 「어록(語錄)」.

20 남효온, 『추강집』 권3, 「장단객사에서 한 해를 보내며[長湍客舍, 守歲]」.

21 『연산군일기』, 연산군 4년 8월 10일.

22 남효온, 『추강집』 권7, 『추강냉화』, "二月十七日, 曾祖母夢於余. 余問之曰, "余及第乎." 不答, 再問之. 曰, "汝之及第難矣." 已而告余曰, "汝今年五月, 及第必矣. 作文必冠於諸生, 而有讎人入爲試官, 則必拔而置之下 第, 汝之及第, 所以難也." 余曰, "天地鬼神, 臨之在上, 質之在旁, 雖有讎人, 豈容私意於其間." 母曰, "汝之言, 然.""

23 남공철이 지은 묘갈명을 비롯하여 남효온의 생애 자료에서는 대부분 "경자년(성종 11년, 1480년)에 입격하였으나 끝내 대과에 응시하지는 않았다"라고 적고 있다. 김시습의 권유에도 불구하고 소릉복위가 되지 않으면 과거에 응시하지 않겠다고 선언했다는 것이다. 하지만 남아 있는 여러 자료의 정황으로 미루어 짐작할 때, 남효온은 대과를 앞두고 갈등하다가 결국 응시했던 것으로 보인다.

24 남효온, 『추강집』 권1, 「癸卯三月十九日, 送東峯悅卿歸關東. 悅卿載六經子史, 涉關東山水, 求得黍地, 資耕力以活, 無復還鄕之意. 余持薄酒, 握手嗚嗚, 以爲千里無相見期之別.」

25 남효온, 『추강집』 권7, 『추강냉화』.

26 남효온, 『추강집』 권7, 『사우명행록』.

27 김시습, 『매월당집』 권20, 「정호전(程顥傳)」 "程顥字伯淳, 河南人. (…) 自十五六歲時, 與弟頤聞汝南周茂叔論學, 遂厭科擧之習, 慨然有求道之志, 自秦漢以來, 未有臻斯理者."

28 김시습, 『매월당집』 권20, 「정이전(程頤傳)」 "伏見河南處士程頤, 力學好古, 安貧守

節, 言必忠信, 動遵禮度. 年踰五十, 不求仕進, 眞儒者之高蹈, 聖世之逸民."

29 이성원, 『추강집』 권8, 「시장」.

30 남효온, 『추강집』 권3, 「7월 13일 소를 타고 밭 사이로 압도에 들어가다 2수[七月十三日, 騎牛由田間入鴨島. 二首]」.

31 남효온, 『추강집』 권3, 「입춘(立春)」.

32 남효온, 『추강집』 권7, 『추강냉화』, "余嘗觀忘機狎鷗事, 將信將疑. 甲辰年, 治農于幸州, 耕暇, 漁于南浦. 理罾于蘆間潮退之痕, 仰看白日, 昭昭甚明. 余內自思之, '人生天地間, 人可容欺, 此豈可欺乎.' 旁看余側, 水禽飛 鳴甚狎. 余忽信余之忘機也, 鷗則飛去. 所以信余之忘機者, 乃所以爲機心乎. 後因此意, 得日月昭昭於頭上, 鬼神 監臨於左右十四字, 爲敬止齋銘第三聯."

7장 금강산 유람과 성리담론의 집필

1 김시습, 『매월당집』 권13, 「옛일을 그리워하며」.

2 『논어』, 「선진(先進)」, "南容三復白圭, 孔子以其兄之子妻之."

3 남효온, 『추강집』 권2, 「행주 전장에서 동봉을 그리워하며, 이별할 때의 시에 차운하다[幸州田莊, 憶東峯次別我韻]」.

4 남효온, 『추강집』 권3, 「춘천의 옛 은거지로 돌아가는 동봉 선생을 동교에서 송별하며 2수[東郊, 送別東峯先生之春川舊隱. 二首]」.

5 남효온, 『추강집』 권5, 「귀신론」, "東峯此說, 最爲破愚之指南, 故余引以爲證. (…) 余著此論, 始於壬寅之秋, 訖於甲辰之夏, 年三十一."

6 남효온, 『추강집』 권1, 「금강산 유람하는 첨정 신윤종을 전송하며[送僉正申胤宗遊金剛山]」.

7 남효온은 유람하는 도중, 잠시의 틈만 나면 여정을 빠뜨리지 않고 기록해두었다. 이는 다음과 같은 기록에서 확인할 수 있다. "윤4월 1일 암자 뒤에 있는 나한전은 트이고 밝

아 앉을 만하기에 그 위에 앉아 일과(日課)를 적었다."

8 남효온, 『추강집』 권5, 『유금강산기』, "甲戌, 辭子達, 行十五里, 抵叢石亭. 余至其下, 果有石山入海曲, 透 迤如蛇形. 山之入海極頭, 有四仙亭. 未及亭三四十步, 北越一路則有四石起自海中, 截然如束柱石然, 所以得名叢 石者此也. 海西邊岸, 盡爲叢石, 形亘里餘. 叢石之傍, 有一平石, 亦在水中, 而小石雜積連陸. 余與雲山, 赤足下 岸, 坐平石上. 令奴人採石決明.小螺.紅蛤.海藿等物, 與雲山掬水相戲, 擧眼眺瞻, 則乾端坤倪, 軒豁無涯, 如瑠璃 明鏡相照, 韋偃.郭熙效技然, 怳然疑是夢中, 久乃可明. 余眷顧不肯出, 雲山曰, 日已晏矣. 余始出岸上四仙亭."

9 남효온, 『추강집』 권1, 「사선정에 적다[題四仙亭]」.

10 남효온, 『추강집』 권5, 『유금강산기』, "余解裝, 掬水漱口, 飮蜜水. 鉢淵故事, 釋子遊戲者, 乃於瀑布上, 折薪而坐其上, 放於水上, 順流而下. 巧者順下, 拙者倒下. 倒下則頭目沒水, 久乃還出, 傍人莫不酸笑. 然其石滑 澤, 雖倒, 下體不損傷, 故人不厭爲戲. 余令雲山先試之, 繼而從之. 雲山八發而八中, 余八發而六中. 及出巖上, 拍 手大笑, 乃枕書臥石成小睡."

11 남효온, 『추강집』 권5, 『유금강산기』, "甚矣, 瀆之無稽也. 有七大妄, 而無一語可補於名敎者, 則知此記闕 之可也. 而況三國之初, 人無定姓, 而名字不類於人, 則盧偆名字, 疑亦後世所作. 豈非新羅季世, 有文術僧元曉.義 相律師之徒, 始欲誇大此山事跡, 而追述者歟. 不然, 何其謬誤之若是乎."

12 남효온, 『추강집』 권5, 『유금강산기』, "余先入僧社, 則乃故人東峯淸寒子壁記, 虛舟申持正丹靑畫手申. 俄 而自社下窟, 有鐵鎖二. 余攀下, 樓板聲咿軋, 可懼. 所謂觀音前, 願狀頗多. 余出, 歷觀臺上, 還入僧舍飯訖, 下 來. 復循川流而下, 白石滑澤, 赤足而行, 亦不生蘚. 已而前至手巾巖. 東峯記云, 觀音化爲美女, 洗手巾于此巖, 爲 僧懷靜所逐, 入巖下云."

13 남효온, 『추강집』 권3, 「보덕암에서 2수[普德庵 二首]」.

14 심경호, 앞의 책, 511~514쪽.

15 김시습, 『매월당시집』 권14, 「산중에서 친구를 그리며[山中憶友]」.

16 남효온, 『추강집』 권5, 『유금강산기』, "社主竺明來, 引余入社, 使見社後碑石, 乃律師藏骨之碑. 高麗僧瑩岑所撰, 時承安五年己未五月也. 碑側有枯松二株, 自律師碑立五百餘年, 三枯三榮, 而今復枯矣. 覽畢還下庵, 明饋飯, 飯後又到瀑布, 夜深天寒, 始入來."

17 남효온, 『추강집』 권5, 「심론」, "若夫死者, 歸也盡也, 歸盡者決無復生之理. 所謂死而生者, 形死而心不死也. 故有復生之理者, 心胸必溫, 此一驗. 金剛山鉢淵寺傍, 有二松株, 五百年間, 三枯三榮, 而今則枯且無皮矣. 余撫而問之, 居僧最老者曰, 向四十年前枯時, 余猶及見, 爪其膚而有津, 此木之心不死也, 故有時而復生, 猶人之死而生也."

18 남효온, 『추강집』 권7, 『추강냉화』.

19 남효온, 『추강집』 권5, 「심론」, "自勖曰, 坐於此而心遊千里之外, 須臾卷在腔裏, 非出入乎? … 自仁曰, 我寢於此, 而魂遊異鄉, 覺則復入來, 非心之出入乎. (…) 自勖明經飭行, 近世無比, 自仁有遠大之略, 所見如是, 余所疑者茲, 故竝著于篇, 以廣異聞."

20 남효온, 『추강집』 권5, 「성론」, "然則紛紛論性, 一言蔽之, 有其言乎. 其必曰, 妙至理而誠於中者性, 而盛於形, 故得氣質之名, 純於理, 故得本然之名, 則性論畢矣. 仰觀先賢論性多矣, 余不必贅. 然適丁成均師論分本然氣質之性而二之, 故不獲已而作性論. 成化乙巳之歲, 秋江書于敬止齋."

21 남효온, 『추강집』 권1, 「옥부」.

22 『근사록』 권4, 「존양(存養)」, "惟是心有主, 如何爲主? 敬而已矣. 有主則虛, 虛謂邪不能入, 無主則實, 實謂物來奪之."

23 남효온, 『추강집』 권3, 「스스로 읊다 15수」 제5수.

8장 절절하게 읊은 시편과 울울했던 송도 유람

1 남효온, 『추강집』 권3, 「스스로 읊다 15수」 제1수.

2 윤국형, 『문소만록(聞韶漫錄)』.

3 남효온, 『추강집』 권3, 「스스로 읊다 15수」 제2수.

4 남효온, 『추강집』 권3, 「스스로 읊다 15수」 제3~4수.

5 남효온, 『추강집』 권1, 「늙은이가 손자를 버린 노래[老夫棄兒孫行]」.

6 남효온, 『추강집』 권3, 「스스로 읊다 15수」 제6수.

7 남효온, 『추강집』 권7, 「종손을 제사 지내는 글[祭終孫文]」.

8 『성종실록』, 성종 16년 6월 3일.

9 『성종실록』, 성종 16년 7월 17일.

10 『성종실록』, 성종 17년 3월 19일.

11 『성종실록』, 성종 16년 11월 11일.

12 『성종실록』, 성종 17년 3월 17일, 3월 19일.

13 남효온, 『추강집』 권3, 「스스로 읊다」 제7수.

14 남효온, 『추강집』 권7, 『사우명행록』.

15 『성종실록』, 성종 15년 8월 6일.

16 『성종실록』, 성종 15년 8월 6일.

17 다만 이계남은 군기시첨정(軍器寺僉正)에 제수되었다가 사헌부장령(司憲府掌令)으로 승진했다. 하지만 남효온의 절친한 벗이자 자신의 제자였던 이승언과 이심원의 등용은 성사되지 못했다. 그렇게 평생 중앙 정치 무대에서 소외된 채 지내던 이심원은 갑자사화 때 능지처사 되고, 성종 21년에야 잠시 선전관을 맡았던 이승언은 무오사화 때 유배형에 처해졌다.

18 『성종실록』, 성종 16년 7월 17일.

19 남효온, 『추강집』 권7, 『사우명행록』.

20 남효온, 『추강집』 권3, 「스스로 읊다」.

21 『논어』, 「미자(微子)」, "柳下惠爲士師, 三黜. 人曰, 子未可以去乎? 曰, 直道而事人, 焉往而不三黜? 枉道而事人, 何必去父母之邦?"

22 남효온, 『추강집』 권6, 『송경록』.

23 남효온, 『추강집』 권1, 「영남으로 돌아가는 풍애 우덕보를 보내며[送楓崖禹德父歸嶺南]」.

24 남효온, 『추강집』 권6, 『송경록』.

25 남효온, 『추강집』 권6, 『송경록』.

26 남효온, 『추강집』 권7, 『추강냉화』.

27 남효온, 『추강집』 권6, 『송경록』, "乙丑, 過長湍, 歷見李子賀, 又訪伯淵不遇. 渡臨津宿馬山驛. 丙寅, 冒雨入京."

9장 정처 없이 이어지던 방랑의 시작

1 남효온, 『추강집』 권3, 「스스로 읊다」 제15수.

2 남효온, 『추강집』 권3, 「춘첩자(春帖字)」.

3 남효온, 『추강집』 권3, 「정미년 정월 초하루[丁未元日]」

4 남효온, 『추강집』 권3, 「병오년 2월 6일에 둘째 아들 종손이 죽어 시로써 제사 지내다 3수[丙午二月六日, 次子終孫化去, 詩以祭之. 三首]」 제3수.

5 남효온, 『추강집』 권3, 「병오년 3월 16일 광진에서 화숙을 이별하며 11수[丙午暮春哉生魄, 廣津別和叔. 十一首]」 제1수, 제8수.

6 남효온, 『추강집』 권1, 「풍덕 산사에 있는 화숙에게 부치다[寄和叔於豐德山寺]」.

7 남효온, 『추강집』 권3, 「병오년 3월 16일 광진에서 화숙을 이별하며 11수 제3수.

8 남효온, 『추강집』 권2, 「차현에서」.

9 남효온, 『추강집』 권1, 「공산에서 진백원에게 시를 남기고 작별하다[公山, 留別陳百源]」.

10 남효온, 『추강집』 권7, 『사우명행록』.

11 김시습, 『매월당집』 권2, 「강릉의 감옥 벽에 쓰다[題江陵獄壁]」.

12 남효온, 『추강집』 권4, 「해운대에서 노닌 글의 서문」.

13 남효온, 『추강집』 권3, 「의령 고향에서[宜寧故園]」.

14 남효온, 『추강집』 권1, 「한강에서 영남의 전원으로 돌아가는 덕우를 송별하고 겸하여 항아 노랑에게 보내다 2수[漢江, 送別德優歸嶺南田園, 兼簡姮娥老娘. 二首]」.

15 남효온, 『추강집』 권4, 「해운대에서 노닌 글의 서문」.

16 남효온, 『추강집』 권3, 「여경에게 부치다 2수[寄餘慶 二首]」.

17 남효온, 『추강집』 권6, 『지리산일과』.

18 남효온, 『추강집』 권1, 「유천왕봉」.

19 김종직, 『유두류록』, 최석기 외 옮김, 『선인들의 지리산 유람록』(돌베개, 2001), 35쪽에서 인용.

20 김일손, 『속두류록』, 최석기, 앞의 책, 84~85쪽에서 인용.

21 남효온, 『추강집』 권4, 「유천왕봉기」.

22 남효온, 『추강집』 권6, 『지리산일과』.

23 남효온, 『추강집』 권2, 「쌍계사 비문을 읽고[讀雙溪寺碑]」.

24 남효온, 『추강집』 권6, 『지리산일과』.

25 남효온, 『추강집』 권2, 「봉천사 누각의 창에 쓰다[書奉天寺樓囱]」.

26 남효온, 『추강집』 권6, 『지리산일과』.

10장 인생의 길을 일깨워준 스승과의 만남

1 남효온, 『추강집』 권3, 「진주 촉석루」.

2 남효온, 『추강집』 권3, 「순천의 동백원 누각에 적다 2수」.

3 이우성 편, 『소문쇄록 외 1종』(아세아문화사, 1990), 163~164쪽, "南孝溫字伯恭, 號秋江. 性固倜儻, 篤學 好古, 有志節. 嘗上書請復昭陵, 被摘而不撓屈. 師友朱溪正

深源.安應世子挺.擧進士,或不試東堂.慈氏有言,則時就試而不屑屑也,由是竟不第.弘治壬子,年纔三十九而卒.成化己亥,予徵入京,將赴日本.伯恭袖詩求見,送予于漢江.因而相好,同遊松都,上天磨山.家在高陽,策蹇相尋,宿鴨島,燒荻火啖魚蟹,探韵賦詩以徹夜.與予同庚而俱不閑仕宦,故相得最甚.介予謁畢齋于湖南,嘗愛其詩,比之古人." 허봉의 『해동야언』에도 전재되어 있으나 "與予同庚而俱不閑仕宦,故相得最甚"라는 구절은 빠져 있다.

4 김종직, 『점필재집』 권22, 「남추강에게 부치다[寄贈南秋江]」.

5 남효온, 『추강집』 권2, 「두륜산에서 감사 김점필재의 시에 삼가 화답하다[在頭輪山,奉和監司金佔畢韻]」.

6 김종직, 『점필재집』 권22, 「남추강에게 화답하다[和南秋江]」.

7 남효온, 『추강집』 권3, 「무신년 9월 초하룻날 사위의 영구가 김해에서 오므로 내가 조령의 남쪽에서 맞이하다 4수[戊申九月初吉,女壻之柩來自金海,余迎于鳥嶺之南.四首]」 제3수.

8 남효온, 『추강집』 권3, 「무신년 9월 초하룻날 사위의 영구가 김해에서 오므로 내가 조령의 남쪽에서 맞이하다 4수[戊申九月初吉,女壻之柩來自金海,余迎于鳥嶺之南.四首]」 제2수.

9 남효온, 『추강집』 권1, 「자신의 만사 네 편을 지어 점필재 선생께 올리다[自挽四章,上佔畢齋先生]」.

10 김종직, 『점필재집』 문집 권1, 「남추강에게 답한 편지[答南秋江書]」.

11 김종직, 『점필재집』 문집 권1, 「남추강에게 답한 편지」.

12 김종직, 『점필재집』 문집 권1, 「남추강에게 답한 편지」.

13 남효온, 『추강집』 권1, 「자신의 만사 네 편을 지어 점필재 선생께 올리다」 제1장.

14 남효온, 『추강집』 권1, 「자신의 만사 네 편을 지어 점필재 선생께 올리다」 제3장.

15 남효온, 『추강집』 권1, 「자신의 만사 네 편을 지어 점필재 선생께 올리다」 제4장.

16 남효온, 『추강집』 권1, 「이날 밤에 술이 얼큰하여 감회가 있어 짓다[是夜酒酣,有感而作]」.

17 칠불(七佛)이 (…) 부지했소 : 세상에 전하기를, "수(隋)나라 군사가 살수(薩水)를 건너려 하였으나 배가 없어 늘어서 있었는데, 갑자기 7명의 중이 나타나 물을 건넜다. 수나라 군사들은 물이 얕은 줄 알고 다투어 건너다 무수히 빠져 죽었다" 한다. 『신증동국여지승람』 권52 안주목(安州牧).

18 남효온, 『추강집』 권7, 『추강냉화』.

19 남효온, 『추강집』 권1, 「8월 20일, 선친의 불가친구였던 일암 스님을 구월산 패엽사에서 찾아뵈었다. 이날은 바로 선친의 기일이라 대사께 청하여 열반당에서 제사를 올린 뒤, 이어서 옛이야기를 나누었다. 대사의 연세는 여든셋이다.[八月念日, 謁先君空門友一庵於九月山貝葉寺. 是日乃先忌也, 請於師, 奠祀涅槃堂, 仍話舊. 師年八十有三.]」.

20 남효온, 『추강집』 권1, 「8월 20일, 선친의 불가친구였던 일암 스님을 구월산 패엽사에서 찾아뵈었다. 이날은 바로 선친의 기일이라 대사께 청하여 열반당에서 제사를 올린 뒤, 이어서 옛이야기를 나누었다. 대사의 연세는 여든셋이다.」.

11장 죽음 앞에서 얻은 지극한 즐거움

1 남효온, 『추강집』 권3, 「부여회고 10수」 제6수.

2 남효온, 『추강집』 권3, 「웅진원에서 홍취를 달래며 2수[熊津院遣興. 二首]」 제2수.

3 남효온, 『추강집』 권4, 「담양향교보자기[潭陽鄕校寶上記]」.

4 남효온, 『추강집』 권7, 「7대조 영광 부군께 드리는 제문[祭七代祖考靈光府君文]」.

5 남효온, 『추강집』 권4, 「조대기」.

6 남효온, 『추강집』 권4, 「조대기」.

7 남효온, 『추강집』 권2, 「관산의 객관으로 이가진(李可珍)이 술을 가져와서 나를 위로할 때 초(初) 자를 얻어 시를 짓다[冠山客館, 李可珍携酒慰我, 得初字.]」.

8 남효온, 『추강집』 권3, 「장흥에서 우연히 읊다 21수[長興偶吟, 二十一首]」 제3수.

9 남효온, 『추강집』 권3, 「장흥에서 우연히 읊다 21수」 제21수.

10 남효온, 『추강집』 권3, 「장흥에서 우연히 읊다 21수」 제1수.

11 남효온, 『추강집』 권3, 「장흥에서 우연히 읊다 21수」 제2수.

12 남효온, 『추강집』 권3, 「장흥에서 우연히 읊다 21수」 제14수.

13 남효온, 『추강집』 권1, 「한강에서 영남의 전원으로 돌아가는 덕우를 송별하고 겸하여 항아 노랑에게 보내다 2수」제2수.

14 남효온, 『추강집』 권3, 「장흥에서 우연히 읊다 21수」 제15수.

15 남효온, 『추강집』 권1, 「애인생부」.

16 김시습, 『매월당집』 권1, 「역사서를 보다가 마음이 상해서[看史傷心]」 제2수.

17 남효온, 『추강집』 권1, 「애인생부」.

18 남효온, 『추강집』 권1, 「득지락부」.

19 남효온, 『추강집』 권1, 「득지락부」.

20 남효온, 『추강집』 권1, 「득지락부」.

21 남효온, 『추강집』 권1, 「득지락부」.

12장 소풍 길 같던 귀천(歸天), 그러나

1 이긍익, 『연려실기술』, 「무오당적」.

2 허봉, 『해동야언』.

3 남효온, 『추강집』 권3, 「스스로 읊다 또 한 수[又一首]」.

4 남효온, 『추강집』, 「구본(舊本) 발문」.

5 조신, 『추강집』, 「추강집 뒤에 쓰다[書秋江集後]」.

보론 『추강냉화』와 성종 대의 어두운 그늘에 대한 증언

1 이에 대해서는 이 책의 120쪽 참조.

2 남효온, 『추강집』 권7, 『추강냉화』, "余嘗觀忘機狎鷗事, 將信將疑. 甲辰年, 治農于

幸州, 耕暇, 漁于南浦. 理罾于蘆間潮退之痕, 仰看白日, 昭昭甚明. 余內自思之, 人生天地間, 人可容欺, 此豈可欺乎. 旁看余側, 水禽飛鳴甚狎. 余忽信余之忘機也, 鷗則飛去, 所以信余之忘機者, 乃所以爲機心乎. 後因此意, 得日月昭昭於頭上, 鬼神監臨於左右十四字, 爲敬止齋銘第三聯."

3 남효온, 『추강집』 권7, 『추강냉화』, "孔子曰, 人之生也直, 罔之生也幸而免. 余初疑作善作惡, 殃慶類至, 以爲罔生之徒幸免無術. 後作亭村家, 亭中水稻抽芽, 閱三月不死, 枝葉猶茂, 然後知聖人說不我欺也. 嗚呼, 方今掌利之臣, 上以欺君, 下以剝民, 竝生天地而不死, 長育子孫而不衰者, 亦猶亭中水稻乎."

4 남효온, 『추강집』 권7, 『추강냉화』, "悅卿大醉, 道逢領議政鄭昌孫, 大呼曰, 汝奴休矣. 鄭若不聞, 人服其宰相之量."

5 남효온, 『추강집』 권7, 『사우명행록』, "鄭若不聞. 人以此危之, 其嘗與交遊者, 皆絶不往來. 獨與市僮狂易者, 遨遊醉倒於道側, 恒愚恒笑."

6 남효온, 『추강집』 권7, 『추강냉화』, "洪鈞者, 士族人. 少以武士, 屬內禁衛. 景泰 · 天順間, 得狂易疾, 丐乞於市, 日得朝夕飯米及酒一甁, 積貯布囊, 滿則歸, 不滿則必劫市婦而取之, 受不過一掬而止. 約一酒家, 日必一往, 唱歌還家. 如是者十餘年, 短褐不掩脛. 一世呼不端人, 必曰洪鈞."

7 남효온, 『추강집』 권7, 『추강냉화』, "玄山交河辭任之後, 騎牛佩酒, 上下山谷, 使女僮引道, 男僕撞錚曰, 病自如此. 自己丑庚寅之後, 一意改之曰, 病已愈. 人咸嘆積年之病老境頓愈."

8 남효온, 『추강집』 권7, 『추강냉화』, "余惟鈞所爲甚異, 疑亦養生於狂者耶."

9 남효온, 『추강집』 권7, 『추강냉화』, "氣偏之語, 無乃過當. 百源有秋, 嘗備樂器, 日夜肄習. 正中, 家無風物, 行行到處, 偶執他樂器, 而音律恂如也. 余嘗服其手藝甚高也. 然知音者, 或譏正中琴才類伯夷, 而時中不及百源, 豈非濟世經略之才, 蘊而歸之於小技, 故發之偏也. 僕不堪涕泗嗚咽不衰也."

10 남효온, 『추강집』 권7, 『추강냉화』, "兪生承坦者, 沔川人. 挾書詣闕, 陳所學數千餘言, 皆切中朝廷之病, 士林萃而騰笑. 兪嘗號其亭曰淸風, 其友朴生者扁其齋曰明

月. 搢紳之間, 有可笑事, 必曰, 兪淸風 · 朴明月以詆訾之. 二人坎軻不試, 亦未嘗有干進心."

11 남효온, 『추강집』 권7, 『추강냉화』, "東人嘗云, 我邦褊小, 有才必達, 豈有滄海遺珠之嘆. 今吾所聞如是, 則吾所未聞如老夫者, 未知幾人在野, 幾人在市乎."

12 남효온, 『추강집』 권7, 『추강냉화』, "上黨府院君韓明澮構亭漢江之南, 名曰狎鷗, 欲以定策功擬韓忠獻, 而得恬退之名, 將辭老江湖爲言, 而顧戀爵祿, 不能去. 上作詩別之, 朝廷文士爭相和韻, 累數百篇, 而判事崔敬止詩爲第一. 其詞曰, 三接慇懃寵渥優, 有亭無計得來遊, 胸中政使機心靜, 宦海前頭可狎鷗. 明澮惡之, 不列懸板. 後有布衣李尹宗者過其下, 憩亭上, 有長篇大作. 其末韻曰, 有亭不歸去, 人間眞沐猴. 李詩太露, 不若崔詩之涵蓄意思溫醇典重."

13 남효온, 『추강집』 권7, 『추강냉화』, "姜仁齋希顔少有才藝. 晩年, 登楊州樓院, 有小詩三篇. 其一篇曰, 有山何處不爲廬, 坐對靑山試一噓, 簪笏十年成老大, 莫敎霜鬢賦歸歟. 永川君定, 字安之, 見而拜之, 且批曰, 此詩逼眞太甚, 非徐卽李, 時徐居正. 李承召擅詩名, 爲定所服. 後定復過樓下, 更讀前批, 其下有書曰, 此詩有江山雅趣, 無一點塵埃, 必非世儒拘於結習者所作. 且夫天地之大, 江山之奧, 豈無人才, 而必推徐 · 李. 是何孤人才, 蔑人類太甚耶. 定見書, 大悔恨, 抹其前所批. 今之晉山世稿, 三篇皆不載, 景醇輯之不博, 如此."

주요 저술 및 참고문헌

1. 1차 자료

· 김시습, 양대연 · 이영무 외 옮김, 『국역 매월당집』 1~5, 세종대왕기념사업회, 1977.

· 김종직, 임정기 옮김, 『국역 점필재집』 1~3, 민족문화추진회, 2007.

· 김종직, 부산대 점필재연구소 역주, 『역주 점필재집』 1~5, 점필재, 2016.

· 남효온, 박대현 옮김, 『국역 추강집』 1~2, 민족문화추진회, 2007.

· 성 현, 김남이 · 전지원 외 옮김, 『용재총화』, 휴머니스트, 2015.

· 조 신, 정용수 옮김, 『국역 소문쇄록』, 국학자료원, 1997.

2. 단행본

· 강명관, 『조선시대 책과 지식의 역사』, 천년의상상, 2014.

· 김성언, 『남효온의 삶과 시』, 태학사, 1997.

· 김풍기, 『조선전기 문학론 연구』, 태학사, 1996.

· 심경호, 『김시습 평전』, 돌베개, 2003.

· 이종범, 『사림열전 2: 순례자의 노래』, 아침이슬, 2008.

· 임준철, 『내 무덤으로 가는 이 길』, 문학동네, 2014.

· 정경주, 『성종조 신진사류의 문학세계』, 법인문화사, 1993.

· 최석기 외 옮김, 『선인들의 지리산 유람록』, 돌베개, 2001.

· 최연식, 『조선의 지식계보학』, 옥당, 2015.

3. 논문

· 김남이, 「가계 · 사우 관계를 통해 본 15세기의 지식인 남효온」, 『동양한문학연구』 26집, 동양한문학회, 2008.

· 김남이, 「조선 전기 지성사의 관점에서 본 점필재와 그 문인들의 관계」, 『동방학』 23집, 한서대학교 동양고전연구소, 2012.

· 김보경, 「김시습과 남효온, 추방된 비전과 굴원 초사 · 수용」, 『동방한문학』 67집, 동방한문학회, 2016.

· 김성언, 「추강 남효온의 시에 나타난 고려의 기억」, 『석당논총』 제42집, 동아대학교 석당학술원, 2008.

· 김종구, 「추강 남효온 문학 연구」, 성균관대학교 박사학위논문, 1998.

· 이민홍, 「南秋江의 〈松京錄〉에 형상된 고려조 文物과 樂舞」, 『한국시가연구』 제12집, 한국시가학회, 2002.

· 이병휴, 「朝鮮前期 士林派의 推移 속에서 본 金宏弼의 歷史的 座標」, 『역사교육논집』 34집, 한국역사교육학회, 2005.

· 이종묵, 「조선 전기 문인의 송도 유람과 그 문학세계」, 『한국한시연구』 제7집, 태

학사, 1999.

· 정경주, 「한훤당 김굉필 도학의 전승 양상」, 『영남학』 22집 제22호, 경북대학교 영남문화연구원, 2012.

· 정출헌, 「유교문명으로의 전환과 '시대의 스승', 김종직과 김시습(Ⅰ)」, 『민족문화연구』 80호, 고려대학교 민족문화연구원, 2018. 8.

· 정출헌, 「조선 전기 잡록과 『추강냉화』, 남효온의 깊은 슬픔과 시대정신」, 『민족문학사연구』 54집, 민족문학사연구소, 2014.

· 정출헌, 「추강 남효온과 遊山: 한 젊은 이상주의자의 상처와 지리산의 慰撫」, 『한국한문학연구』 47집, 한국한문학회, 2011.

· 정출헌, 「추강 남효온의 생애자료에 대한 변증과 탐색」, 『대동한문학』 35집, 대동한문학회, 2011.

· 정출헌, 「寒暄堂 金宏弼의 師弟 · 師友關係와 학문세계의 여정」, 『민족문화』 45집, 한국고전번역원, 2015.

· 최석기, 「조선시대 士人들의 지리산 유람을 통해 본 士意識」, 『한문학보』 20집, 우리한문학회, 2009.

4. 기타

· 한국고전번역원 한국고전종합DB http://db.itkc.or.kr/

· 국사편찬위원회 조선왕조실록DB http://sillok.history.go.kr/

이미지 출처

· 34쪽, 〈절두산 천주교 성지〉, 『한국민족문화대백과사전』, ©한국학중앙연구원.
· 86쪽, 〈구리 동구릉 중 조선 문종과 현덕왕후 현릉 정자각 정면〉, 『한국민족문화대백과사전』, ©한국학중앙연구원.
· 117쪽, 〈서울 사육신 묘 정측면〉, 『한국민족문화대백과사전』, ©한국학중앙연구원.
· 157쪽, 보물 제1497호 〈김시습 초상〉, ©문화재청 국가문화유산포털.
· 174쪽, 〈서울 문묘 명륜당 현판〉, ©문화재청 국가문화유산포털.
· 200쪽, 겸재 정선, 〈총석정도〉, 지본수묵, 28.5×45.0cm, 겸재정선미술관 소장.
· 247쪽, 〈경기개성 만월대 전경〉, 국립중앙박물관 소장.
· 276쪽, 김윤겸, 〈금대암에서 마주 본 지리산 전경〉, 지본담채, 33.2×38.2cm, 국립중앙박물관 소장.
· 292쪽, 〈나주 금성관 정측면〉, 『한국민족문화대백과사전』, ©한국학중앙연구원.
· 328쪽, 〈장흥 예양서원 측면〉, 『한국민족문화대백과사전』, ©한국학중앙연구원.
· 354쪽, 『추강집』, 겸재정선미술관 소장.

연보

· 1454년(단종 2년, 1세) 생원 남전과 도사 이곡(좌의정 이원의 아들)의 딸 이씨 부인 사이에서 장남으로 태어나다. 남효온의 5대조는 개국공신으로 영의정을 지낸 남재이다.

· 1466년(세조 12년, 13세) 서울 낙성방 남학에 들어가 수학하다. 어린 시절에 홍천사에서 일암 스님에게 배우고, 김민강 · 김수온 등에게서도 배웠다. 스승으로 널리 알려진 김종직은 34세 때인 성종 19년(1488) 섣달그믐에 처음 만나 본격적인 사제관계를 맺었다.

· 1471년(성종 2년, 18세) 윤9월 20일, 서호주인 이총이 배를 타고 한강 오두막으로 찾아와 하룻밤을 함께 지냈다는 기록이 있다. 이후, 성균관에 입학하여 강응정, 박연, 정여창 등과 함께 소학계를 결성했다.

· 1478년(성종 9년, 25세) 4월 15일 흙비가 내리는 재해가 일어나자 소릉의 복위를 청하는 상소를 올렸다. 정창손, 임사홍, 서거정 등 훈구대신들이 국문을 요청했으나 성종의 비호로 겨우 처벌을 면하였다.

· 1479년(성종 10년, 26세) 매계 조위의 서제인 조신을 처음 만나 교유를 시작했다. 조신은 남효온의 흩어진 시문을 모아 중종 5년에 『추강집』을 편찬했다. 이총 등 많은 벗들이 동대문 밖 보제원에서 먼 길을 떠나는 남효온을 전송했는데, 아마 이때 남효온은 단종의 무덤이 있는 영월을 찾았던 것으로 보인다. 그런 행적으로 미루어 볼 때, 이 무렵에 『육신전』을 창작한 것으로 추정된다.

· 1480년(성종 11년, 27세) 식년시에 응시하여 진사 2등 15위로 합격하다. 진사시에 함께 급제했던 절친 안응세가 그해 9월에 죽자 10여 편의 시를 지어 애도하다.

· 1481년(성종 12년, 28세) 2월 5일, 남산 기슭에서 과음으로 실수한 뒤, 술을 끊겠다고 다짐하는 장편의 「주잠」을 짓다. 9월 11일, 조신, 이종지와 함께 개성지역을 유람하고 돌아온 뒤에 「기행 24수」를 짓다.

· 1482년(성종 13년, 29세) 봄에 홍유손, 이정은, 이총, 우선언, 한경기 등과 함께 죽림우사를 결성하다. 그리고 그 무렵 성균관 유생들이 교수를 비방하는 시를 지어 성균관 벽에 붙였는데, 거기에 남효온이 성종 9년에 올린 상소가 거론되었다. 그 이후 개성 부근의 영현암에 들어가서 과거공부를 하고 있을 때, 죽은 안응세가 꿈에 나타나 부질없는 짓이라 경계하다.

· 1483(성종 14년, 30세) 2월 17일, 죽은 증조모가 꿈에 나타나 원수진 자의 방해로 과거에 떨어질 것이라 예언하다. 그 말처럼 정희왕후의 죽음으로 5월로 미뤄진 합격자 발표 명단에 이름이 없었다. 3월 19일, 김시습이 10여 년 동안 서울에 머

물러 있다가 다시 관동으로 떠나가다. 남효온도 뒤이어 행주에 들어가 경지재를 지어 은거하며 농사를 짓고, 여가에는 남포에 나가 물고기를 잡으며 지내다.

· 1484년(성종 15년, 31세) 2년 전인 1482년 가을부터 짓기 시작한 「귀신론」을 여름에 완성하다.

· 1485년(성종 16년, 32세) 4월 15일부터 윤4월 20일까지 혼자 금강산을 유람하고 돌아와서 『유금강산기』를 짓다. 9월 7일부터 9월 18일까지 우선언, 이정은 등과 함께 개성을 유람하고 돌아와서 『송경록』을 짓다. 겨울 「자영 15수」를 지어 한 해 동안 겪었던 아픈 현실을 읊다. 성균관 교수와 동류 정여창 등의 성리학적 견해를 반박하는 논설인 「심론」, 「성론」을 짓다.

· 1486년(성종 17년, 33세) 2월 6일, 둘째 아들 종손(終孫)이 학질에 걸려 앓다가 죽다. 3월 16일, 과거공부를 하던 맏사위 이온언이 부친 이손이 부사로 있던 김해로 내려갈 때, 광진 나루터에서 애통한 심경으로 시를 지어 전송하다. 죽은 고모의 장례를 11월에 치른 뒤, 섣달 그믐밤을 공주 국선암에서 보내다.

· 1487년(성종 18년, 34세) 금강 서쪽에서 정월 초하루를 맞이한 뒤, 모친의 애절한 편지를 받고도 차현을 넘어 공주, 은진 등지를 유람하다. 늦가을에 모친의 분부를 받고 경상도 의령으로 내려가 고향 친지들을 뵈다. 9월 27일부터 10월 13일까지 혼자 지리산을 유람하고 『지리산일과』를 짓다. 해운대에서 노닐고 11월 14일에 「유해운대서」를 짓다. 전라도 나주에서 전라도관찰사로 내려와 있던 점

필재 김종직과 함께 수세를 하며 선달 그믐밤을 보내다.

· 1488년(성종 19년, 35세) 정월 전라도 해남에서 김종직과 며칠을 함께 지내며 시를 주고받다. 9월 1일 김해로 내려가 있던 맏사위 이온언이 죽어 올라오는 영구를 조령 남쪽으로 내려가서 맞이하다.

· 1489년(성종 20년, 36세) 정월 초하루, 겨우내 심한 병을 앓다가 자신의 죽음을 애도하는 「자만시」를 지은 뒤, 아들로 하여금 정서하게 한 후 공조참판으로 있던 김종직에게 전해 올리다. 봄에 서울을 떠나 관서지역을 유람하다가 상원군의 가수굴을 구경하고 「유가수굴기」를 짓다. 8월 20일에 구월사 패엽사에서 부친 제사를 올리고, 부친의 벗이자 어릴 때 스승이던 83세의 일암선사에게 자신의 지난 삶을 회고하는 시를 지어 바치다.

· 1490년(성종 21년, 37세) 10월, 오래전에 죽은 벗 안응세를 꿈에서 보고 나서 그의 시문을 담은 시집 『호산노반』의 발문을 짓다. 이 무렵 행주 경지재에서 머물며 자신이 젊은 날 어울렸던 벗들의 행실을 기록한 『사우명행록』과 성종 대의 어두운 시대를 기록한 『추강냉화』를 지은 것으로 보인다.

· 1491년(성종 22년, 38세) 1월 23일, 이총과 함께 부여지역을 유람하고 「부여회고 10수」를 짓다. 2월, 담양향교에 묵으며 보자를 설립한 김종직을 칭송하는 「담양향교보상기」를 짓다. 2월, 영광군에 있는 7대조 남천로의 묘소를 찾아가 제문을 짓다. 3월, 장흥도호부를 찾아가 유배 중이던 폐비 윤씨의 오빠 윤구를 비롯한

향중 인사들과 노닐고서 「조대기」를 짓다.

· 1492년(성종 23년, 39세) 전국을 방랑하다가 집으로 돌아온 뒤, 죽기 직전 자신의 죽음을 예감하는 「애인생부」와 「득지락부」를 지은 것으로 보인다. 정확한 날짜는 밝혀져 있지 않은데, 이 해에 죽어 고양군 대장리에 장사 지내다. 현재 묘소는 고양군이 신도시개발 되면서 김포로 옮겨졌다. 조신이 지은 『소문쇄록』을 보면, "갑자사화 때 부관능지 하여 시체를 양화나루 모래밭에 버리게 하였는데, 부인과 사위 네 사람 가운데 시체를 거두어 장사 지내는 사람이 없어 그 시체가 어디 있는지 알 수 없다"라고 기록되어 있다.

· 1499년(연산군 5년, 사후 7년) 연산군이 성종 대의 이름난 문사의 문집을 편찬하여 간행하라는 전교를 내렸지만, 윤필상 등이 김종직의 제자라는 이유로 불가하다고 반대하여 성사되지 못하다.

· 1504년(연산군 10년, 사후 12년) 갑자사화 때 소릉복위를 상소한 일로 양화나루에서 부관참시 되고, 하나 남았던 아들 남충세도 남효온의 죄에 연좌되어 참수에 처해진 뒤에 저잣거리에 사흘간 효수되다.

· 1510년(중종 5년, 사후 18년) 친구 조신이 남효온의 흩어진 시문을 수습하여 『추강집』으로 묶은 뒤에 발문을 지어 붙이다.

· 1511년(중종 6년, 사후 19년) 3월, 참찬관 이세인이 남효온과 김시습이 비록 과거

에 합격해 현달한 명현은 아니지만, 성종 때 이름을 떨쳤던 문사인 까닭에 문집을 간행하는 것이 옳겠다고 아뢰어 윤허를 받다.

· 1577년(선조 10년, 사후 85년) 외증손 유홍이 경상도관찰사로 있으면서 문집 초간본을 간행하다.

· 1677년(숙종 3년, 사후 185년) 유홍의 증손자 유방이 금구현령으로 있으면서 중간본을 간행하다.

· 1782년(정조 6년, 사후 290년) 4월 19일, 김시습, 원호, 성담수 등과 함께 이조판서에 추증되다.

· 1784년(정조 8년, 사후 292년) 3월 11일, '문정'이라는 시호가 내려지다.

· 1791년(정조 15년, 사후 299년) 2월 21일, 소릉복위를 청한 행적 등으로 인해 장릉배식단에 추향할 인물로 선정되다.

· 1921년(사후 429년) 가을, 방후손 남상규가 청도군에서 삼간본을 간행하다.

찾아보기

지은이 | 정출헌

부산대학교 한문학과 교수. 고려대학교 국어국문학과를 졸업하고, 동 대학원에서 「조선후기 우화소설의 사회적 성격」으로 박사학위를 받았다. 고려대학교 민족문화연구원 연구교수, 부산대학교 점필재연구소장 등을 역임했다. 조선 전기 유교 지식인의 시대정신, 근대 전환기 전통 지식인의 대응 양상을 비롯해 우리 고전을 당대적 시각으로 꼼꼼하게 읽고 오늘날의 시각으로 재해석하는 작업에 관심을 갖고 있다. 현재 몇몇 동료들과 함께 '인문고전마을 시루'를 만들어 동양고전의 대중화 활동에도 참여하고 있다. 저·역서로는 『고전소설사의 구도와 시각』 『고전문학사의 라이벌』(공저) 『조선 최고의 예술, 판소리』 『김부식과 일연은 왜』 『추강집: 시대정신을 외치다』 등이 있다.

남효온 평전

유교문명의 성세를 꿈꾼 이상주의자의 희망과 좌절

초판 1쇄 인쇄 2020년 1월 6일
초판 1쇄 발행 2020년 1월 13일

지은이 정출헌
펴낸이 이상훈
편집인 김수영
본부장 정진항
편집 1팀 고우리 김단희
마케팅 조재성 천용호 박신영 조은별 노유리
경영지원 정혜진 이송이

펴낸곳 한겨레출판(주) www.hanibook.co.kr
등록 2006년 1월 4일 제313-2006-00003호
주소 서울시 마포구 창전로 70 (신수동) 화수목빌딩 5층
전화 02) 6383-1602~3
팩스 02) 6383-1610
대표메일 book@hanibook.co.kr

ISBN 979-11-6040-333-6 (94900)
978-89-8431-466-5 (세트)

* 책값은 뒤표지에 있습니다.
* 파본은 구입하신 서점에서 바꾸어 드립니다.